IMPROBIDADE ADMINISTRATIVA

Direito Material e Processual

O GEN | Grupo Editorial Nacional – maior plataforma editorial brasileira no segmento científico, técnico e profissional – publica conteúdos nas áreas de concursos, ciências jurídicas, humanas, exatas, da saúde e sociais aplicadas, além de prover serviços direcionados à educação continuada.

As editoras que integram o GEN, das mais respeitadas no mercado editorial, construíram catálogos inigualáveis, com obras decisivas para a formação acadêmica e o aperfeiçoamento de várias gerações de profissionais e estudantes, tendo se tornado sinônimo de qualidade e seriedade.

A missão do GEN e dos núcleos de conteúdo que o compõem é prover a melhor informação científica e distribuí-la de maneira flexível e conveniente, a preços justos, gerando benefícios e servindo a autores, docentes, livreiros, funcionários, colaboradores e acionistas.

Nosso comportamento ético incondicional e nossa responsabilidade social e ambiental são reforçados pela natureza educacional de nossa atividade e dão sustentabilidade ao crescimento contínuo e à rentabilidade do grupo.

DANIEL AMORIM ASSUMPÇÃO NEVES
RAFAEL CARVALHO REZENDE OLIVEIRA

IMPROBIDADE ADMINISTRATIVA

Direito Material e Processual

11ª edição revista e atualizada

- Os autores deste livro e a editora empenharam seus melhores esforços para assegurar que as informações e os procedimentos apresentados no texto estejam em acordo com os padrões aceitos à época da publicação, e todos os dados foram atualizados pelos autores até a data de fechamento do livro. Entretanto, tendo em conta a evolução das ciências, as atualizações legislativas, as mudanças regulamentares governamentais e o constante fluxo de novas informações sobre os temas que constam do livro, recomendamos enfaticamente que os leitores consultem sempre outras fontes fidedignas, de modo a se certificarem de que as informações contidas no texto estão corretas e de que não houve alterações nas recomendações ou na legislação regulamentadora.

- Fechamento desta edição: *11.03.2025*

- Os autores e a editora se empenharam para citar adequadamente e dar o devido crédito a todos os detentores de direitos autorais de qualquer material utilizado neste livro, dispondo-se a possíveis acertos posteriores caso, inadvertida e involuntariamente, a identificação de algum deles tenha sido omitida.

- **Atendimento ao cliente:** (11) 5080-0751 | faleconosco@grupogen.com.br

- Direitos exclusivos para a língua portuguesa
  Copyright © 2025 by
  Editora Forense Ltda.
  Uma editora integrante do GEN | Grupo Editorial Nacional
  Travessa do Ouvidor, 11 – Térreo e 6º andar
  Rio de Janeiro – RJ – 20040-040
  www.grupogen.com.br

- Reservados todos os direitos. É proibida a duplicação ou reprodução deste volume, no todo ou em parte, em quaisquer formas ou por quaisquer meios (eletrônico, mecânico, gravação, fotocópia, distribuição pela Internet ou outros), sem permissão, por escrito, da Editora Forense Ltda.

- **Capa:** Aurélio Corrêa

CIP-BRASIL. CATALOGAÇÃO NA PUBLICAÇÃO
SINDICATO NACIONAL DOS EDITORES DE LIVROS, RJ

N518i   Neves, Daniel Amorim Assumpção

Improbidade Administrativa - Direito Material e Processual / Daniel Amorim Assumpção Neves, Rafael Carvalho Rezende Oliveira. - 11. ed. - Rio de Janeiro : Forense, 2025.
424 p.

ISBN: 978-85-3099-707-6

1. Direito. 2. Direito administrativo. 3. Improbidade Administrativa. 4. Direito Material e Processual. I. Oliveira, Rafael Carvalho Rezende. II. Título.

2025-1259

CDD 341.3
CDU 342.9

Elaborado por Vagner Rodolfo da Silva - CRB-8/9410

Índice para catálogo sistemático:
1. Direito administrativo 341.3
2. Direito administrativo 342.9

DEDICATÓRIA

Costumo dizer que as verdadeiras amizades são construídas na escola e na faculdade, o que se pode explicar pela interação constante e duradoura com aqueles que se tornarão companheiros pela vida. Na "fase adulta", fica mais difícil a construção de amizades, tanto pelas responsabilidades assumidas como pela inexistência da proximidade constante da época estudantil. Tenho que confessar, sou um pouco cético sobre conquista de amizades verdadeiras nessa fase da vida.

No Curso Forum, entretanto, notei que mais uma vez estava errado. Fiz novos amigos, que, mesmo não sendo tão íntimos como aqueles feitos no colégio e na faculdade, podem ser considerados verdadeiros. Como homenagem a esses meus novos amigos cariocas, representados nesta dedicatória pelo coautor Rafael Oliveira, dedico a parte que me toca no presente livro.

Daniel Amorim Assumpção Neves

Para meus pais, Celso Rezende Oliveira e Cleonice Carvalho Rezende Oliveira, meus heróis.

Para minha mulher, Alessandra Simões Bordeaux Oliveira, e meus filhos, Lucca Bordeaux Oliveira e Isabela Bordeaux Oliveira, amores da minha vida.

Para minha irmã, Renata Oliveira, e minha sobrinha, Karina Oliveira, motivos de orgulho.

Rafael Carvalho Rezende Oliveira

SOBRE OS AUTORES

DANIEL AMORIM ASSUMPÇÃO NEVES
Mestre e Doutor em Direito Processual Civil pela USP. Pós-doutorando em direito processual civil pela Faculdade de Direito de Lisboa. Advogado.
Site: www.professordanielneves.com.br
Facebook: @DanielNevesCPC
X: @danielnevescpc
Youtube: Professor Daniel Neves
Instagram: @danielnevescpc
GENJURIDICO.com.br/danielneves/

RAFAEL CARVALHO REZENDE OLIVEIRA
Visiting Foreign Scholar pela Fordham University School of Law (New York). Pós-doutor em Direito pela Universidade do Estado do Rio de Janeiro (UERJ). Doutor em Direito pela UVA/RJ. Mestre em Teoria do Estado e Direito Constitucional pela PUC/RJ. Especialista em Direito do Estado pela UERJ. Professor titular de Direito Administrativo do IBMEC. Professor do programa de pós-graduação *stricto sensu* em Direito do PPGD/UVA. Professor do Mestrado Acadêmico em Direito da Universidade Candido Mendes. Professor de Direito Administrativo da Escola da Magistratura do Estado do Rio de Janeiro (EMERJ). Membro do Instituto de Direito Administrativo do Estado do Rio de Janeiro – IDAERJ. Presidente do Conselho editorial interno da *Revista Brasileira de Alternative Dispute Resolution – RBADR*. Procurador do Município do Rio de Janeiro. Ex-Defensor Público federal. Advogado, árbitro e consultor jurídico. Sócio-fundador do escritório Rafael Oliveira Advogados Associados.
Site: www.professorrafaeloliveira.com.br
Site: www.roaa.adv.br
Facebook: @ProfessorRafaelOliveira
X: @RafaelDirAdm
YouTube: @professorrafaeloliveira
Instagram: @professorrafaeloliveira
GENJURIDICO.com.br/rafaeloliveira/

NOTA DOS AUTORES À 11.ª EDIÇÃO

Apresentamos, com muito orgulho, a 11.ª edição desta obra, que tem recebido intenso acolhimento pela comunidade jurídica.

As principais novidades da presente edição relacionam-se com as decisões do STJ e do STF a respeito da Lei 8.429/1992, com a redação dada pela Lei 14.230/2021, que consubstanciam as interpretações dos tribunais superiores a respeito das questões controvertidas envolvendo a improbidade administrativa.

Dedicamos a nova edição aos nossos queridos alunos e leitores, que são fundamentais para o reconhecimento da obra no cenário jurídico nacional.

Boa leitura!

Março de 2025.

APRESENTAÇÃO

A obra tem por objetivo apresentar ao leitor um verdadeiro *Manual* sobre as principais questões jurídicas envolvendo o tema da improbidade administrativa.

Trata-se de tema atual e de extrema relevância para o País, pois envolve a ética na gestão de recursos públicos por parte dos agentes públicos e dos particulares que se relacionam com a Administração Pública.

A Lei 8.429/1992 (Lei de Improbidade Administrativa) representa um marco na busca pela moralização da Administração, o que denota a importância do seu estudo no atual estágio de evolução do Direito Público.

Em razão das questões de Direito Material e Processual presentes na Lei de Improbidade Administrativa, os autores uniram as suas especialidades e experiências profissionais para apresentar ao leitor uma obra completa, dividida em duas partes: na primeira, o Professor Rafael Carvalho Rezende Oliveira, especialista em Direito Administrativo, aborda os aspectos relacionados ao direito material da improbidade administrativa; na segunda, o Professor Daniel Amorim Assumpção Neves, especialista em Processo Civil, apresenta as principais questões processuais relacionadas à ação de improbidade administrativa.

Em *Improbidade Administrativa*, trata-se do tema de forma didática, com linguagem simples e objetiva, mencionando as principais polêmicas doutrinárias e jurisprudenciais, com destaque para a jurisprudência do STF e do STJ.

A obra é destinada aos estudantes, especialmente aqueles que pretendem realizar concursos públicos, aos advogados militantes e membros da Magistratura, do Ministério Público, das Procuradorias, das Defensorias Públicas, dos Tribunais de Contas e de outras carreiras públicas que cuidam da ética na gestão pública.

Os Autores

SUMÁRIO

LIVRO I
IMPROBIDADE ADMINISTRATIVA

Parte 1 – Direito Material
Rafael Carvalho Rezende Oliveira

1	**INTRODUÇÃO**	3
	1.1. A importância do combate à corrupção	3
	1.2. Conceito de improbidade administrativa	6
	1.3. A exigência do dolo específico para configuração da improbidade	9
	1.4. Inexistência de improbidade por divergência de interpretação da lei	10
2	**FONTES NORMATIVAS**	13
	2.1. Antecedentes normativos	13
	2.2. Quadro normativo atual: fontes internacionais, constitucionais, legislativas e regulamentares	16
	2.2.1. Fontes internacionais	17
	2.2.2. Fontes constitucionais	17
	2.2.3. Fontes legislativas	18
	2.2.4. Fontes regulamentares	19
	2.3. Discussão quanto à constitucionalidade da Lei 8.429/1992	19
	2.4. A competência legislativa e a natureza da Lei 8.429/1992: Lei nacional ou federal?	21
	2.5. Irretroatividade da Lei 8.429/1992	23
	2.6. Reforma da LIA pela Lei 14.230/2021 e retroatividade limitada da lei mais benéfica no Direito Administrativo Sancionador	25
3	**CONTROLE DA IMPROBIDADE ADMINISTRATIVA**	35
	3.1. Controle preventivo	35
	3.2. Controle repressivo	36

4 SUJEITOS DA IMPROBIDADE ADMINISTRATIVA 39
4.1. Sujeito passivo 39
4.1.1. Administração Pública direta e indireta 40
4.1.2. Entidades privadas que recebem subvenção, benefício ou incentivo, fiscal ou creditício, da Administração Pública 40
4.1.3. Entidades privadas para cuja criação ou custeio o erário haja concorrido ou concorra no seu patrimônio ou receita atual 42
4.1.4. Sujeitos passivos: situações específicas................................. 44
4.1.4.1. Consórcios públicos de direito público e de direito privado 44
4.1.4.2. Concessionários e permissionários de serviços públicos (concessões comuns e parcerias público-privadas): inaplicabilidade do art. 1.º, §§ 5.º a 7.º, da LIA 46
4.1.4.3. Terceiro Setor: Serviços Sociais Autônomos, Organizações Sociais (OS), Organizações da Sociedade Civil de Interesse Público (OSCIPs), Organizações da Sociedade Civil (OSCs) e entidades similares.................................. 48
4.1.4.4. Sindicatos 51
4.1.4.5. Partidos políticos e a inconstitucionalidade do art. 23-C da LIA 52
4.2. Sujeito ativo 55
4.2.1. Agentes públicos 55
4.2.1.1. Agentes públicos de direito e agentes públicos de fato.... 56
4.2.1.2. Agentes políticos (membros dos Poderes Executivo e Legislativo): LIA e crime de responsabilidade 58
4.2.1.3. LIA e a Lei de Inelegibilidade, alterada pela Lei da Ficha Limpa... 68
4.2.1.4. Membros da Magistratura, do Ministério Público e dos Tribunais de Contas... 70
4.2.1.5. Militares.. 77
4.2.1.6. Empregados e dirigentes de concessionárias de serviços públicos: inaplicabilidade do art. 2.º da LIA 82
4.2.1.7. Os advogados e o alcance da LIA 83
4.2.1.8. Árbitros não são agentes públicos para fins de improbidade.. 84
4.2.1.9. Notários e registradores 85
4.2.1.10. Inconstitucionalidade da imposição representativa dos agentes ímprobos pelos órgãos da Advocacia Pública ... 86
4.2.2. Terceiros 89
4.2.2.1. As condutas do terceiro e o elemento subjetivo 90
4.2.2.2. Aplicação das sanções ao "terceiro" pressupõe a prática de improbidade administrativa por agente público 91
4.2.2.3. Adequação das sanções e a expressão "no que couber"... 92
4.2.2.4. Pessoas jurídicas.. 93

5	**ATOS DE IMPROBIDADE ADMINISTRATIVA**...	**97**
	5.1. Atos de improbidade: tipificação aberta ou fechada? Rol exemplificativo ou exaustivo?..	98
	5.2. Enriquecimento ilícito (art. 9.º da Lei 8.429/1992)...	99
	5.2.1. Enriquecimento ilícito *x* enriquecimento sem causa (art. 9.º da Lei 8.429/1992)...	101
	5.2.2. Elemento subjetivo: dolo...	102
	5.2.3. Condutas comissivas ou omissivas	103
	5.2.4. Sanções para o enriquecimento ilícito (art. 12, I, da Lei 8.429/1992) ...	104
	5.3. Danos ao erário (art. 10 da Lei 8.429/1992)...	107
	5.3.1. Erário e patrimônio público..	111
	5.3.2. Elemento subjetivo: dolo...	113
	5.3.3. Condutas comissivas ou omissivas	117
	5.3.4. Sanções para o dano ao erário (art. 12, II, da Lei 8.429/1992)...........	117
	5.4. Violação aos princípios da Administração Pública (art. 11 da Lei 8.429/1992)..	120
	5.4.1. Elemento subjetivo: dolo...	126
	5.4.2. Condutas comissivas ou omissivas	128
	5.4.3. Sanções para a violação aos princípios da Administração Pública (art. 12, III, da Lei 8.429/1992)...	128
	5.5. Ordem urbanística (art. 52 da Lei 10.257/2001 – Estatuto da Cidade)..........	130
	5.5.1. Estatuto da Cidade e a Lei 8.429/1992...	130
	5.5.2. Sujeito ativo: Prefeito e Governador do Distrito Federal.....................	131
6	**PRESCRIÇÃO**	**133**
	6.1. Interpretação do art. 23 da Lei 8.429/1992	133
	6.2. Imprescritibilidade da pretensão de ressarcimento ao erário: controvérsias e o entendimento do STF	139

Parte 2 – Direito Processual
Daniel Amorim Assumpção Neves

7	**NATUREZA DA AÇÃO DE IMPROBIDADE ADMINISTRATIVA**.................................	**147**
	7.1. Ação de natureza civil	147
	7.2. Tutela jurisdicional coletiva...	156
8	**MICROSSISTEMA COLETIVO**..	**159**
	8.1. Introdução...	159
	8.2. Conceito..	159
	8.3. Microssistema coletivo e a ação de improbidade administrativa.....................	163
9	**AÇÃO DE IMPROBIDADE ADMINISTRATIVA E PROCESSO PENAL**	**169**
	9.1. Introdução...	169
	9.2. Influência das normas processuais penais	169

10 LEGITIMIDADE 173
10.1. Espécies de legitimidade 173
10.2. Legitimação ativa 175
    10.2.1. Introdução 175
    10.2.2. Pessoa jurídica interessada 177
    10.2.3. Ministério Público 180
    10.2.4. Litisconsórcio entre os legitimados 183
    10.2.5. Atuação superveniente do Ministério Público como autor 184
10.3. Legitimidade passiva 184
    10.3.1. Legitimados passivos 184
    10.3.2. Litisconsórcio passivo 187
10.4. Intervenção superveniente da pessoa jurídica interessada 191
10.5. Sucessão processual no polo passivo 193

11 COMPETÊNCIA 195
11.1. Introdução 195
11.2. Competência da Justiça brasileira 196
11.3. Competência originária dos tribunais superiores 197
11.4. Competência de Justiça Especializada 201
11.5. Competência da Justiça Comum 201
11.6. Competência do foro 205
11.7. Competência de juízo 208

12 CONEXÃO E LITISPENDÊNCIA 211
12.1. Conceitos e efeitos 211
12.2. Efeitos da conexão entre ação coletiva e ação de improbidade coletiva 213
    12.2.1. Reunião das demandas 213
12.3. Prevenção do juízo 220

13 PROCEDIMENTO ADMINISTRATIVO 223
13.1. Introdução 223
13.2. Legitimidade 224
13.3. Requisitos formais da representação 228
13.4. Procedimento 229
13.5. Processo administrativo e inquérito civil 231

14 PROCEDIMENTO JUDICIAL 233
14.1. Introdução 233
14.2. Petição inicial 235
    14.2.1. Introdução 235
    14.2.2. Endereçamento 235
    14.2.3. Nome das partes e sua qualificação 236

14.2.4.	Causa de pedir	237
14.2.5.	Pedido	242
14.2.6.	Valor da causa	245
14.2.7.	Requerimento para produção de provas	246
14.2.8.	Requerimento de não realização da audiência do art. 334 do CPC	246
14.2.9.	Instrução da petição inicial	247
14.3.	Rejeição liminar da petição inicial	251
14.4.	Citação e defesa do réu	253
14.5.	Providências após a apresentação da contestação	256
14.6.	Réplica	257
14.7.	Decisão de tipificação de conduta	258
14.8.	Especificação de provas	260
14.9.	Ônus da prova	262
14.10.	Instrução probatória	263
	14.10.1. Introdução	263
	14.10.2. Prerrogativas na produção de prova oral	264
	14.10.3. Interrogatório e depoimento pessoal	264
	14.10.4. Exibição de coisa ou documento	266
14.11.	Intimação da pessoa jurídica interessada	267
14.12.	Desconsideração da personalidade jurídica	269
14.13.	Conversão em ação civil pública	270
14.14.	Assessoria jurídica	272
14.15.	Litispendência	273
14.16.	Sentença	274
	14.16.1. Introdução	274
	14.16.2. Sentença terminativa em caso de abandono e desistência	275
	14.16.3. Sentença homologatória de transação	275
	14.16.4. Sentença de procedência e as "penas" previstas pelo art. 12 da Lei 8.429/1992	277
	14.16.4.1. Introdução	277
	14.16.4.2. Perda dos bens e valores acrescidos ilicitamente ao patrimônio	277
	14.16.4.3. Ressarcimento integral do dano	279
	14.16.4.4. Perda da função pública	281
	14.16.4.5. Suspensão dos direitos políticos	286
	14.16.4.6. Multa civil	288
	14.16.4.7. Proibição de contratar com o Poder Público ou de receber benefícios ou incentivos fiscais ou creditícios, direta ou indiretamente, ainda que por intermédio de pessoa jurídica da qual seja sócio majoritário	290
	14.16.4.8. Proporcionalidade e razoabilidade na aplicação das penas	291

14.17. Apelação 293
14.18. Reexame necessário 294
14.19. Agravo de instrumento 295

15 COISA JULGADA 297
   15.1. Introdução 297
   15.2. Microssistema dos processos sancionatórios 297
   15.3. Microssistema coletivo 301
   15.4. Coisa julgada *secundum eventum probationis* 302
   15.5. Coisa julgada *secundum eventum litis* 308
   15.6. Limitação territorial da coisa julgada 310

16 MEDIDAS CAUTELARES PREVISTAS NA LIA 317
   16.1. Introdução 317
   16.2. Indisponibilidade de bens 319
      16.2.1. Natureza jurídica 319
      16.2.2. Atos de improbidade e indisponibilidade 321
      16.2.3. Legitimidade ativa 322
      16.2.4. Objeto da garantia 325
      16.2.5. Limites impostos ao ato de constrição 327
      16.2.6. Forma do pedido de indisponibilidade 332
      16.2.7. Concessão liminar da medida cautelar 332
      16.2.8. Requisitos para a concessão 334
      16.2.9. Prazo para a propositura da ação principal 337
      16.2.10. Pedido ilíquido 339
      16.2.11. Adequações 340
      16.2.12. Direito intertemporal 341
   16.3. Afastamento provisório do cargo, emprego ou função 342
      16.3.1. Natureza jurídica 342
      16.3.2. Requisitos para a concessão da cautelar probatória 345
      16.3.3. Requisitos para a concessão da medida provisória preventiva 347
      16.3.4. Tempo de duração 347
      16.3.5. Sujeitos passivos da medida 349
      16.3.6. Excepcionalidade do pedido 350
      16.3.7. Suspensão de segurança 351

17 ACORDO DE NÃO PERSECUÇÃO CIVIL 353
   17.1. Acordo de não persecução civil. Dever do Ministério Público? 353
   17.2. Condição mínima para a celebração do acordo de não persecução civil 354
   17.3. Exigências formais 355
   17.4. Momento de celebração do acordo 357
   17.5. Descumprimento do acordo 358

18	LIQUIDAÇÃO E EXECUÇÃO	361
	18.1. Legitimidade ativa para a liquidação e cumprimento de sentença	361
	18.2. Legitimidade superveniente condicionada	362
	18.3. Espécies de liquidação	363
	18.4. Pagamento parcelado	364
	18.5. Concentração das sanções	367

LIVRO II
SISTEMA BRASILEIRO DE COMBATE À CORRUPÇÃO E A LEI 12.846/2013 (LEI ANTICORRUPÇÃO)

Parte 1 – Direito Material
Rafael Carvalho Rezende Oliveira

1	CONSIDERAÇÕES GERAIS	371

Parte 2 – Direito Processual
Daniel Amorim Assumpção Neves

2	CONSIDERAÇÕES GERAIS	385
BIBLIOGRAFIA		391

Livro I
IMPROBIDADE ADMINISTRATIVA

Parte 1 – **Direito Material**

Rafael Carvalho Rezende Oliveira

Capítulo 1

INTRODUÇÃO

O presente livro trata de um dos principais temas do direito na atualidade: a improbidade administrativa.

A preocupação crescente com o combate à corrupção integra a agenda dos países que buscam implementar instrumentos de governança capazes de garantirem o denominado "direito à boa administração".

Os padrões éticos, a eficiência administrativa e o controle da gestão pública são características indissociáveis da gestão pública pós-moderna.

No contexto brasileiro, o tema da improbidade administrativa encontra-se na ordem do dia, com destaque para a interpretação e a aplicação da Lei 8.429/1992, profundamente alterada pela Lei 14.230/2021, considerada um dos principais instrumentos no combate à corrupção administrativa.

Nesta obra, optou-se, para fins didáticos, por uma divisão em duas partes: na primeira, serão estudados os aspectos relacionados ao direito material da improbidade administrativa; na segunda, serão abordados os aspectos processuais que norteiam a ação de improbidade administrativa.

Em sua parte final, a obra apresenta, ainda, os comentários à Lei 12.846/2013 (Lei Anticorrupção), também divididos em duas partes: direito material e processual.

1.1. A IMPORTÂNCIA DO COMBATE À CORRUPÇÃO

Há relativo consenso, na atualidade, quanto à necessidade de combate à corrupção como forma de efetivação do republicanismo e do Estado Democrático de Direito.

A expressão "corrupção" pode ser definida, para fins da presente obra, como o "fenômeno pelo qual um funcionário público é levado a agir de modo diverso dos padrões normativos do sistema, favorecendo interesses particulares em troca de recompensa". Trata-se, em suma, de "uma forma particular de exercer influência ilícita, ilegal e ilegítima".[1]

Nesse contexto, a corrupção é inimiga da República, uma vez que significa o uso privado da coisa pública, quando a característica básica do republicanismo é a busca pelo "bem comum", com a distinção entre os espaços público e privado.[2]

Há dificuldade histórica por parte dos agentes públicos na distinção entre os domínios público e privado. Na tradição histórica brasileira, os denominados "funcionários patrimoniais" tratam a gestão pública como assunto particular e são escolhidos por meio de critérios subjetivos, laços de amizade, não importando as suas capacidades ou mérito.[3]

O patrimonialismo, que não operava a distinção entre o público e o privado, foi uma característica marcante do período colonial brasileiro, com a mistura do tesouro do Estado e do rei.

O caráter patrimonialista do Estado relaciona-se, em grande medida, à "dominação tradicional" mencionada por Max Weber. De acordo com o sociólogo, há três tipos de dominação: a) legal ou racional: baseada na legitimidade das ordens estatuídas; b) tradicional: fundada na santidade das tradições vigentes; e c) carismática: apoiada na veneração da santidade, do poder heroico ou do caráter exemplar de uma pessoa. Na dominação tradicional não se obedece a estatutos, mas à pessoa indicada pela tradição, e os quadros administrativos, eventualmente existentes, são compostos por pessoas tradicionalmente ligadas à pessoa dominante, por vínculos pessoais, que não possuem formação profissional.[4]

Até os dias de hoje encontramos resquícios dessa confusão entre os espaços público e privado na gestão pública.[5] Mencione-se, por exemplo, a

---

[1] PASQUINO, Gianfranco. Corrupção. In: BOBBIO, Norberto et al. (Org.). *Dicionário de política*. 7. ed. Brasília: UNB, 1995. v. 1, p. 291-292.

[2] RIBEIRO, Renato Janine. *A república*. 2. ed. São Paulo: Publifolha, 2008. p. 41-52.

[3] No diagnóstico preciso de Sérgio Buarque de Holanda: "No Brasil, pode dizer-se que só excepcionalmente tivemos um sistema administrativo e um corpo de funcionários puramente dedicados a interesses objetivos e fundados nesses interesses. Ao contrário, é possível acompanhar, ao longo de nossa história, o predomínio constante das vontades particulares que encontram seu ambiente próprio em círculos fechados e pouco acessíveis a uma ordenação impessoal" (HOLANDA, Sérgio Buarque de. *Raízes do Brasil*. 26. ed. São Paulo: Companhia das Letras, 1995. p. 146).

[4] WEBER, Max. *Economia e sociedade*. 4. ed. Brasília: UNB, 2004. v. 1, p. 139-167.

[5] A realidade histórica brasileira, afirmava Raymundo Faoro, demonstrou "a persistência secular da estrutura patrimonial, resistindo galhardamente, inviolavelmente, à repetição,

necessidade de edição da Súmula Vinculante 13 do STF, que pretendeu coibir a nomeação, sem concurso público, de cônjuge, companheiro ou parente, até o terceiro grau, para cargos comissionados ou funções de confiança no âmbito da Administração em qualquer dos Poderes da União, dos Estados, do Distrito Federal e dos Municípios.

A corrupção, historicamente diagnosticada no Brasil, pode ser explicada pela caracterização do brasileiro como "homem cordial", expressão utilizada pelo escritor Ribeiro Couto e citada por Sérgio Buarque de Holanda em sua obra clássica *Raízes do Brasil*. A "cordialidade", no caso, não é utilizada como sinônimo de "boas maneiras" ou civilidade, mas, sim, para se referir à tendência do povo brasileiro em afastar o formalismo e o convencionalismo social em suas relações.[6]

O caráter histórico e contínuo da corrupção política no Brasil foi muito bem diagnosticado pelo historiador José Murilo de Carvalho. Segundo o autor, ocorreram três mudanças importantes no sentido da expressão "corrupção": a) mudança semântica: enquanto as acusações de corrupção dirigidas ao Império e à Primeira República se referiam ao sistema, o foco dessas acusações, a partir de 1945, eram os indivíduos, os políticos; b) mudança de dimensão: o aumento do tamanho do Estado e o seu caráter despótico, especialmente durante o regime militar, acarretaram incremento na corrupção, pois o crescimento da máquina estatal e o arbítrio dos governantes ampliaram as práticas clientelistas e patrimonialistas; c) mudança na reação: a reação tem sido centralizada na classe média, sem a solidariedade, por vezes, dos setores sociais que se localizam acima e abaixo dela, beneficiados, respectivamente, pela lucratividade de seus negócios e por políticas sociais.[7]

O combate à corrupção, portanto, depende de uma série de transformações culturais e institucionais. É preciso reforçar os instrumentos de controle da máquina administrativa, com incremento da transparência, da prestação de contas e do controle social.

---

em fase progressiva, da experiência capitalista". A instituição da burocracia não foi capaz de alterar substancialmente essa realidade, uma vez que "o patrimonialismo pessoal se converte em patrimonialismo estatal, que adota o mercantilismo como a técnica de operação da economia" (FAORO, Raymundo. *Os donos do poder*: formação do patronato político brasileiro. 3. ed. São Paulo: Globo, 2001. p. 822-823).

[6] HOLANDA, Sérgio Buarque de. *Raízes do Brasil*. 26. ed. São Paulo: Companhia das Letras, 1995. p. 146 e 205.

[7] CARVALHO, José Murilo de. Passado, presente e futuro da corrupção brasileira. *Corrupção*: ensaios e críticas. Belo Horizonte: UFMG, 2008. p. 237-241.

Destaca-se, no plano normativo, a institucionalização de mecanismos de controle da probidade na gestão pública, tais como a Lei 8.429/1992 (Lei de Improbidade Administrativa – LIA), alterada pela Lei 14.230/2021, e a Lei Anticorrupção), que serão analisadas ao longo do presente trabalho.

1.2. CONCEITO DE IMPROBIDADE ADMINISTRATIVA

Etimologicamente, o vocábulo "probidade", do latim *probitate*, significa aquilo que é bom, relacionando-se diretamente à honradez, à honestidade e à integridade. A improbidade, ao contrário, deriva do latim *improbitate*, que significa imoralidade, desonestidade.[8]

A probidade administrativa, na lição de Cármen Lúcia Antunes Rocha, "conta com um fundamento não apenas moral genérico, mas com a base de moral jurídica, vale dizer, planta-se ela nos princípios gerais de direito".[9]

O respeito à moral é uma característica básica que deve ser observada por todos aqueles que se relacionam com o Estado, especialmente os agentes públicos que possuem o dever jurídico de atuar com probidade. Trata-se de uma decorrência lógica da própria exigência de boa-fé no âmbito da Administração Pública, uma vez que, no ensinamento clássico de Ruy Cirne Lima, "o Estado não é uma entidade amoral, nem utiliza para seu governo uma moral distinta da dos indivíduos".[10]

Existe uma íntima ligação entre a moral e o "bom administrador", que é aquele que conhece as fronteiras do lícito e do ilícito, do justo e do

---

[8] FERREIRA, Aurélio Buarque de Holanda. *Novo Aurélio século XXI*: o dicionário da língua portuguesa. 3. ed. Rio de Janeiro: Nova Fronteira, 1999. p. 1.086 e 1.640.

[9] ROCHA, Cármen Lúcia Antunes. Improbidade administrativa e finanças públicas. *Boletim de Direito Administrativo*, dez. 2000, p. 920.

[10] LIMA, Ruy Cirne. *Princípios de direito administrativo brasileiro*. 3. ed. Porto Alegre: Sulina, 1954. p. 177. Sobre o princípio da boa-fé no Direito Administrativo como via de aproximação entre o Direito e a moral, confira-se: GONZÁLEZ PÉREZ, Jesús. *El principio general de la buena fe en el derecho administrativo*. 4. ed. Madrid: Civitas, 2004. p. 25. Na lição de Paulo Modesto, enquanto a boa-fé é aplicável nas relações externas da Administração com os administrados, a moralidade exige uma atuação ética do administrador em suas relações externas, perante os administrados, e internas, relativas ao funcionamento e estruturação do aparato administrativo. MODESTO, Paulo. Controle jurídico do comportamento ético da Administração Pública no Brasil. *Revista Eletrônica sobre a Reforma do Estado (RERE)*, Salvador, Instituto Brasileiro de Direito Público, n. 10, jun./jul./ago. 2007, p. 7. Disponível em: <www.direitodoestado.com.br/rere.asp>. Acesso em: 20 jan. 2012.

injusto.[11] A respeito do tema, Diogo de Figueiredo Moreira Neto lembra que "enquanto a moral comum é orientada por uma distinção puramente ética, entre o bem e o mal, distintamente, a moral administrativa é orientada por uma diferença prática entre a boa e a má administração".[12]

Diverge a doutrina a respeito da definição da (im)probidade administrativa. Alguns autores sustentam que a probidade é um subprincípio da moralidade administrativa.[13] Outros defendem que a moralidade é princípio constitucional e que a improbidade resulta da violação deste princípio.[14]

Entendemos que, no Direito positivo, a improbidade administrativa não se confunde com a imoralidade administrativa. O conceito normativo de improbidade administrativa é mais amplo que aquele mencionado no léxico. A imoralidade acarreta improbidade, mas a recíproca não é verdadeira. Vale dizer: nem todo ato de improbidade significa violação ao princípio da moralidade.[15]

Com efeito, a improbidade administrativa será configurada nos casos de enriquecimento ilícito, lesão ao erário e violação aos princípios da Administração Pública.

Registre-se que o art. 11 da LIA, em sua redação originária, considerava improbidade a violação a todo e qualquer princípio da Administração Pública, com a apresentação de condutas exemplificativas.[16]

---

[11] MEIRELLES, Hely Lopes. *Direito Administrativo brasileiro*. 22. ed. São Paulo: Malheiros, 1997. p. 84.

[12] MOREIRA NETO, Diogo de Figueiredo. *Curso de direito administrativo*. 15. ed. Rio de Janeiro: Forense, 2009. p. 105.

[13] MARTINS JÚNIOR, Wallace Paiva. *Probidade administrativa*. 4. ed. São Paulo: Saraiva, 2009. p. 101; FREITAS, Juarez. O princípio da moralidade e a Lei de Improbidade Administrativa. *Fórum Administrativo*, Belo Horizonte, n. 48, p. 5.078, fev. 2005.

[14] Nesse sentido: DI PIETRO, Maria Sylvia Zanella. *Direito administrativo*. 22. ed. São Paulo: Atlas, 2009. p. 803; CARVALHO FILHO, José dos Santos. *Manual de direito administrativo*. 24. ed. Rio de Janeiro: Lumen Juris, 2011. p. 984.

[15] No mesmo sentido: DECOMAIN, Pedro Roberto. *Improbidade administrativa*. São Paulo: Dialética, 2007. p. 24; GARCIA, Emerson; ALVES, Rogério Pacheco. *Improbidade administrativa*. 6. ed. Rio de Janeiro: Lumen Juris, 2011. p. 125.

[16] Naquele contexto, havia uma estreita relação entre a improbidade administrativa e o princípio da juridicidade, pois a violação a qualquer princípio jurídico teria o potencial de configurar a prática da improbidade prevista no art. 11 da LIA. De acordo com o princípio da juridicidade, o administrador deve respeitar não apenas à lei, mas também a todo o ordenamento jurídico. Sobre o tema: OLIVEIRA, Rafael Carvalho Rezende. *A constitucionalização do direito administrativo*. 2. ed. Rio de Janeiro: Lumen Juris, 2010; OLIVEIRA, Rafael Carvalho Rezende. *Princípios do direito administrativo*. Rio de Janeiro: Lumen Juris, 2011.

Com a alteração promovida pela Lei 14.230/2021, não basta a violação aos princípios da Administração para caracterização da improbidade tipificada no art. 11 da LIA, exigindo-se a prática de uma das condutas descritas taxativamente nos seus incisos.

É importante destacar que a improbidade administrativa não se confunde com a mera irregularidade ou ilegalidade, destituída de gravidade e do elemento subjetivo do respectivo infrator.

A improbidade é uma espécie de ilegalidade qualificada pela intenção (dolo) de violar a legislação e pela gravidade da lesão à ordem jurídica. Vale dizer: a tipificação da improbidade depende da demonstração da má-fé ou da desonestidade, não se limitando à mera ilegalidade, bem como da grave lesão aos bens tutelados pela Lei de Improbidade Administrativa.

Aliás, a Reforma implementada pela Lei 14.230/2021 apresentou nítida preocupação em restringir a aplicação das severas sanções de improbidade às condutas dolosas praticadas por agentes públicos e terceiros, extinguindo a modalidade culposa de improbidade inicialmente prevista no art. 10 da LIA.

De acordo com o art. 1.º, § 1.º, da LIA, alterado pela Lei 14.230/2021, "consideram-se atos de improbidade administrativa as condutas dolosas tipificadas nos arts. 9.º, 10 e 11 desta Lei, ressalvados tipos previstos em leis especiais". Assim, além dos atos de improbidade administrativa previstos nos arts. 9.º, 10 e 11 da LIA, é possível caracterizar a improbidade administrativa por condutas tipificadas na legislação específica (ex.: art. 73, *caput* e § 7.º, da Lei 9.504/1997 – Lei Eleitoral).[17]

A partir da Reforma da LIA, é possível conceituar a improbidade administrativa como o ato ilícito doloso, praticado por agente público ou terceiro, contra as entidades públicas e privadas, gestoras de recursos públicos, capaz de acarretar enriquecimento ilícito, lesão ao erário e violação aos princípios da Administração Pública.

---

[17] Lei 9.504/1997: "Art. 73 (...) § 7.º As condutas enumeradas no *caput* caracterizam, ainda, atos de improbidade administrativa, a que se refere o art. 11, inciso I, da Lei n.º 8.429, de 2 de junho de 1992, e sujeitam-se às disposições daquele diploma legal, em especial às cominações do art. 12, inciso III". Nesse sentido: STJ, AgInt no AgInt no AREsp 1.479.463/SP, Rel. Min. Paulo Sérgio Domingues, 1.ª Turma, *DJe* 09.12.2024.

1.3. A EXIGÊNCIA DO DOLO ESPECÍFICO PARA CONFIGURAÇÃO DA IMPROBIDADE

Em sua redação originária, a LIA exigia, em regra, o dolo para caraterização do ato de improbidade administrativa, salvo na hipótese do ato de improbidade por lesão ao erário (art. 10), que permitia a modalidade culposa.

Não bastaria, contudo, a verificação de culpa leve para incidência excepcional das sanções de improbidade. Naquele contexto, prevaleceu o entendimento de que a culpa, indicada na redação originária do art. 10 da LIA, deveria ser "grave".[18]

O afastamento da culpa leve na caracterização da responsabilização pessoal dos agentes públicos, em qualquer hipótese, foi confirmado pelo art. 28 da Lei de Introdução às Normas do Direito Brasileiro (LINDB), inserido pela Lei 13.655/2018, que dispõe: "Agente público responderá pessoalmente por suas decisões ou opiniões técnicas em caso de dolo ou erro grosseiro".

Uma inovação importante introduzida pela Reforma da LIA pela Lei 14.230/2021 foi a extinção da modalidade culposa de improbidade administrativa, com a retirada da expressão "culposa" do art. 10 da LIA. A atual redação dos arts. 9.º, 10 e 11 da LIA exige a conduta dolosa do autor do ato de improbidade.[19]

---

[18] STJ, AIA 30/AM, Rel. Min. Teori Albino Zavascki, Corte Especial, *DJe* 28.09.2011. A tese 1 da edição n.º 38 da "Jurisprudência em Teses" do STJ dispõe: "É inadmissível a responsabilidade objetiva na aplicação da Lei n. 8.429/1992, exigindo-se a presença de dolo nos casos dos arts. 9.º e 11 (que coíbem o enriquecimento ilícito e o atentado aos princípios administrativos, respectivamente) e ao menos de culpa nos termos do art. 10, que censura os atos de improbidade por dano ao Erário".

[19] Registre-se que o STF, em julgamento realizado após a reforma introduzida pela Lei 14.230/2021, ao tratar da constitucionalidade da modalidade culposa da improbidade prevista na redação originária do art. 10 da LIA, definiu o Tema 309 da repercussão geral: "a) O dolo é necessário para a configuração de qualquer ato de improbidade administrativa (art. 37, § 4.º, da Constituição Federal), de modo que é inconstitucional a modalidade culposa de ato de improbidade administrativa prevista nos arts. 5.º e 10 da Lei n.º 8.429/92, em sua redação originária. b) São constitucionais os arts. 13, V, e 25, II, da Lei n.º 8.666/1993, desde que interpretados no sentido de que a contratação direta de serviços advocatícios pela Administração Pública, por inexigibilidade de licitação, além dos critérios já previstos expressamente (necessidade de procedimento administrativo formal; notória especialização profissional; natureza singular do serviço), deve observar: (i) inadequação da prestação do serviço pelos integrantes do Poder Público; e (ii) cobrança de preço compatível com a responsabilidade profissional exigida pelo caso, observado, também, o valor médio cobrado pelo escritório de advocacia contratado em situações similares anteriores".

No mesmo sentido, o art. 1.º, § 1.º, da LIA, alterado pela Lei 14.230/2021, dispõe que apenas as "condutas dolosas" tipificadas nos arts. 9.º, 10 e 11 constituem improbidade administrativa.

Igualmente, a nova redação do § 3.º do art. 1.º da LIA dispõe que o mero exercício da função ou desempenho de competências públicas, sem comprovação de ato doloso com fim ilícito, afasta a responsabilidade por ato de improbidade administrativa.

Outra inovação relaciona-se com a exigência de dolo específico para configuração da improbidade, na forma do § 2.º do art. 1.º da LIA, introduzido pela Lei 14.230/2021. Considera-se dolo a vontade livre e consciente de alcançar o resultado ilícito tipificado nos arts. 9.º, 10 e 11 desta Lei, não bastando a voluntariedade do agente.

De acordo com a jurisprudência tradicional do STJ, firmada a partir da interpretação da redação originária da LIA, bastaria o dolo genérico para caracterização da improbidade.[20]

Com a reforma promovida pela Lei 14.230/2021, o § 2.º do art. 1.º da LIA supera o entendimento jurisprudencial para exigir, a partir de agora, o dolo específico para configuração da improbidade. Aliás, o próprio STJ já decidiu pela necessidade de demonstração do dolo específico para configuração da improbidade administrativa a partir das alterações inseridas na LIA pela Lei 14.230/2021.[21]

Em suma, com a Reforma da LIA, a improbidade administrativa somente restará caracterizada se comprovado o dolo específico do agente público ou terceiro, inexistindo, portanto, a modalidade culposa de improbidade, ainda que a culpa seja "grave" ou o erro seja "grosseiro".

1.4. INEXISTÊNCIA DE IMPROBIDADE POR DIVERGÊNCIA DE INTERPRETAÇÃO DA LEI

O art. 1.º, § 8.º, da LIA, incluído pela Lei 14.230/2021, dispõe que não caracteriza improbidade administrativa a divergência de interpretação

---

[20] STJ, AgInt nos EREsp 1.107.310/MT, Rel. Min. Sérgio Kukina, Primeira Seção, *DJe* 26.05.2020; STJ, EREsp 1.193.248/MG, Rel. p/ Acórdão Min. Herman Benjamin, Primeira Seção, *DJe* 18.12.2020. A tese 11 da edição n.º 40 da "Jurisprudência em Teses" do STJ dispõe: "O ato de improbidade administrativa previsto no art. 11 da Lei 8.429/92 não requer a demonstração de dano ao erário ou de enriquecimento ilícito, mas exige a demonstração de dolo, o qual, contudo, não necessita ser específico, sendo suficiente o dolo genérico".

[21] STJ, REsp 2.107.601/MG, Rel. Min. Gurgel de Faria, 1.ª Turma, j. 23.04.2024.

da legislação, apoiada em jurisprudência, ainda que não pacificada, mesmo que não venha a ser posteriormente prevalecente nas decisões dos órgãos de controle ou dos tribunais do Poder Judiciário. Trata-se da consagração legislativa da impossibilidade do denominado "delito hermenêutico" no âmbito da improbidade administrativa.

Realmente, não parece razoável admitir a imputação de ato de improbidade ao agente público simplesmente pelo fato de que a sua interpretação do ordenamento jurídico, ainda que razoável e apoiada em argumentos técnico-científicos, é diversa daquela apresentada pelo membro do Ministério Público, legitimado ativo para propositura da ação de improbidade. A propositura de ações de improbidade, nessas situações, acarretaria, ao menos, uma externalidade negativa: a paralisia administrativa gerada pelo medo do agente público decidir em uma sociedade cada vez mais marcada por complexidades, riscos e incertezas.

De fato, os agentes públicos têm se esquivado de prolatar decisões administrativas em situações que não se amoldam à literalidade do dispositivo normativo ou que apresentam dúvidas interpretativas, notadamente em hipóteses que envolvam a definição do alcance dos princípios jurídicos e dos conceitos jurídicos indeterminados, mesmo nos casos que são precedidos de posicionamentos da Advocacia Pública favoráveis à tomada da decisão ou apoiada em jurisprudência não pacificada.

A "Administração Pública do medo" é pautada pela aversão à inovação e pelos incentivos aos comportamentos conservadores e formalistas, ainda que não coincidam com o melhor atendimento do interesse público na perspectiva do gestor público. É preciso lutar contra isso, criando incentivos para a gestão pública se tornar mais eficiente e menos formalista.

Nesse sentido, revela-se importante descaracterizar a improbidade administrativa fundada em divergência de interpretação entre os agentes públicos e o Ministério Público, afastando a aplicação da LIA nos casos em que a referida dissonância interpretativa é apoiada em jurisprudência, ainda que não pacificada, na forma do art. 1.º, § 8.º, da LIA, incluído pela Lei 14.230/2021.

Não obstante a dificuldade de interpretação da expressão "jurisprudência não pacificada", parece razoável admitir, *contrario sensu*, a configuração da improbidade nos casos de decisões administrativas que contrariem, por exemplo, súmulas vinculantes e as decisões definitivas de mérito proferidas pelo STF nas ações diretas de inconstitucionalidade e nas ações declaratórias de constitucionalidade.

É preciso destacar, contudo, que o STF, por meio de decisão monocrática do Ministro Alexandre de Moraes, proferida no julgamento da ADI 7.236/DF, suspendeu a eficácia do art. 1.º, § 8.º, da LIA, em razão do caráter excessivamente amplo do dispositivo que conduziria à "insegurança jurídica apta a esvaziar a efetividade da ação de improbidade administrativa".[22]

Em seu voto, o Ministro Alexandre de Moraes destacou a existência de pluralidade de órgãos jurisdicionais com competência para apreciar a aplicação da legislação administrativa, o que acarretaria uma grande "quantidade de pronunciamentos judiciais que, sem desabono de sua autoridade, não servem como sinalização do entendimento do Poder Judiciário, seja por provirem de órgãos singulares, ou serem editados em momento ainda incipiente do debate sobre a matéria, ou mesmo por se relacionarem a circunstâncias concretas que não permitem a generalização de suas premissas para outras situações".

De nossa parte, sustentamos a constitucionalidade do referido dispositivo legal. Com o devido respeito aos argumentos apresentados na decisão monocrática, pendente de apreciação pelo Plenário do STF, o art. 1.º, § 8.º, da LIA, ao afastar a improbidade por "divergência da interpretação da lei", buscou justamente garantir segurança jurídica ao gestor público que decide com fundamento em pronunciamento judicial que, enquanto não for reformado pelo próprio Poder Judiciário, possui força cogente. Ademais, ainda que não fosse amparada em pronunciamento judicial, a decisão do gestor público, assim como ocorre com os atos estatais em geral, possui a presunção de legitimidade e veracidade.

---

[22] STF, ADI 7.236 MC/DF, Rel. Min. Alexandre de Moraes, *DJe* 10.01.2023.

Capítulo 2

FONTES NORMATIVAS

2.1. ANTECEDENTES NORMATIVOS

A previsão normativa de instrumentos jurídicos aptos a combater a desonestidade, a corrupção e a deslealdade com o trato da coisa pública, representa importante critério de verificação da seriedade de determinado Estado.

Não basta, no entanto, a existência de normas de combate à improbidade administrativa se a respectiva efetivação não for adequada. O manuseio do arsenal jurídico, complexo e heterogêneo, é igualmente fundamental para a prevenção e a punição daqueles que atentarem contra os valores consagrados no ordenamento jurídico.

Em razão da pluralidade de repercussões dos atos de improbidade, que acarretam consequências nas esferas penal, política, cível e administrativa, o ordenamento prevê diversos procedimentos e sanções que podem – e devem – ser utilizados de forma harmoniosa, tendo em vista a necessidade de máxima efetividade das normas éticas.

A preocupação com a probidade administrativa no Brasil pode ser verificada pela diversidade de normas jurídicas que foram editadas ao longo do tempo.

Destacam-se, aqui, as duas normas infraconstitucionais que antecederam a atual Lei 8.429/1992: a Lei 3.164/1957 e a Lei 3.502/1958, ambas promulgadas com fundamento no art. 141, § 31, *in fine*, da Constituição de 1946, que dispunha: "A lei disporá sobre o sequestro e o perdimento de bens, no caso de enriquecimento ilícito, por influência ou com abuso de cargo ou função pública, ou de emprego em entidade autárquica".

A Lei 3.164/1957, conhecida como Lei Pitombo-Godói Ilha, estabelecia, em seu art. 1.º, a possibilidade de sequestro e perda, em favor da Fazenda Pública, dos bens adquiridos pelo servidor público, por influência ou abuso de cargo ou função pública, sem prejuízo da eventual responsabilidade penal. A preocupação central da referida legislação era sancionar os servidores públicos por atos de enriquecimento ilícito.

Com o objetivo de democratizar o controle repressivo da improbidade administrativa, o art. 1.º, § 2.º, da Lei 3.164/1957 reconhecia legitimidade ativa para propositura da ação de improbidade ao Ministério Público e a qualquer pessoa do povo, neste último caso, consubstanciando verdadeira "ação popular de improbidade administrativa", que não foi repetida na atual Lei 8.429/1992.

Posteriormente, a Lei 3.502/1958, denominada Lei Bilac Pinto, pretendeu regular "o sequestro e o perdimento de bens nos casos de enriquecimento ilícito, por influência ou abuso do cargo ou função".

Em sentido semelhante ao disposto na legislação anterior, que continuava em vigor, o escopo principal da Lei 3.502/1958 era punir os agentes públicos por atos de enriquecimento ilícito.

Adotava-se, todavia, conceito mais amplo de "servidor público" para englobar "todas as pessoas que exercem na União, nos Estados, nos Territórios, no Distrito Federal e nos municípios, quaisquer cargos, funções ou empregos, civis ou militares, quer sejam eletivos quer de nomeação ou contrato, nos órgãos dos Poderes Executivo, Legislativo ou Judiciário" (art. 1.º, § 1.º, da Lei 3.502/1958). Da mesma forma, equiparava-se ao dirigente ou empregado de autarquia, para os fins daquele diploma legal, "o dirigente ou empregado de sociedade de economia mista, de fundação instituída pelo Poder Público, de empresa incorporada ao patrimônio público, ou de entidade que receba e aplique contribuições parafiscais" (art. 1.º, § 2.º, da Lei 3.502/1958).

Outro avanço da Lei 3.502/1958 era a previsão, detalhada e exemplificativa, de hipóteses que consubstanciavam o enriquecimento ilícito, nos moldes do que ocorre, atualmente, no art. 9.º da Lei 8.429/1992.

No tocante à legitimidade ativa, o art. 5.º da Lei 3.502/1958 considerava legitimados para propositura da ação de improbidade administrativa os entes da Administração Pública Direta (União, Estados, Distrito Federal e Municípios) e Indireta (autarquias, estatais e fundações), bem como as empresas incorporadas ao patrimônio do Estado e as entidades privadas que recebiam e aplicavam contribuições parafiscais. Não obstante a omissão do novo diploma legal, a legitimidade ativa do Ministério Público e de qualquer pessoa do povo encontrava fundamento no art. 1.º, § 2.º, da Lei 3.164/1957.[1]

Cabe ressaltar, ainda, que as Leis 3.164/1957 e 3.502/1958 somente foram revogadas pelo art. 25 da Lei 8.429/1992.[2]

Além das normas indicadas anteriormente, outros atos normativos, que antecederam a atual Lei 8.429/1992, foram outorgados durante o regime militar, estabelecendo poderes ditatoriais ao Chefe do Executivo para implementação de sanções por improbidade.

Nesse contexto, o Ato Institucional 5/1968, outorgado durante o regime ditatorial, com viés antidemocrático, conferia ao Presidente da República a prerrogativa de "suspender os direitos políticos de quaisquer cidadãos pelo prazo de 10 anos e cassar mandatos eletivos federais, estaduais e municipais" (art. 4.º), bem como a possibilidade de "decretar o confisco de bens de todos quantos tenham enriquecido, ilicitamente, no exercício de cargo ou função pública, inclusive de autarquias, empresas públicas e sociedades de economia mista, sem prejuízo das sanções penais cabíveis" (art. 8.º).[3]

Em seguida, o Decreto-lei 359/1969 foi editado para instituir no Ministério da Justiça a Comissão Geral de Investigações, com a incumbência de "promover investigações sumárias para o confisco de bens de todos quantos tenham enriquecido, ilicitamente, no exercício de cargo ou função pública, da União, dos Estados, do Distrito Federal, dos Territórios ou dos Municípios, inclusive de empregos das respectivas autarquias, empresas públicas ou sociedades de economia mista".

De acordo com o art. 6.º do Decreto-lei 359/1969, considerava-se enriquecimento ilícito "a aquisição de bens, dinheiros ou valores, por quem tenha exercido ou exerça cargo ou função pública da União, Estados, Distrito Federal, Territórios e Municípios, assim como das respectivas autarquias, empresas públicas ou sociedades de economia mista, sem que, à época da aquisição, dispusesse de idoneidade financeira para fazê-lo, à vista da

---

[1] PINTO, Francisco Bilac Moreira. *Enriquecimento ilícito no exercício de cargos públicos*. Rio de Janeiro: Forense, 1960. p. 191.

[2] Dispõe o art. 25 da Lei 8.429/1992: "Ficam revogadas as Leis n.ᵒˢ 3.164, de 1.º de junho de 1957, e 3.502, de 21 de dezembro de 1958 e demais disposições em contrário".

[3] O caráter autoritário do AI 5/68 pode ser demonstrado, por exemplo, pelo afastamento das denominadas medidas de segurança (liberdade vigiada, proibição de frequentar determinados lugares e domicílio determinado), aplicadas pelo Presidente da República, da apreciação pelo Poder Judiciário (art. 5.º, § 2.º).

declaração de rendimentos apresentada para fins de pagamento do imposto de renda". A referida norma ampliou o conceito de "enriquecimento ilícito", consagrado nas Leis 3.164/1957 e 3.502/1958, para abranger a evolução patrimonial desproporcional, independentemente do nexo etiológico entre a conduta do agente público e a aquisição do bem, de forma semelhante à previsão do atual art. 9.º, VII, da Lei 8.429/1992.[4]

O Ato Institucional 14/1969 alterou o art. 150, § 11, da Carta de 1967, para remeter à disciplina legal os casos de confisco nas situações de guerra, bem como de perdimento de bens por danos causados ao Erário ou de enriquecimento ilícito no exercício de cargo, função ou emprego na Administração Pública Direta ou Indireta. O art. 2.º do referido Ato Institucional mantinha em vigor "os Atos Institucionais, Atos Complementares, leis, decretos-leis, decretos e regulamentos que dispõem sobre o confisco de bens em casos de enriquecimento ilícito".

A Carta de 1969 (Emenda Constitucional 1/1969), após alteração promovida pela Emenda Constitucional 11/1978, em seu art. 153, § 11, afastou a possibilidade de confisco, permanecendo, contudo, a sanção de perdimento de bens por danos causados ao Erário ou no caso de enriquecimento no exercício de função pública, na forma prevista em lei.

O art. 3.º da Emenda Constitucional 11/1978 revogou os atos institucionais e complementares, contrários à Carta de 1969, ressalvando, no entanto, os efeitos já produzidos, os quais permaneciam excluídos da apreciação judicial.

2.2. QUADRO NORMATIVO ATUAL: FONTES INTERNACIONAIS, CONSTITUCIONAIS, LEGISLATIVAS E REGULAMENTARES

A preocupação com o combate à corrupção, na atualidade, não se restringe ao âmbito interno dos Estados nacionais, destacando-se, também, no cenário internacional.

O ordenamento jurídico tem demonstrado preocupação crescente com o tema relacionado à improbidade administrativa, sendo possível diferenciar quatro espécies de fontes normativas: internacionais, constitucionais, legais e regulamentares.

---

[4] Nesse sentido: MARTINS JÚNIOR, Wallace Paiva. *Probidade administrativa*. 4. ed. São Paulo: Saraiva, 2009. p. 188; GARCIA, Emerson; ALVES, Rogério Pacheco. *Improbidade administrativa*. 3. ed. Rio de Janeiro: Lumen Juris, 2006. p. 182.

2.2.1. Fontes internacionais

No âmbito internacional, a preocupação com o combate à improbidade administrativa pode ser demonstrada, exemplificativamente, por meio de três Convenções específicas sobre o tema, que têm o Brasil como signatário: a) Convenção sobre o Combate da Corrupção de Funcionários Públicos Estrangeiros em Transações Comerciais Internacionais: elaborada no âmbito da Organização para a Cooperação e Desenvolvimento Econômicos (OCDE), a Convenção em comento foi ratificada pelo Decreto Legislativo 125/2000 e promulgada pelo Decreto Presidencial 3.678/2000; b) Convenção Interamericana contra a Corrupção (CICC): elaborada pela Organização dos Estados Americanos (OEA), a referida Convenção foi ratificada pelo Decreto Legislativo 152/2002, com reserva para o art. XI, § 1.º, inciso "C", e promulgada pelo Decreto Presidencial 4.410/2002; e c) Convenção das Nações Unidas contra a Corrupção (CNUCC): ratificada pelo Decreto Legislativo 348/2005 e promulgada pelo Decreto Presidencial 5.687/2006.[5]

2.2.2. Fontes constitucionais

No tocante às fontes constitucionais, merece destaque o art. 37, § 4.º, que dispõe: "Os atos de improbidade administrativa importarão a suspensão dos direitos políticos, a perda da função pública, a indisponibilidade dos bens e o ressarcimento ao erário, na forma e gradação previstas em lei, sem prejuízo da ação penal cabível". A norma constitucional em comento foi regulamentada pela Lei 8.429/1992.

Ressalte-se, ainda, a existência de outras normas constitucionais relevantes no tratamento da improbidade administrativa, tais como: a) art. 14, § 9.º: remete à lei complementar a prerrogativa para fixar "outros casos de inelegibilidade e os prazos de sua cessação, a fim de proteger a probidade administrativa, a moralidade para o exercício de mandato, considerada a vida pregressa do candidato, e a normalidade e legitimidade das eleições contra a influência do poder econômico ou o abuso do exercício de função, cargo ou emprego na administração direta ou indireta"; b) art. 15, V: admite a perda ou a suspensão de direitos políticos no caso de improbidade

---

[5] A Convenção das Nações Unidas contra a Corrupção foi assinada em 09.12.2003 (Dia Internacional de Luta contra a Corrupção), na cidade de Mérida, no México, razão pela qual também é denominada de "Convenção de Mérida".

administrativa, nos termos do art. 37, § 4.º; c) art. 37, *caput*: enumera os princípios expressos que são aplicáveis à Administração Pública (legalidade, impessoalidade, moralidade, publicidade e eficiência); d) art. 85, V: define como crime de responsabilidade os atos do Presidente da República que atentem contra a probidade na Administração.

2.2.3. Fontes legislativas

No âmbito infraconstitucional, a Lei 8.429/1992 (Lei de Improbidade Administrativa – LIA), promulgada com fundamento no art. 37, § 4.º, da CRFB e profundamente alterada pela Lei 14.230/2021, define os sujeitos e os atos de improbidade, as respectivas sanções, as normas processuais, dentre outras questões relacionadas ao tema.[6]

Além da Lei de Improbidade Administrativa, existem outros diplomas legais que procuram combater a improbidade administrativa (Sistema Brasileiro de Combate à Corrupção), conforme se verifica no seguinte rol exemplificativo: a) as leis que definem os denominados crimes de responsabilidade (exemplos: Lei 1.079/1950 e Decreto-lei 201/1967); b) Lei 8.730/1993: estabelece a obrigatoriedade da declaração de bens e rendas para o exercício de cargos, empregos e funções nos Poderes Executivo, Legislativo e Judiciário; c) art. 52 da Lei 10.257/2001 (Estatuto da Cidade): define atos de improbidade praticados pelo Prefeito; d) art. 73, *caput* e § 7.º, da Lei 9.504/1997: enumera condutas que são vedadas aos agentes públicos nos pleitos eleitorais, qualificando-as como atos de improbidade administrativa, na forma do art. 11 da Lei de Improbidade Administrativa; e) art. 482, "a", da CLT: dispõe que o ato de improbidade constitui justa causa para rescisão do contrato de trabalho pelo empregador; f) estatutos funcionais (exemplo: Lei 8.112/1990); g) leis do processo administrativo (exemplo: Lei 9.784/1999); h) Lei 12.846/2013 (Lei Anticorrupção): dispõe sobre a responsabilização administrativa e civil de pessoas jurídicas pela prática de atos contra a Administração Pública, nacional ou estrangeira[7] etc.

---

[6] Fábio Medina Osório denomina a Lei 8.429/1992 de "Código Geral de Conduta" dos agentes públicos brasileiro. MEDINA OSÓRIO, Fábio. *Teoria da improbidade administrativa: má gestão pública, corrupção e ineficiência*. São Paulo: RT, 2007. p. 183.

[7] Sobre a Lei 12.846/2013, remetemos o leitor ao Livro II da presente obra, que aborda o "Sistema Brasileiro de Combate à Corrupção e a Lei 12.846/2013 (Lei Anticorrupção)".

2.2.4. Fontes regulamentares

Por fim, vale mencionar, também, algumas normas regulamentares que dispõem sobre a improbidade administrativa, especialmente sobre os Códigos de Conduta dos agentes públicos e os procedimentos éticos que devem ser observados na Administração Pública, como ocorre, por exemplo, nas seguintes hipóteses: a) Código de Conduta da Alta Administração Federal, aprovado pelo Decreto sem número, de 21 de agosto de 2000; b) Código de Ética Profissional do Servidor Público Civil do Poder Executivo Federal, instituído pelo Decreto 1.171/1994; c) Decreto 6.029/2007: institui o Sistema de Gestão da Ética do Poder Executivo Federal; d) Decreto sem número, de 26 de maio de 1999: institui a Comissão de Ética Pública; e) Resolução 3/2000, editada pela Comissão de Ética Pública, com fundamento no art. 2.º, inciso V, do Decreto de 26.05.1999: estabelece regras sobre o tratamento de presentes e brindes aplicáveis às autoridades públicas abrangidas pelo Código de Conduta da Alta Administração Federal etc.

2.3. DISCUSSÃO QUANTO À CONSTITUCIONALIDADE DA LEI 8.429/1992

A discussão quanto à (in)constitucionalidade formal da Lei 8.429/1992 foi objeto da ADI 2.182/DF, proposta pelo Partido Trabalhista Nacional (PTN) perante o STF.

O argumento suscitado na referida ação cingiu-se à inobservância do devido processo legislativo bicameral na elaboração da Lei de Improbidade Administrativa, na forma do art. 65 da CRFB, que estabelece: "Art. 65. O projeto de lei aprovado por uma Casa será revisto pela outra, em um só turno de discussão e votação, e enviado à sanção ou promulgação, se a Casa revisora o aprovar, ou arquivado, se o rejeitar. Parágrafo único. Sendo o projeto emendado, voltará à Casa iniciadora."

Isto porque o Projeto de Lei (PL) inicialmente aprovado pela Câmara dos Deputados foi profundamente alterado no Senado, com a inserção de novas normas, configurando, em tese, novo PL. Vale dizer: o Senado, que atuara como Casa revisora, teria se transformado em verdadeira Casa iniciadora, com a apresentação de PL mais abrangente que o inicial.

Ao retornar à Câmara dos Deputados, a Casa Legislativa aproveitou alguns dispositivos aprovados no Senado e rejeitou a maioria do substitutivo, enviando o projeto à sanção do Presidente da República, em vez de devolvê-lo ao Senado. Por esta razão, segundo os argumentos que embasaram a ADI, as normas sancionadas não teriam sido objeto de debate nas duas Casas Legislativas, conforme exige o art. 65 da CRFB.[8]

No julgamento da ação em comento, a Suprema Corte, por maioria, entendeu inexistir qualquer vício formal na Lei de Improbidade Administrativa, sob o argumento de que, "Iniciado o projeto de lei na Câmara de Deputados, cabia a esta o encaminhamento à sanção do Presidente da República depois de examinada a emenda apresentada pelo Senado da República. O substitutivo aprovado no Senado da República, atuando como Casa revisora, não caracterizou novo projeto de lei a exigir uma segunda revisão."[9]

Ressalte-se, ainda, a existência de controvérsias sobre a constitucionalidade material da Lei de Improbidade Administrativa.

Parcela minoritária da doutrina sustenta a inconstitucionalidade formal e material da Lei 8.429/1992.

Toshio Mukai, por exemplo, sustenta a ausência de competência legislativa da União para edição de normas gerais de improbidade, aplicáveis aos demais entes da Federação.[10] De acordo com o referido autor, a Lei somente pode ser aplicada aos agentes públicos da União, sob pena de inconstitucionalidade.

Conforme será destacado no item a seguir (2.4.), entendemos que as normas da Lei de Improbidade têm aplicação nacional, tendo em vista a respectiva natureza cível, política ou processual do seu conteúdo, o que legitima a atuação legislativa da União, na forma do art. 22, I, da CRFB. As ressalvas referem-se apenas às normas de conteúdo eminentemente administrativo que são de competência autônoma de cada um dos entes federados.

Por outro lado, alguns autores, como Gina Copola, Toshio Mukai e Mauro Roberto Gomes de Mattos, sustentam a inconstitucionalidade material do art. 12 da Lei 8.429/1992, pois estabeleceu mais sanções que aquelas já delimitadas no art. 37, § 4.º, da CRFB.[11]

---

[8] No sentido da inconstitucionalidade formal da Lei 8.429/1992, em razão da inobservância do devido processo legislativo, veja, por exemplo: COPOLA, Gina. *A improbidade administrativa no direito brasileiro*. Belo Horizonte: Fórum, 2011. p. 15-16.

[9] STF, ADI 2.182/DF, Rel. Min. Marco Aurélio, Rel. p/ Acórdão Min. Cármen Lúcia, Tribunal Pleno, *DJe*-168, 10.09.2010, p. 129 (Informativo de Jurisprudência do STF 586).

[10] MUKAI, Toshio. A inconstitucionalidade da Lei de Improbidade Administrativa – Lei Federal 8.429/92. *BDA*, São Paulo, p. 720-723, nov. 1999.

[11] COPOLA, Gina. *A improbidade administrativa no direito brasileiro*. Belo Horizonte: Fórum, 2011. p. 16-18; MUKAI, Toshio. Fantasmagórica ameaça das ações de improbidade

Da mesma forma, entendemos não haver qualquer vício de constitucionalidade na ampliação legal das sanções de improbidade, pois cabe ao legislador ordinário a tipificação de condutas ilícitas e a fixação das respectivas sanções, sendo certo que as sanções previstas no art. 37, § 4.º, da CRFB são apenas exemplificativas, permitindo, portanto, a fixação de outras penalidades no âmbito legislativo, com o objetivo de maior efetividade no combate à improbidade administrativa.

Tem prevalecido, na doutrina, o entendimento de que a Lei 8.429/1992 é constitucional e representa, na atualidade, um dos mais valiosos instrumentos de combate à improbidade administrativa no Brasil.[12]

Não é outro o entendimento consagrado no STF que, no julgamento da ADI 4.295/DF, reconheceu a constitucionalidade material de diversos dispositivos da LIA (arts. 2.º, 3.º, 9.º, 10, 11, entre outros).[13]

2.4. A COMPETÊNCIA LEGISLATIVA E A NATUREZA DA LEI 8.429/1992: LEI NACIONAL OU FEDERAL?

Questão interessante é definir a competência para legislar sobre a improbidade administrativa.

A autonomia política dos entes federados, consagrada no art. 18 da CRFB, engloba três capacidades distintas: a) auto-organização: competências legislativas próprias; b) autogoverno: capacidade de eleger seus governantes; c) autoadministração: prerrogativa de organizar e prestar serviços administrativos, bem como a previsão e receitas tributárias próprias.

Em relação à competência legislativa, o texto constitucional promove, em síntese, a seguinte divisão: a) competências privativas (exemplos: arts. 22 e 30, I, da CRFB); b) competências residuais ou remanescentes para os

---

administrativa. *BDA*, São Paulo, p. 191-192, mar. 2000; MATTOS, Mauro Roberto Gomes de. *O limite da improbidade administrativa*: comentários à Lei n.º 8.429/92. 4. ed. Rio de Janeiro: Impetus, 2009. p. 487.

[12] Nesse sentido, por exemplo: MARTINS JÚNIOR, Wallace Paiva. *Probidade administrativa*. 4. ed. São Paulo: Saraiva, 2009. p. 191-201; FAZIO JÚNIOR, Waldo. *Atos de improbidade administrativa*. 2. ed. São Paulo: Atlas, 2008. p. 61-67; GARCIA, Emerson; ALVES, Rogério Pacheco. *Improbidade administrativa*. 6. ed. Rio de Janeiro: Lumen Juris, 2011. p. 206-207; NEIVA, José Antonio Lisbôa. *Improbidade administrativa*: legislação comentada artigo por artigo. 2. ed. Rio de Janeiro: Impetus, 2011. p. 19-23.

[13] STF, ADI 4.295/DF, Rel. Min. Marco Aurélio, Redator do acórdão Min. Gilmar Mendes, Tribunal Pleno, *DJe* 02.10.2023.

Estados-membros (art. 25, § 1.º, da CRFB); c) competências concorrentes entre União, Estados e Municípios (arts. 24 e 30, II, da CRFB).[14]

No tocante à improbidade administrativa, a Constituição não prevê de forma clara a quem compete legislar sobre o tema. O art. 37, § 4.º, da CRFB remete ao legislador o tratamento da matéria, sem, contudo, identificar o nível federativo.

Em razão disso, conclui-se pela inexistência de competência privativa, *a priori*, da União para legislar sobre improbidade administrativa, o que suscita o debate quanto à amplitude federativa da Lei 8.429/1992: lei nacional, aplicável a todos os entes federados, ou lei federal, restrita à Administração Federal?

A resposta depende da análise do conteúdo da Lei 8.429/1992.

Em regra, a referida norma trata de atos de improbidade e das respectivas sanções que têm natureza, primordialmente, cível ou política, razão pela qual deve ser reconhecida a competência legislativa privativa da União, com fundamento no art. 22, I, da CRFB, para fixar normas de caráter nacional.

Da mesma forma, a Lei 8.429/1992 consagra normas sobre o processo judicial de improbidade administrativa, cabendo à União legislar sobre Direito Processual, na forma do art. 22, I, da CRFB.

Ocorre que algumas normas constantes da Lei 8.429/1992 possuem conteúdo essencialmente administrativo, o que, em razão da autonomia federativa, acarreta a prerrogativa de exercício da competência legislativa autônoma por cada ente federado. Vale dizer: a União não poderia elaborar normas de Direito Administrativo aplicáveis aos demais entes, devendo, portanto, respeitar a autonomia federativa.

É o que ocorre, por exemplo, com o art. 13 da LIA, alterado pela Lei 14.230/2021, que dispõe sobre a exigência de apresentação de declaração de imposto de renda e proventos de qualquer natureza, que tenha sido apresentada à Secretaria Especial da Receita Federal do Brasil, como condição para a posse e o exercício da função pelo agente público. Não obstante a salutar exigência, relevante para o acompanhamento da evolução patrimonial do agente público durante a sua vida funcional e controle do eventual enriquecimento ilícito, deve ser reconhecida a autonomia dos entes

---

[14] Sobre o tema, vide: TAVARES, André Ramos. *Curso de direito constitucional*. 5. ed. São Paulo: Saraiva, 2007. p. 1.001-1.008.

federados para fixarem as exigências específicas para posse e exercício da função pública.[15]

Destarte, a Lei 8.429/1992 tem aplicabilidade em âmbito nacional, salvo no tocante às normas de cunho eminentemente administrativo.

2.5. IRRETROATIVIDADE DA LEI 8.429/1992

A Lei 8.429/1992 somente pode ser aplicada aos fatos praticados após a sua vigência (3 de junho de 1992), tendo em vista o princípio da irretroatividade da lei.[16]

O princípio da irretroatividade das normas, consagrado no art. 5.º, XXXVI, da CRFB, tem por objetivo proteger as situações consolidadas (direito adquirido, ato jurídico perfeito e coisa julgada), bem como a proteção de expectativas legítimas, satisfazendo, com isso, o ideal de estabilização jurídica.

Isto não significa dizer que os atos de improbidade administrativa, praticados antes da vigência da Lei 8.429/1992, estejam imunes à repressão judicial. Nesse caso, o controle da improbidade administrativa poderá ser realizado com apoio dos diplomas legais vigentes à época, como, por exemplo, as Leis 3.164/1957 e 3.502/1958, que tratavam da improbidade administrativa.

Ademais, o dever de ressarcir os danos causados ao erário pode ser imposto aos fatos praticados antes da vigência da Lei de Improbidade Administrativa, com fundamento nas seguintes normas jurídicas: art. 37, § 5.º, da CRFB, art. 159 do Código Civil anterior (1916), as Leis 4.717/1965 (Lei da Ação Popular) e 7.347/1985 (Lei da Ação Civil Pública).[17]

A inaplicabilidade da Lei 8.429/1992 aos fatos praticados antes da sua vigência tem sido reconhecida pela jurisprudência. Nesse sentido, por exemplo, o STJ confirmou acórdão que afastava a aplicação da Lei 8.429/1992,

---

[15] Na redação originária da LIA, alguns autores sustentavam que os arts. 13, 14, § 3.º, e 20, parágrafo único, seriam normas administrativas aplicáveis em âmbito federal. Nesse sentido: DI PIETRO, Maria Sylvia Zanella. Direito administrativo. 22. ed. São Paulo: Atlas, 2009. p. 812; CARVALHO FILHO, José dos Santos. Manual de direito administrativo. 24. ed. Rio de Janeiro: Lumen Juris, 2011. p. 986.

[16] O art. 24 da Lei 8.429/1992 dispõe: "Esta lei entra em vigor na data de sua publicação". No caso, a publicação ocorreu no dia 03.06.1992, data de início da vigência da Lei de Improbidade Administrativa.

[17] Nesse sentido: STJ, REsp 1.113.294/MG, Rel. Min. Luiz Fux, Primeira Turma, DJe 23.03.2010 (Informativo de Jurisprudência do STJ 426).

tendo em vista o princípio da irretroatividade das normas, conforme ementa abaixo colacionada:

> "**Improbidade administrativa. Causa de pedir relacionada a fatos anteriores à Lei 8.429/92. Irretroatividade reconhecida por fundamentos constitucionais.** Recurso especial pela alínea *c*: indispensável indicação da norma federal objeto da interpretação divergente. *Iura novit curia*: aplicação. Pressupostos. Honorários. Descabimento em ação de improbidade. Precedente.
>
> 1. **O acórdão recorrido, que negou a aplicação retroativa à Lei 8.429/92 e a autoaplicabilidade ao art. 37, § 4.º, da CF, fundou-se em argumentos de natureza constitucional, cujo reexame não é cabível em recurso especial.**
>
> 2. Em recurso especial com fundamento na alínea *c* do art. 105, III, da CF, é indispensável a indicação da lei federal que tenha sido objeto de interpretação divergente pelos Tribunais. Precedentes.
>
> 3. A viabilidade de o juiz decidir a causa com base em preceito normativo não invocado pelas partes ou diferente do invocado (autorizada pelo aforismo *iura novit curia*) tem como pressuposto necessário a manutenção dos demais termos da demanda, mormente no que se refere ao pedido e à causa de pedir deduzidos na inicial (teoria da substanciação e arts. 128 e 460 do CPC).
>
> 4. Em nosso sistema normativo, incluída a Constituição, está consagrado o princípio de que, em ações que visam a tutelar os interesses sociais dos cidadãos, os demandantes, salvo em caso de comprovada má-fé, não ficam sujeitos a ônus sucumbenciais. Espelham esse princípio, entre outros dispositivos, o art. 5.º, incisos LXXIII e LXXVII, da Constituição e o art. 18 da Lei 7.347/85. Assim, ainda que não haja regra específica a respeito, justifica-se, em nome do referido princípio, que também na ação de improbidade o autor sucumbente fique dispensado de pagar honorários. Precedente.
>
> 5. Recursos especiais providos em parte" (grifo nosso).[18]

---

[18] STJ, REsp 1.153.656/DF, Rel. Min. Teori Albino Zavascki, Primeira Turma, *DJe* 18.05.2011. Sobre a irretroatividade da Lei 8.429/1992, vide, ainda, o acórdão proferido pelo TJ/MG: "Ação civil pública. Reparação de danos. Ex-prefeito municipal. Ato praticado anterior à Lei n.º 8.429/92. Irretroatividade. Dano. Comprovação. Ausência. Recurso improvido. "A Carta Magna de 1988, art. 37, § 4.º, passou a sancionar a improbidade administrativa, ainda que não causadora de enriquecimento, na forma da lei; destarte, da vigência da nova Carta até a publicação da Lei n.º 8.429/92, a improbidade administrativa era punida somente quando causadora de enriquecimento ilícito, exceção às hipóteses que pudessem configurar ilícito penal ou administrativo, pelas vias próprias" (Apelação Cível 1.0000.00.340587-5/000, Rel. Des. Alvim Soares, *DO* 07.11.2003).

Da mesma forma, a doutrina tem sustentado a irretroatividade da Lei 8.429/1992.

Sobre o tema, Emerson Garcia afirma que a inexistência de preceito, na Lei 8.429/1992, que disponha sobre sua retroatividade restringe sua aplicação apenas aos atos praticados ulteriormente à sua promulgação. Eventual dispositivo que autorizasse a retroatividade da norma em comento seria, na visão do autor, de duvidosa constitucionalidade, "pois importaria em cominar sanções anteriormente não previstas no ordenamento jurídico, em flagrante mácula ao princípio de segurança jurídica previsto no art. 5.º, XL, da Constituição e que deflui do sistema, sendo plenamente admissível que a este fosse dispensada uma interpretação extensiva".[19]

No mesmo sentido, Pedro Roberto Decomain defende a irretroatividade da Lei 8.429/1992, uma vez que o § 4.º do art. 37 da CRFB estabeleceu que as sanções de improbidade fossem aplicadas na forma e na gradação previstas em lei. Portanto, antes da Lei de Improbidade Administrativa não havia parâmetros para aplicação de tais penalidades.[20]

Portanto, a Lei 8.429/1992 somente pode ser aplicada aos fatos praticados após sua vigência, em razão do princípio da irretroatividade das leis.

2.6. REFORMA DA LIA PELA LEI 14.230/2021 E RETROATIVIDADE LIMITADA DA LEI MAIS BENÉFICA NO DIREITO ADMINISTRATIVO SANCIONADOR

A Lei 8.429/1992 (Lei de Improbidade Administrativa – LIA), considerada como um dos principais instrumentos jurídicos integrantes do Sistema Brasileiro de Combate à Corrupção, sofreu profundas alterações pela Lei 14.230/2021.

A Reforma legislativa representa, em última análise, uma descaracterização da redação originária do texto legal, com a modificação de quase todos os dispositivos da Lei 8.429/1992. Formalmente, restou preservada a numeração da Lei 8.429/1992. Contudo, sob o aspecto material, o conteúdo da LIA foi intensamente alterado. Trata-se, de fato, de uma nova Lei com a mesma numeração.

De acordo com o art. 1.º da LIA, alterado pela Lei 14.230/2021, a responsabilização por atos de improbidade administrativa pretende tutelar a

---

[19] GARCIA, Emerson; ALVES, Rogério Pacheco. *Improbidade administrativa*. 6. ed. Rio de Janeiro: Lumen Juris, 2011. p. 212.
[20] DECOMAIN, Pedro Roberto. *Improbidade administrativa*. São Paulo: Dialética, 2007. p. 21.

probidade na organização do Estado e no exercício de suas funções, como forma de assegurar a integridade do patrimônio público e social.

A Lei 14.230/2021, por exemplo, alterou a Lei 8.429/1992 para extinguir a improbidade culposa, que era excepcionalmente prevista na redação originária do art. 10, e exigir, em qualquer hipótese, a conduta dolosa do responsável pela prática da improbidade administrativa (art. 1.º, § 1.º).

A extinção da modalidade culposa da improbidade administrativa gerou polêmicas em relação ao direito intertemporal.

A questão era saber se a alteração do art. 10 da LIA, promovida pela Lei 14.230/2021, seria aplicável apenas aos atos praticados a partir da sua vigência ou se a nova redação do dispositivo legal poderia alcançar os atos praticados antes da sua vigência. De fato, a Lei 14.230/2021 entrou em vigor na data da sua publicação e não estabeleceu regra expressa sobre a questão aqui apresentada.

Alguns sustentaram que a aplicação da nova redação do art. 10 da LIA ficaria restrita aos atos praticados a partir da sua vigência, inexistindo repercussão sobre as ações de improbidade administrativa, fundamentada em improbidade culposa, na forma da redação originária do art. 10 da LIA, praticada antes da entrada em vigor da Lei 14.230/2021. Nesse caso, a justificativa seria o princípio da irretroatividade das normas.

De nossa parte, sustentamos a possibilidade de aplicação retroativa da atual redação do art. 10 da LIA, dada pela Lei 14.230/2021, para alcançar os fatos pretéritos, com a descaracterização dos atos de improbidade praticados de forma culposa.[21]

Isso porque o princípio da retroatividade da lei mais benéfica, expressamente indicado no âmbito do Direito Penal (art. 5.º, XL, da CRFB: "a lei penal não retroagirá, salvo para beneficiar o réu"), seria aplicável no âmbito do Direito Administrativo Sancionador.

O Direito Público é repleto de normas jurídicas que tipificam sanções pela prática de atos ilícitos. Destacam-se no campo do Direito Público Sancionador, o Direito Penal e o Direito Administrativo Sancionador.

---

[21] Sobre o tema, vide: NEVES, Daniel Amorim Assumpção; OLIVEIRA, Rafael Carvalho Rezende. *Comentários à reforma da Lei de Improbidade Administrativa*: Lei 14.230, de 25.10.2021 comentada artigo por artigo. Rio de Janeiro: Forense, 2022. p. 6/11. Em sentido semelhante: MATTOS, Mauro Roberto Gomes de. Aplicação retroativa da Lei nº 14.230/2021 (Lei de Improbidade Administrativa) e as ações distribuídas pela lei anterior (Lei nº 8.429/92) e demais normas de direito administrativo sancionador. *Zênite Fácil*, categoria Doutrina, 11 nov. 2021. Disponível em: http://www.zenitefacil.com.br. Acesso em: 27.04.2022.

O exercício do poder punitivo do Estado seria pautado por duas teorias (ou estratégias) principais:[22] (a) teoria preventiva ou dissuasória: influenciada pelo movimento da Análise Econômica do Direito (*Law and Economics*), busca, de forma pragmática e consequencialista, justificar a sanção como instrumento de imposição de custos e incentivos econômicos, que deve impor custos às pessoas, com intensidade suficiente para inibir a infração à ordem jurídica (abordagem prospectiva ou *forward-looking*); e (b) teoria retributiva: a sanção é percebida como forma de punição ou castigo ao infrator da ordem jurídica, independentemente dos custos envolvidos na sua aplicação (abordagem retrospectiva ou *backward-looking*).

Enquanto predomina (não é exclusividade) o viés retributivo do Direito Penal, no Direito Administrativo Sancionador o caráter preventivo seria preponderante.

Outra diferença, que seria discutível em determinados casos, seria a maior gravidade das sanções penais quando comparadas às sanções administrativas. A assertiva, repita-se, é bastante discutível, especialmente se considerarmos a gravidade das sanções de improbidade administrativa, que não possuem natureza penal.

Independentemente das eventuais tentativas de distinção entre os dois campos principais do Direito Público Sancionador, é possível sustentar que os dois ramos jurídicos decorrem de um *ius puniendi* estatal único, inexistindo diferença ontológica, mas apenas de regimes jurídicos, em conformidade com a discricionariedade conferida ao legislador.[23]

As sanções penais e administrativas, em razão de suas semelhanças, submetem-se a regime jurídico similar, com a incidência de princípios comuns que conformariam o Direito Público Sancionador, especialmente os direitos,

---

[22] VORONOFF, Alice. *Direito Administrativo Sancionador no Brasil*: justificação, interpretação e aplicação. Belo Horizonte: Fórum, 2018. p. 81-95.

[23] Nesse sentido: OLIVEIRA, Regis Fernandes. Infrações e sanções administrativas. 2. ed. São Paulo: RT, 2005. p. 19-20; MELLO, Rafael Munhoz de. *Princípios constitucionais de direito administrativo sancionador*: as sanções administrativas à luz da Constituição Federal de 1988. São Paulo: Malheiros, 2007. p. 76; OSÓRIO, Fábio Medina. Direito Administrativo sancionador. 5. ed. São Paulo: RT, 2015. p. 155. De acordo com Celso Antônio Bandeira de Mello: "Não há, pois, cogitar de qualquer distinção substancial entre infrações e sanções administrativas e infrações e sanções penais. O que as aparta é única e exclusivamente a autoridade competente para impor a sanção" (*Curso de Direito Administrativo*. 32. ed. São Paulo: Malheiros, 2015. p. 871). A respeito do *ius puniendi* estatal único, Eduardo García de Enterría e Tomás-Ramón Fernández afirmam que o "mesmo *ius puniendi* do Estado pode se manifestar tanto pela via judicial como pela via administrativa (GARCÍA DE ENTERRÍA, Eduardo; FERNÁNDEZ, Tomás-Ramón. *Curso de Derecho Administrativo*. 9. ed. Madri: Civitas, 2004. v. 2, p. 163).

as garantias e os princípios fundamentais consagrados no texto constitucional, tais como: (a) legalidade, inclusive a tipicidade (art. 5.º, II e XXXIX; art. 37); (b) princípio da irretroatividade (art. 5.º, XL); (c) pessoalidade da pena (art. 5.º, XLV); (d) individualização da pena (art. 5.º, XLVI); (e) devido processo legal (art. 5.º, LIV); (f) contraditório e ampla defesa (art. 5.º, LV); (g) razoabilidade e proporcionalidade (art. 1.º e art. 5.º, LIV) etc.[24]

No rol exemplificativo, destaca-se o princípio da irretroatividade previsto no art. 5.º, XL, da CRFB, que dispõe: "a lei penal não retroagirá, salvo para beneficiar o réu". Não obstante a expressa referência à "lei penal", o referido princípio deve ser aplicado, também, ao Direito Administrativo Sancionador, inclusive no campo da improbidade administrativa. Em consequência, a norma sancionadora mais benéfica deve retroagir para beneficiar o réu na interpretação e aplicação dos dispositivos da LIA.

A aplicação da retroatividade da norma sancionadora mais benéfica encontra previsão, ainda, no art. 9.º do Pacto de São José da Costa Rica, que não restringe a incidência do princípio ao Direito Penal, motivo pelo qual seria plenamente possível a sua aplicação às ações de improbidade administrativa.[25]

Conforme sustentamos em outra oportunidade, no âmbito do processo administrativo, a vedação da retroatividade da nova interpretação administrativa, prevista no art. 2º, parágrafo único, XIII, da Lei 9.784/1999, fundamenta-se na necessidade de proteção da boa-fé e da confiança legítima do administrado, o que não impede a retroatividade da nova interpretação desde que esta seja favorável aos administrados. Assim, por exemplo, a nova interpretação no campo do Direito Administrativo Sancionador que

---

[24] No mesmo sentido: BINENBOJM, Gustavo. O direito administrativo sancionador e o estatuto constitucional do poder punitivo estatal: possibilidades, limites e aspectos controvertidos da regulação no setor de revenda de combustíveis. *Revista de Direito da Procuradoria Geral*. Rio de Janeiro, edição especial: Administração Pública, risco e segurança jurídica, 2014. p. 470. De forma semelhante, Rafael Munhoz de Melo sustenta que a utilização de expressões próprias do direito penal em diversos incisos do art. 5.º da CRFB não impede a sua aplicação ao Direito Administrativo Sancionador, uma vez que os princípios jurídicos neles vinculados seriam corolários do Estado de Direito e sequer necessitariam de menção expressa no texto constitucional (MELLO, Rafael Munhoz de. *Princípios constitucionais de direito administrativo sancionador*: as sanções administrativas à luz da Constituição Federal de 1988. São Paulo: Malheiros, 2007. p. 104).

[25] O art. 9.º do Pacto de São José da Costa Rica, na forma do anexo ao Decreto 678/1992, dispõe: "Ninguém pode ser condenado por ações ou omissões que, no momento em que forem cometidas, não sejam delituosas, de acordo com o direito aplicável. Tampouco se pode impor pena mais grave que a aplicável no momento da perpetração do delito. Se depois da perpetração do delito a lei dispuser a imposição de pena mais leve, o delinquente será por isso beneficiado."

beneficie determinado particular ou agente público, punido em processo administrativo anterior, pode retroagir para abrandar ou afastar a sanção.[26]

A possibilidade da retroatividade da norma mais benéfica no âmbito da improbidade administrativa é reforçada pelo art. 1º, § 4º, da LIA, inserido pela Lei 14.230/2021, que determina a aplicação dos princípios constitucionais do Direito Administrativo Sancionador ao sistema da improbidade.[27]

Registre-se que a Primeira Turma do STJ já decidiu pela aplicabilidade do princípio da retroatividade da lei penal mais benéfica no Direito Administrativo Sancionador, conforme demonstra, por exemplo, a ementa a seguir:

> "DIREITO ADMINISTRATIVO. PROCESSUAL CIVIL. RECURSO EM MANDADO DE SEGURANÇA. PROCESSO ADMINISTRATIVO DISCIPLINAR. PRINCÍPIO DA RETROATIVIDADE DA LEI MAIS BENÉFICA AO ACUSADO. APLICABILIDADE. EFEITOS PATRIMONIAIS. PERÍODO ANTERIOR À IMPETRAÇÃO. IMPOSSIBILIDADE. SÚMULAS 269 E 271 DO STF. CÓDIGO DE PROCESSO CIVIL DE 1973. APLICABILIDADE.
>
> (...)
>
> III – Tratando-se de diploma legal mais favorável ao acusado, de rigor a aplicação da Lei Municipal n. 13.530/2003, porquanto **o princípio da retroatividade da lei penal mais benéfica, insculpido no art. 5º, XL, da Constituição da República, alcança as leis que disciplinam o direito administrativo sancionador**. Precedente.
>
> IV – Dessarte, cumpre à Administração Pública do Município de São Paulo rever a dosimetria da sanção, observando a legislação mais benéfica ao Recorrente, mantendo-se indenes os demais atos processuais.
>
> (...)
>
> VI – Recurso em Mandado de Segurança parcialmente provido." (Grifo nosso)[28]

---

[26] OLIVEIRA, Rafael Carvalho Rezende. *Precedentes no Direito Administrativo*. Rio de Janeiro: Forense, 2018. p. 135.

[27] Sobre a inserção das sanções de improbidade no Direito Administrativo Sancionador, vide: OSÓRIO, Fabio Medina. Corrupción y mala gestión de la res publica: el problema de la improbidad administrativa. *Revista de Administración Pública*, n. 149, maio/ago. 1999. p. 495. Igualmente, sempre sustentamos a inserção da improbidade administrativa no âmbito do Direito Administrativo Sancionador: OLIVEIRA, Rafael Carvalho Rezende. A consensualidade no Direito Público Sancionador e os acordos nas ações de improbidade administrativa. *Revista Forense*, n. 427, jan./jun. 2018, p. 197-218.

[28] STJ, RMS 37.031/SP, Rel. Min. Regina Helena Costa, Primeira Turma, *DJe* 20.02.2018. Em outra oportunidade, a partir dos princípios do Direito Sancionador, o STJ aplicou a *novatio legis in mellius* no âmbito do processo administrativo disciplinar. STJ, AR 1.304/RJ, Rel. p/ Acórdão Min. Napoleão Nunes Maia Filho, Terceira Seção, *DJe* 26.08.2008.

Assim como a aplicação do art. 5º, XL, da CRFB impediu a aplicação retroativa da LIA para punir fatos praticados antes de sua vigência, em razão do seu caráter sancionatório e gravoso,[29] é preciso, agora, reconhecer a retroatividade das alterações promovidas pela Lei 14.230/2021 que sejam consideradas benéficas aos acusados de improbidade.

Em consequência, a nova redação conferida ao art. 10 da LIA pela Lei 14.230/2021, que excluiu a modalidade culposa de improbidade administrativa por lesão ao erário, deveria retroagir para alcançar os fatos pretéritos.

Idêntico entendimento deve ser aplicado às hipóteses de revogação dos incisos I, II, IX e X do art. 11 da LIA, bem como aos casos de ações de improbidade fundadas em violação aos princípios da Administração que não se enquadrem nas condutas descritas nos incisos atuais do art. 11 da LIA.

Isso porque, a partir da alteração promovida pela Lei 14.230/2021, os incisos do art. 11 da LIA deixaram de lado o caráter exemplificativo e passaram a ostentar caráter taxativo, motivo pelo qual somente será configurada como improbidade, por violação aos princípios, a prática das condutas expressamente indicadas no rol do referido dispositivo legal.

Da mesma forma, a retroatividade da norma mais benéfica deve abranger a necessidade de dolo específico para configuração da improbidade, na forma exigida pelo § 2º do art. 1º da LIA, inserido pela Lei 14.230/2021. A improbidade, a partir de agora, depende da "vontade livre e consciente de alcançar o resultado ilícito tipificado nos arts. 9º, 10 e 11 desta Lei, não bastando a voluntariedade do agente".

Trata-se de norma mais benéfica, pois a redação originária da LIA, em conformidade com a jurisprudência do STJ, se contentava com o dolo genérico para caracterização da improbidade.[30]

Em resumo, não deve ser admitida a propositura de ação de improbidade fundada em suposta culpa do acusado, em razão da extinção da modalidade culposa até então prevista no art. 10 da LIA, ou baseada em

---

[29] STJ, REsp 1.153.656/DF, Rel. Min. Teori Albino Zavascki, Primeira Turma, *DJe* 18.05.2011; STJ, REsp 1.206.338/MG, Rel. Min. Napoleão Nunes Maia Filho, Primeira Turma, *DJe* 18.12.2013; STJ, REsp 1.129.121/GO, Rel. p/ Acórdão Min. Castro Meira, Segunda Turma, *DJe* 15.03.2013.

[30] STJ, AgInt nos EREsp 1.107.310/MT, Rel. Min. Sérgio Kukina, Primeira Seção, *DJe* 26.05.2020; STJ, EREsp 1.193.248/MG, Rel. p/ Acórdão Min. Herman Benjamin, Primeira Seção, *DJe* 18.12.2020. A tese 11 da edição n.º 40 da "Jurisprudência em Teses" do STJ dispõe: "O ato de improbidade administrativa previsto no art. 11 da Lei 8.429/92 não requer a demonstração de dano ao erário ou de enriquecimento ilícito, mas exige a demonstração de dolo, o qual, contudo, não necessita ser específico, sendo suficiente o dolo genérico".

dolo genérico, tendo em vista a superação do entendimento jurisprudencial pelo comando do art. 1º, § 2º, da LIA, bem como por condutas que não constam do rol taxativo da atual redação do art. 11 da LIA.

Os processos eventualmente existentes, fundados nos citados argumentos, deveriam ser extintos, com resolução de mérito pela impossibilidade jurídica do pedido acusatório.[31]

Igualmente, sustentamos a possibilidade de propositura de ação rescisória, dentro do prazo decadencial de dois anos, para desconstituição de sanções aplicadas, em função das modificações trazidas pelo novo regime jurídico da improbidade administrativa e que sejam benéficas aos réus.

Nesse ponto, é possível imaginar o surgimento de dúvida a respeito da aplicação do prazo da ação rescisória (art. 975 do CPC) ou da ausência de prazo para desconstituição de sentenças condenatórias de improbidade a partir da aplicação analógica do dispositivo legal que trata da revisão criminal (art. 622 do CPP).

Ainda que sejam aplicáveis alguns princípios comuns ao Direito Penal e ao Direito Administrativo Sancionador, tal como ocorre com o princípio da retroatividade da lei mais benéfica (art. 5º, XL, da CRFB), verifica-se a necessidade de matizes impostas pelo próprio ordenamento jurídico e pela autonomia reconhecida às referidas disciplinas jurídicas.

Enquanto no Direito Penal a retroatividade da lei mais benéfica é máxima, inexistindo limite temporal para propositura de revisão criminal para desconstituição de sentenças condenatórias, em razão da *abolitio criminis*, no Direito Administrativo Sancionador e no microssistema da tutela coletiva, em que se encontra o regime da improbidade administrativa, tem prevalecido a aplicação do limite temporal de 2 (dois) anos para propositura da ação rescisória, o que é corroborado pelo art. 17 da LIA, que determina a aplicação do CPC ao procedimento da ação de improbidade.

Portanto, a retroatividade da norma de improbidade mais benéfica, em nossa opinião, restaria limitada pela propositura da ação rescisória dentro do prazo decadencial de 2 (dois) anos, fundada no art. 966, V, do CPC/2015.

Não obstante a tese aqui sustentada, o Supremo Tribunal Federal, no julgamento do Tema 1.199, em sede de repercussão geral, limitou a retroatividade da norma mais benéfica da Lei 14.230/2021, que revogou a

---

[31] Registre-se que, sob a égide do CPC/2015, a possibilidade jurídica do pedido transmudou-se de condição da ação para uma questão de mérito do processo, cabendo ao magistrado julgar improcedente o pedido. Nesse sentido, por exemplo: STJ, AR 3.667/DF, Rel. Min. Humberto Martins, Primeira Seção, *DJe* 23.05.2016.

modalidade culposa de improbidade, aos fatos anteriores que não ensejaram condenação transitada em julgado.

No mesmo julgamento, o STF afirmou a irretroatividade do novo regime prescricional instituído pela Lei 14.230/2021, que somente seria aplicável a partir da publicação da referida lei.

As teses de repercussão geral fixadas no julgamento do Tema 1.199 foram as seguintes:

> "1) É necessária a comprovação de responsabilidade subjetiva para a tipificação dos atos de improbidade administrativa, exigindo-se – nos artigos 9.º, 10 e 11 da LIA – a presença do elemento subjetivo – dolo.
>
> 2) A norma benéfica da Lei 14.230/2021 – revogação da modalidade culposa do ato de improbidade administrativa –, é irretroativa, em virtude do artigo 5.º, inciso XXXVI, da Constituição Federal, não tendo incidência em relação à eficácia da coisa julgada; nem tampouco durante o processo de execução das penas e seus incidentes.
>
> 3) A nova Lei 14.230/2021 aplica-se aos atos de improbidade administrativa culposos praticados na vigência do texto anterior da lei, porém sem condenação transitada em julgado, em virtude da revogação expressa do texto anterior; devendo o juízo competente analisar eventual dolo por parte do agente.
>
> 4) O novo regime prescricional previsto na Lei 14.230/2021 é irretroativo, aplicando-se os novos marcos temporais a partir da publicação da lei."[32]

Verifica-se, portanto, que o STF restringiu a retroatividade da norma mais benéfica de improbidade, que extinguiu a modalidade culposa, aos processos em curso, sem condenação transitada em julgado, afastando a retroatividade das normas mais benéficas de prescrição.

Posteriormente, o Plenário do STF também reconheceu a retroatividade mitigada das alterações inseridas no art. 11 da LIA que passou a ostentar rol taxativo de condutas. De acordo com a Suprema Corte, as alterações promovidas pela Lei 14.230/2021 ao art. 11 da Lei 8.249/1992 "aplicam-se aos atos de improbidade administrativa praticados na vigência do texto anterior da lei, porém sem condenação transitada em julgado".[33]

---

[32] STF, ARE 843.989/PR, Rel. Min. Alexandre de Moraes, Tribunal Pleno, julgamento: 18.08.2022.

[33] STF, ARE 803.568 AgR-segundo-EDv-ED/SP, Rel. Min. Luiz Fux, Redator do acórdão Min. Gilmar Mendes, Tribunal Pleno, *DJe* 06.09.2023.

É preciso destacar, contudo, que, após o julgamento do Tema 1.199, o STF julgou o Tema 309 de repercussão geral e decidiu que "o dolo é necessário para a configuração de qualquer ato de improbidade administrativa (art. 37, § 4.º, da Constituição Federal), de modo que é inconstitucional a modalidade culposa de ato de improbidade administrativa prevista nos arts. 5.º e 10 da Lei n.º 8.429/92, em sua redação originária".

No referido julgamento, o STF declarou a inconstitucionalidade da modalidade culposa da improbidade prevista na redação originária da LIA, com efeitos retroativos (efeitos *ex tunc*), o que gera insegurança jurídica, uma vez que abre a possibilidade de desfazimento, por meio de ações rescisórias, das condenações por improbidade culposa, contrariando, inclusive, o que restou decidido no Tema 1.199, que havia determinado a retroatividade mitigada da norma que extinguiu a improbidade culposa.[34]

---

[34] O tema será abordado no item 5.3.2.

Capítulo 3

CONTROLE DA IMPROBIDADE ADMINISTRATIVA

O ordenamento jurídico prevê uma série de mecanismos de controle com o intuito de evitar ou reprimir a prática de atos de improbidade administrativa. Por esta razão, é possível distinguir duas formas de controle da improbidade administrativa: controle preventivo e controle repressivo.

3.1. CONTROLE PREVENTIVO

O controle preventivo tem por objetivo evitar a ocorrência da improbidade administrativa, assegurando a atuação ética no âmbito do Estado.

Os principais instrumentos jurídicos que previnem a prática da improbidade podem ser exemplificados da seguinte forma:

a) **Estatutos funcionais**: regras disciplinares que apontam a forma correta de atuação dos agentes públicos, com a previsão potencial de aplicação de sanções administrativas (exemplo: Lei 8.112/1990, que fixa o regime jurídico dos servidores públicos estatutários federais).

b) **Códigos de Ética**: normas de conduta, complementares aos Estatutos funcionais, que fixam padrões éticos de conduta dos agentes públicos (exemplos: Código de Conduta da Alta Administração Federal, de 21 de agosto de 2000; Código de Ética Profissional do Servidor Público Civil do Poder Executivo Federal, aprovado pelo Decreto 1.171/1994 etc.) ou de determinadas categorias profissionais (exemplos: Códigos de Ética dos advogados, dos médicos etc.).

c) **Quarentena**: regras que estabelecem impedimentos para o exercício de determinadas atividades por autoridades exoneradas/demitidas dos cargos que ocupavam, evitando-se, com isso, que os seus conhecimentos privilegiados beneficiem determinada empresa privada (exemplos: Decreto 4.187/2002; art. 6.º, II, da Lei 12.813/2013 que estabelece a quarentena de seis meses para ex-servidores federais).

d) **Ombudsman**: instituição de ouvidorias nas entidades administrativas capazes de receber críticas e sugestões da população, viabilizando a melhoria na gestão pública.

e) **Ministério Público**: órgão de extrema relevância no ordenamento jurídico brasileiro, que atua na defesa (preventiva e repressiva) da ordem jurídica, do regime democrático e dos interesses sociais e individuais indisponíveis (art. 127 da CRFB).

f) **Tribunal de Contas**: órgão dotado de forte autonomia institucional, responsável pela fiscalização das pessoas físicas ou jurídicas, públicas ou privadas, que administram dinheiros, bens e valores públicos (art. 71 da CRFB).

g) **Compliance**: instituição, no interior das pessoas jurídicas de direito privado, de instrumentos de integridade, auditoria e incentivo à denúncia de irregularidades e a aplicação efetiva de códigos de ética, situação que poderá ser levada em consideração para dosimetria de sanções eventualmente aplicadas por atos de corrupção (art. 7.º, VIII, da Lei 12.846/2013 – Lei Anticorrupção).

Vale ressaltar que a enumeração acima é apenas exemplificativa, uma vez que o sistema de controle da probidade na Administração é bastante complexo e dinâmico.

3.2. CONTROLE REPRESSIVO

O controle repressivo tem o escopo de apurar e sancionar a prática de atos de improbidade administrativa.

A investigação e a aplicação de sanções aos ímprobos são levadas a efeito no âmbito dos três Poderes:

a) **Poder Executivo**: a Administração Pública pode apurar, de ofício ou mediante provocação, por meio de processo administrativo disciplinar (PAD), a ocorrência da improbidade administrativa, aplicando as respectivas sanções aos seus servidores. Nesse caso, as regras procedimentais e as respectivas sanções encontram-se previstas nos respectivos estatutos funcionais dos entes federados.

b) **Poder Legislativo**: as Casas Legislativas, bem como os Tribunais de Contas, podem sancionar os responsáveis pela improbidade administrativa (exemplos: competência do Senado para julgar o Presidente da República por crime de responsabilidade, na forma do art. 52, I, da CRFB; Tribunal de Contas pode aplicar sanções aos responsáveis por ilegalidade de despesa ou irregularidade de contas, conforme prevê o art. 71, VIII, da CRFB etc.).

c) **Poder Judiciário**: em virtude do princípio da inafastabilidade do controle jurisdicional, consagrado no art. 5.º, XXXV, da CRFB, a lei não excluirá da apreciação do Poder Judiciário lesão ou ameaça a direito, inclusive no tocante ao resguardo da probidade administrativa (exemplos: aplicação das sanções previstas no art. 12 da Lei 8.429/1992 no bojo da ação de improbidade administrativa; proteção do patrimônio público por meio do julgamento de ações populares, na forma da Lei 4.717/1965 etc.).

É oportuno ressaltar que as sanções previstas no art. 12 da Lei 8.429/1992 somente podem ser aplicadas pelo Poder Judiciário quando do julgamento das ações de improbidade administrativa.

Isto não significa que os Poderes Executivo e Legislativo estão impedidos de aplicar sanções análogas aos agentes que cometem improbidades administrativas, como a decretação da perda do cargo. Ocorre que, nestas hipóteses, as sanções devem constar da respectiva legislação. Assim, por exemplo, a Administração Pública pode aplicar a pena de demissão ao servidor, após assegurar os princípios do contraditório e da ampla defesa no âmbito do processo administrativo disciplinar, com fundamento no Estatuto funcional.[1]

---

[1] Nesse sentido, a Súmula 651 do STJ dispõe: "Compete à autoridade administrativa aplicar a servidor público a pena de demissão em razão da prática de improbidade administrativa, independentemente de prévia condenação, por autoridade judiciária, à perda da função pública." De forma semelhante, a tese 4 da edição n.º 40 da "Jurisprudência em Teses" do STJ dispõe: "A aplicação da pena de demissão por improbidade administrativa não é exclusividade do Judiciário, sendo passível a sua incidência no âmbito do processo administrativo disciplinar". Sobre a aplicação de sanções no processo administrativo, vide item 12.4.

Capítulo 4

SUJEITOS DA IMPROBIDADE ADMINISTRATIVA

Os sujeitos da improbidade administrativa são as pessoas, físicas ou jurídicas, envolvidas com a atuação ímproba e mencionadas na Lei 8.429/1992.

Enquanto o sujeito passivo é a vítima do ato de improbidade, o sujeito ativo é aquele que pratica o ato de improbidade e que, portanto, será réu na respectiva ação judicial de improbidade administrativa.

As definições dos sujeitos passivos e ativos são relacionais e interligadas, ou seja, somente será considerado ato de improbidade administrativa aquele praticado pelos referidos sujeitos ativos (agentes públicos e terceiros) contra os sujeitos passivos enumerados nos §§ 5.º, 6.º e 7.º do art. 1.º da LIA, inseridos pela Lei 14.230/2021.[1]

4.1. SUJEITO PASSIVO

O sujeito passivo é a pessoa jurídica que sofre o ato de improbidade administrativa.

As vítimas da improbidade administrativa estão elencadas nos §§ 5.º, 6.º e 7.º do art. 1.º da LIA, inseridos pela Lei 14.230/2021, que estabelecem:

> "Art. 1.º (...)
>
> § 5.º Os atos de improbidade violam a probidade na organização do Estado e no exercício de suas funções e a integridade do patrimônio

---

[1] Por essa razão, o STJ decidiu que não configura improbidade administrativa o ato praticado por agente público contra particular que não está em exercício de função estatal, nem recebeu repasses financeiros para esse múnus, ou seja, não indicado no art. 1.º da LIA (REsp 1.558.038/PE, Rel. Min. Napoleão Nunes Maia Filho, 1.ª Turma, *DJe* 09.11.2015, Informativo de Jurisprudência do STJ 573).

público e social dos Poderes Executivo, Legislativo e Judiciário, bem como da administração direta e indireta, no âmbito da União, dos Estados, dos Municípios e do Distrito Federal.

§ 6.º Estão sujeitos às sanções desta Lei os atos de improbidade praticados contra o patrimônio de entidade privada que receba subvenção, benefício ou incentivo, fiscal ou creditício, de entes públicos ou governamentais, previstos no § 5.º deste artigo.

§ 7.º Independentemente de integrar a administração indireta, estão sujeitos às sanções desta Lei os atos de improbidade praticados contra o patrimônio de entidade privada para cuja criação ou custeio o erário haja concorrido ou concorra no seu patrimônio ou receita atual, limitado o ressarcimento de prejuízos, nesse caso, à repercussão do ilícito sobre a contribuição dos cofres públicos."

Os sujeitos passivos da improbidade administrativa podem ser divididos em três categorias: a) pessoas jurídicas da Administração Pública Direta de todos os Poderes e entes federados; b) entidades privadas que recebam subvenção, benefício ou incentivo, fiscal ou creditício, da Administração Pública; c) entidades privadas para cuja criação ou custeio o erário haja concorrido ou concorra no seu patrimônio ou receita atual.

4.1.1. Administração Pública direta e indireta

O primeiro grupo de sujeitos passivos compreende os entes da Administração Pública Direta (União, Estados, Distrito Federal e Municípios) e as entidades federais, estaduais, distritais e municipais integrantes da Administração Pública Indireta (autarquias, empresas públicas, sociedades de economia mista e fundações estatais de direito público ou de direito privado) de quaisquer Poderes (Executivo, Legislativo e Judiciário), na forma do art. 1.º, § 5.º, da LIA, alterado pela Lei 14.230/2021.[2]

4.1.2. Entidades privadas que recebem subvenção, benefício ou incentivo, fiscal ou creditício, da Administração Pública

No segundo grupo de sujeitos passivos encontram-se as entidades privadas que recebem subvenção, benefício ou incentivo, fiscal ou creditício, da Administração Pública (art. 1.º, § 6.º, da LIA, alterado pela Lei 14.230/2021).

---

[2] As entidades da Administração Pública indireta encontram-se enumeradas no art. 37, XIX, da CRFB e no art. 4.º, II, do DL 200/1967.

As subvenções, os benefícios e os incentivos inserem-se no conceito de fomento público, que significa o incentivo, por parte da Administração, ao desenvolvimento de atividades privadas de relevância pública.[3]

As subvenções encontram-se definidas no art. 12, § 3.º, da Lei 4.320/1964, que estabelece normas gerais de Direito Financeiro e dispõe:

"Art. 12. A despesa será classificada nas seguintes categorias econômicas:

(...)

§ 3.º Consideram-se subvenções, para os efeitos desta lei, as transferências destinadas a cobrir despesas de custeio das entidades beneficiadas, distinguindo-se como:

I – subvenções sociais, as que se destinem a instituições públicas ou privadas de caráter assistencial ou cultural, sem finalidade lucrativa;

II – subvenções econômicas, as que se destinem a empresas públicas ou privadas de caráter industrial, comercial, agrícola ou pastoril".

Os benefícios ou incentivos, por sua vez, podem ser fiscais (exemplos: imunidades e isenções tributárias)[4] ou creditícios (exemplo: financiamentos com juros reduzidos).

---

[3] Sobre o fomento, vide: POZAS, Luis Jordana de. Ensayo de una teoría general del fomento en el *Derecho Administrativo*. *Estudios de administración local y general*. Homenage al profesor Jordana de Pozas. Madrid: Instituto de Estudos de Administración Local, 1961; SOUTO, Marcos Juruena Villela. Estímulos positivos. *Direito administrativo em debate*. Rio de Janeiro: Lumen Juris, 2004. p. 347-376; MELLO, Célia Cunha. *O fomento da administração pública*. Belo Horizonte: Del Rey, 2003; MENDONÇA, José Vicente Santos de. Uma teoria do fomento público: critérios em prol de um fomento público democrático, eficiente e não paternalista. *RT*, 890, dez. 2009, p. 80-140.

[4] Sobre a renúncia de receita tributária, o art. 14 da LC 101/2000 (Lei de Responsabilidade Fiscal) dispõe: "Art. 14. A concessão ou ampliação de incentivo ou benefício de natureza tributária da qual decorra renúncia de receita deverá estar acompanhada de estimativa do impacto orçamentário-financeiro no exercício em que deva iniciar sua vigência e nos dois seguintes, atender ao disposto na lei de diretrizes orçamentárias e a pelo menos uma das seguintes condições: I – demonstração pelo proponente de que a renúncia foi considerada na estimativa de receita da lei orçamentária, na forma do art. 12, e de que não afetará as metas de resultados fiscais previstas no anexo próprio da lei de diretrizes orçamentárias; II – estar acompanhada de medidas de compensação, no período mencionado no *caput*, por meio do aumento de receita, proveniente da elevação de alíquotas, ampliação da base de cálculo, majoração ou criação de tributo ou contribuição. § 1.º A renúncia compreende anistia, remissão, subsídio, crédito presumido, concessão de isenção em caráter não geral, alteração de alíquota ou modificação de base de cálculo que implique redução discriminada de tributos ou contribuições, e outros benefícios que correspondam a tratamento diferenciado. § 2.º Se o ato de concessão ou ampliação do incentivo ou benefício de que trata o *caput* deste artigo decorrer da condição contida no inciso II, o benefício só entrará em vigor quando implementadas

Não obstante a norma em comento se refira a toda e qualquer entidade que receba subvenção, benefício ou incentivo público, a interpretação adequada deve restringir a sua incidência apenas às entidades que percebam individualmente tais benefícios para realização de interesses públicos específicos.

Nesse caso, afigura-se inaplicável a Lei 8.429/1992 às entidades que recebam subvenções, benefícios ou incentivos genéricos da Administração, exigindo-se que o recebimento destes tipos de fomento esteja atrelado à implementação de finalidade pública específica e individualizada definida no ato de sua concessão, sob pena de incluirmos no conceito de sujeitos passivos da improbidade administrativa, por exemplo, todas as microempresas e empresas de pequeno porte do País, que recebem tratamento jurídico diferenciado (arts. 146, III, *d*, 170, IX, e 179 da CRFB; LC 123/2006), bem como as pessoas físicas isentas do Imposto de Renda.

De forma semelhante, Emerson Garcia sustenta a inaplicabilidade da Lei 8.429/1992 às entidades que recebam subvenções, benefícios ou incentivos genéricos da Administração, exigindo-se que o recebimento destes tipos de fomento esteja "associado à consecução de determinado fim de interesse público, cuja individualização deve resultar clara pelas circunstâncias de sua concessão".[5]

Em suma, não se enquadram no conceito de sujeito passivo da improbidade administrativa as entidades que recebem subvenções, benefícios ou incentivos genéricos da Administração, desvinculados de interesses públicos individualizados a serem atendidos.

4.1.3. Entidades privadas para cuja criação ou custeio o erário haja concorrido ou concorra no seu patrimônio ou receita atual

Inserem-se no terceiro grupo de sujeitos passivos as entidades privadas para cuja criação ou custeio o erário haja concorrido ou concorra no seu patrimônio ou receita atual (art. 1.º, § 7.º, da LIA, alterado pela Lei 14.230/2021).

---

as medidas referidas no mencionado inciso. § 3.º O disposto neste artigo não se aplica: I – às alterações das alíquotas dos impostos previstos nos incisos I, II, IV e V do art. 153 da Constituição, na forma do seu § 1.º; II – ao cancelamento de débito cujo montante seja inferior ao dos respectivos custos de cobrança".

[5] GARCIA, Emerson; ALVES, Rogério Pacheco. *Improbidade administrativa*. 6. ed. Rio de Janeiro: Lumen Juris, 2011. p. 225.

Verifica-se, desde logo, uma mudança em relação à redação originária do art. 1.º, *caput* e parágrafo único, da LIA, que estabelecia uma distinção entre as entidades privadas que recebessem auxílios públicos para sua criação ou custeio.

De um lado, o *caput* do art. 1.º da Lei indicava as entidades para cuja criação ou custeio o erário tivesse contribuído com mais de cinquenta por cento do patrimônio ou da receita anual. De outro lado, o parágrafo único do art. 1.º da Lei mencionava as entidades que recebessem contribuições do erário equivalentes a menos de cinquenta por cento do patrimônio ou da receita anual das referidas entidades privadas.

A referida distinção sempre gerou polêmicas interpretativas e, portanto, insegurança jurídica.

A partir da reforma introduzida pela Lei 14.230/2021, o legislador deixou de estabelecer a distinção entre os impactos das contribuições dos cofres públicos para formação do patrimônio ou da receita anual das entidades privadas que se enquadram como vítimas da improbidade.

Com efeito, o § 7.º do art. 1.º da LIA, como já destacado, menciona as entidades privadas "para cuja criação ou custeio o erário haja concorrido ou concorra no seu patrimônio ou receita atual", sem qualquer distinção quanto ao impacto da referida contribuição para o patrimônio ou receita das referidas pessoas jurídicas de direito privado.

Em sua parte final, o art. 1.º, § 7.º, da LIA limita "o ressarcimento de prejuízos, nesse caso, à repercussão do ilícito sobre a contribuição dos cofres públicos". Vale dizer: o legislador pretendeu restringir, nesse caso, o "ressarcimento de prejuízos" à repercussão do ilícito sobre a contribuição dos cofres públicos, independentemente do tipo de ato de improbidade praticado (arts. 9.º, 10 e 11 da LIA).

Em relação aos prejuízos que ultrapassarem as contribuições dos cofres públicos, relacionados, portanto, ao patrimônio privado das referidas entidades, o ressarcimento desse montante deverá ser buscado por outra via, distinta da ação de improbidade.[6]

---

[6] NEVES, Daniel Amorim Assumpção; OLIVEIRA, Rafael Carvalho Rezende. *Comentários à reforma da Lei de Improbidade Administrativa*: Lei 14.230, de 25.10.2021 comentada artigo por artigo. Rio de Janeiro: Forense, 2022. p. 15; DI PIETRO, Maria Sylvia Zanella. *Direito administrativo*. 22. ed. São Paulo: Atlas, 2009. p. 815; CARVALHO FILHO, José dos Santos. *Manual de direito administrativo*. 24. ed. Rio de Janeiro: Lumen Juris, 2011. p. 988.

4.1.4. Sujeitos passivos: situações específicas

Destacaremos nos próximos tópicos algumas situações específicas de pessoas jurídicas que podem gerar dúvidas sobre o enquadramento como sujeitos passivos da improbidade administrativa.

4.1.4.1. Consórcios públicos de direito público e de direito privado

Os consórcios públicos, formados por entes da Federação e regulados na Lei 11.107/2005, são considerados sujeitos passivos da improbidade administrativa.

Em suma, os consórcios públicos, no âmbito do denominado federalismo cooperativo, podem ser conceituados como acordos de vontades firmados entre a União, os Estados, o Distrito Federal e os Municípios para a realização de objetivos de interesse comum.

A instituição do consórcio público depende da implementação do procedimento previsto na Lei 11.107/2005, que pode ser assim resumido:

1.º) **Subscrição do protocolo de intenções:** os entes da Federação, que pretendem se consorciar, devem subscrever o denominado "protocolo de intenções", que representa uma espécie de minuta do futuro "contrato" de consórcio (art. 3.º da Lei 11.107/2005).

2.º) **Ratificação do protocolo pelo legislador:** o protocolo de intenções deve ser ratificado por lei de cada ente que pretende se consorciar, salvo na hipótese de o legislador respectivo já disciplinar previamente as condições de participação no consórcio (art. 5.º, *caput* e § 4.º, da Lei 11.107/2005).[7]

3.º) **Celebração do contrato de consórcio:** com a ratificação legislativa, os entes da Federação assinarão o contrato definitivo de consórcio (art. 5.º da Lei 11.107/2005).

4.º) **Personificação do consórcio:** a opção pela instituição de pessoa de direito público (associação pública) ou pessoa de direito privado deve constar em cláusula específica no protocolo de intenções (art. 4.º, IV, da Lei 11.107/2005).

---

[7] O legislador, no caso, pode ratificar o protocolo com reserva que, aceita pelos demais entes subscritores, implicará consorciamento parcial ou condicional (art. 5.º, § 2.º, da Lei 11.107/2005).

5.º) **Contrato de rateio**: tem por objeto o repasse de recursos ao consórcio público (art. 8.º da Lei 11.107/2005).

6.º) **Contrato de programa**: tem por objeto a regulação das obrigações, no âmbito da gestão associada, que um ente da Federação constituir para com outro ente da Federação ou para com consórcio público em que haja a prestação de serviços públicos ou a transferência total ou parcial de encargos, serviços, pessoal ou de bens necessários à continuidade dos serviços transferidos (art. 13 da Lei 11.107/2005).

A legislação impõe, atualmente, a personalização do consórcio público (arts. 1.º, § 1.º, e 6.º da Lei 11.107/2005).[8]

Os entes consorciados devem instituir pessoa jurídica de direito público (associação pública ou consórcio público de direito público) ou pessoa jurídica de direito privado (consórcio público de direito privado), que serão responsáveis pela gestação e pela execução do objeto do consórcio.

A associação pública é instituída mediante a vigência das leis de ratificação do protocolo de intenções (art. 6.º, I, da Lei 11.107/2005). Por outro lado, a pessoa de direito privado é instituída pelo registro do ato constitutivo, após aprovação do protocolo de intenções (art. 6.º, II, da Lei 11.107/2005 c/c o art. 45 do CC).

No primeiro caso, a associação pública integra a Administração Indireta de todos os entes consorciados, na forma do art. 6.º, § 1.º, da Lei 11.107/2005, constituindo-se verdadeira autarquia interfederativa (multi ou plurifederativa).[9]

Por se tratar de entidade integrante da Administração Pública Indireta, a associação pública deve ser considerada potencial vítima da improbidade administrativa, na forma do art. 1.º, § 5.º, da LIA, alterado pela Lei 14.230/2021.

No segundo caso, a Lei 11.107/2005 não afirma expressamente que os consórcios públicos de direito privado integram a Administração Indireta. Não obstante a omissão legislativa, tais entidades devem ser consideradas

---

[8] Até o advento da Lei 11.107/2005, a personalização do consórcio era apenas uma sugestão doutrinária, mas não uma imposição legal.

[9] Sobre o tema, vide: OLIVEIRA, Rafael Carvalho Rezende. *Administração Pública, concessões e terceiro setor*. Rio de Janeiro: Lumen Juris, 2009. p. 151-153. Ressalte-se que a natureza autárquica da associação pública foi consagrada no art. 2.º, I, do Decreto 6.017/2007, que regulamenta a Lei 11.107/2005.

como integrantes da Administração Indireta, uma vez que são instituídas pelo Estado.[10]

Os consórcios públicos de direito privado, que são verdadeiras associações estatais privadas interfederativas, podem ser caracterizados como espécies de empresas públicas, prestadoras de serviços públicos, ou de fundações estatais de direito privado.[11]

Em consequência, os consórcios públicos de direito privado são sujeitos passivos da improbidade administrativa.

Aliás, ainda que não integrassem a Administração Pública – tese com a qual não concordamos –, a conclusão seria a mesma, pois os consórcios públicos de direito privado poderiam ser inseridos no conceito de "entidade privada para cuja criação ou custeio o erário haja concorrido ou concorra no seu patrimônio ou receita atual" (art. 1.º, § 7.º, da LIA, alterado pela Lei 14.230/2021).

4.1.4.2. Concessionários e permissionários de serviços públicos (concessões comuns e parcerias público-privadas): inaplicabilidade do art. 1.º, §§ 5.º a 7.º, da LIA

Questão que pode gerar dúvida é o possível enquadramento das concessionárias e permissionárias de serviços públicos nos grupos de sujeitos passivos da improbidade, previstos nos §§ 5.º a 7.º do art. 1.º da LIA, inseridos pela Lei 14.230/2021.

As concessionárias e permissionárias de serviços públicos são pessoas de direito privado que prestam serviços públicos delegados pelo Poder Público e não integram a Administração Pública.

Da mesma forma, a instituição e o custeio de tais entidades não dependem do erário, bem como não há que se falar, no caso, em recebimento de "subvenção, benefício ou incentivo" por parte das delegatárias de serviços públicos.

Em verdade, as concessionárias e permissionárias prestam serviços públicos, mediante remuneração.

---

[10] Nesse sentido: DI PIETRO, Maria Sylvia Zanella. *Direito administrativo*. 22. ed. São Paulo: Atlas, 2009. p. 475; GASPARINI, Diógenes. *Direito administrativo*. 12. ed. São Paulo: Saraiva, 2007. p. 421; CARVALHO FILHO, José dos Santos. *Consórcios públicos*. Rio de Janeiro: Lumen Juris, 2009. p. 40.

[11] OLIVEIRA, Rafael Carvalho Rezende. *Administração Pública, concessões e terceiro* setor. Rio de Janeiro: Lumen Juris, 2009. p. 161-162.

No modelo tradicional de concessão, regulado pela Lei 8.987/1995 e legislação correlata, a remuneração é efetivada por meio de tarifa ou receita alternativa, inexistindo, em regra, contraprestação por parte do Poder Público.[12] Enquanto a tarifa é forma de contraprestação do usuário à concessionária pelo serviço público prestado (exemplo: tarifa relacionada aos serviços públicos concedidos de telefonia), a receita alternativa envolve todas as demais formas de receitas auferidas pela concessionária pela prestação de atividades acessórias aos serviços públicos (exemplo: receita oriunda da publicidade na prestação do serviço, como ocorre com os *outdoors* em ônibus que prestam serviço público de transporte).

Por outro lado, nas concessões especiais de serviços públicos (Parcerias Público-Privadas: PPPs), a remuneração pressupõe a contraprestação pecuniária do parceiro público (Poder Concedente) ao parceiro privado (concessionário), na forma do art. 2.º, § 3.º, da Lei 11.079/2004.[13]

As PPPs dividem-se em duas espécies: patrocinadas e administrativas. No primeiro caso, a remuneração envolve, necessariamente, a tarifa paga pelo usuário do serviço público e a contraprestação pecuniária do Poder Público ao parceiro privado (art. 2.º, § 1.º, da Lei 11.079/2004). No segundo caso, a remuneração é de responsabilidade do Poder Concedente, não havendo previsão de cobrança de tarifa dos usuários (art. 2.º, § 2.º, da Lei 11.079/2004).[14]

A legislação, como se vê, exige o ingresso de dinheiro do orçamento ("contra-prestação pecuniária") na concessão especial. A remuneração na PPP, por isso, pode ser feita integralmente com dinheiro público (concessão administrativa) ou apenas parcialmente com recursos orçamentários, caso em que haverá também o pagamento de tarifa pelo usuário (concessão patrocinada). Caso contrário, o contrato será considerado como concessão comum.

---

[12] Sobre a política tarifária nas concessões de serviços públicos, vide: arts. 9.º a 13 da Lei 8.987/1995.

[13] O art. 2.º, § 3.º, da Lei 11.079/2004 dispõe: "Art. 2.º (...) § 3.º Não constitui parceria público-privada a concessão comum, assim entendida a concessão de serviços públicos ou de obras públicas de que trata a Lei 8.987, de 13 de fevereiro de 1995, quando não envolver contraprestação pecuniária do parceiro público ao parceiro privado".

[14] A contraprestação devida pelo parceiro público ao parceiro privado pode ser pecuniária ou por meio das demais possibilidades previstas no art. 6.º da Lei 11.079/2004: "Art. 6.º A contraprestação da Administração Pública nos contratos de parceria público-privada poderá ser feita por: I – ordem bancária; II – cessão de créditos não tributários; III – outorga de direitos em face da Administração Pública; IV – outorga de direitos sobre bens públicos dominicais; V – outros meios admitidos em lei."

De qualquer forma, a remuneração nas concessões tradicionais e especiais não se confunde com "subvenção, benefício ou incentivo". Isto porque as concessionárias recebem remuneração pela prestação de determinado serviço público, ou seja, o valor pago tem relação direta com os custos e o lucro inerentes à atividade prestada, o que não ocorre nas subvenções, benefícios ou incentivos que podem ser conferidos às pessoas privadas como forma de estímulo para efetivação de metas econômicas e/ou sociais.

Destarte, as concessionárias e permissionárias de serviços públicos não são consideradas, em regra, sujeitos passivos da Lei de Improbidade Administrativa.

4.1.4.3. Terceiro Setor: Serviços Sociais Autônomos, Organizações Sociais (OS), Organizações da Sociedade Civil de Interesse Público (OSCIPs), Organizações da Sociedade Civil (OSCs) e entidades similares

O denominado "Terceiro Setor" engloba as entidades da sociedade civil sem fins lucrativos, que desempenham atividades de interesse social mediante vínculo formal de parceria com o Estado.

Nesse contexto, é lítico afirmar que o "Primeiro Setor" é o Estado (entes federados e entidades da Administração Pública Indireta); o "Segundo Setor" é o mercado (entidades privadas com fins lucrativos, tais como os concessionários e os permissionários de serviços públicos); e o "Terceiro Setor" é a sociedade civil (associações e fundações privadas que formalizam parcerias com o Poder Público).[15]

Na parceria com o Terceiro Setor, o Estado exerce a sua tradicional atividade de fomento, estabelecendo incentivos (recursos orçamentários, cessão de bens, entre outros previstos em lei) às entidades privadas sem fins lucrativos que desempenham atividades relevantes para a coletividade.

As entidades do Terceiro Setor são, exemplificativamente, as seguintes:

a) **"Serviços Sociais Autônomos" (Sistema "S")**: são criados por confederações privadas (Confederação Nacional do Comércio – CNC – e da

---

[15] OLIVEIRA, Rafael Carvalho Rezende. *Curso de direito administrativo*. 9. ed. Rio de Janeiro: Forense, 2021. p. 63; DI PIETRO, Maria Sylvia Zanella. *Direito administrativo*. 22. ed. São Paulo: Atlas, 2009. p. 489.

Indústria – CNI),[16] após autorização legal,[17] para exercerem atividade de amparo a determinadas categorias profissionais e destinatários de contribuições sociais, cobrados compulsoriamente da iniciativa privada, na forma do art. 240 da CRFB.

b) **"Organizações Sociais" ("OS")**: as entidades privadas, qualificadas como Organizações Sociais, na forma da Lei federal 9.637/1998,[18] celebram "contrato de gestão" com o Estado para cumprimento de metas de desempenho e recebimento de benefícios públicos (exemplos: recursos orçamentários, permissão de uso de bens públicos, cessão especial de servidores públicos).

c) **"Organizações da Sociedade Civil de Interesse Público" ("OSCIP")**: as OSCIPs celebram termo de parceria com o Estado, na forma da Lei federal 9.790/1999, para atendimento de metas e recebimento de benefícios públicos (exemplos: recursos orçamentários).

d) **"Organizações da Sociedade Civil (OSCs)"**: as OSCs celebram termo de colaboração, termo de fomento e acordo de cooperação com a Administração Pública, na forma da Lei 13.019/2014, para a consecução de finalidades de interesse público e recíproco, mediante a execução de atividades ou de projetos previamente estabelecidos em planos de trabalho inseridos nos referidos ajustes.[19]

---

[16] Os Decretos-leis 9.403/1946 e 9.853/1946 atribuíram, respectivamente, à CNI e à CNC o encargo de criação do Serviço Social da Indústria (SESI) e do Serviço Social do Comercio (SESC). Existem, todavia, outros exemplos de Serviços Sociais Autônomos, como, por exemplo: SENAI (criação autorizada pelo Decreto-lei 4.048/1942), SENAC (criação autorizada pelo Decreto-lei 9.621/1946) etc.

[17] A exigência de autorização legal para a criação dos Serviços Sociais Autônomos decorre da necessidade de lei impositiva das contribuições sociais, espécie tributária, e da sua respectiva destinação. Em outras palavras: não se trata da autorização legislativa prevista no art. 37, XIX, da CRFB, mas, sim, da necessidade de lei (princípio da legalidade) para criação de tributos e para o seu repasse às mencionadas pessoas privadas, tendo em vista o disposto no art. 240 da CRFB.

[18] O STF, no julgamento do pedido liminar na ADI 1.923 MC/DF, confirmou a constitucionalidade da Lei 9.637/1998. Sustentava-se a inconstitucionalidade, entre outros argumentos, pelo fato de a referida Lei admitir o repasse de benefícios públicos para entidades privadas sem licitação (Informativo de Jurisprudência do STF 474). É importante notar que o mérito da ação encontra-se pendente de julgamento.

[19] A Lei 13.019/2014 regula as parcerias entre a Administração Direta e Indireta (exceto estatais prestadoras de serviços públicos não dependentes e estatais econômicas) e organizações da sociedade civil – OSCs (entidades privadas sem fins lucrativos). Os conceitos de OSC e de Administração Pública são apresentados nos incisos I e II do art. 2.º da Lei 13.019/2014. Sobre o tema, vide: OLIVEIRA, Rafael Carvalho Rezende. *Curso de direito administrativo*. 4. ed. São Paulo: Método, 2016; e OLIVEIRA, Rafael Carvalho Rezende. *Licitações e contratos administrativos*. 5. ed. São Paulo: Método, 2015.

Aliás, a Lei 13.019/2014, alterada pela Lei 13.204/2015, estabeleceu normas relacionadas à improbidade administrativa, a saber:

a) de acordo com o art. 39, VII, c, da Lei 13.019/2014, as OSCs que possuírem, em seus quadros, dirigente condenado por improbidade administrativa, na forma do art. 12 da Lei 8.429/1992 (LIA), não poderão celebrar parcerias com a Administração Pública durante os prazos das respectivas sanções; e
b) inclusão de incisos nos arts. 10 e 11 da LIA para prever condutas que ensejam atos de improbidade administrativa por danos ao erário e violação aos princípios da Administração Pública.[20]

As características principais das entidades do Terceiro Setor podem ser assim resumidas: a) são criadas pela iniciativa privada; b) não possuem finalidade lucrativa; c) não integram a Administração Pública Indireta; d) prestam atividades privadas de relevância social; e) possuem vínculo legal ou negocial com o Estado; f) recebem benefícios públicos.

Em virtude da parceria formal e do recebimento de vantagens por parte do Estado, as entidades do Terceiro Setor encontram-se abrangidas pelo art. 1.º, §§ 6.º e 7.º do art. 1.º da LIA, inseridos pela Lei 14.230/2021, e podem ser sujeitos passivos da improbidade administrativa.

Vale ressaltar, no entanto, que as entidades do Terceiro Setor apenas serão consideradas vítimas de atos de improbidade se efetivamente receberem benefícios do Estado ou contribuições dos cofres públicos no âmbito de determinada parceria.

No caso dos Serviços Sociais Autônomos, o recebimento de contribuições sociais justifica qualificá-los como sujeitos passivos da improbidade.

Por outro lado, a qualificação de pessoas jurídicas privadas, sem fins lucrativos, como "OS" ou "OSCIP", por exemplo, não é suficiente para considerá-las como vítimas da improbidade, pois a simples concessão de rótulos ou nomenclaturas jurídicas não acarreta necessariamente a formatação de vínculos jurídicos entre o Estado e as referidas entidades. É imprescindível a formalização de contrato de gestão e de termo de parceria para que as

---

[20] A Lei 13.019/2014 também alterou o art. 23 da LIA para incluir prazo de prescrição de cinco anos contados da data da apresentação à Administração Pública da prestação de contas final pelas entidades mencionadas no art. 1.º da LIA. Contudo, o art. 23 da LIA foi modificado pela Lei 14.230/2021, que passou a prever o prazo prescricional de 8 anos, independentemente da pessoa que praticou o ato de improbidade.

OS e as OSCIPs sejam beneficiadas com o fomento público e possam ser enquadradas como potenciais vítimas da improbidade administrativa.

De forma semelhante, as OSCs, entidades privadas sem fins lucrativos, que não dependem de ato de qualificação do Poder Público, somente serão consideradas como vítimas da improbidade se formalizarem vínculos jurídicos com a Administração Pública e receberem benefícios públicos.

4.1.4.4. Sindicatos

Os sindicatos são pessoas jurídicas de direito privado que não sofrem interferência ou intervenção do Poder Público, conforme dispõe o art. 8.º, I, da CRFB.[21]

Ressalte-se, no entanto, que os sindicatos devem registrar seus estatutos no Ministério do Trabalho, na forma do art. 558 da CLT, conforme entendimento fixado na Súmula 677 do STF, que estabelece: "Até que lei venha a dispor a respeito, incumbe ao Ministério do Trabalho proceder ao registro das entidades sindicais e zelar pela observância do princípio da unicidade".

Tradicionalmente, os sindicatos, pessoas jurídicas de direito privado (art. 8.º, I, da CRFB) poderiam ser considerados vítimas da improbidade e legitimados ativos para a respectiva ação judicial, uma vez que eram destinatários de contribuições sindicais compulsórias que ostentavam natureza tributária.[22]

Contudo, com a alteração dos arts. 578 e 579 da CLT pela Lei 13.467/2017 (Reforma Trabalhista), a contribuição sindical deixou de ser obrigatória e passou a depender de prévia e expressa autorização dos que participarem de uma determinada categoria econômica ou profissional, ou de uma profissão liberal, o que pode ensejar dúvida quanto à subsistência de sua natureza tributária e, por consequência, questionamento sobre a possibilidade de enquadramento dos sindicatos como potenciais vítimas da improbidade. Em nossa opinião, os sindicatos não se enquadram, na atualidade, como sujeitos passivos da improbidade.

---

[21] O art. 8.º, I, da CRFB dispõe: "Art. 8.º É livre a associação profissional ou sindical, observado o seguinte: I – a lei não poderá exigir autorização do Estado para a fundação de sindicato, ressalvado o registro no órgão competente, vedadas ao Poder Público a interferência e a intervenção na organização sindical".

[22] FAZZIO JÚNIOR, Waldo. *Atos de improbidade administrativa*: doutrina legislação e jurisprudência. 2. ed. São Paulo: Atlas, 2008. p. 245; GARCIA, Emerson; ALVES, Rogério Pacheco. *Improbidade administrativa*. 6. ed. Rio de Janeiro: Lumen Juris, 2011. p. 227.

4.1.4.5. Partidos políticos e a inconstitucionalidade do art. 23-C da LIA

Os partidos políticos são pessoas jurídicas de direito privado, conforme dispõe o art. 44, V, do Código Civil.[23]

Não obstante a natureza privada, os partidos políticos recebem recursos de natureza pública, oriundos do Fundo Especial de Assistência Financeira aos Partidos Políticos (Fundo Partidário).[24]

O art. 38 da Lei 9.096/1995 (Lei Orgânica dos Partidos Políticos) dispõe que o Fundo Partidário é constituído por: a) multas e penalidades pecuniárias aplicadas nos termos do Código Eleitoral e leis conexas; b) recursos financeiros que lhe forem destinados por lei, em caráter permanente ou eventual; c) doações de pessoa física ou jurídica, efetuadas por intermédio de depósitos bancários diretamente na conta do Fundo Partidário; d) dotações orçamentárias da União em valor nunca inferior, cada ano, ao número de eleitores inscritos em 31 de dezembro do ano anterior ao da proposta orçamentária, multiplicados por trinta e cinco centavos de real, em valores de agosto de 1995.

É fácil perceber a natureza pública da maior parte dos recursos que integram o Fundo Partidário e que são destinados aos partidos.

De nossa parte, sempre sustentamos que os partidos políticos poderiam ser inseridos no rol das vítimas da improbidade, com a aplicação das sanções de improbidade aos autores dos respectivos atos de improbidade, especialmente porque os referidos partidos seriam englobados pela redação originária do art. 1.º da LIA e os respectivos dirigentes seriam equiparados aos agentes públicos para fins de improbidade, em conformidade com a redação originária do art. 2.º da LIA.[25]

---

[23] O art. 17, § 2.º, da CRFB dispõe: "Art. 17. (...) § 2.º Os partidos políticos, após adquirirem personalidade jurídica, na forma da lei civil, registrarão seus estatutos no Tribunal Superior Eleitoral".

[24] Estabelece o art. 17, § 3.º, da CRFB: "Art. 17. (...) § 3.º Somente terão direito a recursos do fundo partidário e acesso gratuito ao rádio e à televisão, na forma da lei, os partidos políticos que alternativamente: I – obtiverem, nas eleições para a Câmara dos Deputados, no mínimo, 3% (três por cento) dos votos válidos, distribuídos em pelo menos um terço das unidades da Federação, com um mínimo de 2% (dois por cento) dos votos válidos em cada uma delas; ou II – tiverem elegido pelo menos quinze Deputados Federais distribuídos em pelo menos um terço das unidades da Federação".

[25] Com o mesmo entendimento, no contexto da redação originária da Lei 8.429/1992, vide: FAZZIO JÚNIOR, Waldo. *Atos de improbidade administrativa:* doutrina, legislação e jurisprudência. 2. ed. São Paulo: Atlas, 2008. p. 245; GARCIA, Emerson; ALVES, Rogério Pacheco. *Improbidade administrativa.* 6. ed. Rio de Janeiro: Lumen Juris, 2011. p. 231.

Contudo, a partir das alterações promovidas pela Lei 14.230/2021, houve uma clara tentativa de descaracterizar a improbidade administrativa dos atos ilícitos praticados contra os recursos públicos geridos por partidos políticos.

É o que se extrai do art. 23-C da LIA, inserido pela Lei 14.230/2021, que dispõe:

> "Art. 23-C. Atos que ensejem enriquecimento ilícito, perda patrimonial, desvio, apropriação, malbaratamento ou dilapidação de recursos públicos dos partidos políticos, ou de suas fundações, serão responsabilizados nos termos da Lei 9.096, de 19 de setembro de 1995."

Em conformidade com a interpretação literal do citado dispositivo legal, os autores de atos que caracterizem enriquecimento ilícito, perda patrimonial, desvio, apropriação, malbaratamento ou dilapidação de recursos públicos dos partidos políticos, ou de suas fundações, seriam responsabilizados na forma da Lei 9.096/1995 (Lei dos Partidos Políticos), que prevê, basicamente, sanções pecuniárias, e não com fundamento na LIA.

Abre-se caminho, inclusive, para discussão quanto à retroatividade do art. 23-C da LIA para extinguir os processos em curso ou rescindir as decisões condenatórias que aplicaram sanções aos autores dos atos de improbidade em face dos partidos políticos.

Entendemos que o art. 23-C da LIA, inserido pela Lei 14.230/2021, é inconstitucional, em razão da violação aos princípios constitucionais da isonomia, da razoabilidade e da proporcionalidade, além da afronta ao art. 37, *caput* e § 4.º, da CRFB.

Não há, de fato, qualquer fundamento razoável para estabelecer tratamento diferenciado e menos gravoso aos dirigentes partidários e demais autores dos atos ilícitos praticados contra os partidos políticos, uma vez que os recursos públicos, compreendidos no fundo partidário, merecem a mesma proteção dos demais recursos públicos.

O afastamento da incidência da LIA, na hipótese, configuraria tratamento privilegiado odioso e desproporcional para determinado grupo de pessoas, além de acarretar uma diminuição indevida da proteção dos recursos públicos, com o afastamento indevido das sanções de improbidade tipificadas no art. 37, § 4.º, da CRFB e no art. 12 da LIA.

Cabe lembrar que a discussão quanto à incidência das sanções de improbidade aos agentes políticos envolveu, durante determinado período, discussão semelhante, uma vez que havia a tentativa por parcela da doutrina e da jurisprudência de afastamento da LIA dos referidos agentes que, nessa perspectiva, responderiam apenas com fundamento na legislação regente do crime de responsabilidade.

Após intensa polêmica, o STF, revendo posição anterior, decidiu que os agentes políticos, com exceção do Presidente da República (art. 85, V, da CRFB), submetem-se ao duplo regime sancionatório: responsabilidade civil pelos atos de improbidade administrativa e responsabilidade político-administrativa por crimes de responsabilidade.[26]

Assim como não seria adequado afastar os agentes políticos da incidência da LIA, não se afigura possível a tentativa de afastamento do referido diploma legal dos dirigentes partidários e demais responsáveis por atos ilícitos direcionados contra os recursos públicos geridos por partidos políticos.

Os atos de acarretam enriquecimento ilícito, lesão ao erário ou violação aos princípios, assim tipificados nos arts. 9.º, 10 e 11 da LIA, devem ser caracterizados como improbidade administrativa, independentemente da qualificação das pessoas responsáveis pela gestão de recursos públicos, o que abrangeria as entidades privadas que recebem subvenção, benefício ou incentivo, fiscal ou creditício, de entes públicos ou governamentais, bem como as entidades privadas para cuja criação ou custeio o erário haja concorrido ou concorra no seu patrimônio ou receita atual, na forma dos §§ 6.º e 7.º, do art. 1.º da LIA, incluídos pela Lei 14.230/2021.

Em síntese, consideramos inconstitucional o art. 23-C da LIA, com a consequente possibilidade de configuração da improbidade dos atos que caracterizem enriquecimento ilícito, perda patrimonial, desvio, apropriação, malbaratamento ou dilapidação de recursos públicos dos partidos políticos ou de suas fundações, entidades que devem ser enquadradas nos citados §§ 6.º e 7.º do art. 1.º da LIA.

Em abono à nossa tese, o STF, por meio de decisão monocrática, conferiu interpretação conforme ao art. 23-C da LIA para afirmar que atos que ensejam enriquecimento ilícito, perda patrimonial, desvio, apropriação, malbaratamento ou dilapidação de recursos públicos dos partidos políticos, ou de suas fundações, poderão ser responsabilizados nos termos da Lei 9.096/1995, mas sem prejuízo da incidência da LIA.[27]

---

[26] STF, Pet 3.240 AgR/DF, Rel. p/ Acórdão Min. Roberto Barroso, Tribunal Pleno, *DJe*-171 22.08.2018 (Informativo de Jurisprudência do STF 901). Sobre o tema, vide item 4.2.1.2.

[27] STF, ADI 7.236 MC/DF, Rel. Min. Alexandre de Moraes, *DJe* 10.01.2023.

4.2. SUJEITO ATIVO

O sujeito ativo da improbidade administrativa é a pessoa física ou jurídica que comete atos de improbidade administrativa tipificados no ordenamento jurídico. O ímprobo, sujeito ativo na relação de direito material, será réu na ação de improbidade administrativa.

De acordo com a Lei 8.429/1992, alterada pela Lei 14.230/2021, o sujeito ativo pode ser dividido em duas espécies: a) agentes públicos (art. 2.º); e b) terceiros (art. 3.º).

4.2.1. Agentes públicos

A expressão "agentes públicos" possui conotação genérica e engloba todas as pessoas físicas que exercem funções estatais.

Os agentes públicos são responsáveis pela manifestação de vontade do Estado e a função pública, no caso, pode ser exercida de forma remunerada ou gratuita; definitiva ou temporária; com ou sem vínculo formal com o Estado.

Esse conceito amplo foi adotado pelo art. 2.º da Lei 8.429/1992, alterado pela Lei 14.230/2021, que dispõe:

> "Art. 2.º Para os efeitos desta Lei, consideram-se agente público o agente político, o servidor público e todo aquele que exerce, ainda que transitoriamente ou sem remuneração, por eleição, nomeação, designação, contratação ou qualquer outra forma de investidura ou vínculo, mandato, cargo, emprego ou função nas entidades referidas no art. 1.º desta Lei."

Os agentes públicos podem ser divididos em, pelo menos, dois grupos: agentes públicos de direito e agentes públicos de fato.[28]

Os agentes públicos de direito são as pessoas físicas que possuem vínculos jurídicos formais e legítimos com o Estado. São os agentes regularmente investidos nos cargos, empregos e funções públicas.

As espécies de agentes de direito são: agentes políticos, servidores públicos (estatutários, celetistas e temporários) e particulares em colaboração (são aqueles que exercem, transitoriamente, a função pública e não ocupam cargos ou empregos públicos, como, por exemplo: jurados, mesários em eleições etc.).

---

[28] OLIVEIRA, Rafael Carvalho Rezende. *Curso de direito administrativo*. 9. ed. Rio de Janeiro: Forense, 2021. p. 671-674.

Por outro lado, os agentes públicos de fato são os particulares que, sem vínculos formais e legítimos com o Estado, exercem, de boa-fé, a função pública com o objetivo de atender o interesse público. São os agentes que não foram investidos previamente nos cargos, empregos e funções públicas. Os agentes de fato dividem-se em duas espécies: putativos e necessários.

Para fins didáticos, apresenta-se abaixo o quadro sinótico dos agentes públicos:

I) Agentes públicos de direito
   a) agentes políticos
   b) servidores públicos
      b.1) estatutários
      b.2) trabalhistas ou celetistas
      b.3) temporários
   c) particulares em colaboração[29]
II) Agentes públicos de fato
   a) putativos
   b) necessários

Em princípio, o art. 2.º da Lei 8.429/1992 abrange todos os agentes públicos acima mencionados, o que não afasta a necessidade de destacarmos as discussões específicas envolvendo determinadas categorias de agentes.

4.2.1.1. Agentes públicos de direito e agentes públicos de fato

Ao utilizar a expressão agente público, o art. 2.º da Lei 8.429/1992 pretendeu abarcar toda e qualquer espécie de agente. Além dos agentes públicos de direito, que possuem vínculos formais com a Administração, a norma abrange, também, os denominados agentes de fato, que desempenham atividades públicas sem vínculo formal (o vínculo decorre de circunstâncias fáticas) com o Estado.

Vale lembrar que a figura do agente de fato não se confunde com a de usurpador de função pública, uma vez que este último atua com má-fé

---

[29] O STJ decidiu que "o estagiário que atua no serviço público, ainda que transitoriamente, remunerado ou não, se enquadra no conceito legal de agente público preconizado pela Lei 8.429/1992" (REsp 1352035/RS, Rel. Min. Herman Benjamin, 2.ª Turma, *DJe* 08.09.2015, Informativo de Jurisprudência do STJ 568).

para se beneficiar do exercício irregular da função pública, e sua conduta é tipificada como crime pelo art. 328 do CP.

Os agentes de fato putativos acreditam possuir legitimidade para o desempenho da função pública em situação de normalidade. Exemplo: agentes públicos que desempenham a função pública sem a aprovação em concurso público válido.

Os agentes de fato necessários exercem a função pública em situações de calamidade ou de emergência. Exemplo: particulares que, espontaneamente, auxiliam vítimas em desastres naturais.

A atuação dos agentes de fato acarreta dois questionamentos: a eventual necessidade de convalidação dos atos praticados e a responsabilidade civil do Estado pelos danos causados a terceiros.

Em virtude da teoria da aparência e da boa-fé dos administrados, os atos dos agentes putativos devem ser convalidados perante terceiros e o Estado será responsabilizado pelos danos causados. Ademais, a remuneração recebida pelo agente de fato putativo, em razão do exercício efetivo da função, não deverá ser devolvida ao Estado, sob pena de enriquecimento sem causa do Poder Público e desrespeito à boa-fé do agente.[30]

Da mesma forma, em relação aos atos dos agentes de fato necessários, os atos devem ser, em regra, convalidados quando beneficiam os terceiros de boa-fé.

No entanto, a doutrina não tem admitido a responsabilidade civil do Estado pelos danos causados por agentes de fato necessários, uma vez que não se pode invocar, aqui, a teoria da aparência.[31] Nada obsta, contudo, que o Estado seja responsabilizado pelo mau funcionamento do serviço que gerou a calamidade e incentivou a atuação do agente de fato. Exemplo: os sinais de trânsito, em cruzamento movimentado, param de funcionar e um particular (agente de fato necessário) tenta normalizar o caos do trânsito, emitindo "ordens" aos motoristas dos veículos, não evitando, porém, a colisão de dois veículos. No caso, o Estado poderá ser responsabilizado pelo mau funcionamento do serviço (quebra do sinal de trânsito) e não propriamente pela atuação do agente de fato.

Destarte, tanto os agentes de direito quanto os agentes de fato podem ser sujeitos ativos da improbidade.

---

[30] Nesse sentido: MOREIRA NETO, Diogo de Figueiredo. *Curso de direito administrativo*. 15. ed. Rio de Janeiro: Forense, 2009. p. 323.

[31] OLIVEIRA, Rafael Carvalho Rezende. *Curso de direito administrativo*. 9. ed. Rio de Janeiro: Forense, 2021. p. 674; DI PIETRO, Maria Sylvia Zanella. *Direito administrativo*. 22. ed. São Paulo: Atlas, 2009. p. 505.

4.2.1.2. Agentes políticos (membros dos Poderes Executivo e Legislativo): LIA e crime de responsabilidade

Há enorme controvérsia doutrinária em relação à conceituação dos agentes políticos, sendo possível apontar, para fins didáticos, dois grandes entendimentos sobre o assunto.

Primeira posição (conceito amplo): agentes políticos são os "componentes do Governo nos seus primeiros escalões", que atuam com independência funcional. Tais agentes possuem, normalmente, as suas funções delineadas na Constituição e não se encontram subordinados aos demais agentes, pois ocupam os órgãos de cúpula ("órgãos independentes"). Inserem-se neste conceito os Chefes do Executivo (Presidente da República, Governadores e Prefeitos), os membros das Casas Legislativas (Senadores, Deputados e vereadores), os membros do Poder Judiciário (magistrados), membros do Ministério Público (Procuradores e Promotores) etc.[32]

Segunda posição (conceito restritivo): agentes políticos são aqueles que ocupam local de destaque na estrutura estatal, responsáveis pelas decisões políticas fundamentais do Estado. Esse é o entendimento majoritário na doutrina.[33]

De acordo com o a concepção restritiva, não basta a previsão de suas atribuições no texto constitucional para que os agentes sejam considerados como políticos. A caracterização dos agentes políticos depende, em regra, do preenchimento de alguns requisitos, tais como: a) o acesso ao cargo político ocorre por meio de eleição, conferindo maior legitimidade democrática para o exercício de suas funções (em alguns casos, determinados agentes políticos não serão investidos por meio de eleição, mas serão nomeados por agentes eleitos para ocuparem cargos em comissão, como ocorre, por exemplo, na investidura dos Ministros e Secretários estaduais e municipais que são nomeados pelos respectivos Chefes do Executivo); b) a função política possui caráter transitório, tendo em vista o princípio republicano, e será exercida por prazo determinado (mandato); e c) as decisões políticas

---

[32] MEIRELLES, Hely Lopes. *Direito administrativo brasileiro*. 22. ed. São Paulo: Malheiros, 1997. p. 72-74.

[33] OLIVEIRA, Rafael Carvalho Rezende. *Curso de direito administrativo*. 9. ed. Rio de Janeiro: Forense, 2021. p. 672; CARVALHO FILHO, José dos Santos. *Manual de direito administrativo*. 22. ed. Rio de Janeiro: Lumen Juris, 2009. p. 560-561; MELLO, Celso Antônio Bandeira de. *Curso de direito administrativo*. 21. ed. São Paulo: Malheiros, 2006. p. 237-238; DI PIETRO, Maria Sylvia Zanella. *Direito administrativo*. 22. ed. São Paulo: Atlas, 2009. p. 510-512; GASPARINI, Diógenes. *Direito administrativo*. 12. ed. São Paulo: Saraiva, 2007. p. 156-159.

fundamentais de Estado, caracterizadoras da função política, envolvem, primordialmente, a alocação de recursos orçamentários e o atendimento prioritário de determinados direitos fundamentais.

A partir do conceito restritivo e das características principais dos agentes políticos, verifica-se que essa categoria de agentes abrange os Chefes do Executivo (Presidente, Governadores e Prefeitos), os seus auxiliares (Ministros, Secretários estaduais e Secretários municipais) e os membros do Poder Legislativo (Senadores, Deputados e vereadores), excluindo-se desse conceito, por exemplo, os membros do Poder Judiciário e os membros do Ministério Público.

A discussão em torno do conceito de agente político possui relevância prática.

Mencione-se, por exemplo, o entendimento consagrado no STF no sentido de afastar a incidência da Súmula Vinculante 13, que veda o nepotismo na Administração Pública, para os cargos políticos.[34]

Interessa-nos, todavia, a outra discussão concreta quanto à conceituação de agente político. Trata-se da (im)possibilidade de aplicação da Lei 8.429/1992 a determinados agentes políticos que cometem atos de improbidade caracterizados como crimes de responsabilidade.

A celeuma em torno da submissão dos agentes políticos à Lei 8.429/1992 decorre da interpretação sistemática do texto constitucional, que distingue a improbidade administrativa e os crimes de responsabilidade.

De um lado, o art. 37, § 4.º, da CRFB, regulamentado pela Lei 8.429/1992, trata da improbidade administrativa que pode ser praticada por todo e qualquer agente público.

De outro lado, os arts. 52, I, 85, V, e 102, I, c, todos da CRFB, regulamentados pelas Leis 7.106/1983 e 1.079/1950 e pelo Decreto-lei 201/1967, mencionam os atos de improbidade praticados por determinados agentes políticos, que são qualificados como crimes de responsabilidade.

Quanto aos crimes de responsabilidade, a União possui competência legislativa para definir as infrações e o estabelecimento das respectivas normas de processo e julgamento, na forma da Súmula Vinculante 46 do STF.[35]

---

[34] Vide, por exemplo: STF, RE 579.951/RN, Rel. Min. Ricardo Lewandowski, Tribunal Pleno, *DJe*-202, 24.10.2008, p. 1.876; STF, Rcl 6.650 MC-AgR/PR, Rel. Min. Ellen Gracie, *DJe*-222, 21.11.2008, p. 277.

[35] A Súmula Vinculante 46 dispõe: "A definição dos crimes de responsabilidade e o estabelecimento das respectivas normas de processo e julgamento são da competência legislativa privativa da União".

A Lei 1.079/1950 regula os crimes de responsabilidade praticados pelos seguintes agentes: a) Presidente da República (art. 4.º); b) Ministros de Estado (art. 13); c) Ministros do Supremo Tribunal Federal (art. 39); d) Presidentes de Tribunais, Superiores ou não, que exercem cargo de direção ou equivalentes, no que diz respeito aos aspectos orçamentários (art. 39-A); e) Procurador-Geral da República (art. 40); f) Advogado-Geral da União (art. 40-A, parágrafo único, I); g) Procuradores-Gerais do Trabalho, Eleitoral e Militar, Procuradores-Gerais de Justiça dos Estados e do Distrito Federal, Procuradores-Gerais dos Estados e do Distrito Federal, dos membros do Ministério Público da União e dos Estados, da Advocacia-Geral da União, das Procuradorias dos Estados e do Distrito Federal, quando no exercício de funções de chefia das unidades regionais ou locais das respectivas instituições (art. 40-A, parágrafo único, II); e h) Governadores dos Estados e seus Secretários (art. 74).

O julgamento do Presidente da República, dos Ministros de Estado, dos Ministros do STF, dos membros do CNJ e do CNMP, do Procurador-Geral da República e do Advogado-Geral da União, em virtude da prática de crime de responsabilidade, compete ao Senado, que poderá aplicar a sanção de perda do cargo, com inabilitação, até cinco anos, para o exercício de qualquer função pública (art. 52, I e II, e parágrafo único, da CRFB c/c o art. 2.º da Lei 1.079/1950).[36]

Compete ao STF processar e julgar, originariamente, nos crimes de responsabilidade, os Ministros de Estado e os Comandantes da Marinha, do Exército e da Aeronáutica, ressalvado o disposto no art. 52, I, da CRFB, os membros dos Tribunais Superiores, os do Tribunal de Contas da União e os chefes de missão diplomática de caráter permanente, na forma do art. 102, I, da CRFB.

O STJ possui competência originária para processar e julgar, nos crimes de responsabilidade, os desembargadores dos Tribunais de Justiça dos Estados e do Distrito Federal, os membros dos Tribunais de Contas dos Estados e do Distrito Federal, os dos Tribunais Regionais Federais, dos Tribunais Regionais Eleitorais e do Trabalho, os membros dos Conselhos ou Tribunais de Contas dos Municípios e os do Ministério Público da União que oficiem perante tribunais (art. 105, I, "a", da CRFB).

---

[36] Da mesma forma, compete ao Senado o processo e o julgamento dos Ministros de Estado e dos Comandantes da Marinha, do Exército e da Aeronáutica nos crimes de responsabilidade conexos com aqueles praticados pelo Presidente ou pelo Vice-Presidente da República. Na ausência de conexão, os Ministros serão julgados pelo STF (art. 52, I c/c o art. 102, I, da CRFB).

Os Governadores e os Secretários de Estado submetem-se à Lei 7.106/1983 e à Lei 1.079/1950, hipótese em que o julgamento pelo crime de responsabilidade será de competência da respectiva Assembleia Legislativa (arts. 75 a 79 da Lei 1.079/1950).

O DL 201/1967 dispõe sobre os crimes de responsabilidade dos Prefeitos, bem como a cassação dos mandatos dos vereadores que praticarem improbidade administrativa.[37] É oportuno destacar, no entanto, que a referida legislação menciona crimes de responsabilidade propriamente ditos (art. 4.º) e crimes de responsabilidade impróprios (art. 1.º), sendo certo que, neste último caso, as infrações configuram verdadeiros crimes, sancionados por meio da competente ação penal. Os crimes de responsabilidade propriamente ditos, por sua vez, são infrações político-administrativas cometidas por Prefeitos, sujeitas ao julgamento pela Câmara dos Vereadores e sancionadas com a cassação do mandato.[38]

Em relação aos membros do Poder Legislativo (Senadores, Deputados federais, Deputados estaduais, Deputados distritais e Vereadores), é importante destacar que a imunidade material refere-se à inviolabilidade civil e penal por suas opiniões, palavras e votos (arts. 27, § 1.º, 29, VIII, 32, § 1.º, e 53 da CRFB). A caracterização da imunidade material pressupõe a correlação entre tais atos e o exercício do mandato. No caso específico dos Vereadores, a inviolabilidade restringe-se às "opiniões, palavras e votos no exercício do mandato e na circunscrição do Município".

Não há que falar, portanto, em improbidade administrativa pelas opiniões, palavras e votos no exercício do mandato parlamentar, mas nada impede a aplicação das sanções de improbidade fora dessas hipóteses.

---

[37] Os §§ 2.º e 3.º do art. 29-A, da CRFB, dispõem: "Art. 29-A. (...) § 2.º Constitui crime de responsabilidade do Prefeito Municipal: I – efetuar repasse que supere os limites definidos neste artigo; II – não enviar o repasse até o dia vinte de cada mês; ou III – enviá-lo a menor em relação à proporção fixada na Lei Orçamentária. § 3.º Constitui crime de responsabilidade do Presidente da Câmara Municipal o desrespeito ao § 1.º deste artigo".

[38] Nesse sentido, decidiu o STF: "Os crimes denominados de responsabilidade, tipificados no art. 1.º do DL 201, de 1967, são crimes comuns, que deverão ser julgados pelo Poder Judiciário, independentemente do pronunciamento da Câmara dos Vereadores (art. 1.º), são de ação pública e punidos com pena de reclusão e de detenção (art. 1.º, par. 1.º) e o processo e o comum, do CPP, com pequenas modificações (art. 2.º). No art. 4.º, o DL 201, de 1967, cuida das infrações político-administrativas dos prefeitos, sujeitos ao julgamento pela Câmara dos Vereadores e sancionadas com a cassação do mandato. Essas infrações e que podem, na tradição do direito brasileiro, ser denominadas de crimes de responsabilidade" (STF, HC 70.671/PI, Rel. Min. Carlos Velloso, Tribunal Pleno, *DJ* 19.05.1995, p. 1.399).

Quanto à imunidade formal, que impede a prisão dos membros do Poder Legislativo, salvo em flagrante de crime inafiançável, ou permite a sustação da ação penal (arts. 27, § 1.º, 32, § 1.º, e 53, §§ 2.º e 3.º, da CRFB), não há qualquer impedimento para aplicação da Lei de Improbidade Administrativa, uma vez que a imunidade, no caso, refere-se exclusivamente ao campo penal e as sanções de improbidade administrativa possuem caráter extrapenal.

Todavia, a ação de improbidade proposta em face dos Parlamentares não pode acarretar, em princípio, a perda do mandato. A referida sanção somente pode ser imposta aos Senadores e Deputados Federais por decisão do Senado e da Câmara dos Deputados, na forma do art. 55, §§ 2.º e 3.º, da CRFB. No tocante aos Deputados estaduais, a competência para aplicação da referida sanção é da respectiva Assembleia Legislativa, conforme dispõe o art. 27, § 1.º, da CRFB. Em razão da inexistência de norma constitucional análoga para os Vereadores, estes podem perder seus mandatos por decisão judicial proferida na ação de improbidade.[39]

A aplicação da Lei 8.429/1992 aos agentes políticos, submetidos ao regime especial do crime de responsabilidade, sempre foi bastante controvertida. Sobre a polêmica, existem, em resumo, três entendimentos:

Primeiro entendimento: os agentes políticos submetidos à legislação especial, que versa sobre os crimes de responsabilidade, não se submetem à Lei 8.429/1992.[40]

Isto porque a Constituição teria dispensado dois tratamentos distintos para os atos de improbidade: (a) os agentes públicos em geral sujeitam-se aos termos do art. 37, § 4.º, da CRFB, regulamentado pela Lei 8.429/1992; e (b) os agentes políticos submetem-se às regras específicas do crime de responsabilidade, na forma dos arts. 52, I, 85, V, e 102, I, c, dentre outras normas, da CRFB, regulamentados pela Lei 1.079/1950, pelo DL 201/1967 e pela Lei 7.106/1983.

Essa foi a orientação adotada inicialmente pelo STF quando do julgamento da Reclamação 2.138/DF, que versava sobre a prática de improbidade administrativa/crime de responsabilidade por Ministro de Estado. De acordo

---

[39] Nesse sentido: DI PIETRO, Maria Sylvia Zanella. *Direito administrativo*. 22. ed. São Paulo: Atlas, 2009. p. 816-817; GARCIA, Emerson; ALVES, Rogério Pacheco. *Improbidade administrativa*. 6. ed. Rio de Janeiro: Lumen Juris, 2011. p. 565. O STJ já admitiu a decretação da perda do mandato do vereador por decisão judicial proferida em ação de improbidade administrativa. Vide: STJ, REsp 1.135.767/SP, Rel. Min. Castro Meira, Segunda Turma, DJe 09.06.2010 (Informativo de Jurisprudência do STJ 436).

[40] Nesse sentido: MENDES, Gilmar Ferreira. *Curso de direito constitucional*. 4. ed. São Paulo: Saraiva, 2009. p. 814; COPOLA, Gina. *A improbidade administrativa no direito brasileiro*. Belo Horizonte: Fórum, 2011. p. 41.

com o entendimento majoritário dos Ministros da Suprema Corte, os agentes políticos, por estarem regidos por normas especiais de responsabilidade, não respondem por improbidade administrativa, com fundamento na Lei 8.429/1992, mas apenas por crime de responsabilidade em ação que somente pode ser proposta perante o STF nos termos do art. 102, I, c, da CRFB.[41]

A nosso ver, no entanto, a decisão prolatada na Reclamação 2.138/DF era um caso isolado e não refletia a jurisprudência consolidada do STF, uma vez que a decisão em comento foi proferida por maioria apertada dos Ministros (seis x cinco) e a composição da Corte foi substancialmente alterada após a prolação da referida decisão.

Em abono à nossa tese, a Segunda Turma do STF decidiu, posteriormente, pela possibilidade de propositura de ação de improbidade em face de Deputado Federal, inexistindo, no caso, foro por prerrogativa de função, na forma da ementa abaixo colacionada:[42]

> "Embargos de declaração no recurso extraordinário com agravo. Efeitos infringentes. Conversão em agravo regimental. Constitucional. 1. Ação civil pública por improbidade administrativa contra deputado federal: ausência de foro por prerrogativa de função. 2. Recebimento da ação. Reexame de provas. Súmula n. 279 do Supremo Tribunal Federal. Agravo regimental ao qual se nega provimento".

Posteriormente, em decisão monocrática do Min. Celso de Mello, o STF decidiu que a LIA seria aplicável ao ex-governador que praticou improbidade durante o mandato, sendo inaplicável a legislação do crime de responsabilidade após a perda do mandato.[43]

Igualmente, o STF, por meio do Plenário, decidiu que a ação civil pública por ato de improbidade administrativa que tenha por réu parlamentar deve ser julgada em Primeira Instância. No julgamento do caso, a Suprema Corte afirmou que, ao contrário do que ocorre com os Ministros de Estado (Reclamação 2.138/DF), o STF possui competência para julgar os membros do Congresso Nacional apenas nas infrações penais comuns, mas não pelos crimes de responsabilidade (art. 102, I, b e c, da CRFB). Dessa forma, em relação aos parlamentares, o fato de o STF ser competente

---

[41] STF, Reclamação 2.138/DF, Rel. p/ Acórdão Min. Gilmar Mendes, Tribunal Pleno, DJe-070 18.04.2008 (Informativo de Jurisprudência do STF 471).

[42] STF, ARE 806.293 ED/DF, Rel. Min. Cármen Lúcia, Segunda Turma, DJe 13.06.2014.

[43] STF, AC 3.585 MC/RS, Rel. Min. Celso de Mello, DJe 05.06.2014 (Informativo de Jurisprudência do STF 761).

para julgamento de crime comum eventualmente praticado não o torna competente para julgamento de ação de improbidade administrativa.[44]

O entendimento inicialmente adotado na Reclamação 2.138/DF foi definitivamente superado pelo Plenário da Suprema Corte no julgamento da Pet 3.240 AgR/DF.[45] De acordo com o atual posicionamento do STF, os agentes políticos, com exceção do Presidente da República (art. 85, V, da CRFB), encontram-se sujeitos a um duplo regime sancionatório, de modo que se submetem tanto à responsabilização civil pelos atos de improbidade administrativa, quanto à responsabilização político-administrativa por crimes de responsabilidade.

No mesmo julgamento, o STF reiterou que o foro especial por prerrogativa de função previsto na Constituição Federal em relação às infrações penais comuns não é extensível às ações de improbidade administrativa, de natureza civil.

Segundo entendimento: os agentes políticos sujeitam-se às sanções de improbidade administrativa, previstas na Lei 8.429/1992, e às sanções por crime de responsabilidade, tipificadas na Lei 1.079/1950, no DL 201/1967 e na Lei 7.106/1983, que podem ser aplicadas de forma cumulativa sem que isso configure *bis in idem*.[46]

Nesse sentido já decidiu a Corte Especial do STJ que, ao admitir a compatibilidade material das sanções de improbidade administrativa e dos crimes de responsabilidade, ressalvou apenas a questão processual (competência constitucional) para aplicação das referidas sanções a determinados agentes políticos. Transcreva-se a ementa do julgado que versava sobre a competência para aplicação das sanções de improbidade aos Governadores de Estados:[47]

---

[44] STF, Pet 3.067 AgR/MG, Rel. Min. Roberto Barroso, Tribunal Pleno, *DJe* 19.02.2015.

[45] STF, Pet 3.240 AgR/DF, Rel. p/ Acórdão Min. Roberto Barroso, Tribunal Pleno, *DJe*-171 22.08.2018 (Informativo de Jurisprudência do STF 901).

[46] Nesse sentido: DECOMAIN, Pedro Roberto. *Improbidade administrativa*. São Paulo: Dialética, 2007. p. 39; MARTINS JÚNIOR, Wallace Paiva. *Probidade administrativa*. 4. ed. São Paulo: Saraiva, 2009. p. 312; SOBRANE, Sérgio Turra. *Improbidade administrativa*: aspectos materiais, dimensão difusa e coisa julgada. São Paulo: Atlas, 2010. p. 52.

[47] STJ, Rcl 2.790/SC, Rel. Min. Teori Albino Zavascki, Corte Especial, *DJe* 04.03.2010 (Informativo de Jurisprudência do STJ 418). Vale lembrar que o STJ possui precedente no sentido da inaplicabilidade da Lei 8.429/1992 aos Prefeitos, submetidos ao regime especial de responsabilização previsto no DL 201/1967. Vide: STJ, REsp 456.649/MG, Rel. p/ Acórdão Min. Luiz Fux, Primeira Turma, *DJ* 05.10.2006, p. 237(Informativo de Jurisprudência do STJ 295). A tese 1 da edição n.º 40 da "Jurisprudência em Teses" do STJ dispõe: "Os Agentes Políticos sujeitos a crime de responsabilidade, ressalvados os

"Constitucional. Competência. **Ação de improbidade contra Governador de Estado. Duplo regime sancionatório dos agentes políticos: legitimidade. Foro por prerrogativa de função: reconhecimento. Usurpação de competência do STJ.** Procedência parcial da reclamação.

1. Excetuada a hipótese de atos de improbidade praticados pelo Presidente da República (art. 85, V), cujo julgamento se dá em regime especial pelo Senado Federal (art. 86), não há norma constitucional alguma que imunize os agentes políticos, sujeitos a crime de responsabilidade, de qualquer das sanções por ato de improbidade previstas no art. 37, § 4.º. Seria incompatível com a Constituição eventual preceito normativo infraconstitucional que impusesse imunidade dessa natureza.

2. Por decisão de 13 de março de 2008, a Suprema Corte, com apenas um voto contrário, declarou que 'compete ao Supremo Tribunal Federal julgar ação de improbidade contra seus membros' (QO na Pet. 3.211-0, Min. Menezes Direito, *DJ* 27.06.2008). Considerou, para tanto, que a prerrogativa de foro, em casos tais, decorre diretamente do sistema de competências estabelecido na Constituição, que assegura a seus Ministros foro por prerrogativa de função, tanto em crimes comuns, na própria Corte, quanto em crimes de responsabilidade, no Senado Federal. Por isso, 'seria absurdo ou o máximo do contrassenso conceber que ordem jurídica permita que Ministro possa ser julgado por outro órgão em ação diversa, mas entre cujas sanções está também a perda do cargo. Isto seria a desestruturação de todo o sistema que fundamenta a distribuição da competência' (voto do Min. Cezar Peluso).

3. Esses mesmos fundamentos de natureza sistemática autorizam a concluir, por imposição lógica de coerência interpretativa, que **norma infraconstitucional não pode atribuir a juiz de primeiro grau o julgamento de ação de improbidade administrativa, com possível aplicação da pena de perda do cargo, contra Governador do Estado, que, a exemplo dos Ministros do STF, também tem assegurado foro por prerrogativa de função, tanto em crimes comuns (perante o STJ) quanto em crimes de responsabilidade (perante a respectiva Assembleia Legislativa).** É de se reconhecer que, por inafastável simetria com o que ocorre em relação aos crimes comuns (CF, art. 105, I, *a*), há, em casos tais, competência implícita complementar do Superior Tribunal de Justiça.

4. Reclamação procedente, em parte" (grifo nosso).

---

atos ímprobos cometidos pelo Presidente da República (art. 86 da CF) e pelos Ministros do Supremo Tribunal Federal, não são imunes às sanções por ato de improbidade previstas no art. 37, § 4.º, da CF".

Em relação aos Prefeitos, o STJ tem admitido a propositura da ação de improbidade e a aplicação das sanções previstas no art. 12 da Lei 8.429/1992.[48]

Terceiro entendimento: os agentes políticos podem ser réus na ação de improbidade administrativa, com a consequente aplicação das sanções da Lei 8.429/1992, salvo aquelas de natureza política que somente podem ser aplicadas por meio do respectivo processo por crime de responsabilidade, com fundamento na Lei 1.079/1950, no DL 201/1967 e na Lei 7.106/1983.[49]

O terceiro entendimento parece ser o mais adequado. Não há que se falar em imunidade do agente político à aplicação da Lei de Improbidade Administrativa. A interpretação sistemática do ordenamento jurídico demonstra que a intenção do legislador constituinte foi a de estabelecer regras especiais para os agentes políticos que cometerem atos de improbidade/crimes de responsabilidade em relação exclusivamente à aplicação de sanções políticas (perda do cargo e inabilitação temporária para o exercício de função pública), mas não no tocante às demais sanções que não possuem caráter político e que estão previstas no art. 12 da Lei 8.429/1992.

Destarte, o agente político pode ser responsabilizado, pelo mesmo fato, com fundamento na legislação especial, que trata do crime de responsabilidade, e na Lei 8.429/1992, ressalvada a aplicação de sanções políticas, sem que isso configure *bis in idem*.

---

[48] Vide, por exemplo: STJ, REsp 1.034.511/CE, Rel. Min. Eliana Calmon, Segunda Turma, DJe 22.09.2009 (Informativo de Jurisprudência do STJ 405). A tese 2 da edição n.º 40 da "Jurisprudência em Teses" do STJ dispõe: "Os agentes políticos municipais se submetem aos ditames da Lei de Improbidade Administrativa, sem prejuízo da responsabilização política e criminal estabelecida no Decreto-lei n. 201/1967".

[49] Nesse sentido: CARVALHO FILHO, José dos Santos. *Manual de direito administrativo*. 24. ed. Rio de Janeiro: Lumen Juris, 2011. p. 992; DI PIETRO, Maria Sylvia Zanella. *Direito administrativo*. 22. ed. São Paulo: Atlas, 2009. p. 817; GAJARDONI, Fernando da Fonseca; CRUZ, Luana Pedrosa de Figueiredo; CERQUEIRA, Luís Otávio Sequeira de; GOMES JUNIOR, Luiz Manoel; FAVRETO, Rogerio. *Comentários à Lei de Improbidade Administrativa*. São Paulo: RT, 2010. p. 47; PAZZAGLINI FILHO, Marino. *Lei de Improbidade Administrativa comentada*: aspectos constitucionais, administrativos, civis, criminais, processuais e de responsabilidade fiscal. 5. ed. São Paulo: Atlas, 2011. p. 143-144; GAJARDONI, Fernando da Fonseca; CRUZ, Luana Pedrosa de Figueiredo; CERQUEIRA, Luís Otávio Sequeira de; GOMES JUNIOR, Luiz Manoel; FAVRETO, Rogerio. *Comentários à Lei de Improbidade Administrativa*. São Paulo: RT, 2010. p. 47. A tese 3 da edição n.º 40 da "Jurisprudência em Teses" do STJ dispõe: "A ação de improbidade administrativa proposta contra agente político que tenha foro por prerrogativa de função é processada e julgada pelo juiz de primeiro grau, limitada à imposição de penalidades patrimoniais e vedada a aplicação das sanções de suspensão dos direitos políticos e de perda do cargo do réu".

No processo e julgamento por crimes de responsabilidade serão aplicadas as sanções políticas (perda do cargo e inabilitação temporária para o exercício de função pública), enquanto na ação judicial de improbidade administrativa o magistrado aplicará as demais sanções elencadas na Lei 8.429/1992 (ressarcimento ao erário, multa civil etc.).[50]

Registre-se, mais uma vez, que o STF decidiu pela submissão dos agentes políticos ao duplo regime sancionatório (responsabilização civil pelos atos de improbidade administrativa e responsabilização político-administrativa por crimes de responsabilidade), com a ressalva apenas do Presidente da República (art. 85, V, da CRFB), sem menção às restrições de aplicação das sanções políticas previstas na Lei 8.429/1992.[51]

Em nossa opinião, a Lei 8.429/1992 não deveria ser afastada, de forma absoluta, do Presidente da República, uma vez que não haveria óbice constitucional à aplicação das sanções tipificadas na Lei de Improbidade Administrativa, com exceção das sanções de perda do cargo e de suspensão dos direitos políticos.

De qualquer forma, a atual redação do art. 2.º da LIA, após a Reforma promovida pela Lei 14.230/2021, ao mencionar literalmente os "agentes políticos", reforça a possibilidade de aplicação das sanções de improbidade aos referidos agentes.

Ressalte-se que a Lei 8.429/1992 é plenamente aplicável aos ex-agentes políticos, hipótese em que ação de improbidade será processada e julgada pelo Juízo de primeiro grau.[52]

Ademais, a cessação do mandato eletivo, no curso do processo de ação de improbidade administrativa, implica perda automática da chamada prerrogativa de foro e deslocamento da causa ao juízo de primeiro grau, ainda que o fato que deu causa à demanda haja ocorrido durante o exercício da função pública.[53]

---

[50] As restrições à aplicação da sanção de perda da função pública aos agentes políticos são mencionadas também no subitem 13.5.4.4.
[51] STF, Pet 3.240 AgR/DF, Rel. p/ Acórdão Min. Roberto Barroso, Tribunal Pleno, DJe-171 22.08.2018 (Informativo de Jurisprudência do STF 901).
[52] STF, Pet 3.421 AgR/MA, Rel. Min. Cezar Peluso, Tribunal Pleno, DJe-100 04.06.2010; STJ, REsp 1.134.461/SP, Rel. Min. Eliana Calmon, Segunda Turma, DJe 12.08.2010 (Informativo de Jurisprudência do STJ 441).
[53] STF, Rcl 3.021 AgR/SP, Rel. Min. Cezar Peluso, Tribunal Pleno, DJe 025 06.02.2009.

4.2.1.3. LIA e a Lei de Inelegibilidade, alterada pela Lei da Ficha Limpa

A LC 135/2010 ("Lei da Ficha Limpa"), que alterou a LC 64/1990 (Lei de Inelegibilidade), estabeleceu novas hipóteses de inelegibilidade dos agentes públicos relacionadas à condenação por ato de improbidade administrativa.[54]

Aliás, o art. 14, § 9.º, da CRFB dispõe que os casos de inelegibilidade, estabelecidos em Lei Complementar, têm por objetivo "proteger a probidade administrativa, a moralidade para exercício de mandato considerada vida pregressa do candidato, e a normalidade e legitimidade das eleições contra a influência do poder econômico ou o abuso do exercício de função, cargo ou emprego na administração direta ou indireta".

Nesse sentido, por exemplo, o art. 1.º, I, g, da LC 64/1990, com a redação dada pela LC 135/2010, estabelece a inelegibilidade para qualquer cargo daqueles que "tiverem suas contas relativas ao exercício de cargos ou funções públicas rejeitadas por irregularidade insanável que configure ato doloso de improbidade administrativa, e por decisão irrecorrível do órgão competente, salvo se esta houver sido suspensa ou anulada pelo Poder Judiciário, para as eleições que se realizarem nos 8 (oito) anos seguintes, contados a partir da data da decisão".[55] O referido caso de inelegibilidade não se aplica aos responsáveis que tenham tido suas contas julgadas irregulares sem imputação de débito e sancionados exclusivamente com o pagamento de multa (art. 1.º, § 4.º-A, incluído pela LC 184/2021).[56]

Da mesma forma o art. 1.º, I, l, da referida Lei Complementar torna inelegível o agente que for condenado à suspensão dos direitos políticos, "em decisão transitada em julgado ou proferida por órgão judicial colegiado, por ato doloso de improbidade administrativa que importe lesão ao patrimônio público e enriquecimento ilícito, desde a condenação ou o trânsito em julgado até o transcurso do prazo de oito anos após o cumprimento da pena".

A inelegibilidade, imposta pela "Lei da Ficha Limpa", depende, em qualquer caso, da condenação pela prática de ato doloso de improbidade.

---

[54] A constitucionalidade da LC 135/2010 foi reconhecida pelo STF quando do julgamento da ADC 29/DF, da ADC 30/DF e ADI 4.578/AC, de relatoria do Min. Luiz Fux (Informativo de Jurisprudência do STF 655).

[55] De acordo com o TSE, a inelegibilidade prevista no art. 1.º, I, g, da LC 64/1990 "não é imposta pela decisão do Tribunal de Contas estadual que desaprova contas, mas pode ser efeito secundário dessa decisão administrativa, verificável no momento em que o cidadão requerer o registro de sua candidatura". TSE, Recurso Especial Eleitoral 332-24/RJ, Rel. Min. Gilmar Mendes, DJe 26.09.2014 (Informativo TSE 17/2014).

[56] O STF conferiu interpretação conforme a Constituição ao § 4.º-A do art. 1.º da LC 64/1990 para afirmar que a sua aplicação é restrita aos casos de julgamento de gestores públicos pelos Tribunais de Contas (Tema 1.304 de repercussão geral do STF).

Lembre-se, aqui, que a redação originária da LIA admitia a possibilidade de improbidade culposa no seu art. 10. Naquele contexto, a condenação pela prática de ato culposo de improbidade não acarretaria inelegibilidade. Ocorre que a Reforma promovida pela Lei 14.230/2021 na LIA extinguiu o ato culposo de improbidade, que somente restará configurada se comprovado o dolo.[57]

De acordo com o TSE, a condenação por improbidade administrativa prolatada por órgão colegiado, após a formalização de pedido de registro, é causa para o indeferimento do registro de candidatura.[58]

Os atos de improbidade, capitulados na Lei 8.429/1992, podem ser divididos em quatro categorias básicas: enriquecimento ilícito (art. 9.º), lesão ao erário (art. 10) e violação aos princípios da Administração Pública (art. 11).

Os atos de improbidade, capitulados na Lei 8.429/1992, podem ser divididos em quatro categorias básicas: enriquecimento ilícito (art. 9.º), lesão ao erário (art. 10), concessão ou aplicação indevida de benefício financeiro ou tributário (art. 10-A) e violação aos princípios da Administração Pública (art. 11).

Ora, se a inelegibilidade, no caso, depende da comprovação da lesão ao erário e do enriquecimento ilícito, não haverá tal consequência na condenação por improbidade com fundamento no art. 11 da Lei 8.429/1992 (violação aos princípios).

Ademais, o art. 1.º, I, *l*, da LC 64/1990, alterado pela LC 135/2010 pressupõe condenação imposta por "órgão judicial colegiado", não bastando a existência de sentença condenatória proferida pelo Juízo monocrático.

Vale destacar, ainda, que a referida norma impõe a inelegibilidade em virtude de decisão proferida por "órgão judicial colegiado" independentemente do trânsito em julgado, o que tem gerado questionamento quanto à sua constitucionalidade, em razão do princípio constitucional da presunção de inocência (art. 5.º, LVII, da CRFB).

---

[57] A inelegibilidade prevista no art. 1.º, I, *l*, da LC 64/1990, alterado pela LC 135/2010, será caracterizada quando a Justiça Eleitoral concluir, a partir do acórdão condenatório, ter havido a prática de ato doloso, ainda que não seja essa a qualificação adotada na decisão do órgão colegiado. TSE, Recurso Ordinário 2.373-84/SP, Rel. Min. Luciana Lóssio, j. 23.09.2014 (Informativo TSE 17/2014). De acordo com o TSE, a Justiça Eleitoral tem plena autonomia para valorar os fatos ensejadores da rejeição de contas decididas pelos órgãos competentes, a fim de averiguar a presença dos requisitos necessários para a configuração da inelegibilidade, bem como apontar se ela caracteriza ato doloso de improbidade administrativa. TSE, Recurso Ordinário 401-37/CE, Rel. Min. Henrique Neves da Silva, j. 26.08.2014 (Informativo TSE 13/2014).

[58] TSE, Recurso Ordinário 154-29/DF, Rel. Min. Henrique Neves da Silva, j. 26.08.2014 (Informativo TSE 13/2014).

Entendemos não haver inconstitucionalidade na imposição da inelegibilidade por decisão não transitada em julgado por duas razões:[59]

a) o texto constitucional deve ser interpretado de maneira sistemática, inexistindo normas com caráter absoluto, razão pela qual, por meio do processo de ponderação de interesses, a presunção de inocência não deve se sobrepor, no caso, ao princípio constitucional da moralidade administrativa, que fundamenta as hipóteses de inelegibilidade; e

b) o princípio da presunção de não culpabilidade não se aplica às hipóteses de inelegibilidade, pois estas últimas não são "penas", mas condições de inelegibilidade, apoiadas no art. 14, § 9.º, da CRFB.

Dessa forma, não parece existir inconstitucionalidade nas disposições contidas no art. 1.º, I, *g* e *l*, da LC 64/1990, com a redação dada pela LC 135/2010.

4.2.1.4. Membros da Magistratura, do Ministério Público e dos Tribunais de Contas

Os magistrados, os membros do Ministério Público e os Ministros/Conselheiros dos Tribunais de Contas são agentes públicos que gozam da garantia da vitaliciedade, o que não impede a aplicação da Lei de Improbidade Administrativa.

Inicialmente, é importante frisar que a vitaliciedade não se confunde com a estabilidade.

A estabilidade refere-se ao servidor, aprovado mediante concurso público, ocupante de cargo efetivo, que preenche dois requisitos constitucionais: a) efetivo exercício da função pública por três anos (estágio probatório); e b) aprovação na avaliação especial de desempenho (art. 41, *caput* e § 4.º, da CRFB).

O servidor estável possui garantia de permanência no serviço, mas essa garantia não tem caráter absoluto, pois a Administração pode determinar a perda do cargo nas hipóteses previstas no texto constitucional, quais sejam:

a) **processo judicial, com sentença transitada em julgado** (art. 41, § 1.º, I, da CRFB);

b) **processo administrativo, observado o direito à ampla defesa** (art. 41, § 1.º, II, da CRFB);

---

[59] No mesmo sentido: STF, ADC 29/DF, da ADC 30/DF e ADI 4.578/AC, de relatoria do Min. Luiz Fux (Informativo de Jurisprudência do STF 655).

c) **insuficiência de desempenho**, na forma da lei complementar (art. 41, § 1.º, III, da CRFB); e

d) **excesso de gasto orçamentário com despesa de pessoal** (art. 169, § 4.º, da CRFB).

Ao contrário, a vitaliciedade revela-se uma garantia mais forte que a estabilidade, pois a perda do cargo do agente vitalício só pode ocorrer por meio de sentença judicial transitada em julgado.

Os cargos vitalícios encontram-se taxativamente enumerados na Constituição da República, a saber: a) Ministros e Conselheiros dos Tribunais de Contas (art. 73, § 3.º); b) magistrados (art. 95, I); c) membros do Ministério Público (art. 128, § 5.º, I, *a*).

A vitaliciedade, normalmente, pressupõe a aprovação em concurso público e o estágio de vitaliciamento de dois anos. Todavia, existem hipóteses em que a nomeação para o cargo vitalício não depende da aprovação em concurso público, nem do lapso temporal de dois anos (exemplos: advogado investido na função de magistrado pelo quinto constitucional; Ministros do STF e do STJ; membros dos Tribunais de Contas).

Os agentes públicos vitalícios somente perdem seus cargos por meio de decisão judicial transitada em julgado.

Nada impede, portanto, a aplicação das sanções de improbidade administrativa, inclusive a decretação da perda do cargo, por decisão judicial transitada em julgado, aos agentes vitalícios.

A polêmica, no entanto, refere-se à competência para aplicação da sanção de perda do cargo aos referidos agentes públicos.

De um lado, alguns autores sustentam que a competência para aplicação de todas as sanções de improbidade, inclusive a perda do cargo, é do Juízo de primeira instância, tendo em vista a inexistência do foro por prerrogativa de função na ação de improbidade administrativa.[60]

---

[60] Confira-se, por exemplo: STJ, REsp 1.191.613/MG, Rel. Min. Benedito Gonçalves, 1.ª Turma, *DJe* 17.04.2015 (Informativo de Jurisprudência do STJ 560); GARCIA, Emerson; ALVES, Rogério Pacheco. *Improbidade administrativa*. 6. ed. Rio de Janeiro: Lumen Juris, 2011. p. 510-511. Registre-se que o STJ admite que o MP instaure inquérito civil para apurar eventual improbidade praticada por magistrado, reconhecendo inclusive a possibilidade de notificação para depoimento pessoal. Neste último caso, o comparecimento do magistrado seria uma faculdade, e não um dever, em razão do art. 33, IV, da LC 35/1979 (LOMAN). STJ, RMS 37.151/SP, Rel. para acórdão Min. Sérgio Kukina, 1.ª Turma, *DJe* 15.08.2017 (Informativo de Jurisprudência do STJ 609).

De outro lado, parcela da doutrina admite a aplicação das sanções de improbidade, pelo Juízo de primeiro grau, aos magistrados e promotores, ressalvada a hipótese de sanção de perda do cargo, que somente poderá ser decretada pelo respectivo tribunal (estadual ou federal, dependendo do vínculo estadual ou federal dos agentes acusados).[61]

Entendemos que as sanções de improbidade previstas no art. 12 da Lei 8.429/1992 podem ser aplicadas pelo Juízo de primeiro grau aos magistrados e promotores que cometerem improbidade administrativa, com a ressalva da sanção de perda do cargo.

Em relação aos magistrados e membros do Ministério Público, a perda do cargo somente pode ser decretada por decisão do respectivo tribunal, na forma prevista nas respectivas Leis Orgânicas (arts. 26 e 27 da LC 35/1979 – Lei Orgânica da Magistratura Nacional; art. 38, § 2.º, da Lei 8.625/1993 – Lei Orgânica Nacional do Ministério Público; art. 18, II, c, da LC 75/1993 – Lei Orgânica do Ministério Público da União).

Desta forma, a ação de improbidade administrativa proposta em face do magistrado e do membro do Ministério Público deve ser processada e julgada perante o Juízo de primeira instância, ressalvada a hipótese em que for formulado pedido de perda do cargo, que somente poderá ser apreciado pelo respectivo tribunal.

Nesse sentido, o STF decidiu ser competente para processo e julgamento das ações de improbidade administrativa propostas em face dos seus Ministros.[62]

De forma análoga, o STJ fixou a sua competência para processo e julgamento da ação de improbidade administrativa, com possível aplicação da pena de perda do cargo, proposta em face de Desembargador do Tribunal Regional do Trabalho (TRT), na forma do art. 105, I, a, da CRFB.[63]

---

[61] Nesse sentido: CARVALHO FILHO, José dos Santos. *Manual de direito administrativo*. 24. ed. Rio de Janeiro: Lumen Juris, 2011. p. 1.006.

[62] STF, Pet 3.211 QO/DF, Rel. p/ acórdão Min. Menezes Direito, Tribunal Pleno, DJe-117 27.06.2008 (Informativo de Jurisprudência do STF 498).

[63] STJ, AgRg na Rcl 2.115/AM, Rel. Min. Teori Albino Zavascki, Corte Especial, DJe 16.12.2009; STJ, Rcl 4.927/DF, Rel. Min. Felix Fischer, Corte Especial, DJe 29.06.2011 (Informativo de Jurisprudência do STJ 477). Em sentido contrário, vide a decisão monocrática proferida pelo Min. Celso de Mello do STF que fixou a competência do magistrado de primeira instância para processar e julgar ação civil de improbidade administrativa proposta em face de magistrado integrante do TRT (Informativo de Jurisprudência do STF 572).

No referido julgamento, o Relator, Ministro Teori Albino Zavascki, argumentou que a decisão do STF[64] que declarou a inconstitucionalidade do § 2.º do art. 84 do CPP, introduzido pela Lei 10.628/2002, que estabelecia o foro por prerrogativa de função nas ações de improbidade, não afastou a possibilidade de se reconhecer tal prerrogativa nas hipóteses em que a própria Constituição estabelece regra de competência específica para decretação da perda do cargo de determinados agentes públicos.

No voto do Relator, restou consignado: "se a Constituição tem por importante essa prerrogativa, qualquer que seja a gravidade da infração ou a natureza da pena aplicável em caso de condenação penal, não há como deixar de considerá-la ínsita ao sistema punitivo da ação de improbidade, cujas consequências, relativamente ao acusado e ao cargo, são ontologicamente semelhantes e eventualmente até mais gravosas. *Ubieadem ratio, ibieadem legis dispositio*". Acrescentou, ainda, o Ministro Relator que "por imposição lógica de coerência na interpretação do sistema e dos princípios constitucionais, não há como sustentar também a viabilidade de submeter à primeira instância do Judiciário ação de improbidade, com sanção de perda do cargo, contra um senador da República, ou um deputado federal ou um governador de Estado".

Com efeito, a Constituição estabelece regras especiais de competência para decretação da perda do cargo para determinados magistrados, membros do Ministério Público e dos Tribunais de Contas, a saber:

a) **competência do Senado**: Ministros do Supremo Tribunal Federal, os membros do Conselho Nacional de Justiça (CNJ) e do Conselho Nacional do Ministério Público (CNMP), o Procurador-Geral da República (art. 52, II e parágrafo único, da CRFB);

b) **competência do STF:** membros dos Tribunais Superiores e do Tribunal de Contas da União (art. 102, I, *c*, da CRFB); e

c) **competência do STJ:** desembargadores dos Tribunais de Justiça dos Estados e do Distrito Federal, os membros dos Tribunais de Contas dos Estados e do Distrito Federal, dos Tribunais Regionais Federais, dos Tribunais Regionais Eleitorais e do Trabalho, membros dos Conselhos ou Tribunais de Contas dos Municípios e do Ministério Público da União que oficiem perante tribunais (art. 105, I, *a*, da CRFB).

---

[64] STF, ADI 2.797/DF, Rel. Min. Sepúlveda Pertence, Tribunal Pleno, *DJ* 19.12.2006, p. 37; ADI 2.860/DF, Rel. Min. Sepúlveda Pertence, Tribunal Pleno, *DJ* 19.12.2006 (Informativo de Jurisprudência do STF 401).

Portanto, ressalvados os casos especiais indicados na Constituição da República, que preveem a competência do Senado, do STF e do STJ para decretação da perda do cargo, os magistrados e membros do Ministério Público podem perder seus respectivos cargos por decisão proferida pelo respectivo tribunal.

Em relação aos Ministros do TCU, a competência para aplicação das sanções de caráter político é do STF. Quanto aos Conselheiros dos Tribunais de Contas dos Estados (TCEs) e dos Municípios (TCMs do Rio de Janeiro e de São Paulo), a competência é do STJ.

Todavia, é oportuno ressaltar que o STJ já decidiu ser da competência do Juízo de primeiro grau o processo e julgamento da ação de improbidade administrativa proposta em face de Conselheiro do TCE, uma vez que o foro por prerrogativa de função previsto no art. 105, I, *a*, da CRFB seria aplicável apenas às ações penais.[65]

Por fim, cabe registrar a polêmica a respeito da própria viabilidade jurídica de enquadramento dos atos jurisdicionais típicos, praticados por magistrados, como atos de improbidade administrativa.

Parcela da doutrina sustenta que as normas de improbidade devem ser afastadas do exercício da função jurisdicional típica, pois a redação do art. 37, § 4.º, da CRFB utiliza a expressão "improbidade administrativa", reiterada na Lei 8.429/1992, o que demonstra a intenção de alcançar os atos praticados na função administrativa, independentemente do Poder (Executivo, Legislativo e Judiciário).[66]

Igualmente, o Superior Tribunal de Justiça já efetuou a distinção entre as funções típicas e atípicas da magistratura para admitir a tipificação da improbidade apenas no exercício da função administrativa atípica. Transcreva-se a ementa do julgado:

> "Processual civil e administrativo. Recurso especial. Ofensa ao art. 535 do CPC. Inocorrência. **Lei de Improbidade Administrativa (Lei**

---

[65] STJ, Rcl 2.723/SP, Rel. Min. Laurita Vaz, Corte Especial, *DJe* 06.04.2009 (Informativo de Jurisprudência do STJ 372).

[66] Nesse sentido: HARGER, Marcelo. *Improbidade administrativa*: comentários à Lei n.º 8.429/92. São Paulo: Atlas, 2015. p. 81-82; PRADO, Francisco Octavio Almeida. *Improbidade administrativa*. São Paulo: Malheiros, 2001. p. 60-61; MATTOS, Mauro Roberto Gomes de. *O limite da improbidade administrativa*. 5. ed. Rio de Janeiro: Forense, 2010. p. 61 e 68; SILVEIRA, Paulo de Tarso Dresch da. Os limites impostos à aplicação da Lei de Improbidade Administrativa no âmbito da magistratura. *Revista Zênite de Direito Administrativo e LRF - IDAF*, Curitiba, ano 5, n. 59, p. 1.001, jun. 2006.

8.429/92). **Aplicabilidade aos magistrados por prática de atos não jurisdicionais.**

1. Trata-se na origem de agravo de instrumento apresentado pela ora recorrida em face da decisão que recebeu a inicial de ação civil pública apresentada ao argumento de que ela, enquanto juíza eleitoral, visando atender interesses de seu cônjuge, então candidato a deputado, teria escondido e retardado o andamento de dois processos penais eleitorais, nos quais a parte era parente e auxiliar nas campanhas eleitorais de seu marido.

(...)

3. É pacífico nesta Corte Superior entendimento segundo o qual magistrados são agentes públicos para fins de aplicação da Lei de Improbidade Administrativa, cabendo contra eles a respectiva ação, na forma dos arts. 2.º e 3.º da Lei n. 8.429/92. Precedentes: REsp 1.205.562/RS, Rel. Ministro Napoleão Nunes Maia Filho, Primeira Turma, julgado em 14.02.2012, DJe 17.02.2012; AIA 30/AM, Rel. Ministro Teori Albino Zavascki, Corte Especial, julgado em 21.09.2011, DJe 28.09.2011; REsp 1.133.522/RN, Rel. Min. Castro Meira, Segunda Turma, DJe 16.06.2011; REsp 1.169.762/RN, de minha relatoria, Segunda Turma, DJe 10.09.2010.

4. **Verifica-se que o ato imputado à recorrida não se encontra na atividade finalística por ela desempenhada.** O suposto ato de improbidade que se busca imputar à recorrida não é a atitude de não julgar determinados processos sob sua jurisdição, fato este plenamente justificável quando há acervo processual incompatível com a capacidade de trabalho de um Magistrado ou de julgá-los em algum sentido, a uma ou a outra parte. Aqui, se debate o suposto retardamento preordenado de dois processos penais eleitorais em que figura como parte pessoa que possui laços de parentesco e vínculos políticos com o esposo da Magistrada, que concorria nas eleições de 2002 ao cargo de Deputado Federal, tendo o Ministério Público deixado claro que tais processos foram os únicos a serem retidos pela Magistrada.

5. **As atividades desempenhadas pelos órgãos jurisdicionais estão sujeitas a falhas, uma vez que exercidas pelo homem, em que a falibilidade é fator indissociável da natureza humana. Porém, a própria estruturação do Poder Judiciário Brasileiro permite que os órgãos superiores revejam a decisão dos inferiores, deixando claro que o erro, o juízo valorativo equivocado e a incompetência são aspectos previstos no nosso sistema. Entendimento contrário comprometeria a própria atividade jurisdicional.**

6. O que justifica a aplicação da norma sancionadora é a possibilidade de se identificar o animus do agente e seu propósito deliberado de praticar um ato não condizente com sua função. Não se pode pensar

um conceito de Justiça afastado da imparcialidade do julgador, sendo um indicador de um ato ímprobo a presença no caso concreto de interesse na questão a ser julgada aliada a um comportamento proposital que beneficie a umas das partes. Constatada a parcialidade do magistrado, com a injustificada ocultação de processos, pode sim configurar ato de improbidade. **A averiguação da omissão injustificada no cumprimento dos deveres do cargo está vinculada aos atos funcionais, relativos aos serviços forenses e não diretamente à atividade judicante, ou seja, a atividade finalística do Poder Judiciário.**

7. Não se sustenta aqui que o magistrado, responsável pela condução de milhares de processos, deve observar criteriosamente os prazos previstos na legislação processual que se encontram em flagrante dissonância com a realidade das varas e dos Tribunais, sendo impossível ao magistrado, pelo elevado grau de judicialização do Brasil, cumprir com a celeridade necessária a prestação jurisdicional. Porém, no presente caso, a suposta desídia estaria vinculada, repise-se, à possível ocultação com o consequente retardamento preordenado de dois processos específicos, a fim de possibilitar a candidatura do esposo da requerida a eleições em curso.

8. Recurso especial provido". (grifo nosso)[67]

Não obstante os importantes argumentos que afastam, em qualquer hipótese, a tipificação da improbidade no exercício da função jurisdicional típica, entendemos ser possível o enquadramento das condutas dos magistrados na Lei de Improbidade Administrativa.[68]

A expressão "administrativa", utilizada no art. 37, § 4.º, da CRFB não teria o condão de afastar a incidência das normas de improbidade aos membros do Poder Judiciário. Ainda que possa gerar dúvida interpretativa, não nos parece que a intenção do legislador constitucional tenha sido restringir a improbidade aos atos praticados no exercício da função administrativa. O objetivo foi tratar da improbidade praticada no âmbito da Administração Pública, no sentido subjetivo do termo, que engloba os órgãos e as pessoas administrativos de todos os Poderes estatais. Aliás,

---

[67] STJ, REsp 1.249.531/RN, Rel. Min. Mauro Campbell Marques, 2.ª Turma, DJe 05.12.2012. Frise-se que, em outra oportunidade, o STJ já havia admitido a aplicação da Lei de Improbidade Administrativa aos magistrados, mas apenas pela prática de atos administrativos. Confira-se: STJ, REsp 1.174.603/RN, Rel. Min. Benedito Gonçalves, 1.ª Turma, DJe 16.03.2011.

[68] Aliás, o mesmo entendimento pode ser aplicado à responsabilização dos membros do Poder Legislativo. Nesse sentido, o Enunciado 7 da I Jornada de Direito Administrativo do CJF dispõe: "Configura ato de improbidade administrativa a conduta do agente público que, em atuação legislativa *lato sensu*, recebe vantagem econômica indevida".

não se pode desconsiderar que as normas inseridas nos incisos e nos parágrafos do art. 37 da CRFB se aplicam a todos os Poderes (Executivo, Legislativo e Judiciário), conforme destacado no próprio *caput* da referida norma constitucional.

Contudo, o eventual direcionamento de pretensões de improbidade em face de magistrados deve ser encarado com extrema cautela e como medida excepcional, uma vez que coloca em risco, de forma sistêmica, a necessária independência na solução dos conflitos e o princípio do acesso à Justiça e da inafastabilidade do controle jurisdicional (art. 5.º, XXXV, da CRFB).

4.2.1.5. Militares

Os militares enquadram-se no conceito amplo de agente público, na forma prevista no art. 2.º da Lei 8.429/1992, razão pela qual lhes são aplicáveis, em princípio, as sanções de improbidade administrativa.

No entanto, a Constituição estabelece regras específicas em relação aos militares, que devem ser observadas, inclusive, no caso da ação de improbidade administrativa.

As Forças Armadas, integradas pela Marinha, pelo Exército e pela Aeronáutica, são "instituições nacionais permanentes e regulares, organizadas com base na hierarquia e na disciplina, sob a autoridade suprema do Presidente da República, e destinam-se à defesa da Pátria, à garantia dos poderes constitucionais e, por iniciativa de qualquer destes, da lei e da ordem" (art. 142 da CRFB).

Os oficiais das Forças Armadas (militares federais) somente perderão o posto e a patente por decisão de tribunal militar de caráter permanente, em tempo de paz, ou de tribunal especial, em tempo de guerra, na forma do art. 142, § 3.º, VI, da CRFB.

Em relação aos militares estaduais e distritais (membros das Polícias Militares e Corpos de Bombeiros Militares), compete ao respectivo tribunal decidir sobre a perda do posto e da patente dos oficiais e da graduação das praças, conforme dispõem o art. 42, § 1.º c/c o art. 125, § 4.º, da CRFB.[69]

---

[69] Os arts. 42, § 1.º, e 125, § 4.º, da CRFB estabelecem: "Art. 42. (...) § 1.º Aplicam-se aos militares dos Estados, do Distrito Federal e dos Territórios, além do que vier a ser fixado em lei, as disposições do art. 14, § 8.º; do art. 40, § 9.º; e do art. 142, §§ 2.º e 3.º, cabendo a lei estadual específica dispor sobre as matérias do art. 142, § 3.º, inciso X, sendo as patentes dos oficiais conferidas pelos respectivos governadores" e

Verifica-se, portanto, que a Constituição remete ao tribunal a competência para decretação da perda do posto e das patentes dos oficiais militares e da graduação das praças.

De acordo com a Lei 6.880/1980 (Estatuto dos Militares), posto "é o grau hierárquico do oficial, conferido por ato do Presidente da República ou do Ministro de Força Singular e confirmado em Carta Patente" (art. 16, § 1.º). A patente, por sua vez, é o conjunto de vantagens, prerrogativas e deveres dos postos dos oficiais militares (art. 50, I). A graduação, por fim, "é o grau hierárquico da praça, conferido pela autoridade militar competente" (art. 16, § 3.º).

Posto e graduação são graus hierárquicos; cargo público é o local situado na organização interna da Administração Direta e das entidades administrativas de direito público, provido por servidor público estatutário, com denominação, direitos, deveres e sistemas de remuneração previstos em lei.

É relevante, neste ponto, fazer a distinção entre perda do posto e da patente, no caso dos oficiais, e da graduação, no caso das praças, de um lado, e a perda do cargo militar (demissão), do outro lado.

O próprio Estatuto dos Militares estabelece que a exclusão do serviço ativo das Forças Armadas e o consequente desligamento do militar podem ocorrer, dentre outras hipóteses, por "demissão" ou "perda do posto e patente" (art. 94, III e IV, da Lei 6.880/1980).

O oficial demitido ingressará na reserva, preservando o mesmo posto que possuía no serviço ativo (arts. 116, § 3.º, e 117 da Lei 6.880/1980). Ou seja: a demissão não acarreta necessariamente a perda do posto pelo oficial militar.

A Constituição, a nosso sentir, remete ao tribunal apenas a decisão sobre a perda do posto e da patente dos oficiais, mencionando, ainda, a perda da graduação das praças. Não há, todavia, no texto constitucional, menção à perda do cargo por decisão exclusiva do respectivo tribunal.

Em consequência, os oficiais militares somente perderão seus postos e patentes por decisão do respectivo tribunal, não havendo impedimento, todavia, para aplicação, no âmbito da ação de improbidade administrativa processada perante o Juízo de primeiro grau, das sanções enumeradas no

---

"Art. 125. (...) § 4.º Compete à Justiça Militar estadual processar e julgar os militares dos Estados, nos crimes militares definidos em lei e as ações judiciais contra atos disciplinares militares, ressalvada a competência do júri quando a vítima for civil, cabendo ao tribunal competente decidir sobre a perda do posto e da patente dos oficiais e da graduação das praças".

art. 12 da Lei 8.429/1992, inclusive a decretação da perda do cargo militar, ressalvada a competência originária do STF para processar e julgar os crimes de responsabilidade atribuídos aos Comandantes da Marinha, do Exército e da Aeronáutica (art. 102, I, *c*, da CRFB).

Quanto às praças, o Juízo de primeiro grau é competente para processo e julgamento da ação de improbidade administrativa, com a aplicação das respectivas sanções, inclusive a perda do cargo militar e da respectiva graduação.

Vale dizer: não há impedimento para aplicação da sanção de perda da graduação das praças pelo magistrado cível. Isto porque o STF já afirmou que o § 4.º do art. 125 da CRFB, neste ponto, pretendeu evitar apenas a aplicação automática da pena acessória da perda da graduação na hipótese de crime militar, conforme estabelecia o art. 102 do Código Penal Militar.[70] Confira-se, sobre o tema, o enunciado da Súmula 673 do STF: "O art. 125, § 4.º, da Constituição não impede a perda da graduação de militar mediante procedimento administrativo".

De forma semelhante, José Antonio Lisbôa Neiva sustenta a possibilidade de decretação da perda do cargo ao oficial militar, por parte do magistrado responsável pelo julgamento da ação de improbidade, aplicando-se por analogia o art. 117 do Estatuto dos Militares. No caso, o militar ímprobo demitido passaria para a reserva não remunerada, permanecendo com o posto que possuía na ativa e com as obrigações estabelecidas na legislação

---

[70] Ao discutir o tema, o STF decidiu: "Militar: praças da Polícia Militar Estadual: perda de graduação: exigência constitucional de processo específico (CF/88, art. 125, parágrafo 4.º, parte final) de eficácia imediata: caducidade do art. 102 do Código Penal Militar. O artigo 125, parágrafo 4.º, 'in fine', da Constituição, subordina a perda de graduação dos praças das polícias militares a decisão do tribunal competente, mediante procedimento específico, não subsistindo, em consequência, em relação aos referidos graduados o artigo 102 do Código Penal Militar, que a impunha como pena acessória da condenação criminal a prisão superior a dois anos. A nova garantia constitucional dos graduados das polícias militares é de eficácia plena e imediata, aplicando-se, no que couber, a disciplina legal vigente sobre a perda de patente dos oficiais e o respectivo processo" (STF, RE 121.533/MG, Rel. Min. Sepúlveda Pertence, Tribunal Pleno, *DJ* 30.11.1990, p. 14.069). Em outra oportunidade, o STF assentou: "Constitucional. Militar. Praça da Polícia Militar. Expulsão. CF, art. 125, § 4.º, I – A prática de ato incompatível com a função policial militar pode implicar a perda da graduação como sanção administrativa, assegurando-se à praça o direito de defesa e o contraditório. Neste caso, entretanto, não há invocar julgamento pela Justiça Militar estadual. A esta compete decidir sobre a perda da graduação das praças, como pena acessória do crime que a ela, Justiça Militar estadual, coube decidir, não subsistindo, em consequência, relativamente aos graduados, o art. 102 do Cód. Penal Militar, que a impunha como pena acessória da condenação criminal a prisão superior a dois anos. II – RE não conhecido" (RE 199.800/SP, Rel. Min. Carlos Velloso, Tribunal Pleno, *DJ* 04.05.2001, p. 35).

do serviço militar, enquanto não houvesse decisão quanto à perda do posto e da patente pelo tribunal competente. Por outro lado, as praças estão sujeitas à perda da graduação na ação de improbidade.[71]

Emerson Garcia, por sua vez, afirma que os oficiais militares respondem por improbidade, "mas não poderá o juízo cível impor-lhes a perda do posto e da patente, sendo matéria reservada ao tribunal competente". Ao revés, as praças do serviço militar estadual e das Forças Armadas respondem por improbidade administrativa e sujeitam-se a todas as sanções do art. 12 da Lei 8.429/1992, inclusive a perda da graduação.[72]

Todavia, no tocante aos militares estaduais e distritais (membros das Polícias Militares e Corpos de Bombeiros Militares), o STJ já decidiu que o art. 125, § 4.º, da CRFB não impede a aplicação da sanção de perda do posto e da patente por meio de sentença transitada em julgado, proferida na ação de improbidade administrativa proposta na Justiça comum, uma vez que a referida norma constitucional remete à Justiça Militar a competência tão somente para processar crimes militares e as ações propostas contra atos disciplinares militares, não englobando as ações civis em geral, inclusive as ações de improbidade. Transcreva-se o trecho da ementa:[73]

> "Conflito negativo de competência. Ação civil de improbidade administrativa proposta pelo MP contra servidores militares. Agressões físicas e morais contra menor infrator no exercício da função policial. Emenda 45/05. Acréscimo de jurisdição cível à Justiça Militar. Ações contra atos disciplinares militares. Interpretação. Desnecessidade de fracionamento da competência. Interpretação do art. 125, § 4.º, *in fine*, da CF/88. Precedentes do Supremo. Competência da justiça comum do Estado.
> (...)
> 5.4. Partindo dessas premissas de hermenêutica, a nova jurisdição civil da Justiça Militar Estadual abrange, tão somente, as ações judiciais propostas contra atos disciplinares militares, vale dizer, ações propostas para examinar a validade de determinado ato disciplinar ou as consequências desses atos.

---

[71] NEIVA, José Antonio Lisbôa. *Improbidade administrativa*: legislação comentada artigo por artigo. 2. ed. Rio de Janeiro: Impetus, 2011. p. 42.
[72] GARCIA, Emerson; ALVES, Rogério Pacheco. *Improbidade administrativa*. 6. ed. Rio de Janeiro: Lumen Juris, 2011. p. 575.
[73] CC 100.682/MG, Rel. Min. Castro Meira, Primeira Seção, *DJe* 18.06.2009 (Informativo de Jurisprudência do STJ 398).

5.5. Nesse contexto, as ações judiciais a que alude a nova redação do § 4.º do art. 125 da CF/88 serão sempre propostas contra a Administração Militar para examinar a validade ou as consequências de atos disciplinares que tenham sido aplicados a militares dos respectivos quadros.

5.6. No caso, a ação civil por ato de improbidade não se dirige contra a Administração Militar, nem discute a validade ou consequência de atos disciplinares militares que tenham sido concretamente aplicados. Pelo contrário, volta-se a demanda contra o próprio militar e discute ato de 'indisciplina' e não ato disciplinar.

(...)

6.3. Nesse sentido, o STF editou a Súmula 673, *verbis*: 'O art. 125, § 4.º, da Constituição não impede a perda da graduação de militar mediante procedimento administrativo'.

6.4. Se a parte final do art. 125, § 4.º, da CF/88 não se aplica nem mesmo à perda da função decorrente de processo disciplinar, com muito mais razão, também não deve incidir quando a perda da patente ou graduação resultar de condenação transitada em julgado na Justiça comum em face das garantias inerentes ao processo judicial, inclusive a possibilidade de recurso até as instâncias superiores, se for o caso.

6.5. Não há dúvida, portanto, de que a perda do posto, da patente ou da graduação dos militares pode ser aplicada na Justiça Estadual comum, nos processos sob sua jurisdição, sem afronta ao que dispõe o art. 125, § 4.º, da CF/88 (...)".

No referido julgamento, o Relator destacou a viabilidade de propositura da ação de improbidade na Justiça Militar apenas na hipótese em que a pretensão direcionar-se contra ato disciplinar militar, buscando a sua anulação e a punição do superior hierárquico ímprobo (exemplo: a ação de improbidade administrativa proposta contra o comandante militar que, por perseguição ou qualquer outro desvio de finalidade, infligiu castigo demasiado, tratamento físico desumano ou punição além dos limites legais a um subalterno, deverá ser processada na Justiça Militar Estadual).

Ocorre que a decisão em comento, proferida pelo STJ, acaba por generalizar a possibilidade de aplicação da sanção de perda do posto, da patente e da graduação dos militares por meio de sentença proferida nos autos da ação de improbidade, quando, em verdade, a jurisprudência do STF, inclusive a mencionada Súmula 673, apenas afirmou a possibilidade de perda das graduações das praças no âmbito do processo disciplinar ou perante a Justiça comum, mas não os postos e as patentes dos oficiais.

4.2.1.6. Empregados e dirigentes de concessionárias de serviços públicos: inaplicabilidade do art. 2.º da LIA

Em princípio, a amplitude da expressão "agentes públicos" engloba todos aqueles que exercem funções administrativas, independentemente do vínculo e da forma de remuneração, o que abrange, em princípio, os empregados e dirigentes das concessionárias e permissionárias de serviços públicos.

Todavia, o art. 2.º da Lei 8.429/1992, alterado pela Lei 14.230/2021, restringe, de alguma forma, a abrangência do conceito de agente público, pois somente será considerado agente "aquele que exerce, ainda que transitoriamente ou sem remuneração, por eleição, nomeação, designação, contratação ou qualquer outra forma de investidura ou vínculo, mandato, cargo, emprego ou função nas entidades referidas no art. 1.º desta Lei".

Vale dizer: somente será considerado agente público, para fins de improbidade administrativa, aquele que exercer atividades nas entidades mencionadas no art. 1.º da Lei 8.429/1992, a saber: pessoas jurídicas da Administração Pública Direta de todos os poderes e entes federados; entidades privadas que recebam subvenção, benefício ou incentivo, fiscal ou creditício, da Administração Pública; e entidades privadas para cuja criação ou custeio o erário haja concorrido ou concorra no seu patrimônio ou receita atual.

Conforme mencionado anteriormente, é possível perceber que o art. 1.º da Lei 8.429/1992 não menciona as concessionárias e permissionárias de serviços públicos.

Por esta razão, os empregados das concessionárias e permissionárias de serviços públicos não exercem funções nas entidades destacadas no art. 1.º da Lei 8.429/1992, razão pela qual ficam afastados da incidência das normas de improbidade administrativa.[74]

Em abono à tese aqui sustentada, José dos Santos Carvalho Filho afasta os empregados das concessionárias e permissionárias de serviços públicos da incidência da Lei de Improbidade Administrativa:

> "Não se sujeitam à Lei de Improbidade os empregados e dirigentes de concessionários e permissionários de serviços públicos. A despeito de

---

[74] Em sentido contrário, inserindo as concessionárias e as permissionárias nas disposições da Lei 8.429/1992, vide: MARTINS JÚNIOR, Wallace Paiva. *Probidade administrativa*. 4. ed. São Paulo: Saraiva, 2009. p. 300-301; PAZZAGLINI FILHO, Marino. *Lei de Improbidade administrativa comentada*: aspectos constitucionais, administrativos, civis, criminais, processuais e de responsabilidade fiscal. 5. ed. São Paulo: Atlas, 2011. p. 11.

tais pessoas prestarem serviço público por delegação, não se enquadram no modelo da lei: as tarifas que auferem dos usuários são o preço pelo uso do serviço e resultam de contrato administrativo firmado com o concedente ou permitente. Desse modo, o Estado, como regra, não lhes destina benefícios, auxílios ou subvenções".[75]

No mesmo sentido, posiciona-se Emerson Garcia:

"Neste particular, no entanto, a Lei n.º 8.429/1992 adotou uma posição restritiva, não abrangendo, em seu art. 2.º, aqueles que possuam vínculo com as concessionárias e permissionárias de serviços públicos que não tenham sido criadas ou custeadas pelo erário, ou que não recebam subvenções, benefícios ou incentivos deste".[76]

Desta forma, entendemos que os empregados e dirigentes das concessionárias e permissionárias de serviços públicos não se enquadram no conceito de agente público, contido no art. 2.º da Lei 8.429/1992. A aplicação das sanções de improbidade, no caso, somente seria possível com fundamento no art. 3.º da mencionada Lei, que trata dos terceiros, que não são agentes públicos.

4.2.1.7. Os advogados e o alcance da LIA

O advogado exerce função indispensável à administração da justiça, sendo inviolável por seus atos e manifestações no exercício da profissão, conforme preceitua o art. 133 da CRFB.

O Estatuto da OAB estabelece que, no seu ministério privado, "o advogado presta serviço público e exerce função social" (art. 2.º, § 1.º, da Lei 8.906/1994), o que pode gerar dúvida quanto à sua qualificação como agente público para fins de aplicação da Lei de Improbidade Administrativa.

A questão relativa à possibilidade de advogados serem considerados sujeitos ativos da improbidade administrativa depende de uma distinção prévia.

Os advogados, que integram os quadros da Administração Pública (Advogados da União, Procuradores federais, estaduais, distritais e municipais),

---

[75] CARVALHO FILHO, José dos Santos. *Manual de direito administrativo*. 24. ed. Rio de Janeiro: Lumen Juris, 2011. p. 990.
[76] GARCIA, Emerson; ALVES, Rogério Pacheco. *Improbidade administrativa*. 6. ed. Rio de Janeiro: Lumen Juris, 2011. p. 251-252.

independentemente da natureza do vínculo, são considerados agentes públicos para fins de improbidade administrativa.

Da mesma forma, os advogados contratados por uma das entidades privadas referidas no art. 1.º da Lei 8.429/1992 podem ser considerados sujeitos ativos da improbidade.

Por outro lado, os advogados, que não possuem vínculo jurídico com as entidades mencionadas no art. 1.º da Lei 8.429/1992, não são considerados agentes públicos, afastando-se, portanto, a aplicação do art. 2.º da Lei 8.429/1992.[77]

Registre-se, por oportuno, que o vínculo jurídico existente entre o advogado e a OAB não é suficiente para enquadrá-lo como agente público, uma vez que o referido vínculo não tem o condão de estabelecer relação de emprego entre o advogado e o Conselho Profissional, mas, sim, de permitir o controle da respectiva atividade profissional.

Por esta razão, os advogados não são considerados sujeitos ativos da improbidade, salvo aqueles que exercem funções no âmbito das entidades mencionadas no art. 1.º da Lei 8.429/1992.

4.2.1.8. Árbitros não são agentes públicos para fins de improbidade

A arbitragem, regulada na Lei 9.307/1996, constitui importante meio extrajudicial de resolução de conflitos de interesses relacionado aos interesses patrimoniais disponíveis.[78]

Os interessados em utilizar a arbitragem podem convencioná-la por meio de uma das seguintes formas:

a) cláusula compromissória: as partes contratantes comprometem-se a submeter à arbitragem os litígios que possam advir do respectivo contrato (art. 4. da Lei 9.307/1996); e

b) compromisso arbitral: as partes submetem um litígio à arbitragem de uma ou mais pessoas, podendo ser judicial ou extrajudicial (art. 9.º da Lei 9.307/1996).

---

[77] Nesse sentido: GARCIA, Emerson; ALVES, Rogério Pacheco. *Improbidade administrativa*. 6. ed. Rio de Janeiro: Lumen Juris, 2011. p. 259.

[78] Sobre o tema, vide: SCHMIDT, Gustavo da Rocha; FERREIRA, Daniel Brantes; OLIVEIRA, Rafael Carvalho Rezende. *Comentários à lei de arbitragem*. Rio de Janeiro: Forense, 2021.

Os árbitros exercem função de relevância social e, por esta razão, devem atuar com imparcialidade, independência, competência, diligência e discrição, aplicando-lhes, no que couber, os mesmos deveres e responsabilidades dos juízes (arts. 13, § 6.º, e 14 da Lei 9.307/1996).

Isto não significa dizer que o árbitro seja considerado agente público. Apesar do relevo social de sua função, trata-se, em verdade, de função privada, que pode ser exercida por qualquer pessoa de confiança das partes contratantes, conforme dispõe o art. 13 da Lei 9.307/1996, sendo certo que o árbitro não possui qualquer vínculo empregatício com as entidades mencionadas no art. 1.º da Lei 8.429/1992.

É relevante, no caso, mencionar que o art. 17 da Lei 9.307/1996 apenas equipara o árbitro ao agente público para fins penais. De acordo com a referida norma: "os árbitros, quando no exercício de suas funções ou em razão delas, ficam equiparados aos funcionários públicos, para os efeitos da legislação penal".

Vale dizer: os árbitros são equiparados aos agentes públicos apenas "para os efeitos da legislação penal", mas não para todo e qualquer efeito jurídico. Ainda que seja recomendável a alteração da legislação para equiparar os árbitros aos agentes públicos, também, para fins de improbidade administrativa, certo é que, no atual cenário normativo, a equiparação restringe-se à seara penal, sendo vedada a interpretação extensiva ou analógica para se aplicar sanções de improbidade aos particulares em comento.

Por esta razão, os árbitros não podem ser considerados agentes públicos para fins de improbidade administrativa, uma vez que as sanções de improbidade possuem natureza extrapenal, sendo-lhes inaplicável o art. 2.º da Lei 8.429/1992.[79]

4.2.1.9. Notários e registradores

Os serviços notariais e de registro são exercidos em caráter privado, por delegação do Poder Público, na forma do art. 236 da CRFB e da Lei 8.935/1994.

Os notários e registradores são profissionais do Direito, dotados de fé pública, a quem é delegado o exercício das atividades notarial e de registro, mediante concurso público, realizado pelo Poder Judiciário.[80]

---

[79] Nesse sentido: GARCIA, Emerson; ALVES, Rogério Pacheco. *Improbidade administrativa*. 6. ed. Rio de Janeiro: Lumen Juris, 2011. p. 262.

[80] Vide: art. 236, § 3.º, da CRFB e arts. 3.º e 15 da Lei 8.935/1994.

Ressalte-se, ainda, que as serventias de registro público são destinatárias de emolumentos que possuem natureza jurídica de taxa, espécie tributária, conforme já decidiu o STF, enquadrando-se no rol de entidades indicadas no art. 1.º da Lei 8.429/1992.[81]

Dessa forma, não há dúvida de que os notários e registradores exercem atividade pública delegada e se enquadram, portanto, no conceito de agente público contido no art. 2.º da Lei 8.429/1992.[82]

4.2.1.10. Inconstitucionalidade da imposição representativa dos agentes ímprobos pelos órgãos da Advocacia Pública

De acordo com o art. 17, § 20, da LIA, incluído pela Lei 14.230/2021, a assessoria jurídica, que emitiu o parecer atestando a legalidade prévia dos atos administrativos praticados pelo administrador público, está obrigada a defendê-lo judicialmente nas eventuais ações por improbidade administrativa, até o trânsito em julgado.

Não obstante a salutar preocupação com a garantia de maior segurança jurídica na atuação do administrador público, que atua em conformidade com o parecer do órgão da advocacia pública, entendemos que o referido dispositivo legal é inconstitucional, em razão da ausência de competência da União para dispor sobre a estrutura organizacional dos órgãos da advocacia pública estadual e municipal.[83]

---

[81] Vide, por exemplo: STF, Rp 1.077/RJ, Rel. Min. Moreira Alves, Tribunal Pleno, *DJ* 28.09.1984, p. 15.955; STF, ADI 948/GO, Rel. Min. Francisco Rezek, Tribunal Pleno, *DJ* 17.03.2000, p. 2; STF, ADI 1.145/PB, Rel. Min. Carlos Velloso, Tribunal Pleno, *DJ* 08.11.2002, p. 20.

[82] Nesse sentido: GARCIA, Emerson; ALVES, Rogério Pacheco. *Improbidade administrativa.* 6. ed. Rio de Janeiro: Lumen Juris, 2011. p. 267.

[83] VALE, Luís Manoel Borges do; OLIVEIRA, Rafael Carvalho Rezende. Os impactos da reforma da Lei de Improbidade Administrativa na advocacia pública. *Solução em Direito Administrativo e Municipal*, v. 4, p. 115-128, 2022. De forma semelhante, sustentamos a inconstitucionalidade do art. 10 da Lei 14.133/2021 (Lei Geral de Licitações e Contratos Administrativos): VALE, Luís Manoel Borges do; OLIVEIRA, Rafael Carvalho Rezende. A inconstitucionalidade do art. 10 da nova Lei de Licitações: a invasão de competência dos estados e municípios. *Fórum de Contratação e Gestão Pública*, v. 236, p. 49-62, 2021. É oportuno notar que, ao contrário da LIA, o art. 10, § 2.º, da Lei 14.133/2021 afasta a obrigatoriedade de representação da Advocacia Pública quando houver provas da prática de atos ilícitos dolosos constarem nos autos do processo administrativo ou judicial.

Com efeito, compete a cada ente federativo legislar sobre os órgãos da advocacia pública, delimitando os meandros de sua atuação, tal como já decidiu o STF:[84]

> "Nos termos do art. 132 da Constituição da República, **cada Estado detém competência para organizar sua representação judicial e extrajudicial, que deve ser realizada por procuradores de carreira, incluída, nesta competência, a formulação de leis sobre procedimentos em matéria processual, atendidas as peculiaridades locais".**
> (Grifos nossos)

Sob essa ótica, caso a interpretação conferida ao art. 17, § 20, da Lei 8.429/1992 venha a alcançar as Procuradorias dos Estados, DF e Municípios, teríamos patente inconstitucionalidade.

Assim, deve-se promover uma leitura em conformidade com a Constituição Federal, de modo a compreender que o dispositivo em referência não consubstancia enunciado normativo de abrangência nacional, vinculando tão somente a União.

Ao tratar, por exemplo, dos procuradores dos Estados e do DF, o art. 132 da Constituição Federal não faz referência à representação judicial e extrajudicial dos servidores, de tal sorte que qualquer deliberação nesse sentido estaria no âmbito de conformação do constituinte derivado e do legislador estadual e distrital.

Lembre-se que o STF, no ARE 646.761 AgR/DF, já teve a oportunidade de decidir que há um nítido espaço de deliberação do constituinte derivado e do legislador estadual, em relação às hipóteses não listadas no art. 132 da Constituição Federal.[85] Assim, vê-se que a Carta Magna apenas menciona que compete aos procuradores dos Estados e do Distrito Federal a representação judicial e consultoria jurídica das respectivas unidades federadas, sem se referir à defesa dos interesses dos agentes públicos.

Por isso, cumpre aos Estados, DF e Municípios disciplinar, em diploma normativo próprio, eventuais situações nas quais os órgãos da advocacia

---

[84] STF, ADI 5.773/MG, Rel. do acórdão: Min. Cármen Lúcia, Tribunal Pleno, *Dje*-097 21.05.2021.
[85] STF: "Agravo regimental em recurso extraordinário com agravo. 2. Procurador de Estado. 3. Vedações estatutárias para exercício de cargo público. Advocacia fora das atribuições funcionais. 3. Liberdade de conformação do poder constituinte derivado. Precedentes. 4. Agravo regimental a que se nega provimento". STF, ARE 646.761 AgR/DF, Rel. Gilmar Mendes, Segunda Turma, *DJe*-231 25.11.2013.

pública irão atuar na representação judicial e/ou extrajudicial de agentes estatais, mormente quando em jogo o resguardo ao interesse da coletividade.

Igualmente, no âmbito da atuação das procuradorias municipais, que não foram indicadas expressamente no texto constitucional, mas que devem ser reconhecidas como advocacias públicas que exercem funções essenciais à Justiça, a definição das respectivas atribuições deve ser veiculada na legislação municipal.

Verifica-se, portanto, que os entes federativos adotam soluções diversas para auxiliar a representação judicial dos agentes públicos nos processos que discutem a juridicidade dos atos funcionais por eles praticados.

Inexiste autorização constitucional para que a União estabeleça normas gerais relacionadas às atribuições institucionais dos órgãos de advocacia pública dos demais entes federados, sob pena de afronta ao art. 18 da Constituição Federal que reconhece a autonomia dos entes federados, inclusive para dispor sobre seus servidores estatutários, abrangidos, aqui, os membros da advocacia pública.

Outrossim, ao estender a todos os agentes estatais a possibilidade de representação pela Advocacia Pública, quando em jogo matéria de improbidade administrativa, a União não apenas viola a Constituição Federal como onera os demais entes federativos, os quais precisarão aparelhar suas respectivas Procuradorias, a fim de atender a demanda excedente de trabalho.

Frente às considerações tracejadas em linhas pretéritas, o art. 17, § 20, da Lei de Improbidade Administrativa apenas pode ser compreendido como um dispositivo de âmbito federal, ou seja, não pode abranger Estados, Distrito Federal e Municípios, pois essa é a única leitura compatível com a Constituição. Entender de forma diversa é admitir mácula inconteste aos cânones constitucionais de autonomia dos entes federativos.

Não bastassem os argumentos expostos, o art. 17, § 20, da Lei 8.429/1992 também viola a competência privativa do Chefe do Poder Executivo para dispor sobre o regime jurídico dos servidores públicos, nos termos do art. 61, § 1.º, II, "c", da Constituição Federal. Observe-se que, ao versar sobre as atribuições conferidas aos Advogados Públicos, criando funções outras, o citado dispositivo legal apresenta inequívoco vício de iniciativa.[86]

---

[86] O STF já decidiu: "Legislação estadual paulista de iniciativa parlamentar que trata sobre a vedação de assédio moral na administração pública direta, indireta e fundações públicas. **Regulamentação jurídica de deveres, proibições e responsabilidades dos servidores públicos, com a consequente sanção administrativa e procedimento de apuração. Interferência indevida no estatuto jurídico dos servidores públicos do Estado de São Paulo. Violação da competência legislativa reservada do chefe do poder executivo.**

Por fim, insta salientar que o STF, em sede de medida cautelar nas ADIs 7.042 e 7.043, suspendeu os efeitos do § 20 do art. 17, na linha da tese defendida no presente tópico.[87]

4.2.2. Terceiros

Além dos agentes públicos, os sujeitos ativos englobam, também, os particulares que, de alguma forma, colaboram para a prática do ato de improbidade. Nesse sentido, o art. 3.º, *caput*, da Lei 8.429/1992, alterado pela Lei 14.230/2021, dispõe:

> "Art. 3.º As disposições desta Lei são aplicáveis, no que couber, àquele que, mesmo não sendo agente público, induza ou concorra dolosamente para a prática do ato de improbidade".

É importante destacar o avanço na repressão da improbidade administrativa, contido no art. 3.º da Lei 8.429/1992, uma vez que a legislação anterior (arts. 1.º e 3.º da Lei 3.502/1958) somente era aplicada aos agentes públicos, não alcançando terceiros que atuavam como coautores ou partícipes da improbidade.

A intenção da Lei de Improbidade Administrativa é ampliar a proteção das entidades enumeradas no art. 1.º, estabelecendo, para tanto, a possibilidade de aplicação de suas normas não apenas aos agentes públicos, mas, também, aos particulares que induzam ou concorram para o ato de improbidade.

Desta forma, serão considerados terceiros todos aqueles que não se inserirem no conceito de agente público do art. 2.º da Lei 8.429/1992.

Descumprimento dos arts. 2.º e 61, § 1.º, II, 'c', da Constituição Federal". (Grifo nosso. STF, ADI 3.980/SP, Rel. Min. Rosa Weber, Tribunal Pleno, *DJe*-282 18.12.2019). Em outra oportunidade, a Suprema Corte decidiu: "**Os arts. 2.º e 3.º da Lei 8.865/2006, resultante de projeto de lei de iniciativa parlamentar, contêm, ainda, vício formal de iniciativa (art. 61, § 1.º, II, 'c', CF/1988), pois criam atribuições para a Secretaria de Estado da Educação, Cultura e dos Desportos (art. 2.º), para a Secretaria de Estado de Defesa Social e Segurança Pública (art. 2.º) e para a Polícia Civil (art. 3.º), sem observância da regra de iniciativa privativa do chefe do Poder Executivo estadual**". (Grifo nosso. STF, ADI 3.792/RN, Rel. Min. Dias Toffoli, Tribunal Pleno, *DJe*-168 1.º.08.2017).

[87] STF, ADI 7.042 MC/DF e ADI 7.043 MC/DF, Rel. Min. Alexandre de Moraes, *DJe*-033 21.02.2022.

4.2.2.1. As condutas do terceiro e o elemento subjetivo

A aplicação das penalidades de improbidade administrativa aos terceiros pressupõe a comprovação do dolo, ou seja, a intenção do particular de induzir ou concorrer para a prática da improbidade.

Conforme dispõe o art. 3.º da Lei 8.429/1992, as disposições da Lei somente serão aplicadas àquele que "induza ou concorra dolosamente para a prática do ato de improbidade".

A indução significa que o particular vai introduzir a ideia da prática da improbidade administrativa no estado psíquico do agente público. Não basta, portanto, a instigação, ou seja, o estímulo ou reforço da intenção de praticar a improbidade, já existente no estado psíquico do agente público.[88]

A concorrência para o ato de improbidade, por sua vez, pressupõe o auxílio material prestado por terceiro ao agente público.

A nova redação do art. 3.º da LIA, atribuída pela Lei 14.230/2021, inseriu expressamente a necessidade de conduta dolosa por parte do terceiro. Nesse ponto, a reforma da LIA confirma a exigência do dolo, nas condutas dos agentes públicos e dos terceiros, para configuração da improbidade.

Não se trata, propriamente, de novidade, uma vez que, não obstante a ausência de menção ao referido elemento subjetivo na redação originária do art. 3.º da LIA, predominava o entendimento que exigia a demonstração do dolo para aplicação das sanções de improbidade aos terceiros, na forma da tese defendida nas edições anteriores do presente livro.

Ademais, a redação do art. 3.º da LIA, dada pela Lei 14.230/2021, retirou da redação do referido dispositivo o trecho "ou dele se beneficie sob qualquer forma direta ou indireta".

A referida expressão sempre gerou dificuldades de interpretação e insegurança jurídica, especialmente pelo risco de ampliação indevida da abrangência da LIA para alcançar particulares que não contribuíram intencionalmente para o ilícito. Em situações extremas, por exemplo, a interpretação literal do dispositivo legal, em sua redação originária, poderia

---

[88] Nesse sentido: GARCIA, Emerson; ALVES, Rogério Pacheco. *Improbidade administrativa*. 6. ed. Rio de Janeiro: Lumen Juris, 2011. p. 268; CARVALHO FILHO, José dos Santos. *Manual de direito administrativo*. 24. ed. Rio de Janeiro: Lumen Juris, 2011. p. 993. Em sentido contrário, admitindo, também, a instigação como conduta passível de punição, vide: FAZZIO JÚNIOR, Waldo. *Atos de improbidade administrativa*: doutrina, legislação e jurisprudência. 2. ed. São Paulo: Atlas, 2008. p. 263; NEIVA, José Antonio Lisbôa. *Improbidade administrativa*: legislação comentada artigo por artigo. 2. ed. Rio de Janeiro: Impetus, 2011. p. 46.

acarretar a aplicação indevida da LIA aos parentes de um agente público que tivesse praticado a improbidade.

É verdade que a exigência do dolo por parte do terceiro representava importante barreira para redução dos riscos de interpretação indevida dos citados benefícios indiretos, mas a alteração legislativa, nesse ponto, afigura-se positiva para garantir segurança jurídica na aplicação das sanções de improbidade.

4.2.2.2. Aplicação das sanções ao "terceiro" pressupõe a prática de improbidade administrativa por agente público

A aplicação das sanções de improbidade elencadas no art. 12 da LIA aos terceiros pressupõe a prática de improbidade administrativa por agentes públicos.

Isto porque o art. 3.º da LIA, alterado pela Lei 14.230/2021, exige condutas por parte de terceiros, vinculados aos agentes públicos. Induzir ou concorrer para a improbidade depende necessariamente do conluio com determinado agente público.

Em suma: caso não seja comprovada a prática de improbidade por agente público, não serão aplicadas as sanções de improbidade administrativa ao terceiro.[89]

O STJ tem exigido a presença do agente público no polo passivo da ação de improbidade administrativa como pressuposto para aplicação das sanções da Lei 8.429/1992 aos particulares (terceiros), afigurando-se legítima, no entanto, a propositura de ação civil pública em face exclusivamente do particular para ressarcimento ao erário. Transcreva-se a ementa do julgado:

> "Processual civil. Administrativo. Réu particular. Ausência de participação conjunta de agente público no polo passivo da ação de improbidade administrativa. Impossibilidade.
>
> 1. Os arts. 1.º e 3.º da Lei 8.429/92 são expressos ao prever a responsabilização de todos, agentes públicos ou não, que induzam ou concorram para a prática do ato de improbidade ou dele se beneficiem sob qualquer forma, direta ou indireta.

---

[89] Nesse sentido: DECOMAIN, Pedro Roberto. *Improbidade administrativa*. São Paulo: Dialética, 2007. p. 54; GARCIA, Emerson; ALVES, Rogério Pacheco. *Improbidade administrativa*. 6. ed. Rio de Janeiro: Lumen Juris, 2011. p. 269; CARVALHO FILHO, José dos Santos. *Manual de direito administrativo*. 24. ed. Rio de Janeiro: Lumen Juris, 2011. p. 992-993.

2. Não figurando no polo passivo qualquer agente público, não há como o particular figurar sozinho como réu em Ação de Improbidade Administrativa.

3. Nesse quadro legal, não se abre ao *Parquet* a via da Lei da Improbidade Administrativa. Resta-lhe, diante dos fortes indícios de fraude nos negócios jurídicos da empresa com a Administração Federal, ingressar com Ação Civil Pública comum, visando ao ressarcimento dos eventuais prejuízos causados ao patrimônio público, tanto mais porque o STJ tem jurisprudência pacífica sobre a imprescritibilidade desse tipo de dano.

4. Recurso Especial não provido".[90]

A reforma da LIA promovida pela Lei 14.230/2021 não parece alterar o referido entendimento.

Destarte, o terceiro somente será sancionado na forma prevista na LIA na hipótese em que for identificado e inserido no polo passivo da respectiva ação judicial o agente público responsável pela prática da improbidade administrativa.

4.2.2.3. Adequação das sanções e a expressão "no que couber"

As sanções de improbidade administrativa, previstas no art. 12 da LIA devem ser aplicadas, proporcionalmente, a todos aqueles que praticarem os atos de improbidade tipificados nos arts. 9.º, 10 e 11 da mesma Lei.

No entanto, algumas sanções são incompatíveis com os terceiros, que não são agentes públicos, condenados por improbidade, tal como ocorre, por exemplo, com a sanção de perda do cargo.

Tem prevalecido o entendimento que, mesmo em relação aos agentes públicos, é possível a aplicação parcial das sanções do art. 12 da LIA.[91]

---

[90] STJ, REsp 1.155.992/PA, Rel. Min. Herman Benjamin, Segunda Turma, DJe 1.º.07.2010. No mesmo sentido: REsp 896.044/PA, Rel. Min. Herman Benjamin, Segunda Turma, DJe 19.04.2011. No mesmo sentido: STJ, REsp 1.171.017/PA, Rel. Min. Sérgio Kukina, Primeira Turma, DJe 06.03.2014 (Informativo de Jurisprudência do STJ 535). A tese 8 da edição n.º 38 da "Jurisprudência em Teses" do STJ dispõe: "É inviável a propositura de ação civil de improbidade administrativa exclusivamente contra o particular, sem a concomitante presença de agente público no polo passivo da demanda". Não por outra razão, a Súmula 634 do STJ determina a aplicação ao particular do mesmo regime prescricional previsto na LIA para o agente público.

[91] Confira-se, por exemplo: STJ, REsp 1.019.555/SP, Rel. Min. Castro Meira, Segunda Turma, DJe 29.06.2009 (Informativo de Jurisprudência do STJ 399); STJ, REsp 1.134.461/SP, Rel.

Por esta razão, o art. 3.º da LIA, alterado pela Lei 14.230/2021, determina que as disposições legais sobre a improbidade são aplicáveis, "no que couber", aos terceiros.

4.2.2.4. Pessoas jurídicas

Conforme destacado anteriormente, além dos agentes públicos, as pessoas físicas, que não são consideradas agentes públicos, podem ser consideradas "terceiros" para fins de submissão à Lei de Improbidade Administrativa.

No entanto, havia relevante discussão doutrinária sobre a possibilidade de pessoas jurídicas enquadrarem-se na qualidade de "terceiros", na forma do art. 3.º da LIA, com a redação dada pela Lei 14.230/2021.

De um lado, alguns autores sustentam que as pessoas jurídicas não podem ser consideradas sujeitos ativos da improbidade.

Isto porque a referida norma exige a indução e/ou o concurso para a prática do ato de improbidade, atitudes que somente poderiam ser praticadas por pessoas físicas.

Nesse sentido, por exemplo, José dos Santos Carvalho Filho, a partir da redação originária da LIA, lecionava:

> "De qualquer forma, o terceiro jamais poderá ser pessoa jurídica. As condutas de indução e colaboração para a improbidade são próprias de pessoas físicas. (...) Demais disso, tal conduta, como vimos, pressupõe dolo, elemento subjetivo incompatível com a responsabilização de pessoa jurídica".[92]

Ademais, argumentava-se que o art. 3.º da LIA, em sua redação originária, ao mencionar os terceiros, referia-se àquele que, mesmo não sendo agente público, induzisse ou concorresse para a prática do ato de improbidade ou dele se beneficiasse sob qualquer forma direta ou indireta. Ao utilizar a referência do "agente público", a norma teria a intenção de restringir a qualificação do terceiro apenas às pessoas físicas.

Min. Eliana Calmon, Segunda Turma, *DJe* 12.08.2010 (Informativo de Jurisprudência do STJ 441).

[92] CARVALHO FILHO, José dos Santos. *Manual de direito administrativo*. 24. ed. Rio de Janeiro: Lumen Juris, 2011. p. 993.

Esse era o entendimento sustentado por Waldo Fazzio Júnior sobre o art. 3.º da LIA, em sua redação originária:

> "Em princípio, esse dispositivo não distingue entre terceiro pessoa física e terceiro pessoa jurídica, mas ao usar a expressão 'mesmo que não seja agente público' e ao aludir aos verbos 'induzir' e 'concorrer', para descrever a conduta do *extraneus*, certamente está se referindo à pessoa natural, não à jurídica".[93]

De acordo com o entendimento acima mencionado, as sanções de improbidade deveriam alcançar os sócios da pessoa jurídica, que são os verdadeiros beneficiários do ato de improbidade, o que justifica, se for o caso, a desconsideração da personalidade jurídica.

Por outro lado, parcela da doutrina considerava que os terceiros, mencionados na redação inicial do art. 3.º da LIA, referiam-se tanto às pessoas físicas quanto às pessoas jurídicas.

A possibilidade de enquadramento das pessoas jurídicas como "terceiros" na prática de atos de improbidade seria justificada, principalmente, pela ausência de distinção, no art. 3.º da Lei 8.429/1992, entre pessoas físicas e jurídicas.

Essa era a lição apresentada por Emerson Garcia:

> "Contrariamente ao que ocorre com o agente público, sujeito ativo dos atos de improbidade e necessariamente uma pessoa física, o art. 3.º da Lei de Improbidade não faz qualquer distinção em relação aos terceiros, tendo em previsto que 'as disposições desta Lei são aplicáveis, no que couber, àquele que, mesmo não sendo agente público...', o que permite concluir que as pessoas jurídicas também estão incluídas sob tal epígrafe".[94]

A referência à pessoa jurídica como sujeito ativo da improbidade administrativa também era realizada por Juarez Freitas,[95] José Antonio Lisbôa Neiva[96] e Wallace Paiva Martins Júnior.[97]

---

[93] FAZZIO JÚNIOR, Waldo. *Atos de improbidade administrativa*: doutrina, legislação e jurisprudência. 2. ed. São Paulo: Atlas, 2008. p. 266.

[94] GARCIA, Emerson; ALVES, Rogério Pacheco. *Improbidade administrativa*. 6. ed. Rio de Janeiro: Lumen Juris, 2011. p. 269.

[95] FREITAS, Juarez. O princípio da moralidade e a Lei de Improbidade Administrativa. *Fórum Administrativo*, Belo Horizonte, n. 48, p. 5.083, fev. 2005.

[96] NEIVA, José Antonio Lisbôa. *Improbidade administrativa*: legislação comentada artigo por artigo. 2. ed. Rio de Janeiro: Impetus, 2011. p. 45.

[97] MARTINS JÚNIOR, Wallace Paiva. *Probidade administrativa*. 4. ed. São Paulo: Saraiva, 2009. p. 320.

Da mesma forma, o STJ havia decidido que "as pessoas jurídicas que participem ou se beneficiem dos atos de improbidade sujeitam-se à Lei 8.429/1992".[98]

Não obstante os razoáveis argumentos utilizados para defender as posições antagônicas sobre o tema, sempre sustentamos que a interpretação mais adequada do art. 3.º da LIA, em sua redação originária, seria aquela que admitisse a inserção da pessoa jurídica na qualificação de terceiro e de sujeito ativo da improbidade administrativa, especialmente pelos seguintes argumentos: a) a norma não fazia distinção expressa entre pessoas físicas e jurídicas, não justificando a restrição na sua interpretação; b) ainda que os verbos "induzir" e "concorrer" tenham relação com condutas de pessoas físicas, a norma considerava terceiro aquele que se beneficiasse da improbidade sob qualquer forma direta ou indireta, o que seria perfeitamente aplicável às pessoas jurídicas; c) as sanções de improbidade são aplicáveis, "no que couber", aos terceiros, havendo compatibilidade entre várias sanções e as pessoas jurídicas, como ocorre, por exemplo, no ressarcimento ao erário; d) a pessoa jurídica, enquanto sujeito de direito, possui personalidade jurídica própria e não se confunde com os seus sócios, razão pela qual pode se beneficiar do ato de improbidade, independentemente do benefício de todos os seus sócios; e) as pessoas jurídicas respondem civilmente pelos danos causados por seus prepostos e dirigentes, não havendo motivo para se afastar a responsabilidade no caso de improbidade administrativa. A legitimidade passiva da pessoa jurídica na ação de improbidade administrativa também é sustentada no Capítulo 9, item 9.3.1.

Com a Reforma promovida pela Lei 14.230/2021, a tradicional polêmica acima mencionada parece superada.

Com efeito, os §§ 1.º e 2.º do art. 3.º da LIA, inseridos pela Lei 14.230/2021, confirmam a possibilidade de aplicação das sanções de improbidade às pessoas jurídicas.

> "Art. 3.º (...)
>
> § 1.º Os sócios, os cotistas, os diretores e os colaboradores de pessoa jurídica de direito privado não respondem pelo ato de improbidade que venha a ser imputado à pessoa jurídica, salvo se, comprovadamente, houver participação e benefícios diretos, caso em que responderão nos limites da sua participação.
>
> § 2.º As sanções desta Lei não se aplicarão à pessoa jurídica, caso o ato de improbidade administrativa seja também sancionado como

---

[98] STJ, REsp 1.122.177/MT, Rel. Min. Herman Benjamin, Segunda Turma, *DJe* 27.04.2011.

ato lesivo à administração pública de que trata a Lei n.º 12.846, de 1.º de agosto de 2013".

É preciso notar, contudo, que a reforma da LIA, ao mesmo tempo que permite a incidência de suas sanções às pessoas jurídicas, afasta essa possibilidade nas hipóteses em que os atos de improbidade administrativa também configurarem atos lesivos à Administração Pública previstos na Lei 12.846/2013 (Lei Anticorrupção), na forma do art. 3.º, § 2.º, da LIA.

A opção do legislador foi justificada, provavelmente, pelo fato de que a Lei Anticorrupção é voltada justamente para responsabilização (responsabilidade objetiva, ao contrário da LIA, que adota a responsabilidade subjetiva) das pessoas jurídicas. Ademais, as sanções previstas no art. 12 da LIA – e que seriam compatíveis com a punição das pessoas jurídicas – encontram-se previstas, em grande medida, na Lei Anticorrupção (exemplos: perda dos bens, multa, proibição de contratar com o Poder Público ou de receber benefícios ou incentivos fiscais ou creditícios) que prevê, ainda, outras sanções específicas (exemplos: publicação extraordinária da decisão condenatória; suspensão ou interdição parcial de suas atividades; dissolução compulsória da pessoa jurídica).

Cabe registrar que o § 1.º do art. 3.º da LIA dispõe que a imputação de improbidade administrativa à pessoa jurídica de direito privado não acarreta, automaticamente, a responsabilização dos respectivos sócios, cotistas, diretores e colaboradores da pessoa jurídica de direito privado, salvo se, comprovadamente, houver participação e benefícios diretos, caso em que responderão nos limites da sua participação.

A previsão normativa parte da distinção de personalidades das pessoas jurídicas e das pessoas físicas que atuam em seu nome, com o objetivo de evitar a responsabilização, em cadeia, de todos os sócios, cotistas, diretores e colaboradores, mesmo que não haja participação direta na prática da improbidade. Não nos parece que a redação originária do art. 3.º da LIA fosse capaz de gerar essa consequência, mas o legislador entendeu melhor evidenciar isso na atual redação do dispositivo.

Revela-se natural supor, portanto, tal como evidenciado no § 1.º do art. 3.º da LIA, que apenas as pessoas físicas que tenham "participação e benefícios diretos" serão responsabilizadas ao lado da pessoa jurídica. Aliás, é preciso lembrar que a atuação de toda e qualquer pessoa jurídica pressupõe a manifestação de vontade da pessoa física que a representa, o que justifica a inserção no polo passivo da improbidade da pessoa jurídica e do respectivo representante que efetivamente participou ou se beneficiou diretamente do ato.

Capítulo 5

ATOS DE IMPROBIDADE ADMINISTRATIVA

Os atos de improbidade administrativa encontram-se tipificados nos arts. 9.º (enriquecimento ilícito), 10 (dano ao erário), e 11 (violação aos princípios da Administração) da Lei 8.429/1992, alterada pela Lei 14.230/2021.

É importante notar que a Lei 14.230/2021 revogou o art. 10-A da LIA, que tratava dos "atos de improbidade administrativa decorrentes de concessão ou aplicação indevida de benefício financeiro ou tributário".

Contudo, não houve extinção da referida tipificação de improbidade, mas o seu deslocamento para o inciso XXII do art. 10 da LIA. De acordo com o referido inciso, configura ato de improbidade administrativa por lesão ao erário a concessão, a aplicação ou a manutenção de benefício financeiro ou tributário contrário ao que dispõem o *caput* e o § 1.º do art. 8.º-A da Lei Complementar 116/2003.

O *caput* e o § 1.º do art. 8.º-A da LC 116/2003, incluídos pela LC 157/2016, estabelecem:

> "Art. 8.º-A. A alíquota mínima do Imposto sobre Serviços de Qualquer Natureza é de 2% (dois por cento).
>
> § 1.º O imposto não será objeto de concessão de isenções, incentivos ou benefícios tributários ou financeiros, inclusive de redução de base de cálculo ou de crédito presumido ou outorgado, ou sob qualquer outra forma que resulte, direta ou indiretamente, em carga tributária menor que a decorrente da aplicação da alíquota mínima estabelecida no *caput*, exceto para os serviços a que se referem os subitens 7.02, 7.05 e 16.01 da lista anexa a esta Lei Complementar".

Em consequência, a improbidade prevista no art. 10, XXII, da LIA, será caracterizada nas seguintes hipóteses: (a) fixação da alíquota mínima do ISS em patamar inferior a 2%; e (b) concessão de isenções, incentivos ou benefícios tributários ou financeiros relativos ao ISS, que resultem em carga tributária menor que a decorrente da aplicação da alíquota mínima de 2%. O objetivo do legislador é evitar a denominada "guerra fiscal" entre os Municípios.

Além dos atos de improbidade mencionados na Lei de Improbidade Administrativa, é relevante notar a existência de tipificação de improbidade administrativa no art. 52 da Lei 10.257/2001 (Estatuto da Cidade), direcionada exclusivamente aos Prefeitos.

5.1. ATOS DE IMPROBIDADE: TIPIFICAÇÃO ABERTA OU FECHADA? ROL EXEMPLIFICATIVO OU EXAUSTIVO?

Tradicionalmente, na redação originária da LIA, a tipificação dos atos de improbidade administrativa era aberta e possuía hipóteses exemplificativas de condutas indicadas nos incisos dos arts. 9.º, 10 e 11.[1]

Com a reforma promovida pela Lei 14.230/2021, a tipificação dos atos de improbidade administrativa previstos nos arts. 9.º (enriquecimento ilícito) e 10 (dano ao erário) da LIA permanece com a textura aberta e o caráter exemplificativo de condutas elencadas nos respectivos incisos, especialmente pela utilização da expressão "notadamente", que demonstra que outras condutas também podem ser enquadradas nos referidos tipos de improbidade.

A qualificação da conduta como ato de improbidade, nessa linha de raciocínio, depende da presença dos pressupostos elencados no *caput* das duas normas jurídicas em comento.

Contudo, no tocante ao art. 11 da LIA, alterado pela Lei 14.230/2021, a configuração da improbidade por violação aos princípios da Administração

---

[1] A tese foi sustentada nas edições anteriores do presente livro. De forma semelhante: DI PIETRO, Maria Sylvia Zanella. *Direito administrativo*. 22. ed. São Paulo: Atlas, 2009. p. 820; CARVALHO FILHO, José dos Santos. *Manual de direito administrativo*. 24. ed. Rio de Janeiro: Lumen Juris, 2011. p. 994; MARTINS JÚNIOR, Wallace Paiva. *Probidade administrativa*. 4. ed. São Paulo: Saraiva, 2009. p. 207; DECOMAIN, Pedro Roberto. *Improbidade administrativa*. São Paulo: Dialética, 2007. p. 55; PAZZAGLINI FILHO, Marino. *Lei de Improbidade Administrativa comentada*: aspectos constitucionais, administrativos, civis, criminais, processuais e de responsabilidade fiscal. 5. ed. São Paulo: Atlas, 2011. p. 46, 65 e 104; FAZZIO JÚNIOR, Waldo. *Atos de improbidade administrativa*: doutrina, legislação e jurisprudência. 2. ed. São Paulo: Atlas, 2008. p. 95, 124 e 173.

Pública depende, necessariamente, da caracterização de uma das condutas descritas nos seus incisos.

Em sua redação originária, o *caput* do art. 11 da LIA utilizava a expressão "notadamente", que também constava (e ainda consta) dos arts. 9.º e 10 da LIA. Ocorre que a reforma introduzida pela Lei 14.230/2021 suprimiu a citada expressão no dispositivo legal e inseriu no seu lugar a expressão "caracterizada por uma das seguintes condutas".

Assim, a partir da reforma da LIA, a improbidade por violação aos princípios depende da prática de uma das condutas descritas taxativamente nos incisos do art. 11, sendo insuficiente a violação aos princípios da Administração Pública para caracterização da improbidade administrativa. A ausência da improbidade, é oportuno destacar, não afasta, naturalmente, a aplicação de sanções disciplinares aos agentes públicos envolvidos.

5.2. ENRIQUECIMENTO ILÍCITO (ART. 9.º DA LEI 8.429/1992)

Os atos de improbidade, que acarretam enriquecimento ilícito, previstos no art. 9.º da LIA, alterado pela Lei 14.230/2021, referem-se às condutas dolosas que acarretem qualquer tipo de vantagem patrimonial indevida em razão do exercício de cargo, de mandato, de função, de emprego ou de atividade nas entidades referidas no art. 1.º da LIA.

O art. 9.º da LIA, com a redação conferida pela Lei 14.230/2021, dispõe:

> "Art. 9.º Constitui ato de improbidade administrativa importando em enriquecimento ilícito auferir, mediante a prática de ato doloso, qualquer tipo de vantagem patrimonial indevida em razão do exercício de cargo, de mandato, de função, de emprego ou de atividade nas entidades referidas no art. 1.º desta Lei, e notadamente:
>
> I – receber, para si ou para outrem, dinheiro, bem móvel ou imóvel, ou qualquer outra vantagem econômica, direta ou indireta, a título de comissão, percentagem, gratificação ou presente de quem tenha interesse, direto ou indireto, que possa ser atingido ou amparado por ação ou omissão decorrente das atribuições do agente público;
>
> II – perceber vantagem econômica, direta ou indireta, para facilitar a aquisição, permuta ou locação de bem móvel ou imóvel, ou a contratação de serviços pelas entidades referidas no art. 1.º por preço superior ao valor de mercado;

III – perceber vantagem econômica, direta ou indireta, para facilitar a alienação, permuta ou locação de bem público ou o fornecimento de serviço por ente estatal por preço inferior ao valor de mercado;

IV – utilizar, em obra ou serviço particular, qualquer bem móvel, de propriedade ou à disposição de qualquer das entidades referidas no art. 1.º desta Lei, bem como o trabalho de servidores, de empregados ou de terceiros contratados por essas entidades;

V – receber vantagem econômica de qualquer natureza, direta ou indireta, para tolerar a exploração ou a prática de jogos de azar, de lenocínio, de narcotráfico, de contrabando, de usura ou de qualquer outra atividade ilícita, ou aceitar promessa de tal vantagem;

VI – receber vantagem econômica de qualquer natureza, direta ou indireta, para fazer declaração falsa sobre qualquer dado técnico que envolva obras públicas ou qualquer outro serviço ou sobre quantidade, peso, medida, qualidade ou característica de mercadorias ou bens fornecidos a qualquer das entidades referidas no art. 1.º desta Lei;

VII – adquirir, para si ou para outrem, no exercício de mandato, de cargo, de emprego ou de função pública, e em razão deles, bens de qualquer natureza, decorrentes dos atos descritos no *caput* deste artigo, cujo valor seja desproporcional à evolução do patrimônio ou à renda do agente público, assegurada a demonstração pelo agente da licitude da origem dessa evolução;

VIII – aceitar emprego, comissão ou exercer atividade de consultoria ou assessoramento para pessoa física ou jurídica que tenha interesse suscetível de ser atingido ou amparado por ação ou omissão decorrente das atribuições do agente público, durante a atividade;

IX – perceber vantagem econômica para intermediar a liberação ou aplicação de verba pública de qualquer natureza;

X – receber vantagem econômica de qualquer natureza, direta ou indiretamente, para omitir ato de ofício, providência ou declaração a que esteja obrigado;

XI – incorporar, por qualquer forma, ao seu patrimônio bens, rendas, verbas ou valores integrantes do acervo patrimonial das entidades mencionadas no art. 1.º desta lei;

XII – usar, em proveito próprio, bens, rendas, verbas ou valores integrantes do acervo patrimonial das entidades mencionadas no art. 1.º desta lei"

A configuração da prática de improbidade administrativa tipificada no art. 9.º da LIA depende da presença dos seguintes requisitos:

a) recebimento da vantagem indevida, independentemente de prejuízo ao erário;

b) conduta dolosa por parte do agente ou do terceiro; e

c) nexo causal ou etiológico entre o recebimento da vantagem e a conduta daquele que ocupa cargo ou emprego, detém mandato, exerce função ou atividade nas entidades mencionadas no art. 1.º da LIA.

A premissa central para configuração do enriquecimento ilícito é o recebimento da vantagem patrimonial indevida, quando do exercício da função pública, independentemente da ocorrência de dano ao erário.[2] Exemplo: particular, que preenche os requisitos legais, requer ao Poder Público a emissão de licença para construir, ato administrativo vinculado. O agente público competente, no entanto, exige e recebe determinada quantia em dinheiro, sem previsão legal, para acelerar a emissão da mencionada licença. Nesse caso, restou configurado o enriquecimento ilícito, em virtude da exigência da vantagem indevida, mesmo que não tenha havido qualquer prejuízo financeiro ao Estado.

Vale notar que o art. 9.º da LIA exige o efetivo recebimento de "vantagem patrimonial indevida". A mera promessa de recebimento de vantagem patrimonial e o recebimento de vantagem não patrimonial configuram atos de improbidade previstos no art. 11 da LIA, tendo em vista a violação aos princípios da legalidade e da moralidade, e, na hipótese de dano ao erário, no art. 10 da LIA.

5.2.1. Enriquecimento ilícito x enriquecimento sem causa (art. 9.º da Lei 8.429/1992)

A Lei de Improbidade Administrativa (LIA), em seu art. 9.º, tipifica o ato de improbidade por "enriquecimento ilícito" do agente público ou do terceiro que aufere qualquer tipo de "vantagem patrimonial indevida", em razão de atividades exercidas nas entidades mencionadas no art. 1.º da referida Lei.

É oportuno registrar que a doutrina tradicional costuma distinguir o "enriquecimento ilícito" e o "enriquecimento sem causa".

---

[2] No mesmo sentido, afirmando a desnecessidade de lesão ao erário para configuração do ato de improbidade administrativa por enriquecimento ilícito, vide: STJ, REsp 1.412.214/PR, Rel. p/ acórdão Min. Benedito Gonçalves, Primeira Turma, *DJe* 28.03.2016 (Informativo de Jurisprudência do STJ 580).

Na lição de Francisco Bilac Moreira Pinto, o enriquecimento sem causa pressupõe a presença dos seguintes elementos constitutivos: "a) atribuição patrimonial válida; b) enriquecimento de uma das partes; c) empobrecimento da outra; d) correlação entre enriquecimento e o empobrecimento; e) ausência de causa jurídica". Ao revés, no enriquecimento ilícito não há que se falar na presença do primeiro elemento (atribuição patrimonial válida), pois o enriquecimento, aqui, pressupõe ato ilícito que deve ser invalidado.[3]

Destarte, a caracterização do enriquecimento ilícito, ao contrário do que ocorre no enriquecimento sem causa, depende da ocorrência de ato ilícito.

A segunda diferença reside na titularidade da pretensão de devolução do incremento patrimonial injusto. Enquanto no enriquecimento sem causa a titularidade é daquele que empobreceu, no enriquecimento ilícito, em razão do abuso no exercício da função pública, a titularidade é da entidade pública ou privada da qual o agente público é parte integrante, independentemente do efetivo empobrecimento da referida entidade.[4]

Para fins de improbidade, basta o enriquecimento ilícito intencional, em desconformidade com o ordenamento jurídico, independentemente de prejuízo para a Administração Pública.[5]

5.2.2. Elemento subjetivo: dolo

A caracterização do ato de improbidade que acarreta enriquecimento ilícito depende, necessariamente, da comprovação do dolo do agente público ou do particular (terceiro).[6]

---

[3] PINTO, Francisco Bilac Moreira. *Enriquecimento ilícito no exercício de cargos públicos*. Rio de Janeiro: Forense, 1960. p. 140. Em sentido semelhante, Flávio Tartuce sustenta: "Categoricamente, o enriquecimento sem causa não se confunde com o enriquecimento ilícito. Na primeira hipótese, falta uma causa jurídica para o enriquecimento. Na segunda, o enriquecimento está fundado em um ilícito. Assim, todo enriquecimento ilícito é sem causa, mas nem todo enriquecimento sem causa é ilícito" (TARTUCE, Flávio. *Manual de direito civil*. Rio de Janeiro: Forense, 2011. p. 283).

[4] PINTO, Francisco Bilac Moreira. *Enriquecimento ilícito no exercício de cargos públicos*. Rio de Janeiro: Forense, 1960. p. 141.

[5] JUNIOR, Luiz Manoel Gomes; FAVRETO, Rogério. *Comentários à Lei de Improbidade Administrativa*. São Paulo: RT, 2010. p. 109-110.

[6] Nesse sentido, posiciona-se a doutrina majoritária: FIGUEIREDO, Marcelo. *Probidade administrativa*. 6. ed. São Paulo: Malheiros, 2009. p. 78; GOMES JUNIOR, Luiz Manoel; FAVRETO, Rogério. *Comentários à Lei de Improbidade Administrativa*. São Paulo: RT, 2010. p. 108; GARCIA, Emerson; ALVES, Rogério Pacheco. *Improbidade administrativa*. 6. ed. Rio de Janeiro: Lumen Juris, 2011. p. 287; MARTINS JÚNIOR, Wallace Paiva.

A exigência do dolo para configuração da improbidade por enriquecimento ilícito foi confirmada com a alteração do art. 9.º da LIA pela Lei 14.230/2021, que passou a prever que a improbidade, na hipótese, depende da "prática de ato doloso".

Vale dizer: a mera configuração da culpa não é suficiente para aplicação do art. 9.º da LIA, revelando-se imprescindível a comprovação da intenção do agente ou do terceiro em obter vantagem patrimonial que sabem ser indevida.

5.2.3. Condutas comissivas ou omissivas

Há discussão doutrinária quanto à possibilidade de configuração do enriquecimento ilícito em virtude de omissão do agente público ou do terceiro.

Alguns autores sustentam que o enriquecimento ilícito pressupõe condutas comissivas, sendo inviável a sua configuração por simples omissão.

Isto porque, ao tipificar os atos de improbidade administrativa, a Lei 8.429/1992 refere-se expressamente à possibilidade de prática de improbidade por ação ou omissão nos casos dos arts. 10 e 11, silenciando-se em relação à possibilidade de configuração do enriquecimento ilícito (art. 9.º, *caput*) por simples omissão.

Nesse sentido, José dos Santos Carvalho Filho afirma que o enriquecimento ilícito depende sempre de conduta comissiva, pois as condutas descritas no art. 9.º da Lei de Improbidade não comportam condutas omissivas, sendo certo que "ninguém pode ser omisso para receber vantagem indevida, aceitar emprego ou comissão ou utilizar em seu favor utensílio pertencente ao patrimônio público".[7]

Por outro lado, parcela da doutrina sustenta a possibilidade de enriquecimento ilícito por omissão, uma vez que as condutas descritas no art. 9.º da LIA são compatíveis com as condutas comissivas e omissivas.

Probidade administrativa. 4. ed. São Paulo: Saraiva, 2009. p. 229; PAZZAGLINI FILHO, Marino. *Lei de Improbidade Administrativa comentada*: aspectos constitucionais, administrativos, civis, criminais, processuais e de responsabilidade fiscal. 5. ed. São Paulo: Atlas, 2011. p. 45; NEIVA, José Antonio Lisbôa. *Improbidade administrativa*: legislação comentada artigo por artigo. 2. ed. Rio de Janeiro: Impetus, 2011. p. 65.

[7] CARVALHO FILHO, José dos Santos. *Manual de direito administrativo*. 24. ed. Rio de Janeiro: Lumen Juris, 2011. p. 995.

Essa é a opinião defendida por Wallace Paiva Martins Júnior quando sustenta que o enriquecimento ilícito pode ser caracterizado por "qualquer ação ou omissão no exercício de função pública para angariar vantagem econômica", desde que a vantagem indevida seja obtida em razão do vínculo com a Administração, independentemente de dano ao erário. A configuração da improbidade depende apenas do recebimento da vantagem econômica, "pouco importando se adveio de oferta, solicitação ou exigência" por parte do agente público.[8]

Entendemos que a tipificação do enriquecimento ilícito admite condutas comissivas e omissivas.

Não obstante o silêncio no *caput* do art. 9.º da LIA, as hipóteses enumeradas, exemplificativamente, como caracterizadoras do enriquecimento ilícito são plenamente compatíveis com as condutas omissivas dos agentes públicos.

É o caso, por exemplo, do inciso I do art. 9.º da LIA, que qualifica como enriquecimento ilícito o recebimento de dinheiro, bem móvel ou imóvel, ou qualquer outra vantagem econômica, direta ou indireta, "a título de comissão, percentagem, gratificação ou presente de quem tenha interesse, direto ou indireto, que possa ser atingido ou amparado por **ação ou omissão decorrente das atribuições do agente público**" (grifo nosso).

Destarte, as condutas omissivas e comissivas são aptas para configuração do enriquecimento ilícito por omissão.

5.2.4. Sanções para o enriquecimento ilícito (art. 12, I, da Lei 8.429/1992)

Os responsáveis pela prática de improbidade administrativa por enriquecimento ilícito, sem prejuízo das sanções penais, civis e administrativas previstas na legislação específica, estão sujeitos às sanções previstas no art. 12, I, da LIA, alterado pela Lei 14.230/2021, aplicadas isolada ou cumulativamente, a saber:[9]

---

[8] MARTINS JÚNIOR, Wallace Paiva. *Probidade administrativa*. 4. ed. São Paulo: Saraiva, 2009. p. 227 e 229. No mesmo sentido: FAZZIO JÚNIOR, Waldo. *Atos de improbidade administrativa:* doutrina, legislação e jurisprudência. 2. ed. São Paulo: Atlas, 2008. p. 94.

[9] As sanções de improbidade são analisadas detalhadamente no subitem 13.5.4.

a) perda dos bens ou valores acrescidos ilicitamente ao patrimônio;
b) perda da função pública;[10]
c) suspensão dos direitos políticos até 14 anos;[11]
d) pagamento de multa civil equivalente ao valor do acréscimo patrimonial;[12]
e) proibição de contratar com o Poder Público ou de receber benefícios ou incentivos fiscais ou creditícios, direta ou indiretamente, ainda que por intermédio de pessoa jurídica da qual seja sócio majoritário, pelo prazo não superior a 14 anos.[13]

As sanções em comento podem ser aplicadas de forma isolada ou cumulativa, de acordo com a natureza, a gravidade e as consequências da infração.[14]

---

[10] Em relação à perda do cargo, o § 1.º do art. 12 da LIA prevê que a citada sanção atinge apenas o vínculo de mesma qualidade e natureza que o agente público ou político detinha com o Poder Público na época do cometimento da infração, podendo o magistrado, na hipótese de enriquecimento ilícito, e em caráter excepcional, estendê-la aos demais vínculos, consideradas as circunstâncias do caso e a gravidade da infração. Contudo, o STF, por meio de decisão monocrática do Ministro Alexandre de Moraes, proferida no julgamento da ADI 7.236/DF e pendente de análise pelo Plenário, suspendeu a eficácia do art. 12, § 1.º, da LIA, sob o argumento de que a previsão seria "desarrazoada, na medida em que sua incidência concreta pode eximir determinados agentes dos efeitos da sanção constitucionalmente devida simplesmente em razão da troca de função ou da eventual demora no julgamento da causa, o que pode decorrer, inclusive, do pleno e regular exercício do direito de defesa por parte do acusado" (STF, ADI 7.236 MC/DF, Rel. Min. Alexandre de Moraes, *DJe* 10.01.2023).

[11] Em relação à contagem do prazo da sanção de suspensão dos direitos políticos, computar-se-á retroativamente o intervalo de tempo entre a decisão colegiada e o trânsito em julgado da sentença condenatória, na forma do § 10 do art. 12 da LIA, inserido pela Lei 14.230/2021. Registre-se, todavia, que o STF, por meio de decisão monocrática do Ministro Alexandre de Moraes, proferida no julgamento da ADI 7.236/DF e pendente de análise pelo Plenário, suspendeu a eficácia do art. 12, § 10, da LIA, uma vez que os efeitos da detração estabelecida pela norma impugnada, cujo *status* é de lei ordinária, podem afetar o sancionamento adicional de inelegibilidade prevista na Lei Complementar 64/1990, com risco de violação ao art. 37, § 4º, da CRFB e aos princípios da vedação à proteção deficiente e ao retrocesso (STF, ADI 7.236 MC/DF, Rel. Min. Alexandre de Moraes, *DJe* 10.01.2023).

[12] A multa civil pode ser aumentada até o dobro, se o juiz considerar que, em virtude da situação econômica do réu, o valor calculado, na forma do inciso I do art. 12, é ineficaz para reprovação e prevenção do ato de improbidade (art. 12, § 2.º, da LIA).

[13] Em relação à sanção de proibição de contratação com o Poder Público, o § 8.º do art. 12 da LIA, incluído pela Lei 14.230/2021, prevê a sua inclusão no Cadastro Nacional de Empresas Inidôneas e Suspensas (CEIS) previsto na Lei 12.846/2013 (Lei Anticorrupção), observadas as limitações territoriais contidas em decisão judicial.

[14] A tese 13 da edição n.º 40 da "Jurisprudência em Teses" do STJ dispõe: "O magistrado não está obrigado a aplicar cumulativamente todas as penas previstas no art. 12 da Lei

De acordo com o § 3.º do art. 12 da LIA, na responsabilização da pessoa jurídica, o magistrado deverá considerar os efeitos econômicos e sociais das sanções, de modo a viabilizar a manutenção de suas atividades.

Na sequência, o § 4.º do art. 12 da LIA dispõe que a sanção de proibição de contratação com o Poder Público, em caráter excepcional e por motivos relevantes devidamente justificados, pode extrapolar o ente público lesado pelo ato de improbidade, observados os impactos econômicos e sociais das sanções, de forma a preservar a função social da pessoa jurídica.

As sanções aplicadas às pessoas jurídicas com base na LIA e na Lei 12.846/2013 (Lei Anticorrupção) deverão observar o princípio constitucional do *non bis in idem* (art. 12, § 7.º, da LIA, inserido pela Lei 14.230/2021). Ocorre que o risco de *bis in idem* seria afastado, *a priori*, pelo art. 3.º, § 2.º, da LIA que impede a aplicação das sanções de improbidade às pessoas jurídicas quando os atos de improbidade forem tipificados como atos lesivos e punidos com fundamento na Lei Anticorrupção.

O § 5.º do art. 12 da LIA dispõe que, nos casos de atos de menor ofensa aos bens jurídicos tutelados pela lei, a sanção limitar-se-á à aplicação de multa, sem prejuízo do ressarcimento do dano e da perda dos valores obtidos, quando for o caso. O desafio na interpretação do referido dispositivo legal será a definição daquilo que venha a ser considerado "atos de menor ofensa aos bens jurídicos", conferindo-se excessiva discricionariedade ao magistrado para fixar, casuisticamente e sem parâmetros legais mínimos, o que seria enquadrado no conceito indeterminado.

As sanções de improbidade por enriquecimento ilícito, em conformidade com o disposto no § 9.º do art. 12 da LIA, inserido pela Lei 14.230/2021, somente poderão ser executadas após o trânsito em julgado da sentença condenatória. Contudo, a autoridade judicial poderá determinar o afastamento do agente público do exercício do cargo, do emprego ou da função, sem prejuízo da remuneração, quando a medida for necessária à instrução processual ou para evitar a iminente prática de novos ilícitos, limitando o período do afastamento a 90 dias, prorrogável uma única vez, mediante decisão motivada (art. 20, §§ 1.º e 2.º, da LIA).

Na hipótese de enriquecimento ilícito, o art. 8.º da LIA, alterado pela Lei 14.230/2021, prevê a responsabilidade do sucessor ou do herdeiro de recomposição dos prejuízos até o limite do valor da herança ou do patrimônio transferido.

---

n. 8.429/92, podendo, mediante adequada fundamentação, fixá-las e dosá-las segundo a natureza, a gravidade e as consequências da infração".

O art. 8.º-A da LIA, inserido pela Lei 14.230/2021, dispõe que a responsabilidade sucessória prevista no art. 8.º também será aplicada nas hipóteses de alteração contratual, de transformação, de incorporação, de fusão ou de cisão societária. Nos casos de fusão e de incorporação, a responsabilidade da sucessora será restrita à obrigação de reparação integral do dano causado, até o limite do patrimônio transferido, afastando-se a aplicação das sanções de improbidade decorrentes de atos e de fatos ocorridos antes da data da fusão ou da incorporação, exceto no caso de simulação ou de evidente intuito de fraude, devidamente comprovados, na forma do parágrafo único do art. 8.º-A da LIA, também incluído pela Lei 14.230/2021.

5.3. DANOS AO ERÁRIO (ART. 10 DA LEI 8.429/1992)

Os atos de improbidade, que causam lesão ao erário, consagrados no art. 10 da LIA, alterado pela Lei 14.230/2021, relacionam-se à ação ou omissão, dolosa, que acarreta efetiva e comprovada perda patrimonial, desvio, apropriação, malbaratamento ou dilapidação dos bens ou haveres da Administração Pública e demais entidades mencionadas no art. 1.º da LIA. O art. 10 da Lei 8.429/1992 estabelece:

> "Art. 10. Constitui ato de improbidade administrativa que causa lesão ao erário qualquer ação ou omissão dolosa, que enseje, efetiva e comprovadamente, perda patrimonial, desvio, apropriação, malbaratamento ou dilapidação dos bens ou hasveres das entidades referidas no art. 1.º desta Lei, e notadamente:
>
> I – facilitar ou concorrer, por qualquer forma, para a indevida incorporação ao patrimônio particular, de pessoa física ou jurídica, de bens, de rendas, de verbas ou de valores integrantes do acervo patrimonial das entidades referidas no art. 1.º desta Lei;
>
> II – permitir ou concorrer para que pessoa física ou jurídica privada utilize bens, rendas, verbas ou valores integrantes do acervo patrimonial das entidades mencionadas no art. 1.º desta lei, sem a observância das formalidades legais ou regulamentares aplicáveis à espécie;
>
> III – doar à pessoa física ou jurídica bem como ao ente despersonalizado, ainda que de fins educativos ou assistências, bens, rendas, verbas ou valores do patrimônio de qualquer das entidades mencionadas no art. 1.º desta lei, sem observância das formalidades legais e regulamentares aplicáveis à espécie;
>
> IV – permitir ou facilitar a alienação, permuta ou locação de bem integrante do patrimônio de qualquer das entidades referidas no art.

1.º desta lei, ou ainda a prestação de serviço por parte delas, por preço inferior ao de mercado;

V – permitir ou facilitar a aquisição, permuta ou locação de bem ou serviço por preço superior ao de mercado;

VI – realizar operação financeira sem observância das normas legais e regulamentares ou aceitar garantia insuficiente ou inidônea;

VII – conceder benefício administrativo ou fiscal sem a observância das formalidades legais ou regulamentares aplicáveis à espécie;

VIII – frustrar a licitude de processo licitatório ou de processo seletivo para celebração de parcerias com entidades sem fins lucrativos, ou dispensá-los indevidamente, acarretando perda patrimonial efetiva;

IX – ordenar ou permitir a realização de despesas não autorizadas em lei ou regulamento;

X – agir ilicitamente na arrecadação de tributo ou de renda, bem como no que diz respeito à conservação do patrimônio público;

XI – liberar verba pública sem a estrita observância das normas pertinentes ou influir de qualquer forma para a sua aplicação irregular;

XII – permitir, facilitar ou concorrer para que terceiro se enriqueça ilicitamente;

XIII – permitir que se utilize, em obra ou serviço particular, veículos, máquinas, equipamentos ou material de qualquer natureza, de propriedade ou à disposição de qualquer das entidades mencionadas no art. 1.º desta lei, bem como o trabalho de servidor público, empregados ou terceiros contratados por essas entidades.

XIV – celebrar contrato ou outro instrumento que tenha por objeto a prestação de serviços públicos por meio da gestão associada sem observar as formalidades previstas na lei;

XV – celebrar contrato de rateio de consórcio público sem suficiente e prévia dotação orçamentária, ou sem observar as formalidades previstas na lei.

XVI – facilitar ou concorrer, por qualquer forma, para a incorporação, ao patrimônio particular de pessoa física ou jurídica, de bens, rendas, verbas ou valores públicos transferidos pela administração pública a entidades privadas mediante celebração de parcerias, sem a observância das formalidades legais ou regulamentares aplicáveis à espécie;

XVII – permitir ou concorrer para que pessoa física ou jurídica privada utilize bens, rendas, verbas ou valores públicos transferidos pela administração pública a entidade privada mediante celebração de parcerias, sem a observância das formalidades legais ou regulamentares aplicáveis à espécie;

XVIII – celebrar parcerias da administração pública com entidades privadas sem a observância das formalidades legais ou regulamentares aplicáveis à espécie;

XIX – agir para a configuração de ilícito na celebração, na fiscalização e na análise das prestações de contas de parcerias firmadas pela administração pública com entidades privadas;

XX – liberar recursos de parcerias firmadas pela administração pública com entidades privadas sem a estrita observância das normas pertinentes ou influir de qualquer forma para a sua aplicação irregular.

XXI – (revogado);

XXII – conceder, aplicar ou manter benefício financeiro ou tributário contrário ao que dispõem o *caput* e o § 1.º do art. 8.º-A da Lei Complementar n.º 116, de 31 de julho de 2003."

Com a alteração do *caput* do art. 10 da LIA pela Lei 14.230/2021, foi suprimida a menção à culpa e passou a ser exigida "ação ou omissão dolosa". Vale dizer: a atual redação da LIA não aceita a modalidade culposa de improbidade administrativa, exigindo-se, em qualquer hipótese, a comprovação do dolo do agente público e do terceiro, o que é corroborado, inclusive, pelo § 1.º do art. 1.º da LIA, incluído pela Lei 14.230/2021.[15]

Outra inovação relevante no *caput* do art. 10 da LIA refere-se à inserção da exigência de efetiva e comprovada perda patrimonial, desvio, apropriação, malbaratamento ou dilapidação dos bens ou haveres das entidades referidas no art. 1.º da citada legislação. Na redação originária do citado dispositivo legal, não constava a exigência de efetiva e comprovada lesão ao erário, o que gerava o debate sobre a possibilidade de aplicação das sanções de improbidade por dano presumido ao erário (*in re ipsa*). A partir da nova redação do art. 10 da LIA, a configuração da improbidade por lesão ao erário, ao menos

---

[15] Em momento posterior à reforma implementada pela Lei 14.230/2021, o STF, ao decidir a respeito da constitucionalidade da modalidade culposa da improbidade prevista na redação originária do art. 10 da LIA, definiu o Tema 309 da repercussão geral: "a) O dolo é necessário para a configuração de qualquer ato de improbidade administrativa (art. 37, § 4.º, da Constituição Federal), de modo que é inconstitucional a modalidade culposa de ato de improbidade administrativa prevista nos arts. 5.º e 10 da Lei n.º 8.429/92, em sua redação originária. b) São constitucionais os arts. 13, V, e 25, II, da Lei n.º 8.666/1993, desde que interpretados no sentido de que a contratação direta de serviços advocatícios pela Administração Pública, por inexigibilidade de licitação, além dos critérios já previstos expressamente (necessidade de procedimento administrativo formal; notória especialização profissional; natureza singular do serviço), deve observar: (i) inadequação da prestação do serviço pelos integrantes do Poder Público; e (ii) cobrança de preço compatível com a responsabilidade profissional exigida pelo caso, observado, também, o valor médio cobrado pelo escritório de advocacia contratado em situações similares anteriores".

nos termos literais do dispositivo, exigirá a efetiva e comprovada lesão ao erário, o que afastaria a improbidade por dano presumido.

Ademais, a Lei 14.230/2021 revogou o art. 10-A da LIA, que tratava dos "atos de improbidade administrativa decorrentes de concessão ou aplicação indevida de benefício financeiro ou tributário", e inseriu a conduta no inciso XXII do art. 10 da LIA. De acordo com o referido inciso, configura ato de improbidade administrativa por lesão ao erário a concessão, aplicação ou manutenção de benefício financeiro ou tributário contrário ao que dispõem o *caput* e o § 1.º do art. 8.º-A da Lei Complementar 116/2003. Em consequência, a improbidade prevista no art. 10, XXII, da LIA, será caracterizada nas seguintes hipóteses: (a) fixação da alíquota mínima do ISS em patamar inferior a 2%; e (b) concessão de isenções, incentivos ou benefícios tributários ou financeiros relativos ao ISS, que resultem em carga tributária menor que a decorrente da aplicação da alíquota mínima de 2%. O objetivo do legislador é evitar a denominada "guerra fiscal" entre os Municípios.

Mencione-se, ainda, que a reforma promovida pela Lei 14.230/2021 reforçou o entendimento de que a mera ilegalidade não se confunde com a improbidade administrativa.

Além da exigência do dolo e do efetivo prejuízo ao erário, o § 1.º do art. 10 da LIA afasta o ressarcimento ao erário nos casos em que não restar comprovada a perda patrimonial efetiva, ainda que haja a inobservância de formalidades legais ou regulamentares.

O § 2.º do art. 10 da LIA, inserido pela Lei 14.230/2021, dispõe que "a mera perda patrimonial decorrente da atividade econômica não acarretará improbidade administrativa, salvo se comprovado ato doloso praticado com essa finalidade". O parágrafo em comento trata do exercício de atividade econômica, o que englobaria algumas entidades mencionadas no art. 1.º da LIA, tais como as empresas públicas, as sociedades de economia mista e suas subsidiárias, bem como as empresas privadas que recebam subvenção, benefício ou incentivo, fiscal ou creditício, da Administração Pública. Assim, os eventuais prejuízos ou insucessos no exercício da atividade econômica, ainda que venham a acarretar lesão ao erário, seriam enquadrados como erros de gestão, mas não improbidade administrativa, salvo se comprovado o dolo dos agentes públicos envolvidos.

A prática de improbidade administrativa tipificada no art. 10 da LIA pressupõe:

a) efetiva e comprovada lesão ao erário;
b) conduta dolosa, comissiva ou omissiva, do agente ou do terceiro; e

c) nexo causal ou etiológico entre a lesão ao erário e a conduta do agente público ou do terceiro.

O pressuposto central para tipificação do ato de improbidade, no caso, é a ocorrência de lesão ao erário, sendo irrelevante o eventual enriquecimento ilícito do agente público ou do terceiro (exemplo: agente público que dolosamente realiza operação financeira de grande risco, sem autorização legal, causando perda financeira aos cofres públicos).

5.3.1. Erário e patrimônio público

O art. 10 da Lei 8.429/1992 exige a ocorrência da "lesão ao erário" para configuração da improbidade administrativa.

É oportuno registrar que as expressões "erário" e "patrimônio público" não se confundem.

A expressão "erário", no caso, compreende os recursos financeiros provenientes dos cofres públicos da Administração Pública direta e indireta, bem como aqueles destinados pelo Estado às demais entidades mencionadas no art. 1.º da LIA.

Diferentemente, o vocábulo "patrimônio público" possui conotação mais ampla e compreende não apenas os bens e interesses econômicos, mas também aqueles com conteúdo não econômico. O art. 1.º, § 1.º, da Lei 4.717/1965 (Lei da Ação Popular) considera patrimônio público "os bens e direitos de valor econômico, artístico, estético, histórico ou turístico".

A partir da redação originária da LIA, havia divergência doutrinária em relação à necessidade ou não de comprovação de prejuízo econômico-financeiro para aplicação do art. 10 da LIA.

Alguns autores sustentavam que a norma em comento pode ser aplicada para toda e qualquer lesão ao patrimônio público, com fundamento na interpretação sistemática da Lei 8.429/1992. Após se referir ao "erário" no art. 10, expressão de alcance restrito aos recursos financeiros da Administração, a Lei de Improbidade Administrativa utiliza, em outras passagens, o vocábulo "patrimônio público", que possui conotação ampla para abarcar todo e qualquer bem do Poder Público, não se restringindo ao aspecto econômico.[16]

---

[16] Essa é a opinião defendida, por exemplo, pelos seguintes autores: GARCIA, Emerson; ALVES, Rogério Pacheco. *Improbidade administrativa*. 6. ed. Rio de Janeiro: Lumen Juris,

De outro lado, parcela da doutrina exigia a lesão ao patrimônio público econômico. Isto porque o art. 10 da LIA utilizou a expressão dano ao "erário", o que denota o aspecto financeiro da lesão.[17]

De nossa parte, sempre sustentamos que a incidência do art. 10 da LIA dependeria necessariamente da efetiva comprovação da lesão ao patrimônio público econômico (erário), sendo certo que, nas hipóteses exemplificativamente arroladas nos incisos da referida norma, a lesividade é presumida.

Com a reforma promovida pela Lei 14.230/2021, o *caput* do art. 10 da LIA passou a exigir expressamente a efetiva e comprovada perda patrimonial, desvio, apropriação, malbaratamento ou dilapidação dos bens ou haveres das entidades referidas no art. 1.º da citada legislação.

Frise-se mais uma vez que, na redação originária do citado dispositivo legal, não constava a exigência de efetiva e comprovada lesão ao erário, o que gerava o debate sobre a possibilidade de aplicação das sanções de improbidade por dano presumido ao erário (*in re ipsa*). A partir da literalidade da nova redação do *caput* e do inciso VIII do art. 10 da LIA, afigura-se vedada a presunção de dano ao erário para tipificação da improbidade.

O Tema repetitivo 1.096, que estava pendente de julgamento no STJ, definiria "se a conduta de frustrar a licitude de processo licitatório ou dispensá-lo indevidamente configura ato de improbidade que causa dano presumido ao erário (*in re ipsa*)", com fundamento no art. 10, VIII, da LIA. Contudo, a Primeira Seção do STJ cancelou o referido tema que seria julgado pelo rito dos repetitivos.[18]

2011. p. 311; CARVALHO FILHO, José dos Santos. *Manual de direito administrativo*. 24. ed. Rio de Janeiro: Lumen Juris, 2011. p. 995.

[17] Nesse sentido: FAZZIO JÚNIOR, Waldo. *Atos de improbidade administrativa*: doutrina, legislação e jurisprudência. 2. ed. São Paulo: Atlas, 2008. p. 338; PAZZAGLINI FILHO, Marino. *Lei de Improbidade Administrativa comentada*: aspectos constitucionais, administrativos, civis, criminais, processuais e de responsabilidade fiscal. 5. ed. São Paulo: Atlas, 2011. p. 62; COPOLA, Gina. *A improbidade administrativa no direito brasileiro*. Belo Horizonte: Fórum, 2011. p. 61 e 97; SOBRANE, Sérgio Turra. *Improbidade administrativa*: aspectos materiais, dimensão difusa e coisa julgada. São Paulo: Atlas, 2010. p. 52; MARTINS JÚNIOR, Wallace Paiva. *Probidade administrativa*. 4. ed. São Paulo: Saraiva, 2009. p. 250-251.

[18] Registre-se, contudo, que o STJ afirmou a necessidade de comprovação do efetivo prejuízo ao erário para configuração da improbidade prevista no art. 10 da Lei 8.429/1992, com a redação dada pela Lei 14.230/2021 (STJ, REsp 1.929.685/TO, Rel. Min. Gurgel de Faria, 1.ª Turma, j. 27.08.2024).

5.3.2. Elemento subjetivo: dolo

Na redação originária da LIA, antes da reforma implementada pela Lei 14.230/2021, os atos de improbidade administrativa que causavam prejuízos ao erário eram os únicos que poderiam ser praticados sob a forma culposa.

Em regra, a configuração da improbidade administrativa dependia do dolo do agente público ou do terceiro, mas o art. 10 da Lei 8.429/1992, excepcionalmente, mencionava a culpa como elemento subjetivo suficiente para configuração da improbidade.

Parte da doutrina argumentava que a instituição legal da modalidade culposa da improbidade administrativa seria inconstitucional, uma vez que o art. 10, *caput*, da Lei de Improbidade Administrativa, teria extrapolado os termos do art. 37, § 4.º, da CRFB, para punir não apenas o agente desonesto, mas, também, o inábil. Nessa linha de raciocínio, a legislação infraconstitucional não poderia "inovar" para considerar ato de improbidade aquele praticado de forma involuntária ou de boa-fé.[19]

De nossa parte, não havia óbice constitucional para tipificação de improbidade culposa na redação inaugural do art. 10 da LIA.[20]

Com efeito, o art. 37, § 4.º, da CRFB não se refere expressamente ao dolo como requisito essencial para configuração da improbidade, bem como compete ao legislador definir os ilícitos em geral (administrativos,

---

[19] No sentido da inconstitucionalidade do ato de improbidade na forma culposa, vide: COPOLA, Gina. *A improbidade administrativa no direito brasileiro*. Belo Horizonte: Fórum, 2011. p. 63-64; NEIVA, José Antonio Lisbôa. *Improbidade administrativa*: legislação comentada artigo por artigo. 2. ed. Rio de Janeiro: Impetus, 2011. p. 82; MATTOS, Mauro Roberto Gomes de. Atos de improbidade administrativa que causam prejuízo ao erário – inconstitucionalidade da expressão culposa do art. 10 da Lei n.º 8.429/92. *Fórum Administrativo*, Belo Horizonte, ano 3, n. 29, p. 2.515-2.520, jul. 2003; HARGER, Marcelo. A inexistência de improbidade administrativa na modalidade culposa. *Interesse Público*, Belo Horizonte, ano 11, n. 58, p. 179-180, 2010.

[20] Nesse sentido: MARTINS JÚNIOR, Wallace Paiva. *Probidade administrativa*. 4. ed. São Paulo: Saraiva, 2009. p. 248; PAZZAGLINI FILHO, Marino. *Lei de Improbidade Administrativa comentada*: aspectos constitucionais, administrativos, civis, criminais, processuais e de responsabilidade fiscal. 5. ed. São Paulo: Atlas, 2011. p. 64; GARCIA, Emerson; ALVES, Rogério Pacheco. *Improbidade administrativa*. 6. ed. Rio de Janeiro: Lumen Juris, 2011. p. 306; SOBRANE, Sérgio Turra. *Improbidade administrativa*: aspectos materiais, dimensão difusa e coisa julgada. São Paulo: Atlas, 2010. p. 53; CARVALHO FILHO, José dos Santos. *Manual de direito administrativo*. 24. ed. Rio de Janeiro: Lumen Juris, 2011. p. 996. A tese 1 da edição n.º 38 da "Jurisprudência em Teses" do STJ dispõe: "É inadmissível a responsabilidade objetiva na aplicação da Lei n. 8.429/1992, exigindo-se a presença de dolo nos casos dos arts. 9.º e 11 (que coíbem o enriquecimento ilícito e o atentado aos princípios administrativos, respectivamente) e ao menos de culpa nos termos do art. 10, que censura os atos de improbidade por dano ao Erário".

civis e penais) e as respectivas sanções. Nesse caso, ainda que se entenda que o ideal seja a fixação apenas de modalidades dolosas de improbidade, a previsão da forma culposa não significaria violação ao texto constitucional.

Aliás, na forma culposa, há violação ao dever de cautela por parte do agente público e do terceiro, o que justifica, em princípio, a aplicação de sanções. Ora, se o Direito Penal, que estabelece sanções graves, inclusive com restrição da liberdade dos indivíduos, admite a prática de crimes culposos, com maior razão deve ser admitida a previsão legal de atos de improbidade na forma culposa.

Isto não significa dizer que, na redação originária do art. 10 da LIA, todo e qualquer deslize no dia a dia da Administração configuraria improbidade administrativa. Existem graus de violação à ordem jurídica que são sancionados com intensidades distintas. A mera irregularidade administrativa comporta sanção administrativa, mas não sanção de improbidade. A interpretação da legislação de improbidade deve ser feita à luz dos princípios da proporcionalidade e da razoabilidade, tanto na tipificação das condutas quanto na aplicação das sanções.

O erro administrativo não pode ser confundido com a improbidade administrativa. A mera irregularidade administrativa comporta sanção administrativa, mas não sanção de improbidade. De qualquer forma, nas duas esferas, administrativa e improbidade, revela-se imprescindível a comprovação pelo órgão acusatório do elemento subjetivo do agente.

Por essa razão, na redação inicial do art. 10 da LIA, prevalecia o entendimento de que não bastaria, em princípio, apenas a culpa leve por parte do agente ou do terceiro, exigindo-se a culpa grave para configuração da improbidade administrativa.[21]

---

[21] STJ, AIA 30/AM, Rel. Min. Teori Albino Zavascki, Corte Especial, DJe 28.09.2011. A tese 1 da edição n.º 38 da "Jurisprudência em Teses" do STJ dispõe: "É inadmissível a responsabilidade objetiva na aplicação da Lei n. 8.429/1992, exigindo-se a presença de dolo nos casos dos arts. 9.º e 11 (que coíbem o enriquecimento ilícito e o atentado aos princípios administrativos, respectivamente) e ao menos de culpa nos termos do art. 10, que censura os atos de improbidade por dano ao Erário". No mesmo sentido: OSÓRIO, Fábio Medina. Improbidade administrativa: reflexões sobre laudos periciais ilegais e desvio de poder em face da Lei federal n.º 8.429/92. Revista de Direito do Estado, n. 2, p. 127, abr.-jun. 2006; FREITAS, Juarez. Ação civil pública – improbidade administrativa. Boletim de Direito Administrativo, p. 541, maio 2005. Em sentido semelhante, Sérgio de Andréa Ferreira afirmava que a culpa referida no art. 10 da LIA era denominada "culpa consciente", não sendo suficiente a "culpa inconsciente" para configuração da improbidade. Enquanto a culpa inconsciente é aquela que deriva da negligência, imprudência e imperícia, a culpa consciente é aquela em que o agente prevê o resultado, mas acha que o mesmo não irá acontecer (FERREIRA, Sérgio de Andréa. Improbidade administrativa. Boletim de Direito Administrativo, p. 1.098, out. 2005).

Registre-se, ainda, que o art. 28 da Lei de Introdução às Normas do Direito Brasileiro (LINDB), inserido pela Lei 13.655/2018, dispõe que o "agente público responderá pessoalmente por suas decisões ou opiniões técnicas em caso de dolo ou erro grosseiro".

O art. 28 da LINDB refletiu na interpretação da redação originária do art. 10 da LIA e confirma a necessidade de culpa grave, o que equivale ao erro grosseiro, para responsabilização dos agentes públicos.

A discussão sobre a possibilidade de improbidade culposa deve perder força com a reforma promovida pela Lei 14.230/2021 no art. 10 da LIA.

Na atual redação do art. 10 da LIA, a menção à culpa foi suprimida e o dispositivo legal passou a exigir de forma categórica a "ação ou omissão dolosa" do agente público ou do terceiro, o que é confirmado, inclusive, pelo § 1.º do art. 1.º da LIA, incluído pela Lei 14.230/2021.

Nesse contexto, a Lei 14.230/2021 alterou as redações dos incisos X e XIX do art. 10 da LIA que faziam menção à negligência e, portanto, à culpa do agente público.

Frise-se que o dolo deve ser específico, na forma do § 2.º do art. 1.º da LIA, introduzido pela Lei 14.230/2021.[22]

Conforme destacado anteriormente,[23] a extinção da modalidade culposa da improbidade administrativa deve acarretar controvérsias sobre a sua aplicação no tempo, notadamente se a nova redação, mais benéfica aos acusados, retroagiria para alcançar os atos praticados em momento anterior à sua vigência.

Entendemos que a nova redação do art. 10 da LIA, inserida pela Lei 14.230/2021, deve retroagir para alcançar os fatos pretéritos, com a descaracterização dos atos de improbidade praticados de forma culposa, em razão da aplicação dos princípios constitucionais do Direito Administrativo Sancionador ao sistema da improbidade administrativa, na forma do art. 1.º, § 4.º, da LIA, o que incluiria a aplicação do princípio da retroatividade da lei mais benéfica previsto no art. 5.º, XL, da CRFB.

Nesse caso, o STF, no julgamento do Tema 1.199 com repercussão geral, limitou a retroatividade da norma mais benéfica da Lei 14.230/2021, que

---

[22] Sobre a exigência do dolo específico, vide item 1.3.
[23] Vide item 2.6.

revogou a modalidade culposa de improbidade, aos fatos anteriores que não ensejaram condenação transitada em julgado.[24]

Posteriormente, no julgamento do Tema 309 de repercussão geral, realizado em 2024, em data posterior à reforma introduzida pela Lei 14.230/2021 e ao julgamento do Tema 1.199, ocorrido em 2022, ao tratar da constitucionalidade da modalidade culposa da improbidade na redação originária do art. 10 da LIA, o STF decidiu que "o dolo é necessário para a configuração de qualquer ato de improbidade administrativa (art. 37, § 4.º, da Constituição Federal), de modo que é inconstitucional a modalidade culposa de ato de improbidade administrativa prevista nos arts. 5.º e 10 da Lei n.º 8.429/92, em sua redação originária".

A tese fixada no julgamento do Tema 309 de repercussão geral destoa da jurisprudência tradicional da própria Corte que considerava constitucional a modalidade culposa da improbidade na redação originária da LIA.

Aliás, mesmo após a reforma da LIA, promovida pela Lei 14.230/2021, o STF, no Tema 1.199 de repercussão geral, destacado acima, decidiu pela retroatividade limitada da norma mais benéfica, que extinguiu a improbidade culposa, aos casos que não tivessem transitado em julgado. Vale dizer: as condenações por improbidade culposa, anteriores à reforma da Lei 14.230/2021, já transitadas em julgado permaneceriam válidas e não seriam afetadas pela atual redação da LIA.

Todavia, no julgamento do Tema 309 de repercussão geral, o STF declarou a inconstitucionalidade da modalidade culposa da improbidade, sem efetuar a modulação de efeitos, o que denota a aplicação retroativa da decisão (efeitos *ex tunc*).

De nossa parte, sustentamos que a previsão da improbidade culposa seria uma opção legislativa válida e não violaria o texto constitucional. Ainda que o STF tenha afirmado a inconstitucionalidade da modalidade culposa, deveria, ao menos, ter efetuado a modulação de efeitos para impor efeitos prospectivos à decisão e evitar o desfazimento de condenações por improbidade culposa ocorridas desde 1992, ano da promulgação da LIA, bem como garantir a integral efetividade do Tema 1.199 da própria Corte.

De fato, a declaração de inconstitucionalidade da improbidade culposa, sem modulação de efeitos, acarreta intensa insegurança jurídica, uma vez que abre a possibilidade para propositura de ações rescisórias com o objetivo

---

[24] STF, ARE 843.989/PR, Rel. Min. Alexandre de Moraes, Tribunal Pleno, julgamento: 18.08.2022.

de desfazer condenações por improbidade nas últimas décadas, desde a promulgação da LIA.

5.3.3. Condutas comissivas ou omissivas

O ato de improbidade por lesão ao erário admite condutas comissivas ou omissivas, conforme previsão expressa constante do *caput* do art. 10 da Lei 8.429/1992 ("qualquer ação ou omissão").

As condutas, exemplificativamente arroladas nos incisos do art. 10 da Lei 8.429/1992, denotam ações e omissões capazes de ensejar lesão ao erário.

5.3.4. Sanções para o dano ao erário (art. 12, II, da Lei 8.429/1992)

A prática de improbidade administrativa que causa lesão ao erário acarreta a aplicação das cominações elencadas no art. 12, *caput* e inciso II, da LIA, alterado pela Lei 14.230/2021, que podem ser aplicadas de forma isolada ou cumulativa, a saber:[25]

a) ressarcimento integral do dano;
b) perda dos bens ou valores acrescidos ilicitamente ao patrimônio, se concorrer esta circunstância;
c) perda da função pública;[26]
d) suspensão dos direitos políticos até 12 anos;[27]

---

[25] O estudo aprofundado das sanções de improbidade é apresentado no subitem 13.5.4.

[26] Em relação à perda do cargo, o § 1.º do art. 12 da LIA prevê que a citada sanção atinge apenas o vínculo de mesma qualidade e natureza que o agente público ou político detinha com o Poder Público na época do cometimento da infração. É importante dizer que o legislador apenas autoriza a extensão da referida punição aos demais vínculos na hipótese de enriquecimento ilícito (art. 9.º), consideradas as circunstâncias do caso e a gravidade da infração. Conforme já destacado, o STF, por meio de decisão monocrática do Ministro Alexandre de Moraes, proferida no julgamento da ADI 7.236/DF e pendente de análise pelo Plenário, suspendeu a eficácia do art. 12, § 1.º, da LIA. STF, ADI 7.236 MC/DF, Rel. Min. Alexandre de Moraes, *DJe* 10.01.2023.

[27] Na contagem do prazo da suspensão dos direitos políticos, computar-se-á retroativamente o intervalo de tempo entre a decisão colegiada e o trânsito em julgado da sentença condenatória (art. 12, § 10, da LIA, inserido pela Lei 14.230/2021). Reitera-se, aqui, a suspensão da eficácia do referido dispositivo legal por meio de decisão monocrática do Ministro Alexandre de Moraes, proferida no julgamento da ADI 7.236/DF e pendente de análise pelo Plenário. STF, ADI 7.236 MC/DF, Rel. Min. Alexandre de Moraes, *DJe* 10.01.2023.

e) pagamento de multa civil equivalente ao valor do dano;[28]

f) proibição de contratar com o Poder Público ou de receber benefícios ou incentivos fiscais ou creditícios, direta ou indiretamente, ainda que por intermédio de pessoa jurídica da qual seja sócio majoritário, pelo prazo não superior a 12 anos.[29]

Apesar de não ser mencionado no inciso II do art. 12 da LIA, o ressarcimento integral do dano patrimonial efetivo e comprovado será sempre devido, com fundamento no *caput* do art. 12 da LIA. Aliás, o ressarcimento deve ser fixado mesmo nas hipóteses de atos de menor ofensa aos bens jurídicos tutelados pela LIA (art. 12, § 5.º) e de celebração de acordo de não persecução civil (art. 17-B, I).

Na responsabilização da pessoa jurídica, o julgador deverá considerar os efeitos econômicos e sociais das sanções, de modo a viabilizar a manutenção de suas atividades, na forma do § 3.º do art. 12 da LIA.

Em relação à proibição de contratação com o Poder Público, em casos excepcionais e por motivos relevantes devidamente justificados, a sanção aplicada à pessoa jurídica poderá extrapolar o ente público lesado pelo ato de improbidade, observados os impactos econômicos e sociais das sanções, de forma a preservar a função social da pessoa jurídica (art. 12, § 4.º, da LIA).

Quanto às sanções aplicadas às pessoas jurídicas com base LIA e na Lei 12.846/2013 (Lei Anticorrupção), o magistrado deverá observar o princípio constitucional do *non bis in idem* (art. 12, § 7.º, da LIA). Lembre-se, contudo, de que o art. 3.º, § 2.º, da LIA impede a aplicação das sanções de improbidade às pessoas jurídicas quando os atos de improbidade foram tipificados como atos lesivos e punidos com fundamento na Lei Anticorrupção.

Nas hipóteses de atos de menor ofensa aos bens jurídicos tutelados pela LIA, a sanção limitar-se-á à aplicação de multa, sem prejuízo do ressarcimento do dano e da perda dos valores obtidos, quando for o caso (art.

---

[28] De acordo o art. 12, § 2.º, da LIA, a multa civil pode ser aumentada até o dobro, se o juiz considerar que, em virtude da situação econômica do réu, o valor calculado, na forma do inciso II do art. 12, é ineficaz para reprovação e prevenção do ato de improbidade.

[29] Conforme dispõe o § 8.º do art. 12 da LIA, incluído pela Lei 14.230/2021, a sanção de proibição de contratação com o Poder Público deve ser incluída no Cadastro Nacional de Empresas Inidôneas e Suspensas (CEIS) previsto na Lei 12.846/2013 (Lei Anticorrupção), observadas as limitações territoriais contidas em decisão judicial.

12, § 5.º, da LIA). A dificuldade na interpretação do referido dispositivo e que deve causar insegurança jurídica decorre da ausência de definição legal do termo "atos de menor ofensa".

De acordo com o § 6.º do art. 12 da LIA, inserido pela Lei 14.230/2021, na hipótese de lesão ao patrimônio público, a reparação do dano deverá deduzir o ressarcimento ocorrido nas instâncias criminal, civil e administrativa que versem sobre os mesmos fatos. Trata-se de previsão legislativa que se preocupa em restringir a reparação do dano ao efetivo prejuízo comprovado, independentemente da instância (criminal, civil e administrativa) que tiver determinado a medida. Em nossa opinião, não obstante o art. 12, § 6.º, da LIA mencione o ressarcimento ao erário, seria aplicável o art. 22, § 3.º, da LINDB às sanções de improbidade administrativa.[30]

As sanções de improbidade por lesão ao erário somente poderão ser executadas após o trânsito em julgado da sentença condenatória (art. 12, § 9.º, da LIA, inserido pela Lei 14.230/2021). Lembre-se, contudo, a possibilidade de afastamento, mediante decisão judicial, do agente público do exercício do cargo, do emprego ou da função, sem prejuízo da remuneração, quando a medida for necessária à instrução processual ou para evitar a iminente prática de novos ilícitos, limitando o período do afastamento a 90 dias, prorrogável uma única vez, mediante decisão motivada (art. 20, §§ 1.º e 2.º, da LIA).

Assim como ocorre nos atos de improbidade por enriquecimento ilícito, na hipótese de lesão ao erário, o sucessor ou o herdeiro possui responsabilidade de recomposição dos prejuízos até o limite do valor da herança ou do patrimônio transferido (art. 8.º da LIA, alterado pela Lei 14.230/2021).

A responsabilidade sucessória também será aplicada nas hipóteses de alteração contratual, de transformação, de incorporação, de fusão ou de cisão societária (art. 8.º-A da LIA, inserido pela Lei 14.230/2021). Nos casos de fusão e de incorporação, a responsabilidade da sucessora será restrita à obrigação de reparação integral do dano causado, até o limite do patrimônio transferido, afastando-se a aplicação das sanções de improbidade decorrentes de atos e de fatos ocorridos antes da data da fusão ou da incorporação, exceto no caso de simulação ou de evidente intuito de

---

[30] O art. 22, § 3.º, da LINDB, ao tratar da interpretação de normas sobre gestão pública, apresenta preocupação semelhante ao dispor que "as sanções aplicadas ao agente serão levadas em conta na dosimetria das demais sanções de mesma natureza e relativas ao mesmo fato".

fraude, devidamente comprovados, na forma do parágrafo único do art. 8.º-A da LIA, também incluído pela Lei 14.230/2021.

5.4. VIOLAÇÃO AOS PRINCÍPIOS DA ADMINISTRAÇÃO PÚBLICA (ART. 11 DA LEI 8.429/1992)

Constitui ato de improbidade administrativa a conduta dolosa, comissiva ou omissiva, que contraria os princípios da Administração Pública, em desconformidade com os deveres de honestidade, imparcialidade e legalidade, caracterizada por uma das condutas descritas no art. 11, *caput*, da LIA, alterado pela Lei 14.230/2021, que dispõe:

> "Art. 11. Constitui ato de improbidade administrativa que atenta contra os princípios da administração pública a ação ou omissão dolosa que viole os deveres de honestidade, de imparcialidade e de legalidade, caracterizada por uma das seguintes condutas:
>
> I – (revogado);
>
> II – (revogado);
>
> III – revelar fato ou circunstância de que tem ciência em razão das atribuições e que deva permanecer em segredo, propiciando beneficiamento por informação privilegiada ou colocando em risco a segurança da sociedade e do Estado;
>
> IV – negar publicidade aos atos oficiais, exceto em razão de sua imprescindibilidade para a segurança da sociedade e do Estado ou de outras hipóteses instituídas em lei;
>
> V – frustrar, em ofensa à imparcialidade, o caráter concorrencial de concurso público, de chamamento ou de procedimento licitatório, com vistas à obtenção de benefício próprio, direto ou indireto, ou de terceiros;
>
> VI – deixar de prestar contas quando esteja obrigado a fazê-lo, desde que disponha das condições para isso, com vistas a ocultar irregularidades;
>
> VII – revelar ou permitir que chegue ao conhecimento de terceiro, antes da respectiva divulgação oficial, teor de medida política ou econômica capaz de afetar o preço de mercadoria, bem ou serviço.
>
> VIII – descumprir as normas relativas à celebração, fiscalização e aprovação de contas de parcerias firmadas pela administração pública com entidades privadas.
>
> IX – (revogado);
>
> X – (revogado);

XI – nomear cônjuge, companheiro ou parente em linha reta, colateral ou por afinidade, até o terceiro grau, inclusive, da autoridade nomeante ou de servidor da mesma pessoa jurídica investido em cargo de direção, chefia ou assessoramento, para o exercício de cargo em comissão ou de confiança ou, ainda, de função gratificada na administração pública direta e indireta em qualquer dos Poderes da União, dos Estados, do Distrito Federal e dos Municípios, compreendido o ajuste mediante designações recíprocas;

XII – praticar, no âmbito da administração pública e com recursos do erário, ato de publicidade que contrarie o disposto no § 1.º do art. 37 da Constituição Federal, de forma a promover inequívoco enaltecimento do agente público e personalização de atos, de programas, de obras, de serviços ou de campanhas dos órgãos públicos."

Conforme destacado anteriormente (item 5.1.), a partir da alteração do art. 11 da LIA pela Lei 14.230/2021, a configuração da improbidade por violação aos princípios da Administração Pública passou a depender, necessariamente, da caracterização de uma das condutas descritas nos seus incisos.

Antes da reforma da LIA, o referido dispositivo legal utilizava a expressão "notadamente", que demonstrava, à época, o caráter exemplificativo das condutas.

Contudo, com a reforma introduzida pela Lei 14.230/2021, a expressão "notadamente" foi substituída pela expressão "caracterizada por uma das seguintes condutas", o que revela a necessidade da prática de uma das condutas indicadas taxativamente nos incisos do art. 11 para configuração da improbidade por violação aos princípios.[31]

Aliás, apesar da nomenclatura utilizada pelo legislador ("Dos Atos de Improbidade Administrativa que atentam contra os Princípios da Administração Pública"), a improbidade em comento não se contenta com a violação aos princípios, exigindo-se a demonstração da prática de umas das condutas descritas nos incisos do art. 11 da LIA. A ausência da improbidade, é oportuno destacar, não afasta, naturalmente, a aplicação de sanções disciplinares aos agentes públicos envolvidos que violarem os princípios da Administração.

---

[31] Em razão do caráter taxativo do art. 11 da LIA, a partir da redação conferida pela Lei 14.230/2021, o STF decidiu pela improcedência da ação de improbidade que imputava ao réu a prática do ato de improbidade tipificado no inciso I do art. 11 da redação originária da Lei 8.429/1992, agora revogado (STF, ARE 803.568 AgR-segundo-EDv-ED/SP, Rel. Min. Luiz Fux, Redator do acórdão: Min. Gilmar Mendes, Tribunal Pleno, *DJe* 06.09.2023). De forma semelhante, o STJ decidiu que o entendimento firmado no Tema 1.199 do STF aplica-se ao ato de improbidade administrativa fundado no revogado art. 11, I, da Lei 8.429/1992, desde que não haja condenação com trânsito em julgado (STJ, AgInt no AREsp 2.380.545/SP, Rel. Min. Gurgel de Faria, 1.ª Turma, j. 06.02.2024).

A intenção de descaracterizar a improbidade por violação genérica ao princípio da legalidade pode ser verificada, ainda, pela revogação de alguns incisos do art. 11 da LIA, tais como os incisos I ("praticar ato visando fim proibido em lei ou regulamento ou diverso daquele previsto, na regra de competência") e II ("retardar ou deixar de praticar, indevidamente, ato de ofício").[32]

Outras condutas também deixaram de ser consideradas ímprobas, em razão da revogação dos incisos IX ("deixar de cumprir a exigência de requisitos de acessibilidade previstos na legislação") e X ("transferir recurso a entidade privada, em razão da prestação de serviços na área de saúde sem a prévia celebração de contrato, convênio ou instrumento congênere, nos termos do parágrafo único do art. 24 da Lei 8.080, de 19 de setembro de 1990").

Com a revogação dos mencionados incisos e a partir da taxatividade das condutas descritas nos incisos do art. 11 da LIA, com a reforma introduzida pela Lei 14.230/2021, revela-se possível a retroatividade da lei mais benéfica para impedir a continuidade das ações de improbidade administrativa ou para desfazer as condenações judiciais por improbidade, com fundamento nos incisos agora revogados, que não transitaram em julgado.

Nesse sentido, o STF, na esteira do entendimento fixado no Tema 1.199, decidiu que as alterações promovidas pela Lei 14.231/2021 ao art. 11 da Lei 8.249/1992 aplicam-se aos atos de improbidade administrativa praticados na vigência do texto anterior da lei, porém sem condenação transitada em julgado. Em razão do caráter taxativo do art. 11 da Lei de Improbidade, a partir da redação conferida pela Lei 14.230/2021, a Suprema Corte decidiu pela improcedência da ação de improbidade, que imputava ao réu a prática do ato de improbidade tipificado no inciso I do art. 11 da redação originária da Lei 8.429/1992, agora revogado.[33]

---

[32] De acordo com o STJ, a revogação do inciso I e a taxatividade do rol do art. 11 da LIA não afetam as hipóteses específicas de condutas tipificadoras de improbidade administrativa previstas em legislação extravagante, tais como aquelas indicadas no art. 73 da Lei 9.504/1997 (Lei Eleitoral), na forma do seu § 7.º. A tese é confirmada pela previsão contida no art. 1.º, § 1.º, da LIA, alterado pela Lei 14.230/2021, que dispõe: "Consideram-se atos de improbidade administrativa as condutas dolosas tipificadas nos arts. 9.º, 10 e 11 desta Lei, ressalvados tipos previstos em leis especiais" (STJ, AgInt no AgInt no AREsp 1.479.463/SP, Rel. Min. Paulo Sérgio Domingues, 1.ª Turma, *DJe* 09.12.2024).

[33] STF, ARE 8.035.68 AgR-segundo-EDv-ED/SP, Rel. Min. Luiz Fux, Redator do acórdão Min. Gilmar Mendes, Tribunal Pleno, *DJe* s/n 06.09.2023. De forma semelhante, o STJ decidiu que o entendimento firmado no Tema 1.199/STF aplica-se ao caso de ato de improbidade administrativa fundado no revogado art. 11, I, da Lei 8.429/1992, desde

Aplica-se, aqui, o mesmo raciocínio apresentado no item 2.6., com a aplicação dos princípios constitucionais do Direito Administrativo Sancionador no sistema da improbidade administrativa (art. 1.º, § 4.º, da LIA), especialmente o princípio da retroatividade da lei mais benéfica previsto no art. 5.º, XL, da CRFB.

Além da revogação de determinados incisos, outros sofreram alterações nas respectivas redações.

No inciso III do art. 11 da LIA, a conduta relacionada à revelação de fato ou circunstância de que o agente público tenha ciência em razão das atribuições e que deveria permanecer em segredo, somente configurará improbidade se propiciar "beneficiamento por informação privilegiada ou colocando em risco a segurança da sociedade e do Estado". Aqui, verifica-se, mais uma vez, a intenção do legislador de descaracterizar a improbidade por violação da legislação, sem que haja consequências específicas e concretas, tais como o favorecimento de determinada pessoa por informação privilegiada ou risco à segurança.

Quanto ao inciso IV, que trata da improbidade por negativa de publicidade aos atos oficiais, foi acrescentada a exceção relacionada ao sigilo decorrente da imprescindibilidade para a segurança da sociedade e do Estado ou de outras hipóteses instituídas em lei. Trata-se, em nossa opinião, de exceção que já poderia ser aplicada, independentemente de previsão expressa no inciso IV do art. 11 da LIA, em razão das hipóteses excepcionais de sigilo previstas na Constituição Federal e na Lei 12.527/2011 (Lei de Acesso à Informação – LAI).

O inciso V, que prevê a improbidade por frustração da licitude de concurso público, foi alterado para indicar que a improbidade agora será caracterizada quando houver frustração, em ofensa à imparcialidade, do "caráter concorrencial de concurso público, de chamamento ou de procedimento licitatório, com vistas à obtenção de benefício próprio, direto ou indireto, ou de terceiros".

A conduta descrita no inciso VI do art. 11 da LIA também foi alterada. Enquanto a redação originária apenas fazia menção à ausência de prestação de contas quando estivesse obrigado a fazê-lo, a nova redação inseriu, na parte final do referido inciso, a seguinte passagem "desde que disponha das condições para isso, com vistas a ocultar irregularidades".

---

que não haja condenação com trânsito em julgado. STJ, AgInt no AREsp 2.380.545/SP, Rel. Min. Gurgel de Faria, 1ª Turma, j. 06.02.2024.

Ao lado das revogações e alterações de incisos no art. 11 da LIA, a Lei 14.230/2021 inseriu dois novos incisos (XI e XII), com condutas que caracterizam a improbidade administrativa por violação aos princípios da Administração Pública.

De acordo com o inciso XI do art. 11 da LIA, configura improbidade administrativa a nomeação de "cônjuge, companheiro ou parente em linha reta, colateral ou por afinidade, até o terceiro grau, inclusive, da autoridade nomeante ou de servidor da mesma pessoa jurídica investido em cargo de direção, chefia ou assessoramento, para o exercício de cargo em comissão ou de confiança ou, ainda, de função gratificada na administração pública direta e indireta em quaisquer dos Poderes da União, dos Estados, do Distrito Federal e dos Municípios, compreendido o ajuste mediante designações recíprocas".

Trata-se da positivação da improbidade pela prática de nepotismo na Administração Pública, na forma da vedação constante da Súmula Vinculante 13 do STF que dispõe:[34]

> "A nomeação de cônjuge, companheiro ou parente em linha reta, colateral ou por afinidade, até o terceiro grau, inclusive, da autoridade nomeante ou de servidor da mesma pessoa jurídica investido em cargo de direção, chefia ou assessoramento, para o exercício de cargo em comissão ou de confiança ou, ainda, de função gratificada na administração pública direta e indireta em qualquer dos Poderes da União, dos Estados, do Distrito Federal e dos Municípios, compreendido o ajuste mediante designações recíprocas, viola a Constituição Federal".

Quanto ao inciso XII do art. 11 da LIA, a improbidade será caracterizada na publicidade, no âmbito da Administração Pública e com recursos do erário, que contrarie o disposto no § 1.º do art. 37 da CRFB, de modo a promover inequívoco enaltecimento do agente público e personalização de atos, de programas, de obras, de serviços ou de campanhas dos órgãos públicos.

Conforme previsto no art. 37, § 1.º, da CRFB, a publicidade dos atos do Poder Público deve ter caráter educativo, informativo ou de orientação

---

[34] Registre-se que o STJ, a partir da redação originária da LIA, decidiu que a contratação de parentes, sem concurso público, para cargos em comissão, realizada em data anterior à lei ou ao ato administrativo do respectivo ente federado que proibisse tal conduta, bem antes da vigência da Súmula Vinculante 13 do STF, não configuraria ato de improbidade, em razão da ausência do dolo ou da má-fé do agente político (STJ, Primeira Turma, REsp 1.193.248/MG, Min. Napoleão Nunes Maia Filho, *DJe* 18.08.2014 – Informativo de Jurisprudência do STJ 540).

social, "dela não podendo constar nomes, símbolos ou imagens que caracterizem promoção pessoal de autoridades ou servidores públicos".[35]

O § 1.º do art. 11 da LIA, inserido pela Lei 14.230/2021, apoiado na Convenção das Nações Unidas contra a Corrupção, promulgada pelo Decreto 5.687/2006, dispõe que somente haverá improbidade administrativa por violação aos princípios da Administração Pública quando for comprovado, na conduta funcional do agente público, o fim de obter proveito ou benefício indevido para si ou para outra pessoa ou entidade.

A exigência contida no § 1.º é aplicável a todos os atos de improbidade administrativa tipificados na LIA ou em outras normas legais, na forma do § 2.º do art. 11 da LIA, inserido pela Lei 14.230/2021.

É necessária a demonstração objetiva da prática de ilegalidade no exercício da função pública, com a indicação das normas constitucionais, legais ou infralegais violadas para caracterização da improbidade por violação aos princípios da administração pública (art. 11, § 3.º, da LIA, introduzido pela Lei 14.230/2021).

Assim, não basta a alegação genérica, na petição inicial da ação de improbidade, de violação aos princípios da administração pública, cabendo ao Ministério Público indicar, de forma objetiva, o dispositivo normativo violado, inclusive com a indicação do inciso do art. 11 da LIA que se amoldaria ao caso.

A aplicação do art. 11 da LIA depende, ainda, da demonstração da lesividade relevante ao bem jurídico tutelado, independentemente de lesão ao erário e de enriquecimento ilícito do agente público, na forma do § 4.º do citado dispositivo legal, inserido pela Lei 14.230/2021.

O § 5.º do art. 11 da LIA, incluído pela Lei 14.230/2021, por sua vez, dispõe que "a mera nomeação ou indicação política por parte dos detentores de mandatos eletivos" não configura improbidade administrativa, exigindo-se a necessária demonstração do dolo do agente público. Mencione-se, por exemplo, que o STF tem afastado a incidência da Súmula Vinculante 13 dos cargos políticos, que poderiam ser providos por parentes da autoridade administrativa. Nesse caso, a partir da própria jurisprudência da Suprema

---

[35] O STF já decidiu que a propaganda relacionada especificamente à prestação de contas pelo parlamentar ao cidadão não constitui situação vedada pela Constituição, desde que realizada nos espaços próprios do mandatário ou do partido político e seja assumida com os seus recursos, não devendo ser confundida com a publicidade do órgão público ou entidade (ADI 6.522/DF, Rel. Min. Cármen Lúcia, Tribunal Pleno, DJe-101, 27.05.2021).

Corte, a nomeação não configuraria ato ilícito ou improbidade, o que, independentemente das críticas que poderiam ser apresentadas, é reforçado pelo art. 11, § 5.º, da LIA.[36]

A configuração da improbidade prevista no art. 11 da LIA, alterado pela Lei 14.230/2021, pressupõe:

a) violação aos princípios da Administração Pública, a partir de uma das condutas descritas nos incisos do art. 11;
b) conduta dolosa, comissiva ou omissiva;[37] e
c) nexo de causalidade entre a ação/omissão e a respectiva violação ao princípio aplicável à Administração.

5.4.1. Elemento subjetivo: dolo

Quanto ao elemento subjetivo, exige-se a comprovação do dolo por parte do agente público ou do terceiro.

Aliás, o art. 11 da LIA, alterado pela Lei 14.230/2021, passou a mencionar expressamente a necessidade de "ação ou omissão dolosa" para configuração da improbidade por violação aos princípios da Administração Pública.

Saliente-se, aqui, que a inserção da "ação ou omissão dolosa" no art. 11 da LIA não representa, propriamente, uma novidade, uma vez que o dolo já era exigido a partir da interpretação sistemática da LIA que, em sua redação originária, apenas admitia a modalidade culposa para os atos de improbidade por lesão ao erário.[38]

---

[36] Sobre a inaplicabilidade da Súmula Vinculante 13 do STF, vide: STF, Tribunal Pleno, RExt 579.951/RN, Rel. Min. Ricardo Lewandowski, *DJe*-202 24.10.2008, p. 1.876, Informativo de Jurisprudência do STF n.º 516; ADI 524/ES, Rel. Min. Ricardo Lewandowski, *DJe*-151 03.08.2015, Informativo de Jurisprudência do STF n.º 786; Rcl 29.033 AgR/RJ, Rel. Min. Roberto Barroso, j. 17.09.2019, Informativo de Jurisprudência do STF n.º 952.

[37] O STJ decidiu que a contratação de servidores públicos temporários sem concurso público, mas baseada em legislação local, por si só, não configura a improbidade administrativa prevista no art. 11 da Lei n.º 8.429/1992, por estar ausente o elemento subjetivo (dolo) necessário para a configuração do ato de improbidade violador dos princípios da administração pública (Tese firmada no Tema Repetitivo 1.108 do STJ).

[38] A exigência de dolo para configuração da improbidade administrativa prevista no art. 11 da Lei 8.429/1992, em sua redação originária, foi defendida nas edições anteriores do presente livro e também era sustentada por outros autores, tais como: DECOMAIN, Pedro Roberto. *Improbidade administrativa*. São Paulo: Dialética, 2007. p. 147; FAZZIO JÚNIOR, Waldo. *Atos de improbidade administrativa*: doutrina, legislação e jurisprudência. 2. ed. São Paulo: Atlas, 2008. p. 166; CARVALHO FILHO, José dos Santos.

Não por outra razão, o § 1.º do art. 17-C dispõe que "a ilegalidade sem a presença de dolo que a qualifique não configura ato de improbidade".

Contudo, é preciso lembrar que, a partir da reforma da LIA pela Lei 14.230/2021, o dolo genérico não será, em nossa opinião, suficiente para caracterização da improbidade, exigindo-se a demonstração do dolo específico.[39]

A exigência do dolo ou da má-fé é salutar para evitar a aplicação indiscriminada e desproporcional das sanções de improbidade.

Isto porque, qualquer deslize administrativo, por menor que ele seja, poderia configurar violação ao princípio da legalidade, atraindo a incidência das sanções de improbidade, o que acarretaria insegurança jurídica para os agentes públicos e a implementação da denominada "Administração Pública do medo". Afinal de contas, agente público inábil não é, necessariamente, ímprobo. Nesses casos, as sanções administrativas já seriam suficientes para punir os faltosos.

Em suma: a improbidade não se confunde com ilegalidade, exigindo-se, ainda, a configuração da desonestidade do agente público.[40]

Com o intuito de evitar a banalização na interpretação do art. 11 da Lei 8.429/1992 e na aplicação das respectivas sanções de improbidade, os órgãos de controle, inclusive o Poder Judiciário, devem considerar "os obstáculos e as dificuldades reais do gestor e as exigências das políticas públicas a seu cargo, sem prejuízo dos direitos dos administrados", na forma do art. 22 da Lei de Introdução às Normas do Direito Brasileiro (LINDB), inserido pela Lei 13.655/2018.

Da mesma forma, a decisão sobre a regularidade da conduta do agente público deve levar em consideração "as circunstâncias práticas que houverem imposto, limitado ou condicionado a ação do agente" (art. 22, § 1.º, da LINDB). E a aplicação das sanções deve considerar a natureza e

---

Manual de direito administrativo. 24. ed. Rio de Janeiro: Lumen Juris, 2011. p. 997. Em sentido contrário, admitindo a improbidade culposa por violação aos princípios, vide: MARTINS JÚNIOR, Wallace Paiva. *Probidade administrativa*. 4. ed. São Paulo: Saraiva, 2009. p. 286.

[39] Sobre o dolo específico, vide item 1.3.

[40] Nesse sentido: PAZZAGLINI FILHO, Marino. *Lei de improbidade administrativa comentada*: aspectos constitucionais, administrativos, civis, criminais, processuais e de responsabilidade fiscal. 5. ed. São Paulo: Atlas, 2011. p. 101; SUNDFELD, Carlos Ari; CÂMARA, Jacintho Arruda. Improbidade administrativa de dirigente de empresa estatal. *RBDP*, Belo Horizonte, n. 12, p. 19-20, jan.-mar. 2006; SOUTO, Marcos Juruena Villela. Caracterização da improbidade administrativa por empregado de empresa estatal. *Direito administrativo em debate*. Rio de Janeiro: Lumen Juris, 2004. p. 397.

a gravidade da infração cometida, os danos ocasionados à Administração, as circunstâncias agravantes ou atenuantes e os antecedentes do agente (art. 22, § 2.º, da LINDB).

5.4.2. Condutas comissivas ou omissivas

A configuração da improbidade por violação aos princípios pode decorrer de condutas comissivas ou omissivas, conforme previsão expressa constante do art. 11 da Lei de Improbidade Administrativa ("qualquer ação ou omissão").

Da mesma forma, as hipóteses exemplificativamente indicadas nos incisos da referida norma admitem condutas comissivas (exemplos: inciso III – "revelar fato ou circunstância de que tem ciência em razão das atribuições e que deva permanecer em segredo, propiciando beneficiamento por informação privilegiada ou colocando em risco a segurança da sociedade e do Estado"; inciso V – "frustrar, em ofensa à imparcialidade, o caráter concorrencial de concurso público, de chamamento ou de procedimento licitatório, com vistas à obtenção de benefício próprio, direto ou indireto, ou de terceiros") ou omissivas (exemplos: inciso IV – "negar publicidade aos atos oficiais, exceto em razão de sua imprescindibilidade para a segurança da sociedade e do Estado ou de outras hipóteses instituídas em lei"; inciso VI – "deixar de prestar contas quando esteja obrigado a fazê-lo, desde que disponha das condições para isso, com vistas a ocultar irregularidades").

5.4.3. Sanções para a violação aos princípios da Administração Pública (art. 12, III, da Lei 8.429/1992)

Os responsáveis pela improbidade por violação aos princípios sujeitam-se às sanções mencionadas no art. 12, III, da LIA, alterado pela Lei 14.230/2021, a saber:[41]

a) pagamento de multa civil de até 24 vezes o valor da remuneração percebida pelo agente;[42]

---

[41] Ressalte-se, mais uma vez, que as sanções de improbidade são analisadas no subitem 13.5.4.

[42] De acordo com o art. 12, § 2.º, da LIA, a multa civil pode ser aumentada até o dobro, se o juiz considerar que, em virtude da situação econômica do réu, o valor calculado, na forma do inciso III do art. 12, é ineficaz para reprovação e prevenção do ato de improbidade.

b) proibição de contratar com o Poder Público ou de receber benefícios ou incentivos fiscais ou creditícios, direta ou indiretamente, ainda que por intermédio de pessoa jurídica da qual seja sócio majoritário, pelo prazo não superior a quatro anos.[43]

Assim como ocorre nos demais atos de improbidade administrativa, na responsabilização da pessoa jurídica por violação aos princípios da Administração Pública, o julgador deverá considerar os efeitos econômicos e sociais das sanções, de modo a viabilizar a manutenção de suas atividades (art. 12, § 3.º, da LIA).

Em relação à proibição de contratação com o Poder Público, em casos excepcionais e por motivos relevantes devidamente justificados, a sanção poderá extrapolar o ente público lesado pelo ato de improbidade, observados os impactos econômicos e sociais das sanções, de forma a preservar a função social da pessoa jurídica (art. 12, § 4.º, da LIA).

Conforme destacado anteriormente, nas sanções aplicadas às pessoas jurídicas com base na LIA e na Lei 12.846/2013 (Lei Anticorrupção), o julgador deverá observar o princípio constitucional do *non bis in idem* (art. 12, § 7.º, da LIA). Aliás, o art. 3.º, § 2.º, da LIA impede a aplicação das sanções de improbidade às pessoas jurídicas quando os atos de improbidade foram tipificados como atos lesivos e punidos com fundamento na Lei Anticorrupção.

Reitere-se que, nos casos de atos de menor ofensa aos bens jurídicos tutelados pela LIA, a sanção limitar-se-á à aplicação de multa, sem prejuízo do ressarcimento do dano e da perda dos valores obtidos, quando for o caso (art. 12, § 5.º, da LIA).

As sanções de improbidade por violação aos princípios somente poderão ser executadas após o trânsito em julgado da sentença condenatória (art. 12, § 9.º, da LIA, incluído pela Lei 14.230/2021).

Ao contrário do que ocorre com os atos de improbidade por enriquecimento ilícito e de lesão ao erário, na hipótese de violação aos princípios (art. 11), os arts. 8.º e 8.º-A da LIA não estabeleceram a responsabilidade para os sucessores ou herdeiros.

---

[43] A sanção de proibição de contratação com o Poder Público deve ser incluída no Cadastro Nacional de Empresas Inidôneas e Suspensas (CEIS) previsto na Lei 12.846/2013 (Lei Anticorrupção), observadas as limitações territoriais contidas em decisão judicial (art. 12, § 8.º, da LIA, incluído pela Lei 14.230/2021).

5.5. ORDEM URBANÍSTICA (ART. 52 DA LEI 10.257/2001 – ESTATUTO DA CIDADE)

Conforme mencionado anteriormente, não é apenas a Lei 8.429/1992 que tipifica os atos de improbidade administrativa.

Além dos três atos de improbidade, constantes da Lei 8.429/1992, existe, ainda, uma quarta hipótese de improbidade administrativa prevista no art. 52 da Lei 10.257/2001 (Estatuto da Cidade), aplicável exclusivamente aos Prefeitos e ao Governador do Distrito Federal, que dispõe:

> "Art. 52. Sem prejuízo da punição de outros agentes públicos envolvidos e da aplicação de outras sanções cabíveis, o Prefeito incorre em improbidade administrativa, nos termos da Lei 8.429, de 2 de junho de 1992, quando:
>
> I – (VETADO)
>
> II – deixar de proceder, no prazo de cinco anos, o adequado aproveitamento do imóvel incorporado ao patrimônio público, conforme o disposto no § 4.º do art. 8.º desta Lei;
>
> III – utilizar áreas obtidas por meio do direito de preempção em desacordo com o disposto no art. 26 desta Lei;
>
> IV – aplicar os recursos auferidos com a outorga onerosa do direito de construir e de alteração de uso em desacordo com o previsto no art. 31 desta Lei;
>
> V – aplicar os recursos auferidos com operações consorciadas em desacordo com o previsto no § 1.º do art. 33 desta Lei;
>
> VI – impedir ou deixar de garantir os requisitos contidos nos incisos I a III do § 4.º do art. 40 desta Lei;
>
> VII – deixar de tomar as providências necessárias para garantir a observância do disposto no § 3.º do art. 40 e no art. 50 desta Lei;
>
> VIII – adquirir imóvel objeto de direito de preempção, nos termos dos arts. 25 a 27 desta Lei, pelo valor da proposta apresentada, se este for, comprovadamente, superior ao de mercado".

O Estatuto da Cidade pretendeu tutelar a ordem urbanística, direito difuso também protegido pela Lei da Ação Civil Pública (art. 1.º, VI, da Lei 7.347/1985).

5.5.1. Estatuto da Cidade e a Lei 8.429/1992

O art. 52 do Estatuto da Cidade enumera condutas que são classificadas como ímprobas, mas não define as respectivas sanções.

Por essa razão, a aplicação da referida norma depende da interpretação conjugada da Lei 8.429/1992 (LIA), especialmente do seu art. 12, que define as sanções aplicáveis aos atos de improbidade administrativa.

É preciso averiguar se a conduta, comissiva ou omissiva, praticada pelo Prefeito e mencionada no art. 52 do Estatuto da Cidade acarretou enriquecimento ilícito ou lesão ao erário para aplicação das sanções enumeradas, respectivamente, nos incisos I e II do art. 12 da LIA.

Com a reforma da LIA, promovida pela Lei 14.230/2021, restou impossibilitada a aplicação das sanções por violação aos princípios previstos no respectivo inciso III do art. 12 aos autores das condutas enumeradas no art. 52 do Estatuto da Cidade, uma vez que a configuração do ato de improbidade por violação aos princípios passou a exigir a prática de uma das condutas constantes do rol exaustivo do art. 11 da LIA.

5.5.2. Sujeito ativo: Prefeito e Governador do Distrito Federal

A improbidade administrativa tipificada no art. 52 do Estatuto da Cidade relaciona-se ao Prefeito, indicado expressamente pela norma em comento.

Isto não afasta a sua aplicação, também, ao Governador do Distrito Federal, tendo em vista a previsão contida no art. 51 do Estatuto da Cidade, que dispõe: "Para os efeitos desta Lei, aplicam-se ao Distrito Federal e ao Governador do Distrito Federal as disposições relativas, respectivamente, a Município e a Prefeito".

Apesar de mencionar apenas os Prefeitos, o Estatuto da Cidade não afasta a possibilidade de outros agentes concorrerem com o Chefe do Executivo municipal para a prática da improbidade. Aliás, o art. 52 do Estatuto é expresso nesse sentido: "Sem prejuízo da punição de outros agentes públicos envolvidos e da aplicação de outras sanções cabíveis (...)".

Nesse caso, todavia, a atuação dos demais agentes públicos e dos terceiros deve ser tipificada nos arts. 9.º, 10 e 11 da Lei 8.429/1992, uma vez que o art. 52 do Estatuto da Cidade dirige-se exclusivamente aos Prefeitos.

Por fim, as condutas enumeradas no art. 52 do Estatuto são exemplificativas e não impedem que o Prefeito pratique os atos de improbidade administrativa tipificados na Lei 8.429/1992.

Capítulo 6

PRESCRIÇÃO

6.1. INTERPRETAÇÃO DO ART. 23 DA LEI 8.429/1992

A prescrição é o instituto que representa a perda da possibilidade de formulação de pretensões, em razão da inércia do interessado.

O prazo prescricional para propositura da ação de improbidade administrativa encontra-se previsto no art. 23 da Lei 8.429/1992, alterado pela Lei 14.230/2021, que dispõe:

> "Art. 23. A ação para a aplicação das sanções previstas nesta Lei prescreve em 8 (oito) anos, contados a partir da ocorrência do fato ou, no caso de infrações permanentes, do dia em que cessou a permanência."

O art. 23 da LIA, que dispõe sobre o tema, sofreu profundas alterações com a reforma promovida pela Lei 14.230/2021.

Em sua redação originária, o art. 23 da LIA estabelecia prazos distintos, especialmente em razão da qualidade do responsável pela prática do ato de improbidade.

De um lado, o inciso I do art. 23 da LIA fixava o prazo de 5 (cinco) anos de prescrição para aplicação das sanções de improbidade em face de agentes públicos que possuíam vínculos temporários e/ou precários com o Poder Público, a saber: agentes que exercem mandato, os ocupantes de cargos comissionados e os nomeados para funções de confiança.

Nesse caso, o prazo quinquenal seria contado após o término do exercício de mandato, do cargo em comissão ou da função de confiança.

De outro lado, em relação aos agentes ocupantes de cargos efetivos ou empregos na Administração Pública ou nas pessoas indicadas no art. 1.º da LIA, o inciso II do art. 23 da Lei dispunha que o prazo de prescrição para aplicação das sanções seria o mesmo prazo previsto em lei específica para faltas disciplinares puníveis com demissão a bem do serviço público.

Assim, por exemplo, no caso do servidor estatutário federal, o prazo prescricional para aplicação da sanção de demissão seria de 5 (cinco) anos, contados da data em que o fato se tornou conhecido, havendo interrupção do referido prazo na hipótese de abertura de sindicância ou de processo disciplinar até a decisão final proferida por autoridade competente (art. 142, I, §§ 1.º e 3.º, da Lei 8.112/1990).

O inciso III do art. 23 da LIA, por sua vez, estabelecia o prazo prescricional quinquenal, que teria início a partir da data da apresentação da prestação de contas final à Administração Pública, em relação aos atos de improbidade imputados às entidades que eram mencionadas no parágrafo único do art. 1.º da LIA (entidades beneficiadas com subvenção, benefício ou incentivo, fiscal ou creditício, de órgão público e entidades para cuja criação ou custeio o erário tivesse concorrido com menos de cinquenta por cento do patrimônio ou da receita anual).

Com a alteração promovida pela Lei 14.230/2021, o art. 23 da LIA passou a estabelecer o prazo prescricional único de 8 (oito) anos, contados a partir da ocorrência do fato ou, no caso de infrações permanentes, do dia em que cessou a permanência.

A reforma da LIA, portanto, alterou o prazo prescricional e o respectivo termo inicial.

Sempre sustentamos a inconveniência dos prazos distintos de prescrição indicados na redação originária do art. 23 da LIA e a necessidade de alteração legislativa para uniformização do prazo prescricional para aplicação das sanções a todos aqueles que praticarem atos de improbidade administrativa, independentemente do *status* do acusado, cabendo ao magistrado proceder à dosimetria das sanções no caso concreto.[1]

Mas não é só isso.

A redação originária do art. 23 da LIA era confusa e repleta de lacunas que geravam insegurança jurídica e colocavam em risco a efetividade das sanções de improbidade. Assim, por exemplo, diversas discussões foram travadas sobre a definição do prazo prescricional em relação aos servidores

---

[1] Vide as edições anteriores do presente livro.

temporários, servidores celetistas (empregados públicos), terceiros (particulares), servidores estatutários para atos que também configuravam crimes etc.

Por essa razão, entendemos pertinente a alteração do art. 23 da LIA pela Lei 14.230/2021, que fixou prazo uniforme de prescrição para aplicação das sanções de improbidade.

Além de facilitar a aplicação da norma, evitando discussões quanto aos prazos que não foram fixados de maneira clara e objetiva, o prazo único de prescrição demonstra a importância de repressão do ato de improbidade, grave pela sua própria essência, independentemente do infrator.

Quanto ao termo inicial para contagem do prazo prescricional, constata-se que a opção adotada na nova redação do art. 23 da LIA, ao dispor que o prazo prescricional de 8 (oito) anos será contado a partir "da ocorrência do fato", difere do padrão encontrado em outras normas que integram o Direito Administrativo Sancionador que estabelecem o início do prazo a partir da ciência da infração pela Administração Pública, tais como: a) art. 158, § 4.º, da Lei 14.133/2021 (atual Lei de Licitações); b) art. 25 da Lei 12.846/2013 (Lei Anticorrupção); c) art. 142, § 1.º, da Lei 8.112/1990 (Estatuto dos servidores estatutários federais).

Cabe registrar que a reforma da LIA não estabeleceu tratamento específico sobre a prescrição do ressarcimento ao erário.

Após inúmeros debates, no contexto da redação originária da LIA, o STF decidiu, em sede de repercussão geral, que são imprescritíveis as ações de ressarcimento ao erário fundadas na prática de ato doloso tipificado na Lei de Improbidade Administrativa, submetendo-se, contudo, à prescrição a pretensão de ressarcimento ao erário fundada em ato culposo de improbidade.[2] Lembre-se de que, na redação originária, a única possibilidade de ato culposo de improbidade era aquela tipificada no art. 10 da LIA.

De nossa parte, não concordávamos com a orientação da Suprema Corte, uma vez que não enxergamos a adoção no art. 37, § 5.º, da CRFB, que foi utilizado como parâmetro interpretativo, da distinção entre atos dolosos e culposos de improbidade para fins de ressarcimento nas ações de improbidade. O ideal, em nossa opinião, seria a submissão das ações de ressarcimento ao erário a prazos prescricionais com o intuito de efetivar o princípio da segurança jurídica.

---

[2] De acordo com o STF: "São imprescritíveis as ações de ressarcimento ao erário fundadas na prática de ato doloso tipificado na Lei de Improbidade Administrativa" (Tema 897 da Tese de Repercussão Geral do STF).

De qualquer forma, em razão do silêncio da LIA e da extinção da modalidade culposa de improbidade, a partir do entendimento apresentado tradicionalmente pela Suprema Corte, é possível concluir pela imprescritibilidade do ressarcimento ao erário a partir da reforma introduzida pela Lei 14.230/2021, em razão da prática de qualquer ato de improbidade que deve ser, necessariamente, doloso.

Outro ponto que merece ser destacado se refere à inserção do § 1.º no art. 23 da LIA, pela Lei 14.230/2021, para dispor sobre a suspensão do prazo prescricional. Segundo o referido dispositivo legal, a instauração de inquérito civil ou de processo administrativo para apuração dos ilícitos tipificados na LIA suspende o curso do prazo prescricional por, no máximo, 180 (cento e oitenta) dias corridos, recomeçando a correr após a sua conclusão ou, caso não concluído o processo, esgotado o prazo de suspensão.

O inquérito civil para apuração do ato de improbidade, como destacado no § 2.º do art. 23 da LIA, inserido pela Lei 14.230/2021, será concluído no prazo de 365 (trezentos e sessenta e cinco) dias corridos, prorrogável uma única vez por igual período, mediante ato fundamentado submetido à revisão da instância competente do órgão ministerial, conforme dispuser a respectiva lei orgânica. Ao final do referido prazo, a ação de improbidade deverá ser proposta no prazo de 30 (trinta) dias, se não for caso de arquivamento do inquérito civil (art. 23, § 3.º, da LIA, inserido pela Lei 14.230/2021).

Outra inovação foi a previsão de causas interruptivas do prazo prescricional no § 4.º do art. 23 da LIA, a saber: a) ajuizamento da ação de improbidade administrativa; b) publicação da sentença condenatória; c) publicação de decisão ou acórdão de TJ ou TRF que confirma sentença condenatória ou que reforma sentença de improcedência; d) publicação de decisão ou acórdão do STJ que confirma acórdão condenatório ou que reforma acórdão de improcedência; e) publicação de decisão ou acórdão do STF que confirma acórdão condenatório ou que reforma acórdão de improcedência.

Com a interrupção da prescrição, o prazo recomeça a correr do dia da interrupção, pela metade do prazo previsto no *caput* do art. 23 da LIA.

Trata-se da prescrição intercorrente de 4 (quatro) anos que pode ocorrer após a propositura da ação de improbidade, na forma do § 5.º do art. 23 da LIA, inserido pela Lei 14.230/2021.

Aliás, sustentamos a possibilidade também da prescrição da pretensão executória quando demonstrada a inércia do autor para executar a sentença condenatória no prazo de 4 (quatro) anos.[3]

Nesse caso, em conformidade com o disposto no § 8.º do art. 23 da LIA, incluído pela Lei 14.230/2021, o juiz ou o tribunal, após a oitiva do MP, deverá, de ofício ou a requerimento da parte interessada, reconhecer a prescrição intercorrente da pretensão sancionadora e decretá-la de imediato, caso, entre os marcos interruptivos, transcorra o prazo de 4 (quatro) anos.

Conforme previsão contida no § 6.º do art. 23 da LIA, inserido pela Lei 14.230/2021, a suspensão e a interrupção da prescrição produzem efeitos relativamente a todos os que concorreram para a prática do ato de improbidade.

Igualmente, nos atos de improbidade conexos que sejam objeto do mesmo processo, a suspensão e a interrupção relativas a qualquer deles estendem-se aos demais, em razão do disposto no § 7.º do art. 23 da LIA, incluído pela Lei 14.230/2021.

A reforma promovida no tratamento da prescrição das ações de improbidade não estabeleceu regras sobre o direito intertemporal, especialmente sobre a aplicação da nova redação do art. 23 da LIA, alterado pela Lei 14.230/2021, aos processos judiciais de improbidade em curso, o que deve abrir debates na comunidade jurídica.

Em princípio, a nova redação do art. 23 da LIA seria aplicável apenas aos fatos praticados após a reforma introduzida pela Lei 14.230/2021, uma vez que a prescrição é instituto de direito material e deve respeitar o princípio da irretroatividade das leis (art. 5.º, XXXVI, da CRFB).

Todavia, em nossa opinião, seria possível sustentar a retroatividade do novo regramento da prescrição nas hipóteses mais favoráveis ao acusado. Conforme destacado no item 2.6., o princípio da retroatividade da lei mais benéfica previsto no art. 5.º, XL, da CRFB deve ser aplicado ao regime jurídico da improbidade administrativa, inclusive no tópico da prescrição, submetido aos princípios constitucionais do Direito Administrativo Sancionador (art. 1.º, § 4.º, da LIA).

---

[3] A Súmula 150 do STF dispõe: "Prescreve a execução no mesmo prazo de prescrição da ação". A prescrição da pretensão executória encontra-se prevista nos arts. 921, §§ 1.º, 4.º e 5.º, e 924, V, do CPC. Sobre a prescrição executória, vide, por exemplo: DECOMAIN, Pedro Roberto. *Improbidade administrativa*. São Paulo: Dialética, 2007. p. 404.

É o caso, por exemplo, da prescrição para aplicação das sanções de improbidade aos servidores públicos estatutários federais por infrações também capituladas como crimes.

Tradicionalmente, o art. 23, II, da LIA estabelecia que o prazo prescricional seria aquele previsto em lei específica para aplicação da sanção disciplinar de demissão a bem do serviço público.

Ocorre que o art. 142, § 2.º, da Lei 8.112/1990, por sua vez, estabelece que "os prazos de prescrição previstos na lei penal aplicam-se às infrações disciplinares capituladas também como crime".

Normalmente, os prazos prescricionais previstos na legislação penal são superiores ao novo prazo prescricional de 8 (oito) anos inserido no art. 23 da LIA pela Lei 14.230/2021, especialmente se levarmos em consideração os crimes praticados por agentes públicos contra a Administração Pública (arts. 109 e 312 a 327 do CP).

Outro exemplo de norma mais benéfica é a instituição da possibilidade de prescrição intercorrente nas ações de improbidade administrativa, na forma dos §§ 5.º e 8.º do art. 23 da LIA, introduzidos pela Lei 14.230/2021.[4]

Não obstante a tese aqui defendida, o Supremo Tribunal Federal, no julgamento do Tema 1.199 com repercussão geral, decidiu pela irretroatividade do novo regime prescricional instituído pela Lei 14.230/2021, que somente seria aplicável a partir da publicação da referida lei.[5]

Além das modificações na prescrição, a reforma da LIA inseriu o art. 23-A para impor à Administração Pública o dever de oferecer capacitação contínua aos agentes públicos e políticos que atuem com prevenção ou repressão de atos de improbidade administrativa.

Outra inserção refere-se ao art. 23-B da LIA, que afasta o adiantamento de custas, de preparo, de emolumentos, de honorários periciais e de quaisquer outras despesas nas ações de improbidade administrativas e nos eventuais acordos.

---

[4] Em sua redação originária, a LIA não previa a prescrição intercorrente e o STJ não admitia a sua incidência nas ações de improbidade. STJ, AgInt no REsp 1.872.310/PR, Rel. Min. Benedito Gonçalves, Primeira Turma, DJe 08.10.2021; AgInt no AREsp 1.592.282/PR, Rel. Min. Francisco Falcão, Segunda Turma, DJe 19.03.2021. Lembre-se de que o STJ já afirmou o caráter de direito material da prescrição intercorrente: REsp 149.767/MG, Rel. Min. Milton Luiz Pereira, Primeira Turma, DJ 08.03.2000, p. 49; REsp 15.261/SP, Rel. Min. Eduardo Ribeiro, Terceira Turma, DJ 21.09.1992, p. 15.687.

[5] STF, ARE 843.989/PR, Rel. Min. Alexandre de Moraes, Tribunal Pleno, julgamento: 18.08.2022.

Na hipótese de procedência da ação de improbidade, as custas e as demais despesas processuais serão pagas ao final, com fundamento no § 1.º do art. 23-B da LIA, inserido pela Lei 14.230/2021.

De outro lado, no caso de improcedência da ação de improbidade, com a comprovação de má-fé, haverá condenação em honorários sucumbenciais (art. 23-B, § 2.º, da LIA, incluído pela Lei 14.230/2021).

Por fim, o art. 23-C da LIA, também incluído pela Lei 14.230/2021, dispõe sobre a necessidade de responsabilização, na forma da Lei 9.096/1995, dos autores de atos que acarretarem enriquecimento ilícito, perda patrimonial, desvio, apropriação, malbaratamento ou dilapidação de recursos públicos dos partidos políticos ou de suas fundações.[6]

6.2. IMPRESCRITIBILIDADE DA PRETENSÃO DE RESSARCIMENTO AO ERÁRIO: CONTROVÉRSIAS E O ENTENDIMENTO DO STF

É tradicional a polêmica sobre a (im)prescritibilidade da pretensão de ressarcimento ao erário submeter-se à prescrição. O debate envolve a interpretação do art. 37, § 5.º, da CRFB, que dispõe:

> "Art. 37. (...)
> § 5.º A lei estabelecerá os prazos de prescrição para ilícitos praticados por qualquer agente, servidor ou não, que causem prejuízos ao erário, ressalvadas as respectivas ações de ressarcimento".

A imprescritibilidade das ações de ressarcimento ao erário foi sustentada, por exemplo, pelos seguintes autores: José dos Santos Carvalho Filho, Maria Sylvia Zanella Di Pietro, Emerson Garcia, Marcelo Figueiredo, Wallace Paiva Martins Júnior, Waldo Fazzio Júnior, Pedro Roberto Decomain, José Antonio Lisbôa Neiva, Mateus Bertoncini e Sérgio Turra Sobrane.[7]

---

[6] Sobre a discussão da constitucionalidade do referido dispositivo legal, remetemos o leitor para o item 4.1.4.5.

[7] CARVALHO FILHO, José dos Santos. *Manual de direito administrativo*. 24. ed. Rio de Janeiro: Lumen Juris, 2011. p. 1.014-1.015; DI PIETRO, Maria Sylvia Zanella. *Direito administrativo*. 22. ed. São Paulo: Atlas, 2009. p. 829-830; GARCIA, Emerson; ALVES, Rogério Pacheco. *Improbidade administrativa*. 6. ed. Rio de Janeiro: Lumen Juris, 2011. p. 620; FIGUEIREDO, Marcelo. *Probidade administrativa*. 6. ed. São Paulo: Malheiros, 2009. p. 247; MARTINS JÚNIOR, Wallace Paiva. *Probidade administrativa*. 4. ed. São Paulo: Saraiva, 2009. p. 385; FAZZIO JÚNIOR, Waldo. *Atos de improbidade administrativa*: doutrina, legislação e jurisprudência. 2. ed. São Paulo: Atlas, 2008. p. 337; DECOMAIN, Pedro Roberto. *Improbidade administrativa*. São Paulo: Dialética, 2007. p. 392; NEIVA, José Antonio Lisbôa. *Improbidade*

Isto porque a referida norma constitucional remete ao legislador a prerrogativa para estabelecer os prazos de prescrição para ilícitos que causem prejuízos ao erário, com a ressalva expressa das ações de ressarcimento.

A regra é a prescrição, definida pelo legislador infraconstitucional, tendo em vista o princípio da segurança jurídica, que tem por objetivo a estabilidade das relações sociais. A exceção é a imprescritibilidade admitida apenas nas hipóteses expressamente previstas na Constituição.

Dessa forma, a intenção do legislador constituinte foi consagrar uma exceção à regra geral ao prever a imprescritibilidade das pretensões de ressarcimento ao erário.

O STJ, à luz da redação originária da LIA, consagrou a imprescritibilidade das ações de ressarcimento ao erário, conforme demonstra a ementa abaixo transcrita:

> "Processual civil. Ação civil pública. Ato de improbidade. Ação prescrita quanto aos pedidos condenatórios (art. 23, II, da Lei n.º 8.429/92). Prosseguimento da demanda quanto ao pleito ressarcitório. Imprescritibilidade.
>
> **1. O ressarcimento do dano ao erário, posto imprescritível, deve ser tutelado quando veiculada referida pretensão na inicial da demanda, nos próprios autos da ação de improbidade administrativa ainda que considerado prescrito o pedido relativo às demais sanções previstas na Lei de Improbidade.**
>
> 2. O Ministério Público ostenta legitimidade *ad causam* para a propositura de ação civil pública objetivando o ressarcimento de danos ao erário, decorrentes de atos de improbidade, ainda que praticados antes da vigência da Constituição Federal de 1988, em razão das disposições encartadas na Lei 7.347/85. Precedentes do STJ: REsp 839.650/MG, Segunda Turma, *DJe* 27/11/2008; REsp 226.912/MG, Sexta Turma, *DJ* 12/05/2003; REsp 886.524/SP, Segunda Turma, *DJ* 13/11/2007; REsp 151.811/MG, Segunda Turma, *DJ* 12/02/2001.
>
> 3. A aplicação das sanções previstas no art. 12 e incisos da Lei 8.429/92 se submetem ao prazo prescricional de 05 (cinco) anos, exceto a reparação do dano ao erário, em razão da imprescritibilidade da pretensão ressarcitória (art. 37, § 5.º, da Constituição Federal de 1988). Precedentes do STJ: AgRg no REsp 1.038.103/SP,

---

administrativa: legislação comentada artigo por artigo. 2. ed. Rio de Janeiro: Impetus, 2011. p. 285; BERTONCINI, Mateus. *Ato de improbidade administrativa*: 15 anos da Lei n.º 8.429/1992. São Paulo: RT, 2007. p. 242; SOBRANE, Sérgio Turra. *Improbidade administrativa*: aspectos materiais, dimensão difusa e coisa julgada. São Paulo: Atlas, 2010. p. 198.

Segunda Turma, *DJ* de 04/05/2009; REsp 1.067.561/AM, Segunda Turma, *DJ* de 27/02/2009; REsp 801.846/AM, Primeira Turma, *DJ* de 12/02/2009; REsp 902.166/SP, Segunda Turma, *DJ* de 04/05/2009; e REsp 1.107.833/SP, Segunda Turma, *DJ* de 18/09/2009.

4. Consectariamente, uma vez autorizada a cumulação de pedidos condenatório e ressarcitório em sede de ação por improbidade administrativa, a rejeição de um dos pedidos, *in casu*, o condenatório, porquanto considerada prescrita a demanda (art. 23, I, da Lei n.º 8.429/92), não obsta o prosseguimento da demanda quanto ao pedido ressarcitório em razão de sua imprescritibilidade.

5. Recurso especial do Ministério Público Federal provido para determinar o prosseguimento da ação civil pública por ato de improbidade no que se refere ao pleito de ressarcimento de danos ao erário, posto imprescritível" (grifo nosso).[8]

Aliás, o STJ admite que o Ministério Público prossiga com a ação de improbidade para obtenção do ressarcimento ao erário, mesmo quando prescritas as demais sanções previstas na LIA. Confira-se a ementa abaixo:

"Processual civil e administrativo. Recurso especial. **Improbidade administrativa. Ressarcimento ao erário. Imprescritibilidade. Art. 37, § 5.º, da CF. Legitimidade do Ministério Público. Demonstração e comprovação da prática de ato de improbidade como causa de pedir ressarcimento. Circunstância extraordinária que legitima a atuação do *Parquet*.** Nomen juris da ação. Irrelevância. Rito definido pelo objeto da pretensão. Adoção de procedimento específico ou mais amplo ao exercício do direito de defesa. Adequação.

(...)

3. **O Ministério Público é parte legítima para pleitear o ressarcimento de dano ao erário sempre que o ato ilícito subjacente à lesão seja a prática de ato ímprobo**, dentre outras causas extraordinárias.

4. **A causa de pedir é o ponto nodal para a aferição da legitimidade do Ministério Público para postular o ressarcimento ao erário. Se tal for a falta de pagamento de tributos, o ressarcimento por danos

---

[8] STJ, REsp 1.089.492/RO, Rel. Min. Luiz Fux, Primeira Turma, *DJe* 18.11.2010 (Informativo de Jurisprudência do STJ 454). Vide também: REsp 1.069.723/SP, Rel. Min. Humberto Martins, Segunda Turma, *DJe* 02.04.2009 (Informativo de Jurisprudência do STJ 384). A tese 7 da edição n.º 38 da "Jurisprudência em Teses" do STJ dispõe: "A eventual prescrição das sanções decorrentes dos atos de improbidade administrativa não obsta o prosseguimento da demanda quanto ao pleito de ressarcimento dos danos causados ao erário, que é imprescritível (art. 37, § 5.º, da CF)".

decorrentes de atos ilícitos comuns ou qualquer outro motivo que se enquadre nas atribuições ordinariamente afetas aos órgãos de representação judicial dos entes públicos das três esferas de poder, o Ministério Público não possui legitimidade para promover as respectivas ações. Lado outro, tratando-se da prática de ato de improbidade, ilícito qualificado, ainda que prescritas as respectivas punições, ou outra causa extraordinária, remanesce o interesse e a legitimidade do *Parquet* para pedir ressarcimento, seja a ação nominada como civil pública, de improbidade ou mesmo indenização.

5. A prática de ato ímprobo (arts. 9.º ao 11 da Lei 8.429/1992) constitui circunstância extraordinária que, por transcender as atribuições ordinárias dos órgãos fazendários, legitima o Ministério Público a pedir o ressarcimento dos danos dele decorrentes, sendo irrelevante o *nomen juris* atribuído à ação, cujo rito deverá ser específico ou, se genérico, mais amplo ao exercício da defesa. Referido critério privilegia a harmonia do sistema constitucional de repartição de competências e confere plena eficácia aos comandos dos incisos III e IX do art. 129 da Constituição da República.

6. Recurso especial provido para reformar o acórdão recorrido e, em consequência, determinar que a ação civil pública seja regularmente processada e julgada" (grifo nosso).[9]

Da mesma forma, a Súmula 282 do TCU dispõe: "As ações de ressarcimento movidas pelo Estado contra os agentes causadores de danos ao erário são imprescritíveis".

O tema, repita-se mais uma vez, sempre gerou debates doutrinários.

De forma contrária à imprescritibilidade, parcela da doutrina sustentava a aplicação do prazo prescricional de dez anos às ações de ressarcimento ao erário, na forma do art. 205 do CC. Essa é a posição defendida, exemplificativamente, pelos seguintes autores: Marino Pazzaglini Filho e Rita Tourinho.[10]

---

[9] STJ, REsp 1.289.609/DF, Rel. Min. Benedito Gonçalves, Primeira Seção, DJe 02.02.2015. A tese 2 da edição n.º 38 da "Jurisprudência em Teses" do STJ dispõe: "O Ministério Público tem legitimidade *ad causam* para a propositura de Ação Civil Pública objetivando o ressarcimento de danos ao erário, decorrentes de atos de improbidade".

[10] PAZZAGLINI FILHO, Marino. *Lei de Improbidade Administrativa comentada*: aspectos constitucionais, administrativos, civis, criminais, processuais e de responsabilidade fiscal. 5. ed. São Paulo: Atlas, 2011. p. 236-238; TOURINHO, Rita. A prescrição e a Lei de Improbidade Administrativa. *Revista Eletrônica de Direito do Estado*, Salvador, n. 12, out.-dez. 2007. Disponível em: <http://www.direitodoestado.com.br>. Acesso em: 10 jan. 2012.

O argumento principal utilizado por aqueles que defendem a prescrição das ações de ressarcimento ao Erário é o fato de que a imprescritibilidade é uma exceção ao princípio da segurança jurídica que só pode ser admitida nos casos expressa e taxativamente colocados no texto constitucional (exemplos: art. 5.º, XLII – "a prática do racismo constitui crime inafiançável e imprescritível, sujeito à pena de reclusão, nos termos da lei"; art. 5.º, XLIV – "constitui crime inafiançável e imprescritível a ação de grupos armados, civis ou militares, contra a ordem constitucional e o Estado Democrático"), o que não ocorre no art. 37, § 5.º, da CRFB.

Cabe destacar, ainda, a tese defendida por Ada Pellegrini Grinover, no sentido de ser decadencial o prazo para aplicação das sanções previstas no art. 12 da Lei 8.429/1992, ressalvadas as sanções de multa civil e de ressarcimento ao erário, que estão sujeitas ao prazo prescricional do art. 23 da referida Lei. Em última análise, quanto ao debate em torno da interpretação do art. 37, § 5.º, da CRFB, a referida autora sustenta a aplicação da prescrição às ações de ressarcimento.[11]

O STF, em sede de repercussão geral, decidiu, com fundamento na redação originária da LIA, que "é prescritível a ação de reparação de danos à Fazenda Pública decorrente de ilícito civil" (RE 669.069/MG, Tribunal Pleno, Rel. Min. Teori Zavascki, j. 03.02.2016). Todavia, a decisão da Suprema Corte não alcançou a discussão da (im)prescritibilidade das ações de improbidade e da Lei Anticorrupção.

Posteriormente, o STF decidiu, em sede de repercussão geral e também com fundamento na redação inicial da LIA, a questão da (im)prescritibilidade do ressarcimento ao erário nas ações de improbidade administrativa. No julgamento do RE 852.475/SP, o Tribunal Pleno afirmou, por seis votos a cinco, que são imprescritíveis as ações de ressarcimento ao erário fundadas na prática de ato doloso tipificado na Lei de Improbidade Administrativa, submetendo-se, contudo, à prescrição a pretensão de ressarcimento ao erário fundada em ato culposo de improbidade.[12] Lembre-se, aqui, que a única possibilidade de ato culposo de improbidade é aquela tipificada no art. 10 da LIA.

De nossa parte, não concordávamos com a orientação da Suprema Corte, uma vez que não enxergamos a adoção no art. 37, § 5.º, da CRFB,

---

[11] GRINOVER, Ada Pellegrini. Ação de improbidade administrativa: decadência e prescrição. *Interesse Público*, Porto Alegre, n. 33, p. 88, set.-out. 2005.

[12] STF, RE 852.475/SP, Rel. Min. Alexandre de Moraes, Red. p/ o ac. Min. Edson Fachin, julgamento em 08.08.2018 (Informativo de Jurisprudência do STF 910).

que foi utilizado como parâmetro interpretativo, da distinção entre atos dolosos e culposos de improbidade para fins de ressarcimento nas ações de improbidade.

Entendemos que as ações de ressarcimento ao erário, em decorrência de atos de improbidade administrativa, por força da interpretação do art. 37, § 5.º, da CRFB, são imprescritíveis.

Todavia, isto não impede que apontemos crítica à opção constituinte. O ideal seria a submissão das ações de ressarcimento ao erário a prazos prescricionais com o intuito de efetivar o princípio da segurança jurídica.

De forma semelhante, Fábio Medina Osório que, após ressaltar que até mesmo o crime de homicídio sujeita-se a prazo prescricional, critica a opção adotada pelo Constituinte e defende que o ideal seria a fixação de prazo de prescrição – ainda que elevado – para o ressarcimento ao erário, uma vez que a imprescritibilidade "gera uma intolerável insegurança jurídica".[13]

Trata-se, por óbvio, de sugestão doutrinária que depende de alteração da Constituição Federal, sendo certo que, atualmente, deve ser observada a imprescritibilidade do art. 37, § 5.º, da CRFB, uma vez que não existe norma constitucional originária inconstitucional.

De qualquer forma, em razão do silêncio da LIA e da extinção da modalidade culposa de improbidade após a reforma promovida pela Lei 14.230/2021, a partir do entendimento apresentado tradicionalmente pela Suprema Corte, é possível concluir pela imprescritibilidade do ressarcimento ao erário a partir da reforma introduzida pela Lei 14.230/2021, em razão da prática de qualquer ato de improbidade que deve ser, necessariamente, doloso.

---

[13] OSÓRIO, Fábio Medina. *Direito administrativo sancionador*. 2. ed. São Paulo: RT, 2005. p. 540, nota 56.

Parte 2 – **Direito Processual**

Daniel Amorim Assumpção Neves

Capítulo 7

NATUREZA DA AÇÃO DE IMPROBIDADE ADMINISTRATIVA

7.1. AÇÃO DE NATUREZA CIVIL

A redação originária da Lei 8.429/1992 sugeria ao intérprete mais afoito uma natureza penal ou até mista da ação de improbidade administrativa. O Capítulo III tinha como título "Das penas", enquanto o Capítulo VI tratava "Das disposições penais". O art. 17, § 7.º, previa uma fase preliminar de recebimento da petição inicial sob o crivo do contraditório típico do procedimento penal previsto para os crimes funcionais, no qual se previa uma fase preliminar de notificação dos demandados para o oferecimento de uma defesa prévia ao recebimento da denúncia (arts. 513 a 515 do CPP). E o mesmo dispositivo, em seu § 12, previa a aplicação das regras consagradas no art. 221, *caput* e § 1.º, do CPP nos depoimentos e inquirições.

Não obstante a realidade legislativa descrita, a doutrina, de forma amplamente majoritária, sempre entendeu ter a ação de improbidade administrativa natureza civil.[1] Era no mesmo sentido o entendimento do Supremo

---

[1] FERRAZ, Sérgio. Aspectos processuais na lei sobre improbidade administrativa. In: BUENO, Cassio Scarpinella; PORTO FILHO, Pedro Paulo de Rezende (Coord.) *Improbidade administrativa* – questões polêmicas e atuais. 2. ed. São Paulo: Malheiros, 2003. p. 413; DECOMAIN, Pedro Roberto. *Improbidade administrativa*. São Paulo: Dialética, 2007. 9.2.1, p. 228; FIGUEIREDO, Lucia Valle. Alguns aspectos tópicos da improbidade administrativa. In: BUENO, Cassio Scarpinella; PORTO FILHO, Pedro Paulo de Rezende (Coord.). *Improbidade administrativa* – questões polêmicas e atuais. 2. ed. São Paulo: Malheiros, 2003. p. 336; FERRARESI, Eurico. *Improbidade administrativa*. São Paulo: Método, 2011. p. 170.

Tribunal Federal[2] e do Superior Tribunal de Justiça.[3] Como lembrava a melhor doutrina, o art. 37, § 4.º, da CF, ao prever as sanções imputáveis ao ato de improbidade administrativa, expressa que sua aplicação em ação específica para tal fim não prejudica a ação penal, o que permite a conclusão de não ter a ação de improbidade administrativa natureza penal.[4]

Teria sido essa realidade alterada por conta do art. 17-D, *caput*, da LIA, que expressamente prevê que a ação por improbidade administrativa é repressiva, de caráter sancionatório, destinada à aplicação de sanções de caráter pessoal e, em especial para a presente discussão, não constitui ação civil? Entendo que não.

Na vigência da redação originária da Lei 8.429/1992, havia, no âmbito doutrinário, discussão a respeito da relação existente entre a ação de improbidade administrativa e a ação civil pública. Para alguns, a ação de improbidade administrativa não era espécie de ação civil pública, enquanto, para outra corrente doutrinária, a ação de improbidade administrativa seria uma espécie de ação civil pública, tendo sido esse o entendimento consagrado no Superior Tribunal de Justiça.[5]

O art. 17-D, *caput*, do CPC, ao prever que a ação de improbidade administrativa não é uma ação civil, parece, na realidade, se referir à ação civil pública, o que pode ser confirmado pela segunda parte do dispositivo, ao prever que seu ajuizamento seja vedado para o controle de legalidade de políticas públicas e para a proteção do patrimônio público e social, do meio ambiente e de outros interesses difusos, coletivos e individuais homogêneos.

E, de maneira ainda mais clara, no parágrafo único, ao prever que, fora as hipóteses contempladas pela Lei 8.429/1992, o controle de legalidade de políticas públicas e a responsabilidade de agentes públicos – inclusive políticos, entes públicos e governamentais – por danos ao meio ambiente, ao consumidor, a bens e direitos de valor artístico, estético, histórico, turístico e paisagístico, a qualquer outro interesse difuso ou coletivo, à ordem

---

[2] STF, Plenário, Pet 3240 AgR/DF, Rel. Min. Teori Zavascki, Red. p/ o ac. Min. Roberto Barroso, j. 10.05.2018 (Informativo de Jurisprudência do STF 901).

[3] STJ, 5.ª Turma, HC 50.545/AL, Rel. Min. Gilson Dipp, j. 15.08.2006, *DJ* 04.09.2006, p. 298.

[4] FREIRE JUNIOR, Américo Bedê. A natureza jurídica da ação por ato de improbidade administrativa. In: OLIVEIRA, Alexandre Albagli; CHAVES, Cristiano; GHIGNONE, Luciano (Coord.). *Estudos sobre improbidade administrativa* – em homenagem ao Prof. J. J. Calmon de Passos. Rio de Janeiro: Lumen Juris, 2010. p. 274.

[5] STJ, 1.ª Turma, AgInt no AREsp 1.235.685/BA, Rel. Min. Benedito Gonçalves, j. 06.08.2019, *DJe* 09.08.2019; STJ, 2.ª Turma, AgInt no AgInt no AREsp 1.352.329/RJ, Rel. Min. Mauro Campbell Marques, j. 25.06.2019, *DJe* 28.06.2019.

econômica, à ordem urbanística, à honra e à dignidade de grupos raciais, étnicos ou religiosos e ao patrimônio público e social submetem-se aos termos da Lei 7.347, de 24 de julho de 1985.

A natureza civil da ação, por outro lado, parece inegável a partir do momento em que o próprio legislador determina de forma expressa, no art. 17, *caput*, da LIA, a aplicação à ação de improbidade administrativa do procedimento comum previsto no Código de Processo Civil.

Sendo uma ação de natureza civil, mas distinta da ação civil pública, resta perguntar se a ação de improbidade administrativa continua fazendo parte do microssistema coletivo. Em obra anterior, defendi que sim. Na verdade, afirmei, literalmente, que não tinha dúvida de minha resposta. Quem me dera estar tão seguro quanto naquele momento...

Para tentar chegar a uma conclusão minimamente segura, preciso criar algumas premissas. Não há qualquer garantia de que tais premissas estejam corretas, o que, desde o início, já contaminaria as conclusões. De qualquer forma, não vejo outra forma de proceder.

A ação de improbidade administrativa sempre foi um estranho no ninho do microssistema coletivo. Suas exclusivas sanções sempre serviram para distingui-la de forma bastante marcante das demais espécies de ação coletiva. Não houve, entretanto, ao menos não de forma generalizada, uma discussão mais profunda a respeito de como suas singularidades sancionatórias a tornavam incompatível com o microssistema coletivo. Verdade seja dita, com raras exceções, mesmo a natureza sancionatória não era considerada da própria essência dessa espécie de ação. E sua inclusão no microssistema parecia algo natural e sistêmico.

A Lei 14.230/2021 jogou luz sobre o tema, e, agora, não há mais como correr. Como diz o ditado popular: o bode está na sala. A natureza sancionatória está expressa na lei, assim como a aplicação ao processo dos princípios do direito administrativo sancionador.

Arrisco-me, aqui, a dizer que a discussão, sempre limitada às sanções previstas em lei, sobre se ação de improbidade administrativa é ou não uma espécie de ação coletiva pode não ter resultado prático em termos processuais ou procedimentais. Explico.

O que ganha a coletividade, ainda que abstratamente, com a aplicação de sanções? E trato aqui de eventual vantagem de forma abstrata para não entrar na polêmica das reais vantagens da aplicação da sanção. Ou seja, na melhor das hipóteses, qual a tutela que a coletividade obtém de uma aplicação de sanção, seja ela política, administrativa, penal ou de qualquer natureza?

Uma satisfação moral de ver um agente público corrupto devidamente punido? Um eventual desestímulo de que ele volte a se comportar da mesma maneira? O afastamento do meio social ou de algum cargo ou função para que não cometa outras ilicitudes?

Pessoalmente, tenho extrema dificuldade em compreender que tais benefícios possam ser compreendidos como espécie de direito difuso, de titularidade da coletividade. Mas não pretendo desvirtuar o debate jurídico envolvendo questões que possam ser compreendidas como morais.

É claro que, se adotada a premissa de que a aplicação de sanções não tutela um direito difuso, a conclusão lógica é de que uma ação de natureza sancionatória, tal qual a ação de improbidade administrativa, não tem natureza coletiva e, portanto, não está sujeita à aplicação do microssistema coletivo.

Vamos, agora, supor o contrário, que essa aplicação de sanções por conta de um ato de improbidade administrativa tutela um direito difuso. Se essa for a premissa, o mesmo vale quando um ato de improbidade levar a um processo administrativo sancionatório ou a um processo penal. Em todos eles, a aplicação de pena aos acusados tutelará um direito difuso, o que seria suficiente para qualificá-los como processos coletivos.

A eventual natureza coletiva desses processos, entretanto, nunca levou à aplicação nesses processos administrativos e penais do microssistema coletivo. Na verdade, nunca se cogitou tal aplicação. E por uma razão que me parece bastante clara: a incompatibilidade do microssistema coletivo com o microssistema do processo acusatório punitivo.

O microssistema coletivo é inteiramente voltado para tutelar o direito material, recheado de regras procedimentais que buscam, justamente, proteger o autor durante o trâmite procedimental. No microssistema do processo acusatório punitivo ocorre exatamente o contrário, porque, neste, a proteção procedimental é toda outorgada ao réu, considerada a parte mais fraca e vulnerável da relação.

São, portanto, dois microssistemas absolutamente incompatíveis, que não conseguem sobreviver num mesmo processo. Não é possível um juiz mais atuante, como se exige num processo coletivo, se o processo é sancionatório. Não é possível uma flexibilização objetiva da demanda como se defende no processo coletivo se o processo é acusatório. Não é possível uma sucessão processual no polo ativo no caso de desistência se o processo é sancionatório. Não é possível coisa julgada *secundum eventum probationis* se o processo é sancionatório.

Há, portanto, uma escolha legislativa. Ainda que o processo sancionatório possa ser considerado como tutelador de um direito difuso – com o que, insisto, não concordo –, não se aplica a ele o microssistema coletivo, porque essa aplicação é materialmente incompatível com as garantias procedimentais indispensáveis que o réu deverá ter em qualquer processo sancionatório.

Conclusivamente, ainda que se compreenda que a ação de improbidade administrativa, no tocante à aplicação das sanções previstas em lei, é uma espécie de processo coletivo, a ela não se aplicam as regras procedimentais do microssistema coletivo. O que, na prática, é o mesmo que reconhecer não ser a ação de improbidade uma espécie de ação coletiva.

É preciso consignar, por outro lado, que, além de errado, é *contra legem* o entendimento de que direito difuso tutelado pelas sanções aplicáveis na ação de improbidade administrativa é o patrimônio público. Afinal, o art. 17-D da LIA, expressamente, veda a utilização dessa espécie de demanda para a proteção do patrimônio público. E essa vedação expressa não parece ter ganhado a devida atenção da doutrina.

Não descarto, naturalmente, uma ação de improbidade administrativa na qual haja somente pedidos sancionatórios porque estes são os únicos pedidos possíveis a serem formulados. O ato ilícito de improbidade já foi praticado e exauriu os seus efeitos, não houve dano a ser reparado nem existe bens a serem restituídos. Nesse caso, ter-se-á um processo puramente sancionatório.

A experiência forense, entretanto, demonstrou que a maioria das ações de improbidade administrativa trazia cumulados pedidos de natureza sancionatória, anulatória, condenatória e reintegratória. E essas espécies de pedidos, que poderiam, perfeitamente, ser elaboradas também em uma ação popular ou em uma ação civil pública, se prestam, indubitavelmente, a tutelar o patrimônio público.

Questiono se, diante da novidade legislativa, tais pedidos podem continuar sendo elaborados em sede de ação de improbidade administrativa. Sinceramente, diante da expressa vedação prevista no art. 17-D da LIA, não vejo como. Podemos até discutir se a escolha foi adequada ou não, mas simplesmente fingir que ela não foi tomada me parece fora de questão.

A ruptura gerada pela Lei 14.230/2021, portanto, me parece total. A ação de improbidade administrativa não só deixou o microssistema coletivo, como, por conta do previsto no art. 17-D da LIA, que proíbe expressamente a utilização dessa espécie de ação para a tutela do patrimônio público, não pode mais veicular pedidos anulatórios, reparatórios e reintegratórios, devendo se limitar aos pedidos de natureza sancionatória.

Nesse sentido, haveria, inclusive, um outro indicativo, quando o art. 17, *caput*, da LIA, ao prever a aplicação do procedimento comum previsto no CPC, menciona que a ação seria proposta apenas "para a aplicação das sanções de que trata essa lei", não fazendo qualquer menção a pedidos de outras naturezas.

Tudo poderia parecer resolvido, ainda que, até certo ponto, fosse chocante. E para o bem ou para o mal, por vontade do legislador. Mas o legislador não facilitou em nada o trabalho do intérprete porque, apesar de expressamente proibir a utilização da ação de improbidade administrativa para a proteção do patrimônio público (art. 17-D), em várias outras passagens da LIA sugere o contrário ou prevê institutos ou regras que só se justificam se existir no processo um pedido condenatório.

Já no art. 1.º, *caput*, da LIA, há previsão no sentido de que a criação de um sistema de responsabilização por atos de improbidade administrativa tutelará a probidade na organização do Estado e no exercício de suas funções, como forma de assegurar a integridade do patrimônio público e social, nos termos da própria lei. Ou seja, ao mesmo tempo que prevê uma lei como parte integrante de um sistema que visa assegurar a integridade do patrimônio público, proíbe a sua utilização para proteger o patrimônio público.

O art. 8.º da lei trata de sucessão *causa mortis* e *inter vivos* e como ela deva ser tratada em termos de responsabilidade patrimonial na hipótese de reparação de danos causados ao erário. Com o detalhe de que o parágrafo único do dispositivo foi inserido na LIA pela Lei 14.230/2021. Que utilidade teria exatamente o dispositivo se, de fato, fosse proibido o pedido de natureza reparatória na ação de improbidade administrativa?

O § 6.º do art. 12 da LIA, mais uma inovação da Lei 14.230/2021, prevê que, ocorrendo lesão ao patrimônio público, a reparação do dano a que se refere essa lei deverá deduzir o ressarcimento ocorrido nas instâncias criminal, civil e administrativa que tiver por objeto os mesmos fatos. Como seria possível tal compensação se fosse proibido o pedido de natureza reparatória na ação de improbidade administrativa?

O art. 16 da LIA é integralmente destinado a regulamentar a cautelar nominada de indisponibilidade de bens que, nos termos do *caput* do dispositivo legal, se presta a garantir a integral recomposição do erário ou do acréscimo patrimonial resultante de enriquecimento ilícito. Qual exatamente seria sua utilidade se os únicos pedidos possíveis na ação de improbidade fossem os de natureza sancionatória?

Há, no art. 17, § 6.º-A, da LIA, previsão para aplicação do regramento da tutela provisória na ação de improbidade administrativa, o que inclui, naturalmente, as tutelas satisfativas (antecipada e da evidência). Se as sanções só podem ser aplicadas depois do trânsito em julgado, nos termos do art. 12, § 9.º, exatamente os efeitos práticos de quais pedidos estariam sendo antecipados pela concessão de uma dessas tutelas?

A possibilidade de desconsideração da personalidade jurídica está expressamente autorizada pelo art. 17, § 15, da LIA, inclusive com a exigência de instauração do incidente processual previsto no Código de Processo Civil. Tem algum sentido jurídico uma desconsideração da personalidade jurídica para a aplicação das sanções previstas em lei? Ou o instituto processual se adéqua, na realidade, a pretensões reparatórias?

Por que a condição mínima do acordo de não persecução civil, previsto no art. 17-B, I, é o integral ressarcimento do dano se o pedido reparatório é vedado na ação de improbidade administrativa?

Como pode o art. 18, *caput*, da LIA prever que a sentença que julgar procedente a ação fundada nos arts. 9.º e 10 da lei condenará ao ressarcimento dos danos e à perda ou à reversão dos bens e valores ilicitamente adquiridos se os pedidos de natureza não sancionatória teriam sido vedados pelo art. 17-D, *caput*, da mesma LIA?

E todas as regras procedimentais previstas nos parágrafos do art. 18 da LIA, destinadas a criar normas especiais para a liquidação de uma condenação líquida que nem deveria existir e sua consequente execução por cumprimento de sentença?

Há, portanto, uma certa esquizofrenia legislativa. O art. 17-D, *caput*, proíbe a utilização da ação de improbidade administrativa para proteger o patrimônio público, enquanto o art. 17, *caput*, da mesma lei sugere que os únicos pedidos passíveis de elaboração são de natureza punitiva. Por outro lado, há mais de uma dezena de dispositivos que sugerem o contrário e tantos outros que perdem sua própria razão de ser se o pedido reparatório e, eventualmente, outros de natureza não sancionatória não puderem ser elaborados.

Acredito que o legislador, na verdade, nunca tenha pretendido restringir os pedidos formuláveis em ação de improbidade administrativa às sanções previstas pelo art. 12 da LIA. O entusiasmo verificado no art. 17-D, *caput*, da LIA pode ser debitado da tentativa desesperada do legislador de afastar o entendimento consagrado no Superior Tribunal de Justiça de que a ação de improbidade administrativa é uma espécie de ação civil pública. E a omissão quanto a pedidos não punitivos notada no *caput* do art. 17 da mesma lei pode ser compreendida como um mero descuido redacional.

Realmente, não parece racional imaginar que o legislador tenha mantido e até criado tantas normas legais que dependem da existência de pedidos não sancionatórios na ação de improbidade se, de fato, quisesse limitar tal espécie de ação a pedidos dessa natureza. Tudo, afinal, tem seu limite.

O que se pode discutir é o acerto da opção legislativa. Penso que o legislador perdeu uma ótima oportunidade de, finalmente, separar o joio do trigo, ou seja, de manter ação de improbidade administrativa exclusivamente sancionatória, voltada apenas para a eventual aplicação das sanções previstas no art. 12 da LIA. A tutela do patrimônio público, por meio da anulação de atos ilícitos, e, principalmente, a reparação ao erário e a restituição de bens ficariam reservados à ação popular e à ação civil pública.

Essa dualidade poderia até ser criticada sob a ótica do réu, que teria que se defender em dois processos em vez de um. É uma crítica válida, mas o sistema atual não garante ao réu ser demandado apenas uma vez pelo mesmo fato. Tendo legitimados diferentes para as três espécies de ação, o sujeito pode ser réu de inúmeras ações populares, ações civis públicas e de improbidade administrativa pelo mesmo fato. A multiplicidade de processos, portanto, não seria um problema criado pela tese sustentada e continuaria a ser minimizada pela reunião de processos conexos e pela suspensão por conta de prejudicialidade externa.

Seja como for, a opção está feita, e é com ela que teremos que trabalhar. É admissível, como sempre foi, a elaboração de pedidos anulatórios, reparatórios e reintegratórios de improbidade administrativa. Pedidos esses, como já afirmado, que podem ser – e são – elaborados em ações populares e em ações civis públicas que visam tutelar o patrimônio público.

Quanto a esses pedidos, nada há de sancionatório. E é simplesmente impossível deixar de reconhecer a sua natureza coletiva de defesa de direito difuso. Não fosse assim, não haveria como explicar a presença do Ministério Público no polo ativo da demanda.

Havendo cumulação de pedidos de natureza sancionatória e não sancionatória, há, em tese, a aplicação do microssistema dos processos sancionatórios para os primeiros e o microssistema coletivo para os demais. Afirmo que a cumulação dos dois microssistemas no mesmo processo é sugerida apenas em tese, porque, conforme já defendido, eles são incompatíveis, de forma que a única maneira de conviverem num mesmo processo seria por meio da separação total dos pedidos sancionatórios e não sancionatórios (anulatórios, reparatórios e reintegratórios).

Ainda pensando em tese, em vez de pensarmos em mera cumulação de pedidos, seria como imaginar uma genuína cumulação de ações, cada qual sendo regida pelo seu microssistema correspondente. Sendo isso concretamente possível, não teria problema em admitir a convivência, num mesmo processo, dos dois microssistemas.

Na maioria das vezes, entretanto, essa separação não será possível, porque a regra processual a ser adotada no caso concreto afetará indistintamente tanto um pedido sancionatório como um pedido de outra natureza. Nesse caso, deve-se aplicar a regra do microssistema sancionatório, porque, no conflito entre a tutela do direito difuso e a tutela do acusado, deve-se prestigiar o segundo.

Poder-se-ia questionar se a preservação do direito amplo de defesa de um prefere a facilitação do direito de todos, mas essa pergunta, na verdade, esconde que a dura opção derivou de uma escolha feita pelo Ministério Público ao propor a ação de improbidade administrativa. Afinal, embora seja possível a elaboração de pedidos não sancionatórios nesse tipo de demanda, não há nada que obrigue o Ministério Público a elaborá-los.

Será possível ingressar com duas ações: uma ação civil pública com pedidos anulatório, condenatório e reintegratório, que será integralmente regida pelo microssistema coletivo; e uma ação de improbidade administrativa com os pedidos sancionatórios, que será integralmente regida pelo microssistema dos processos sancionatórios.

Caso o Ministério Público opte por cumular todos os pedidos numa ação de improbidade administrativa, assumirá o risco de, mesmo tratando-se de pedidos não sancionatórios, eventualmente, não ter a aplicação concreta do microssistema coletivo a seu favor.

Essa conclusão se presta também a justificar os próximos itens do presente capítulo. Pensei um bocado sobre a sua manutenção. Confesso que, nas edições anteriores, eles faziam mais sentido, porque toda a obra partia da premissa de ser a ação de improbidade administrativa uma espécie de ação coletiva. Como já ficou claro, a premissa, agora, é outra.

De qualquer forma, a lei autoriza pedidos de natureza não sancionatória numa ação de improbidade administrativa, e, quando essa for a opção do autor, sempre que tais pedidos puderem ser isolados dos pedidos de natureza sancionatória, será aplicável o microssistema coletivo. Dessa forma, ainda é importante o estudo da tutela coletiva quando se analisa a ação de improbidade administrativa.

7.2. TUTELA JURISDICIONAL COLETIVA

É tradicional a utilização do termo "tutela coletiva" no dia a dia forense e acadêmico, mas nem sempre tal uso leva em consideração com a devida precisão o significado do termo. Na maioria das vezes, inclusive, o termo é utilizado para designar uma espécie de tutela jurisdicional que tem como objeto um direito coletivo *lato sensu*, sendo que nesse caso seria até mais adequado o nome "tutela jurisdicional coletiva".

Para a exata compreensão do tema, portanto, é imprescindível que se determine primeiramente o significado de "tutela jurisdicional". Por tutela jurisdicional entende-se a proteção prestada pelo Estado quando provocado por meio de um processo, gerado em razão da lesão ou ameaça de lesão a um direito material. Como se pode notar desse singelo conceito, a tutela jurisdicional é voltada para tutela do direito material, daí ser correta a expressão "tutela jurisdicional de direitos materiais", empregada por parcela da doutrina.

Como existem crises de diferentes naturezas, é natural que o sistema crie e disponibilize às partes diferentes formas de tutelas jurisdicionais, com procedimentos distintos e objetivos próprios. De qualquer forma, apesar dessa diversidade, havendo uma ameaça ou uma violação a direito, o Estado é provocado – o instrumento de provocação é o processo – e, quando essa solução é dada, quando a crise jurídica é superada, tem-se a concessão de uma tutela jurisdicional do direito material.

A tutela jurisdicional pode ser dividida de diferentes formas, bastando para tanto que se adotem diferentes critérios. Assim, tem-se a distinção entre jurisdição voluntária e contenciosa, penal e civil, preventiva e ressarcitória, comum e específica etc. Essas classificações, que têm importância meramente acadêmica, considerando-se a unidade da jurisdição, sempre dependerão do critério escolhido pela doutrina, não sendo diferente com a distinção existente entre tutela jurisdicional individual e coletiva, que adota como critério de distinção a espécie de direito material tutelado.

A tutela jurisdicional individual é a tutela voltada à proteção dos direitos materiais individuais, sendo fundamentalmente regulamentada pelo Código de Processo Civil, além, é claro, de diversas leis extravagantes, tais como a Lei de Locações, a Lei dos Juizados Especiais, a Lei de Execução Fiscal etc. A tutela jurisdicional coletiva, entretanto, não se resume à tutela de direitos coletivos, ainda que seja aceita a expressão "direitos coletivos *lato sensu*" para designar as espécies de direito material protegidas por esse tipo de tutela.

Dessa forma, a tutela coletiva deve ser compreendida como uma espécie de tutela jurisdicional voltada a determinadas espécies de direitos materiais. A determinação de quais sejam esses direitos é tarefa do legislador, não havendo uma necessária relação entre a natureza do direito tutelado e a tutela coletiva. Significa dizer que mesmo direitos de natureza individual podem ser protegidos pela tutela coletiva, bastando, para isso, que o legislador expressamente determine a aplicação desse tipo de sistema processual – microssistema coletivo – a tais direitos. Essa parece ser a opção do sistema pátrio, ainda que parcela da doutrina teça críticas a tal ampliação do âmbito de aplicação da tutela coletiva.[6]

É exatamente o que ocorre com o direito individual homogêneo que, mesmo tendo natureza individual, é objeto de tutela coletiva por expressa previsão do Código de Defesa do Consumidor. O mesmo ocorre com os direitos individuais indisponíveis do idoso, da criança e do adolescente, desde que a ação coletiva seja promovida pelo Ministério Público, nos termos dos arts. 15, 74 e 79 da Lei 10.741/2001 (Estatuto do Idoso)[7] e arts. 11, 201, V, e 208, VI e VII, da Lei 8.069/1990 (ECA).[8]

As variadas espécies de direito material protegidas pela tutela coletiva, tanto de natureza transindividual (difuso e coletivo), como de natureza individual (individual homogêneo e indisponíveis de determinados sujeitos), não desvirtuam a tutela jurisdicional coletiva, porque apesar de limitada a determinados direitos, a tutela jurisdicional coletiva é una, sendo aplicada a todos eles de maneira basicamente indistinta. É natural que existam algumas particularidades, que devem ser sempre consideradas no caso concreto,[9] mas nunca aptas a desvirtuar o núcleo duro dessa espécie de tutela jurisdicional. Significa dizer que, apesar de alguma influência em decorrência da espécie de direito tutelado, as principais regras que compõem o microssistema coletivo serão sempre as mesmas.

A tutela jurisdicional coletiva, portanto, nada mais é que um conjunto de normas processuais diferenciadas (espécie de tutela jurisdicional diferenciada[10]), diferentes daquelas aplicáveis no âmbito da tutela jurisdicional individual.

---

[6] ZAVASCKI, Teori Albino. *Processo coletivo*. São Paulo: RT, 2006. p. 40-41.
[7] STJ, 1.ª Seção, EREsp 695.665/RS, Rel. Eliana Calmon, j. 23.04.2008, *DJe* 12.05.2008.
[8] STJ, 1.ª Seção, AgRg no EREsp 837.591/RS, Rel. Min. Castro Meira, j. 23.05.2007, *DJe* 11.06.2007, p. 259.
[9] ZAVASCKI, Teori Albino. *Processo coletivo*. São Paulo: RT, 2006. p. 40.
[10] LEONEL, Ricardo de Barros. *Manual do processo coletivo*. São Paulo: RT, 2002. n. 4.10, p. 147.

No âmbito do microssistema coletivo isso significa adequar institutos tradicionais consagrados pelo Código de Processo Civil às exigências do direito material tutelado. Institutos processuais, tais como a competência, a conexão e continência, a legitimidade, a coisa julgada, a liquidação da sentença etc., recebem na tutela coletiva um tratamento diferenciado, variando o grau de distinção do tratamento recebido pelos mesmos institutos no Código de Processo Civil.

Por tutela diferenciada volta-se o processualista às exigências do direito material apresentadas no caso concreto. Nota-se que, apesar de serem ciências autônomas, o Direito processual e o Direito material estão ligados de maneira indissociável, servindo o processo como instrumento estatal de efetiva proteção ao direito material. Como as várias crises de direito material têm diversas particularidades, é necessário percebê-las, adequando-se o procedimento no caso concreto para que a tutela jurisdicional seja efetivamente prestada com a qualidade que dela se espera. Tutela jurisdicional diferenciada, assim, representa a adoção de procedimentos e técnicas procedimentais diferenciadas à luz das exigências concretas para bem tutelar o direito material.[11]

---

[11] ARMELIN, Donaldo. Tutela jurisdicional diferenciada. *RePro*, São Paulo, n. 65, jan.--mar. 1992. p. 45; CRUZ E TUCCI, José Rogério. *Ação monitória*. 2. ed. São Paulo: RT, 1997. p. 14-15; BEDAQUE, José Roberto dos Santos. *Direito e processo*. 2. ed. São Paulo: Malheiros, 2001. p. 33.

Capítulo 8

MICROSSISTEMA COLETIVO

8.1. INTRODUÇÃO

Conforme desenvolvido no Capítulo 7, na ação de improbidade administrativa será possível a elaboração de pedidos de natureza não sancionatória. E, nesse caso, embora o art. 17-D da LIA afirme expressamente não ser admitida a utilização de tal espécie de ação para tutelar o patrimônio público, é exatamente isso que ocorrerá.

Essa consideração preliminar é importante, porque, sempre que tais pedidos forem elaborados, será possível aplicar as regras do microssistema coletivo, desde que estas não contrariem pontualmente as regras do microssistema dos processos sancionatórios.

Tal realidade justifica a existência do presente capítulo numa obra destinada ao estudo da ação de improbidade administrativa. Verdade que o tema perdeu muito de sua relevância prática com o advento da Lei 14.230/2021, mas ainda é possível se falar em interesse residual.

8.2. CONCEITO

Há uma pluralidade de normas processuais que regulamentam a tutela coletiva no Direito pátrio, o que naturalmente complica sua aplicação no caso concreto, com discussões por muitas vezes acaloradas sobre qual norma aplicar. É um problema que poderia ter sido resolvido, mas a opção legislativa não seguiu o desejo da maior parte da doutrina especializada.

Existe um Código Modelo de Processos Coletivos para Ibero-América, aprovado nas Jornadas do Instituto Ibero-Americano de Direito Processual, na Venezuela, em outubro de 2004. Contribuíram para a elaboração desse Código Modelo especialistas ibero-americanos de diversos países, sendo brasileiros Ada Pellegrini Grinover, Kazuo Watanabe, Antonio Gidi e Aluísio de Castro Mendes. Como o próprio nome sugere, entretanto, trata-se apenas de um modelo, que serve, quando muito, para comparação com o Direito vigente em nosso País. De qualquer forma, trata-se de compilação, em um só Código, de todas as normas processuais da tutela coletiva.

Certamente influenciado pelo Código Modelo de Processos Coletivos para Ibero-América, teve início em território nacional um movimento para a elaboração de um Código de Processo Civil coletivo. Depois de muitas idas e vindas, o projeto, que desistiu da ideia originária de novo Código e passou a propor uma revisão substancial da Lei 7.347/1985, para que passasse a ser o diploma processual coletivo (Projeto de Lei 5.139/2009), foi rejeitado na Comissão de Constituição e Justiça,[1] sendo interposto recurso pelo relator e por outros deputados contra tal decisão. Finalmente, em 17 de março de 2010, o projeto de lei foi rejeitado pela Câmara dos Deputados.

Esse brevíssimo histórico é importante porque demonstra que houve uma tentativa legislativa de reunião de todas as normas processuais da tutela coletiva num só diploma legal. Ocorre, entretanto, que o objetivo da maior parte da doutrina não foi atendido, de forma que, atualmente, o sistema processual da tutela coletiva está espalhado por inúmeras leis, o que exige do intérprete o reconhecimento da existência de um microssistema de tutela processual coletiva.

Registre-se, antes de tudo, que o termo microssistema coletivo não é tranquilo na doutrina, havendo aqueles que preferem falar em minissistema[2] e outros que preferem falar em sistema único coletivo.[3] São diferentes nomenclaturas para praticamente o mesmo raciocínio, de forma que a adoção de uma ou de outra não gera qualquer repercussão prática relevante. Adoto o termo microssistema coletivo por parecer o mais adequado, sendo,

---

[1] GRINOVER, Ada Pellegrini. *Código Brasileiro de Defesa do Consumidor*. 6. ed. Rio de Janeiro: Forense Universitária, 1999. p. 35-39.

[2] GRINOVER, Ada Pellegrini. *Código Brasileiro de Defesa do Consumidor*. 6. ed. Rio de Janeiro: Forense Universitária, 1999. p. 33.

[3] GOMES JR., Luiz Manoel; FAVRETO, Rogério. Anotações sobre o projeto da nova lei da ação civil pública: análise histórica e as suas principais inovações. In: MOREIRA, Alberto Camina; ALVAREZ, Anselmo Pietro; BRUSCHI, Gilberto Gomes (Coords.). *Panorama atual das tutelas individual e coletiva*. São Paulo: Saraiva, 2011. p. 530-531.

inclusive, consagrado no Superior Tribunal de Justiça.[4] O mais importante é a definição de como as leis que compõem o microssistema se relacionam e como esse se relaciona com o Código de Processo Civil.

São inúmeras as leis que compõem o microssistema coletivo, podendo ser citadas: Lei 4.717/1965 (Ação Popular); Lei 6.938/1981 (Lei da Política Nacional do Meio Ambiente); Lei 7.347/1985 (Ação Civil Pública); Constituição Federal de 1988; Lei 7.853/1989 (Lei das Pessoas Portadoras de Deficiência); Lei 7.913/1989 (Lei dos Investidores dos Mercados de Valores Imobiliários); Lei 8.069/1990 (Estatuto da Criança e do Adolescente); Lei 8.078/1990 (Código de Defesa do Consumidor); Lei 8.429/1992 (Lei de Improbidade Administrativa); Lei 10.671/2003 (Estatuto do Torcedor); Lei 10.741/2003 (Estatuto do Idoso); Lei 12.016/2009 (Lei do Mandado de Segurança); Lei 12.846/2013 (Lei Anticorrupção); Lei 12.852/2013 (Estatuto da Juventude); Lei 13.146/2015 (Estatuto da Pessoa com Deficiência); e Lei 13.300/2016 (Lei do Mandado de Injunção).

Apesar da inegável pluralidade de leis a compor o microssistema coletivo, a doutrina parece ser tranquila no sentido de ser o núcleo duro desse microssistema formado pela Lei da Ação Civil Pública e pelo Código de Defesa do Consumidor.[5] Para alguns, inclusive, só existiria o Código de Defesa do Consumidor e a ação civil pública, regulada pela Lei 7.347/1985 e reafirmada, contrariada ou complementada pelas demais leis mencionadas.[6] Seja como for, não há como se negar a relevância das Leis 7.347/1985 e 8.078/1990 para o microssistema coletivo.

Com relação à escolha da norma que deve ser aplicada no caso concreto, são três passos: (i) definir dentro do núcleo duro qual norma deve ser aplicada; (ii) fora do núcleo duro, como normas de outras leis que compõem o microssistema devem ser aplicadas; (iii) fora do microssistema, como devem ser aplicadas as regras do Código de Processo Civil.

---

[4] STJ, REsp 1.106.515/MG, Primeira Turma, Rel. Min. Arnaldo Esteves Lima, j. 16.12.2010, DJe 02.02.2011 (julgado que também menciona o termo minissistema); STJ, AgRg no Ag 1.249.132/SP, Primeira Turma, Rel. Min. Luiz Fux, j. 24.08.2010, DJe 09.09.2010; STJ, REsp 1.117.453/SP, Segunda Turma, Rel. Min. Mauro Campbell Marques, j. 24.08.2010, DJe 30.09.2010.

[5] ANDRIGHI, Fátima Nancy. Reflexões acerca da representatividade adequada nas ações coletivas passivas. *Panorama atual das tutelas individual e coletiva*. São Paulo: Saraiva, 2011. p. 338; LEONEL, Ricardo de Barros. *Manual do processo coletivo*. São Paulo: RT, 2002. n. 4.10, p. 148.

[6] GRINOVER, Ada Pellegrini. *Código Brasileiro de Defesa do Consumidor*. 6. ed. Rio de Janeiro: Forense Universitária, 1999. p. 33-34.

Em resposta ao primeiro passo, há corrente doutrinária que defende primeiro a aplicação das normas da Lei da Ação Civil Pública, deixando para aplicação em segundo plano, no que for cabível, as normas previstas no Código de Defesa do Consumidor,[7] enquanto outra corrente entende que, sendo a relação de Direito material de consumo, a aplicação da Lei de Ação Civil Pública se aplica subsidiariamente.[8] O primeiro entendimento é preferível em razão da expressa previsão contida no art. 21 da Lei 7.347/1985.

De qualquer forma, é possível entender que não exista propriamente uma ordem preestabelecida entre os dois diplomas legais. Na realidade, são raras as hipóteses de conflito entre normas desses dois diplomas legais, servindo o segundo para especificar normas existentes no primeiro, como ocorre, por exemplo, no caso da competência, ou para incluir novidades, como ocorre com a expressa previsão de tutela coletiva aos direitos individuais homogêneos. Normas do diploma mais antigo, modificadas posteriormente, também são aplicáveis no diploma mais recente, como o famigerado art. 16 da LACP. Como se nota, há uma quase perfeita interação entre os dois diplomas que formam o núcleo duro do microssistema coletivo.

Mais complexa e interessante para o tema ora enfrentado é a solução de conflito entre o núcleo duro formado pelas duas leis e as demais leis extravagantes que compõem o microssistema. Para parcela da doutrina, primeiro deve-se aplicar o núcleo duro, e somente não havendo norma lá prevista, as demais leis,[9] enquanto outros entendem que primeiro deve-se analisar as leis específicas, e somente na hipótese de omissão se passar à aplicação das normas que compõem o núcleo duro.[10]

Caso seja necessária a determinação *a priori* e de forma abstrata de qual lei deve prevalecer, tem mais lógica o segundo entendimento, aplicando-se antes a norma prevista em lei específica e, somente diante de sua omissão, a norma geral prevista no núcleo duro do microssistema coletivo. Não

---

[7] CARVALHO FILHO, José dos Santos. *Ação civil pública*. 7. ed. Rio de Janeiro: Lumen Juris, 2009. p. 479; DIDIER JR., Fredie; ZANETI JR., Hermes. *Curso de direito processual civil*. 4. ed. Salvador: JusPodivm, 2009. v. 4, p. 53.

[8] NERY JR., Nelson. *Código Brasileiro de Defesa do Consumidor* – comentado pelos autores do anteprojeto. 10. ed. Rio de Janeiro: Forense, 2011. v. I, p. 221.

[9] DIDIER JR., Fredie; ZANETI JR., Hermes. *Curso de direito processual civil*. 4. ed. Salvador: JusPodivm, 2009. v. 4, p. 53.

[10] ALMEIDA, Gregório Assagra de. *Direito processual coletivo brasileiro*. São Paulo: Saraiva, 2003. p. 547; GAJARDONI, Fernando da Fonseca. *Comentários à nova lei de Mandado de Segurança*. São Paulo: Método, 2009. p. 112-113; KLIPPEL, Rodrigo; NEFFA JR., José. *Comentários à Lei de Mandado de Segurança*. Rio de Janeiro: Lumen Juris, 2009. p. 340-341.

parece, entretanto, que deva ser sempre essa a melhor solução, porque é possível que a norma específica seja menos benéfica para a tutela do direito do que aquela prevista de forma genérica na Lei de Ação Civil Pública ou no Código de Defesa do Consumidor.

Haveria até mesmo uma terceira via, a de que dentro do microssistema coletivo deve ser sempre aplicável a norma mais benéfica à tutela do direito material discutido no processo, sendo irrelevante se determinada por norma específica ou geral, anterior ou posterior, ou qualquer outra forma de interpretação de normas. Esse entendimento tem como mérito uma proteção mais efetiva ao direito material coletivo *lato sensu*, independentemente da espécie de direito e do diploma legal criado pelo legislador para tutelá-lo, mas gera relativa insegurança jurídica por não criar bases objetivas para aferição da norma aplicável ao caso concreto.

Por fim, a aplicação das normas existentes no Código de Processo Civil será imprescindível, mas para isso é indispensável que não exista norma expressa aplicável ao caso concreto dentro do próprio microssistema.[11] Além disso, a norma processual presente no Código de Processo Civil não pode afrontar os princípios do processo coletivo, o que leva a doutrina a afirmar que a aplicação não deve ser subsidiária, mas sim eventual.

8.3. MICROSSISTEMA COLETIVO E A AÇÃO DE IMPROBIDADE ADMINISTRATIVA

A Lei 8.429/1992, apesar de sua inegável relevância na efetiva tutela do patrimônio público e da moralidade administrativa, não compõe o núcleo duro do microssistema coletivo, de forma que é importante determinar como essa lei se relaciona com as Leis 7.347/1985 e 8.078/1990. Aparentemente, é mais próxima a relação com a Lei de Ação Civil Pública, havendo até mesmo corrente doutrinária que defende a natureza de ação civil pública diferenciada da ação de improbidade administrativa, conforme analisado no Capítulo 15, item 15.4. Apesar disso, não é recomendável, ao menos *a priori*, descartar a aplicação também do Código de Defesa do Consumidor, ainda que de forma subsidiária.

---

[11] GOMES JR., Luiz Manoel; FAVRETO, Rogério. Anotações sobre o projeto da nova lei da ação civil pública: análise histórica e as suas principais inovações. In: MOREIRA, Alberto Camina; ALVAREZ, Anselmo Pietro; BRUSCHI, Gilberto Gomes (Coord.). *Panorama atual das tutelas individual e coletiva*. São Paulo: Saraiva, 2011. p. 531.

Conforme visto, sempre que a lei específica, no caso, a Lei 8.429/1992, não tiver previsão a respeito de algum aspecto processual, deve-se buscar no núcleo duro do microssistema a solução. O Superior Tribunal de Justiça é tranquilo na aplicação da Lei 7.437/1982 subsidiariamente à Lei 8.429/1992.[12]

Os exemplos são variados: (a) o regime da coisa julgada, que seguirá as previsões do art. 16 da LACP e arts. 103 e 104 do CDC, apesar da polêmica analisada no Capítulo 15, subitem 15.3.; (b) o inquérito civil patrocinado pelo Ministério Público, que seguirá as regras previstas no art. 9.º da LACP; (c) concessão de liminar nos termos do art. 12 da LACP; (d) concessão excepcional de efeito suspensivo aos recursos, nos termos do art. 14 da LACP; (e) o dever funcional atribuído ao Ministério Público de executar a sentença de procedência, conforme prevê o art. 15 da LACP; e (f) as regras de isenção no recolhimento de custas e de condenação em honorários advocatícios, inclusive suas exceções, nos termos dos arts. 17 e 18 da LACP e 87 do CDC.

E mesmo normas que não compõem o núcleo duro do microssistema coletivo terão aplicação na ação de improbidade administrativa, sempre que, além da omissão da Lei 8.429/1992, também não se encontrar norma aplicável nas Leis 7.347/1985 e 8.078/1990. A relevância, nesse caso da Lei 4.717/1965 (Lei da Ação Popular), é inquestionável, havendo, inclusive, precedente do Superior Tribunal de Justiça no sentido de a ação civil pública por ato de improbidade administrativa e a ação popular formarem um microssistema de proteção de direitos coletivos, sendo plenamente compatíveis entre si.[13]

Tome-se como exemplo a regra que regulamenta a desistência e o abandono da causa previsto no art. 9.º de referida lei, o prazo de 15 dias para o juiz sentenciar a demanda, sob pena de aplicação de sanções administrativas, nos termos do art. 7.º, VI, e parágrafo único, o reexame necessário previsto no art. 19,[14] ou ainda o art. 6.º, § 3.º, da mesma lei, aplicável à ação de improbidade administrativa inclusive em razão da expressa previsão do art. 17, § 3.º, da Lei 8.429/1992.

---

[12] STJ, 2.ª Turma, REsp 1.447.774/SP, Rel. Min. Francisco Falcão, j. 21.08.2018, DJe 27.08.2018.

[13] STJ, 2.ª Turma, AgInt no AREsp 1.410.272/GO, Rel. Min. Assusete Magalhães, j. 16.05.2019, DJe 23.05.2019.

[14] STJ, 2.ª Turma, AgRg no REsp 1.219.033/RJ, Rel. Min. Herman Benjamin, j. 17.03.2011, DJe 25.04.2011; STJ, 2.ª Turma, REsp 1.108.542/SC, Rel. Min. Castro Meira, j. 19.05.2009, DJe 29.05.2009.

Em razão disso, é lamentável a decisão do Superior Tribunal de Justiça no sentido de ser inaplicável à ação de improbidade administrativa o art. 19 da Lei 4.717/1965, de forma que a sentença de improcedência e terminativa proferida em tal ação não esteja sujeita ao reexame necessário.[15] Registre-se que a 2.ª Turma do mesmo tribunal entende exatamente o contrário, admitindo a aplicação por analogia do art. 19 da Lei de Ação Popular à ação de improbidade administrativa.[16] A discordância foi resolvida pela 1.ª Seção, em julgamento de embargos de divergência, no sentido de aplicação analógica para o cabimento de reexame necessário.[17]

Questão mais interessante surge quando norma expressa da Lei 8.429/1992 contraria a previsão constante no núcleo duro do microssistema, até porque se colidir com qualquer outra lei de ação coletiva que não faça parte do núcleo duro parece não haver dúvida pela preferência da aplicação da norma específica prevista na Lei de Improbidade Administrativa.

A situação mais interessante é a previsão da legitimidade ativa para a propositura tanto das ações cautelares previstas em lei (depois do Novo Código de Processo Civil, que deixou de prever cautelares típicas, as cautelares são aquelas previstas na Lei 8.429/1992) como da ação principal de improbidade administrativa. Nos arts. 5.º da LACP e 82 do CDC há a consagração de multifacetária legitimidade, sendo variados e de diferentes naturezas os legitimados ativos, enquanto o art. 17, *caput*, da LIA limita a legitimidade ativa ao Ministério Público e à pessoa jurídica interessada. Afinal, quem são os legitimados ativos da ação de improbidade administrativa?

Como já afirmado, existem duas técnicas para se resolver tal conflito.

Adotando-se a regra de aplicação da norma mais benéfica à tutela do direito difuso de proteção ao patrimônio público e a moralidade administrativa, deve ser aplicada a norma independentemente de sua localização. No caso, quanto mais legitimados à propositura da ação coletiva, melhor se atenderá a tutela do direito difuso, devendo-se aplicar à ação de improbidade administrativa os arts. 5.º da LACP e 82 do CDC. Há doutrina que defende tal entendimento, com a natural ampliação da legitimidade ativa

---

[15] STJ, 1.ª Turma, REsp 1.220.667/MG, Rel. Min. Napoleão Nunes Maia Filho, j. 04.09.2014 (Informativo de Jurisprudência do STJ 546).

[16] STJ, 2.ª Turma, AgRg no REsp 1.219.033/RJ, Rel. Min. Herman Benjamin, j. 17.03.2011, *DJe* 25.04.2011; STJ, 2.ª Turma, REsp 1.108.542/SC, Rel. Min. Castro Meira, j. 19.05.2009, *DJe* 29.05.2009.

[17] STJ, 1.ª Seção, EREsp 1.220.667/MG, Rel. Min. Herman Benjamin, j. 24.05.2017, *DJe* 30.06.2017.

na ação coletiva ora analisada.[18] Por outro lado, preferindo-se a norma específica, independentemente de seu teor, a legitimidade ativa da ação de improbidade administrativa será limitada tão somente aos dois sujeitos previstos no art. 17, *caput*, da LIA.[19] No caso, a norma específica prefere à norma geral.

Conforme se pode notar de uma análise casuística sobre o tema, não há uma solução definitiva para tal impasse. Na realidade, o que se nota no dia a dia forense e mesmo no plano acadêmico é uma aplicação indiscriminada das duas regras, de forma que ora se prefere a norma mais benéfica e ora se prefere a norma específica. As variáveis do caso concreto determinam qual a melhor técnica a ser aplicada.

Na hipótese da legitimidade ativa da ação de improbidade administrativa, entendo que a opção pela aplicação do art. 17, *caput*, da LIA em sua literalidade deva ser prestigiada, sendo essa a opinião da doutrina majoritária.[20] Para parcela da doutrina, foi a forma encontrada pelo legislador para evitar possíveis abusos contra a honra dos agentes públicos.[21] Considero, entretanto, que são as penas de natureza político-administrativa analisadas no Capítulo 14, item 14.16.4., que só podem ser pedidas nessa espécie de ação coletiva, que justificam o maior cuidado que o legislador pretendeu imprimir à legitimidade ativa, restando franqueada aos legitimados dos arts. 5.º da LACP e 82 do CDC a ação civil pública e ao cidadão a ação popular, ainda que nesses casos limitadas aos pedidos de anulação do ato

---

[18] GARCIA, Emerson; ALVES, Rogério Pacheco. *Improbidade administrativa*. 6. ed. Rio de Janeiro: Lumen Juris, 2011. n. 6.4, p. 650-655; OLIVEIRA, José Roberto Pimenta. *Improbidade administrativa e sua autonomia constitucional*. Belo Horizonte: Forum, 2009, 10.2.2, p. 352-354.

[19] STJ, 1.ª Turma, REsp 1.071.138/MG, Rel. Min. Napoleão Nunes Maia Filho, j. 10.12.2013, DJe 19.12.2013; STJ, 2.ª Turma, REsp 1.263.538/BA, Rel. Min. Herman Benjamin, j. 16.02.2012, DJe 07.03.2012.

[20] No mesmo sentido: MEIRELLES, Hely Lopes; WALD, Arnaldo; MENDES, Gilmar Ferreira. *Mandado de segurança e ações constitucionais*. 33. ed. São Paulo: Malheiros, 2010. p. 267; SOBRANE, Sérgio Turra. *Improbidade administrativa*: aspectos materiais, dimensão difusa e coisa julgada. São Paulo: Atlas, 2010. p. 121-123; GOMES JUNIOR, Luiz Manoel; FAVRETO, Rogério. *Comentários à Lei de Improbidade Administrativa*. São Paulo: RT, 2010. p. 309; LEONEL, Ricardo de Barros. *Manual do processo coletivo*. São Paulo: RT, 2002. p. 128; FERRARESI, Eurico. *Improbidade administrativa*. São Paulo: Método, 2011. p. 174-175; MARQUES, Sílvio Antonio. *Improbidade administrativa*. São Paulo: Saraiva, 2010. p. 197.

[21] SANTOS, Carlos Frederico Brito dos. *Improbidade administrativa*. 2. ed. Rio de Janeiro: Forense, 2009, 4.2.2.5, p. 244.

ilícito e de condenação a reparação do dano causado ao patrimônio público, quando existente.

Outro interessante exemplo diz respeito ao destino de dinheiro arrecadado na ação de improbidade administrativa. Nos termos do art. 18 da LIA, havendo condenação à reparação do dano ou ao perdimento de bens havidos ilicitamente, o pagamento ou reversão dos bens será realizado em benefício da pessoa jurídica prejudicada pelo ato de improbidade administrativa. Já o art. 13 da LACP prevê que, havendo condenação em dinheiro, o produto arrecadado será destinado ao FDD (Fundo de Direitos Difusos), regulamentado pelo Decreto 1.306/1994.

Conforme analisado com a devida profundidade nos subitens 14.16.4.2 e 14.16.4.3, do Capítulo 14, na ação de improbidade administrativa prefere-se a aplicação da norma específica consagrada no art. 18 da LIA. Trata-se, inclusive, de interessante hipótese na qual a melhor doutrina sugere a mesma solução para o produto arrecadado em ação civil pública ou ação popular sempre que identificada a pessoa jurídica lesada pelo ato ilícito impugnado na demanda.

Capítulo 9

AÇÃO DE IMPROBIDADE ADMINISTRATIVA E PROCESSO PENAL

9.1. INTRODUÇÃO

Conforme aponta a melhor doutrina, existe um microssistema de processo sancionatório, formado pelo processo penal, pelo processo administrativo sancionatório e pelos processos de natureza cível, em que se permite a aplicação de sanções, como ocorre na ação de improbidade administrativa.

Essa é uma premissa importante para se compreender como deve ocorrer o diálogo entre o processo penal e o processo civil na interpretação das normas procedimentais aplicáveis à ação de improbidade administrativa. Não é, entretanto, a única.

O legislador, ao menos no tocante ao procedimento da demanda principal, fez uma clara opção ao prever, no *caput* do art. 17 da LIA, a adoção do procedimento comum previsto no Código de Processo Civil. Essa opção, naturalmente, não pode ser simplesmente desconsiderada.

Por outro lado, mais uma vez por exigência do próprio legislador, a interpretação dos dispositivos legais presentes na LIA deverá ser inspirada nos princípios norteadores do processo administrativo sancionatório (art. 1.º, § 4.º, da LIA).

9.2. INFLUÊNCIA DAS NORMAS PROCESSUAIS PENAIS

Parece inegável que inúmeras normas procedimentais consagradas no art. 17 da LIA tenham sido inspiradas em normas processuais penais, em especial quando se percebe a preocupação do legislador em criar técnicas procedimentais diferenciadas para mais adequadamente tutelar o réu contra o poder acusatório do Estado.

Nesse sentido: (a) o § 6.º, I, ao exigir a individualização da conduta do réu na petição inicial; (b) o § 18, ao prever o direito do réu de ser interrogado sobre os fatos de que trata a ação, sendo que a sua recusa ou o seu silêncio não implicarão confissão; (c) o § 19, I, afastando a presunção de veracidade dos fatos alegados pelo autor em caso de revelia; e (d) o § 19, II, vedando a distribuição dinâmica do ônus da prova, prevista nos §§ 1.º e 2.º do art. 373 do CPC.

Naquilo que deve ser apontado como um exagero do legislador, porque, embora se justifique sob a perspectiva de tutela do réu acusado, cria regra ainda mais protetiva do que aquela existente no processo penal, o § 10-C, combinado com o § 10-F, I, afasta a possibilidade de aplicação do brocardo do princípio do *iura novit curia* no julgamento da ação de improbidade administrativa. O tema é devidamente tratado nos Capítulos 14 e 15.

No momento, cabe apenas ressaltar que, diferentemente do que ocorre no processo penal, no qual se admite tanto a *emendatio libelli* como a *mutatio libelli*, na ação de improbidade administrativa, a proteção do réu é significativamente superior, estando o juízo adstrito aos fatos narrados pelo autor em sua petição inicial e à qualificação jurídica atribuída por ela à conduta do réu.

Por outro lado, no que pode, até certo ponto, ser considerado um movimento paradoxal, não foi mantida, no texto legal, especialidade procedimental da prova oral. A redação originária do art. 17, § 12, da LIA determinava a aplicação à prova oral a ser produzida na ação de improbidade administrativa das regras consagradas no art. 221, *caput* e § 1.º, do CPP. A norma foi revogada, passando-se a aplicar à hipótese as regras do Código de Processo Civil, o que não deixa de ser interessante por conta da reconhecida natureza sancionatória da demanda de improbidade administrativa.

A mudança mais significativa será a ausência da prerrogativa do presidente, do vice-presidente da República e dos presidentes do Senado Federal, da Câmara dos Deputados e do Supremo Tribunal Federal de optarem pela prestação de depoimento por escrito, caso em que as perguntas, formuladas pelas partes e deferidas pelo juiz, lhes seriam transmitidas por ofício.

Essa prerrogativa era bastante interessante, porque criava, na ação de improbidade administrativa, uma prova atípica. O conteúdo era de prova testemunhal, mas em forma de documento ("prova documentada"). Nunca gostei da prerrogativa por permitir um depoimento preparado, pensado, sem a pressão natural de uma audiência, podendo ser produzido, inclusive, por um terceiro, e não necessariamente a autoridade.

Em outra modificação legislativa que merece ser mencionada, foi abandonada a fase prévia de admissibilidade da petição inicial, inspirada no procedimento especial previsto para os crimes funcionais previsto nos arts. 513 a 518 do CPP. Ainda que não vá fazer falta alguma, trata-se de regra procedimental claramente inspirada em norma processual penal que, não mostrando adequação ao longo dos anos para efetiva tutela diferenciado do réu, foi corretamente abandonada.

Uma possível solução para se concluir qual a influência das normas processuais penais na ação de improbidade administrativa seria a expressa manifestação do legislador. Por essa teoria, naquilo que o legislador pretendia ser influenciado ele o foi de forma expressa, consagrando tal influência por meio de previsões legais. Nada além disso, portanto, deve ser trazido do processo penal para a ação de improbidade administrativa.

Corrobora essa narrativa, pelo menos parcialmente, a redação do art. 17, *caput*, do CPC ao prever a aplicação do procedimento comum previsto no Código de Processo Civil, salvo aquilo que estiver disposto em sentido contrário pela própria lei. O "parcialmente" fica por conta da previsão se referir apenas ao procedimento da ação principal de improbidade, não resolvendo, portanto, os problemas relacionados, por exemplo, à influência do processo penal à ação rescisória.

Trata-se, não tenho dúvidas, de uma solução que traria grande segurança jurídica. Afinal, resolveria uma série de questões com indiscutível objetividade. O procedimento da ação de improbidade administrativa é aquele previsto no art. 17 da LIA; no que o dispositivo faltar, aplicam-se as regras do procedimento comum previsto no CPC, sendo, portanto, inaplicável a aplicação de qualquer regra de processo penal.

A solução, entretanto, não é tão simples assim.

E, antes que se imagine a criação de alguma teoria *contra legem*, que atropela a letra da lei com fundamentos principiológicos tendenciosamente construídos para atender a interesses pessoais ou coisas ainda piores, já adianto que a estrutura sugerida no parágrafo anterior será, no mais das vezes, a mais adequada ao caso concreto. Ou seja: aplica-se a regra da lei de improbidade e, na sua ausência, a do Código de Processo Civil.

Não vejo, por exemplo, nenhum sentido em querer aplicar as regras do Código de Processo Penal que regulamentam a citação, a contestação ou os recursos. A ação de improbidade administrativa, afinal, e apesar da dicção do art. 17-D da LIA, tem natureza civil, e o previsto no art. 17, *caput*, da LIA tem significado e não pode simplesmente ser ignorado e/ou desprezado. Ninguém em sã consciência deveria sequer imaginar tal proposta.

Por outro lado, simplesmente fechar as portas às normas processuais penais, ou, ao menos, a uma influência principiológica do processo penal não só me parece contrariar a própria natureza – reconhecida pelo legislador – de ação sancionatória da ação de improbidade administrativa, como também trabalhar *contra legem*.

Conforme já mencionado, o art. 1.º, § 4.º, da LIA exige do intérprete que as normas previstas na lei sejam interpretadas à luz dos princípios do processo administrativo sancionador. Não sou especialista do tema, mas me parece que essa espécie de processo tem como princípio basilar o devido processo legal, que, quando aplicado ao processo estatal sancionatório, se consubstancia nos princípios de presunção de inocência, contraditório, ampla defesa, publicidade, juiz natural, *nemo tenetur se detegere*, proporcionalidade, dentre outros.

Dessa forma, se o objetivo for realmente cumprir o que está previsto na Lei de Improbidade Administrativa, tanto na aplicação da própria lei como na aplicação residual do Código de Processo Civil, não se pode, simplesmente, desconsiderar tais princípios.

É justamente por isso que, apesar de estar previsto no procedimento comum do Código de Processo Civil o depoimento pessoal das partes, inclusive com a confissão tácita na hipótese de ausência injustificada, silêncio e respostas evasivas, esse meio de prova é inadmissível na ação de improbidade administrativa. Simplesmente porque fere o princípio do *nemo tenetur se detegere*.

Capítulo 10

LEGITIMIDADE

10.1. ESPÉCIES DE LEGITIMIDADE

Conforme tradicional lição doutrinária, a legitimidade para agir (*legitimatio ad causam*) é a pertinência subjetiva da demanda ou, em outras palavras, é a situação prevista em lei que permite a um determinado sujeito propor a demanda judicial e a um determinado sujeito formar o polo passivo dessa demanda.[1] Tradicionalmente se afirma que serão legitimados ao processo os sujeitos descritos como titulares da relação jurídica de direito material deduzida pelo demandante,[2] mas essa definição só tem serventia para a legitimação ordinária, sendo inadequada para a conceituação da legitimação extraordinária.

Na tutela individual a regra geral em termos de legitimidade é consagrada no art. 18 do CPC, ao prever que somente o titular do alegado direito pode pleitear em nome próprio seu próprio interesse, consagrando a legitimação ordinária, com a ressalva de que o dispositivo legal somente se refere à legitimação ativa, mas é também aplicável para a legitimação passiva. A regra do sistema processual, ao menos no âmbito da tutela individual, é a legitimação ordinária, com o sujeito em nome próprio defendendo interesse próprio.

---

[1] ASSIS, Araken de. Substituição processual. *Revista Dialética de Direito Processual*, São Paulo, v. 9, 2003, p. 9.

[2] THEODORO JR., Humberto. *Curso de direito processual civil*. 47. ed. Rio de Janeiro: Forense, 2007. v. 1, n. 53, p. 68; CÂMARA, Alexandre Freitas. *Lições de direito processual civil*. 17. ed. Rio de Janeiro: Lumen Juris, 2008. v. 1, p. 116; GRECO, Leonardo. *A teoria da ação no processo civil*. São Paulo: Dialética, 2003. n. 2.7, p. 41; Pinho, *Teoria*, n. 12.5.2, p. 127; FUX, Luiz. *Curso de direito processual civil*. 2. ed. Rio de Janeiro: Forense, 2004. p. 160.

Excepcionalmente, admite-se que alguém em nome próprio litigue em defesa do interesse de terceiro, hipótese em que haverá uma legitimação extraordinária. Apesar de o art. 18 do CPC prever expressamente que a legitimação depende de autorização expressa da lei, a melhor doutrina entende que, além da previsão legal, também se admite a legitimação extraordinária quando decorrer logicamente do sistema,[3] como ocorre com a legitimação recursal do advogado em apelar do capítulo da sentença que versa sobre seus honorários advocatícios.

Existe certo dissenso doutrinário a respeito da legitimação extraordinária e da substituição processual. Enquanto parcela da doutrina defende tratar-se do mesmo fenômeno, sendo substituto processual o sujeito que recebeu pela lei a legitimidade extraordinária de defender interesse alheio em nome próprio,[4] outra parcela da doutrina entende que a substituição processual é uma espécie de legitimação processual.[5] Há aqueles que associam a substituição processual à excepcional hipótese de o substituído não ter legitimidade para defender seu direito em juízo, sendo tal legitimação exclusiva do substituto. Para outros, a substituição processual só ocorre quando o legitimado extraordinário atua no processo sem que o legitimado ordinário atue em conjunto com ele.[6]

As explicações não convencem, sendo amplamente superior a corrente doutrinária que entende tratarem-se a substituição processual e a legitimação extraordinária do mesmo fenômeno. Além disso, no âmbito da tutela coletiva, parece não haver qualquer empecilho para a utilização da expressão substituição processual, ao menos para aqueles que entendem ser a legitimidade ativa uma legitimação extraordinária. Para tanto, basta lembrar que o titular do direito difuso, coletivo ou individual homogêneo não é legitimado, ao menos por meio de ação coletiva, à defesa do direito em juízo. Dessa forma, mesmo para a corrente doutrinária que diferencia a legitimação extraordinária da substituição processual, na tutela coletiva

---

[3] NERY JR., Nelson; NERY, Rosa Maria de Andrade. *Código de Processo Civil comentado.* 10. ed. São Paulo: RT, 2008. p. 178; BARBOSA MOREIRA, José Carlos. Notas sobre o problema da efetividade do processo. *Temas de direito processual civil.* 3.ª série. São Paulo: Saraiva, 1984. p. 33.

[4] DINAMARCO, Cândido Rangel. *Instituições de direito processual civil.* São Paulo: Malheiros, 2001. v. 1, n. 548, p. 308; THEODORO JR., Humberto. *Curso de direito processual civil.* 47. ed. Rio de Janeiro: Forense, 2007. v. 1, n. 53, p. 68.

[5] ASSIS, Araken de. Substituição processual. *Revista Dialética de Direito Processual,* São Paulo, v. 9, 2003, p. 16-17; MARINONI, Luiz Guilherme; MITIDIERO, Daniel Francisco. *Código de Processo Civil comentado.* São Paulo: RT, 2008. p. 101.

[6] CÂMARA, Alexandre Freitas. *Lições de direito processual civil.* 17. ed. Rio de Janeiro: Lumen Juris, 2008. v. 1, p. 118.

não restará dúvida de que os legitimados são substitutos processuais e os titulares do direito, substituídos.

Registre-se a existência de corrente doutrinária que defende a limitação da legitimação extraordinária à tutela individual, afirmando que, por meio dessa espécie de legitimação, se defende em juízo um direito subjetivo singular de titularidade de pessoa determinada. Sendo o direito difuso de titularidade da coletividade (sujeitos indeterminados e indetermináveis) e o direito coletivo de uma comunidade – classe, grupo ou categoria de pessoas (sujeitos indeterminados, mas determináveis) –, inaplicável a eles a legitimação extraordinária. Sob forte influência dos estudos alemães a respeito do tema, defende que a legitimação ativa nas ações que têm como objeto direito difuso ou coletivo é uma terceira espécie de legitimidade, chamada de legitimidade autônoma para a condução do processo.[7]

Quanto à ação de improbidade administrativa especificamente, já foi devidamente desenvolvido no Capítulo 7 a sua natureza jurídica, podendo ser a demanda meramente sancionatória ou mista, dependendo dos pedidos elaborados no caso concreto. A discussão quanto à espécie de legitimidade não parece relevante, porque, qualquer que seja a natureza da demanda, será indefensável a legitimidade ordinária no polo ativo. Afinal, seja elaborando pedidos sancionatórios, seja elaborando pedidos de outras naturezas, nunca estará em juízo em nome próprio na defesa de direito próprio. Será sempre, portanto, uma legitimidade extraordinária ou autônoma para condução do processo, a depender da preferência doutrinária.

No polo passivo, como tradicionalmente ocorre em toda ação coletiva, a legitimação será ordinária, com os réus em nome próprio defendendo seus próprios interesses.

10.2. LEGITIMAÇÃO ATIVA

10.2.1. Introdução

Originariamente havia dois legitimados ativos para a ação de improbidade administrativa: o Ministério Público e a pessoa jurídica interessada, sendo firme a jurisprudência no sentido restrito desse rol legal ser exauriente.[8]

---

[7] NERY JR., Nelson; NERY, Rosa Maria de Andrade. *Código de Processo Civil comentado*. 10. ed. São Paulo: RT, 2008. p. 178.

[8] STJ, 2.ª Turma, AgRg no AREsp 563.577/DF, Rel. Min. Herman Benjamin, j. 12.02.2015, *DJe* 20.03.2015; STJ, 1.ª Turma, REsp 1.071.138/MG, Rel. Min. Napoleão Nunes Maia Filho, j. 10.12.2013; *DJe* 19.12.2013.

Com o advento da Lei 14.230/2021, o que já era restrito ficou ainda mais, posto que a legitimidade ativa se concentrou no Ministério Público. Por conta da limitação, inclusive, o legislador criou regra para regulamentar a superveniente ilegitimidade ativa da pessoa jurídica interessada nas demandas já em trâmite por ela propostas.

Segundo o art. 3.º, *caput*, da Lei 14.230/2021, no prazo de um ano a partir da data de publicação da lei, o Ministério Público competente manifestará interesse no prosseguimento das ações por improbidade administrativa em curso ajuizadas pela Fazenda Pública, inclusive em grau de recurso. Ou seja, o Ministério Público, já no processo como fiscal da ordem jurídica, deverá requerer sua recolocação como autor da demanda, sob pena de extinção terminativa do processo.

Tratou-se de norma transitória que atualmente perdeu totalmente o interesse.

Em controle concentrado de constitucionalidade, o STF entendeu inconstitucional a retirada de legitimidade da pessoa jurídica interessada, restabelecendo-a[9]. Entendo que a decisão é manifestamente equivocada, partindo de premissas erradas e confusas, algumas proporcionas, é verdade, pelas próprias mudanças advindas da Lei 14.230/2021.

O STF entendeu que "que a supressão da legitimidade ativa das pessoas jurídicas interessadas para a propositura da ação por ato de improbidade representa uma inconstitucional limitação ao amplo acesso à jurisdição (CF, art. 5º, XXXV) e a defesa do patrimônio público, com ferimento ao princípio da eficiência (CF, art. 37, *caput*) e significativo retrocesso quanto ao imperativo constitucional de combate à improbidade administrativa".

Conforme já devidamente analisado no Capítulo 7, o legislador consagrou a natureza sancionatória da ação de improbidade administrativa e, mesmo que contraditoriamente, previu que esse tipo de demanda não serviria mais à tutela do patrimônio público, o que deveria ser buscado em ação civil pública. Também conforme já defendido, a aplicação das sanções previstas em lei não tutela o patrimônio público nem qualquer outra espécie de direito difuso.

Diante de tais premissas, parece razoável limitar os pedidos sancionatórios à legitimidade ativa do Ministério Público, que, eventualmente, poderá, além deles, elaborar pedidos de outras naturezas. A pessoa jurídica interessada, por

---

[9] STF, ADI 7.042, Rel. Min. Alexandre de Moraes, Tribunal Pleno, j. 31.08.2022, publ. 28.02.2023.

outro lado, continua legitimada à propositura da ação civil pública, por meio da qual poderá, de forma ampla e completa, tutelar o patrimônio público.

Como se pode notar, portanto, não há absolutamente nenhuma limitação à tutela do patrimônio público ao se limitar a legitimidade ao Ministério Público para a propositura de uma ação civil de natureza sancionatória, enquanto à pessoa jurídica interessada, considerada pelo STF como Fazenda Pública, mantém-se a legitimidade ativa para tutelar o patrimônio público via ação civil pública.

A cereja do bolo, entretanto, foi o STF, no mesmo julgamento, ter afirmado que a legitimidade da Fazenda Pública ao buscar a tutela do patrimônio público em juízo pela via da ação de improbidade administrativa é ordinária. Aqui a Corte demonstrou a profunda incompreensão do papel desenvolvido pela tutela do patrimônio público nessa espécie de ação, inclusive contrariando toda a jurisprudência consolidada até então ao considerá-la uma espécie de ação civil pública.

O equívoco é manifesto e, pior, se levado realmente a sério não só tem consequências graves como deletérias à tutela do patrimônio público. Afinal, se a legitimidade de fato for ordinária, não se poderá aplicar, em nenhuma hipótese, aos pedidos não sancionatórios o microssistema coletivo, já que estaremos diante de uma mera tutela individual (um sujeito que foi lesado em seu patrimônio buscando a sua reparação).

Como defendi no Capítulo 7.1., entendo que nos pedidos não sancionatórios, em que se busca a tutela do patrimônio público, o direito material tutelado é de natureza difusa, de forma a ser a eles aplicáveis, desde que compatíveis com o microssistema dos processos sancionatórios, o microssistema coletivo. E mesmo diante da referida decisão do STF não me convenço a mudar de entendimento.

10.2.2. Pessoa jurídica interessada

Conforme consta do art. 1.º da Lei 8.429/1992, os atos de improbidade administrativa podem ser praticados contra a Administração Direta, Indireta ou Fundacional de qualquer dos Poderes da União, dos Estados, do Distrito Federal, dos Municípios, de Território, de empresa incorporada ao patrimônio público ou de entidade para cuja criação ou custeio o erário haja concorrido ou concorra com mais de cinquenta por cento do patrimônio ou da receita anual. Também pode ser praticado ato de improbidade administrativa contra o patrimônio de entidade que receba subvenção, benefício ou incentivo, fiscal ou creditício, de órgão público bem como aquelas para cuja criação ou custeio o erário haja concorrido ou concorra com menos de cinquenta por cento do patrimônio ou da receita anual, nos termos do parágrafo único do mesmo dispositivo legal.

Por força da Lei Complementar 157/2016, foi incluído o § 13 no art. 17 da Lei 8.429/1992, considerando pessoa jurídica interessada o ente tributante que figurar no polo ativo da obrigação tributária de que trata o art. 8.º-A da Lei Complementar 116/2003. Ao considerar tais entes pessoa jurídica interessada, a consequência processual é atribuir-lhes legitimidade ativa para a propositura de ação de improbidade administrativa.

É importante observar que, mesmo sendo legitimado ativo para a propositura da ação de improbidade administrativa, o ente tributante só terá interesse de agir na hipótese da prática do ato ilícito previsto no art. 10-A da Lei 8.429/1992. A conclusão é reforçada com a simples constatação de que ambos dispositivos legais foram incluídos na Lei de Improbidade Administrativa pela mesma Lei Complementar 157/2016.

Prevendo o art. 17, *caput*, da Lei de Improbidade Administrativa a legitimidade da "pessoa jurídica interessada", questiona-se se todas as pessoas jurídicas previstas no art. 1.º da mesma lei tem legitimidade para a propositura da ação de improbidade administrativa. O tema é polêmico.

Para parcela doutrinária a legitimidade restringe-se às pessoas jurídicas de direito público vitimadas pelo ato de improbidade administrativa, abrangendo a Administração Direta (União, Estado e Município), Indireta e Fundacional.[10] O principal argumento é que a ação de improbidade administrativa não visa proteger o patrimônio privado das demais pessoas jurídicas previstas no art. 1.º da LIA, mas o uso irregular dos recursos públicos nelas investidos.[11]

Prefiro o entendimento ampliativo no sentido de que todas as pessoas jurídicas que possam ser prejudicas por ato de improbidade administrativa tenham legitimidade ativa para a propositura da ação ora analisada.[12]

---

[10] MARQUES, Sílvio Antonio. *Improbidade administrativa*. São Paulo: Saraiva, 2010. 2.4.4.1, p. 196; FERRARESI, Eurico. *Improbidade administrativa*. São Paulo: Método, 2011. p. 175.

[11] GARCIA, Emerson; ALVES, Rogério Pacheco. *Improbidade administrativa*. 6. ed. Rio de Janeiro: Lumen Juris, 2011. 6.2, p. 644; ZAVASCKI, Teori Albino. *Processo coletivo*. São Paulo: RT, 2006. p. 128; ANDRADE, Adriano; MASSON, Cleber; ANDRADE, Landolfo. *Interesses difusos e coletivos esquematizado*. São Paulo: Método, 2011. 6.12.3, p. 732; SOBRANE, Sérgio Turra. *Improbidade administrativa*: aspectos materiais, dimensão difusa e coisa julgada. São Paulo: Atlas, 2010. 8.3.1.

[12] MEIRELLES, Hely Lopes; WALD, Arnoldo; MENDES, Gilmar Ferreira. *Mandado de segurança e ações constitucionais*. 33. ed. São Paulo: Malheiros, 2010. p. 266; SANTOS,

Cabe o registro de que o legislador, apesar de fazer menções à Fazenda Pública nos §§ 2.º e 3.º do art. 17 da LIA, preferiu a utilização do termo "interessada" no *caput* do dispositivo para qualificar a legitimidade ativa para a propositura da ação.

O interesse deve ser naturalmente jurídico, verificado justamente em razão de ter sido a pessoa jurídica vitimada pelo ato de improbidade administrativa. O fato de os valores que venham a ser obtidos na ação serem revertidos à pessoa jurídica de direito público que haja incorporado, criado, custeado ou incentivado a pessoa jurídica de direito privado é irrelevante, considerando-se a natureza extraordinária da legitimação ativa. Significa dizer que a pessoa jurídica de direito privado tem interesse jurídico porque foi vítima do ato de improbidade administrativa, e mesmo não sendo credora dos valores que possam ser recuperados por meio da ação de improbidade administrativa, poderá propor a ação em prol da coletividade. Por outro lado, a ação pode visar a condenação de dirigente da própria pessoa jurídica privada, que naturalmente terá interesse jurídico em demonstrar que não compactuou com o ato de improbidade administrativa.

Não teria sentido a lei prever que a pessoa jurídica de direito privado pode ser vítima de ato de improbidade e não lhe outorgar a legitimidade ativa para a propositura da correspondente ação judicial.[13] Entendo que a legitimidade ativa da pessoa jurídica de direito privado decorre da possibilidade de ela ser sujeito passivo do ato de improbidade administrativa, nos limites analisados no Capítulo 4, item 4.1.

Uma vez admitida a legitimidade da pessoa jurídica de direito privado mencionada no art. 1.º da LIA, é indubitável a natureza extraordinária dessa legitimidade. A natureza jurídica da legitimação da pessoa jurídica de direito público lesada pelo ato de improbidade administrativa suscita na doutrina alguma dúvida em razão da duplicidade de interesses que podem ser divisados numa ação na qual a própria pessoa jurídica lesada ingressa com ação para reparação de seu patrimônio, que por ser público, interessa também à coletividade.

Carlos Frederico Brito dos. *Improbidade administrativa*. 2. ed. Rio de Janeiro: Forense, 2009. 4.2.2.5, p. 243; PAZZAGLINI FILHO, Marino. *Lei de Improbidade Administrativa comentada:* aspectos constitucionais, administrativos, civis, criminais, processuais e de responsabilidade fiscal. 5. ed. São Paulo: Atlas, 2011. 3.4.2, p. 204.

[13] OLIVEIRA, José Roberto Pimenta. *Improbidade administrativa e sua autonomia constitucional.* Belo Horizonte: Forum, 2009. 10.2.2, p. 352; DECOMAIN, Pedro Roberto. *Improbidade administrativa.* São Paulo: Dialética, 2007. 9.2.2, p. 232.

Essa duplicidade de interesses leva parcela da doutrina a defender uma natureza híbrida da legitimidade da pessoa jurídica de direito público lesada: é ordinária porque a pessoa jurídica defende em nome próprio seu próprio interesse, que é a recomposição de seu patrimônio, e também é extraordinária, porque defende em nome próprio interesse da coletividade na recomposição do patrimônio público.[14]

O entendimento, entretanto, não deve ser prestigiado. Ainda que se reconheça a inegável existência de um interesse da Administração Pública na recomposição de seu patrimônio, para tal intento não se presta a tutela coletiva. O direito individual de recomposição de seu patrimônio deve ser perseguido pela Administração Pública no plano da tutela individual, por meio de uma corriqueira ação de cobrança. Optando por qualquer ação coletiva, a de improbidade administrativa incluída, o interesse que legitimará a aplicação do microssistema coletivo será necessariamente de natureza transindividual ou individual homogêneo.

Dessa forma, numa ação de improbidade administrativa o interesse tutelado será sempre o direito difuso da coletividade na proteção e recomposição do patrimônio público, sendo a legitimidade ativa sempre extraordinária – ou autônoma para condução do processo, como prefere parcela da doutrina – mesmo para a pessoa jurídica de direito público lesada pelo ato de improbidade.

Apesar das interessantes polêmicas a respeito da legitimidade ativa da pessoa jurídica interessada, na prática é extremamente rara a propositura de ações de improbidade administrativa por esses sujeitos. O corporativismo fala mais alto e, infelizmente, ainda não temos a maturidade política e a plena cidadania que seriam necessárias para uma atuação mais efetiva dessas pessoas jurídicas como autoras das ações de improbidade administrativa.

10.2.3. Ministério Público

O Ministério Público tem legitimidade para a propositura da ação de improbidade administrativa por expressa previsão do art. 17, *caput*, da LIA. O dispositivo infraconstitucional tem esteio em norma constitucional,

---

[14] GARCIA, Emerson; ALVES, Rogério Pacheco. *Improbidade administrativa*. 6. ed. Rio de Janeiro: Lumen Juris, 2011. 6.2, p. 644; ANDRADE, Adriano; MASSON, Cleber; ANDRADE, Landolfo. *Interesses difusos e coletivos esquematizado*. São Paulo: Método, 2011. 6.12.3, p. 732; SOBRANE, Sérgio Turra. *Improbidade administrativa*: aspectos materiais, dimensão difusa e coisa julgada. São Paulo: Atlas, 2010. 8.3.1, p. 126.

mais precisamente o art. 129, III, da CF, ao prever ser uma das finalidades institucionais do Ministério Público a promoção do inquérito civil e da ação civil pública, para a proteção do patrimônio público e social, do meio ambiente e de outros interesses difusos e coletivos.

Conforme ensina a melhor doutrina, não se devem confundir os interesses de direito material decorrentes de prejuízos ao erário em decorrência da prática de ato de improbidade administrativa. O interesse individual da pessoa jurídica de direito público lesada não se confunde com o interesse difuso da coletividade.[15] Interesse público primário e secundário, nas lições consolidadas de Direito Administrativo.[16]

Diante da distinção e da natureza do direito tutelado pelas ações que compõem o microssistema coletivo, inclusive a de improbidade administrativa, é absolutamente inadequado afirmar-se que a propositura dessa ação pelo Ministério Público de alguma forma afrontaria o art. 129, IX, da CF, que proíbe ao *Parquet* a representação judicial de entidades públicas. Haveria afronta ao dispositivo legal se o Ministério Público ingressasse com uma mera ação de cobrança regida pelo sistema processual da tutela individual visando a reparação do patrimônio público. Na ação de improbidade administrativa, entretanto, não é esse o interesse defendido, mas o direito difuso da coletividade na proteção do patrimônio público.[17] Nesse sentido o entendimento pacificado do Superior Tribunal de Justiça.[18] A possibilidade de o Ministério Público tutelar por meio de ação coletiva o erário é, inclusive, sumulada.[19]

Nota-se que, em qualquer ação coletiva pela qual o Ministério Público busque a proteção do patrimônio público, a legitimidade estará justificada na espécie de direito tutelado em tal ação. Na hipótese de ação de improbidade

---

[15] STJ, 2.ª Turma, AgRg no AREsp 484.423/MS, Rel. Min. Assusete Magalhães, j. 1.º.12.2015, *DJe* 14.12.2015.

[16] STJ, 2.ª Turma, REsp 1.069.723-SP, Rel. Min. Humberto Martins, j. 19.02.2009 (Informativo de Jurisprudência do STJ 384).

[17] SOBRANE, Sérgio Turra. *Improbidade administrativa*: aspectos materiais, dimensão difusa e coisa julgada. São Paulo: Atlas, 2010. p. 125.

[18] STJ, 2.ª Turma, REsp 1.233.629/SP, Rel. Min. Herman Benjamin, j. 14.06.2011, *DJe* 14.09.2011; STJ, 1.ª Turma, AgRg no Ag 1.338.058/MG, Rel. Min. Benedito Gonçalves, j. 05.04.2011, *DJe* 08.04.2011.

[19] Súmula 329/STJ: "O Ministério Público tem legitimidade para propor ação civil pública em defesa do patrimônio público". A tese 2 da edição n.º 38 da "Jurisprudência em Teses" do STJ dispõe: "O Ministério Público tem legitimidade *ad causam* para a propositura de Ação Civil Pública objetivando o ressarcimento de danos ao erário, decorrentes de atos de improbidade".

administrativa, a legitimação é ainda mais justificável e, por que não dizer, mais necessária do que nas demais espécies de ação coletiva.

É ainda mais justificável porque na ação de improbidade administrativa não se busca somente a tutela de reparação do patrimônio público, mas também a imposição de sanções aos ímprobos, o grande diferencial dessa espécie de ação coletiva.[20] O interesse à punição daqueles que praticam os atos de improbidade administrativa nos termos do art. 12 da LIA é indiscutivelmente de natureza difusa, tendo como titular a coletividade.

E a legitimidade é ainda mais necessária porque, se a propositura dependesse da iniciativa das pessoas jurídicas interessadas, seria o ocaso desse tipo de ação. Como lembra a melhor doutrina, os membros dos corpos jurídicos dessas pessoas jurídicas de direito público não têm autonomia para a propositura de ações, o que obviamente será decisivo na opção pela omissão. Não é mesmo crível imaginar que um procurador do estado ingresse com ação de improbidade contra o governador, ou o advogado da União contra o presidente.[21]

Atualmente, a legitimidade do Ministério Público para a propositura da ação de improbidade administrativa é indiscutível, entendendo o Superior Tribunal de Justiça inclusive que tal legitimidade se aplica para atos praticados antes da Constituição Federal de 1988.[22]

Há interessante questão a respeito da participação do Ministério Público Estadual como parte em recursos perante os tribunais superiores, considerando-se a atuação nesses tribunais do Ministério Público Federal. A jurisprudência do Superior Tribunal de Justiça aponta para a legitimidade como parte recursal do Ministério Público Estadual, ficando reservada ao Ministério Público Federal a participação como fiscal da ordem jurídica.[23]

---

[20] OLIVEIRA, José Roberto Pimenta. *Improbidade administrativa e sua autonomia constitucional*. Belo Horizonte: Forum, 2009. 10.2.1, p. 346.

[21] NERY JR., Nelson. O sistema do processo coletivo e o interesse público. In: GARCIA, Emerson; ALVES, Rogério Pacheco. *Improbidade administrativa*. 3. ed. Rio de Janeiro: Lumen Juris, 2006. 6.3, p. 646.

[22] STJ, 1.ª Turma, REsp 1.113.294-MG, Rel. Min. Luiz Fux, j. 09.03.2010 (Informativo de Jurisprudência do STJ 426).

[23] A tese 3 da edição n.º 38 da "Jurisprudência em Teses" do STJ dispõe: "O Ministério Público estadual possui legitimidade recursal para atuar como parte no Superior Tribunal de Justiça nas ações de improbidade administrativa, reservando-se ao Ministério Público Federal a atuação como fiscal da lei".

10.2.4. Litisconsórcio entre os legitimados

Sendo dois os legitimados à propositura da ação de improbidade administrativa, e tratando-se de legitimidade concorrente e disjuntiva,[24] é possível que haja a formação de um litisconsórcio entres eles, que pode ser tanto inicial como superveniente. Apesar de bastante incomum, é possível que o Ministério Público e a pessoa jurídica interessada se reúnam para a propositura da ação, no que restaria configurado um litisconsórcio ativo inicial. Mais comum é a formação superveniente desse litisconsórcio quando a ação for proposta pelo Ministério Público e a ele se agregar a pessoa jurídica interessada, conforme analisado neste capítulo, item 10.4. *infra*.

Na hipótese de ação proposta pela pessoa jurídica interessada parece ser inviável a formação do litisconsórcio superveniente, já que nesse caso o Ministério Público funcionará no processo como fiscal da lei e não como seu autor, nos termos do art. 17, § 4.º, da Lei 8.429/1992.[25] A participação do *parquet* como fiscal da lei deve ocorrer sob pena de nulidade, nos termos do dispositivo legal mencionado. Segundo tranquilo entendimento do Superior Tribunal de Justiça, a ausência do Ministério Público em demandas nas quais deveria participar como fiscal da lei gera uma nulidade absoluta, mas só haverá a anulação do processo se comprovado o efetivo prejuízo decorrente de sua ausência, aplicando-se ao caso o princípio da instrumentalidade das formas.[26]

Como a legitimação para a propositura da ação de improbidade administrativa é concorrente e disjuntiva, admitir-se-á a propositura por qualquer um dos legitimados, não sendo necessária a formação de litisconsórcio. Há, portanto, típica hipótese de litisconsórcio facultativo, conforme já pacificado pelo Superior Tribunal de Justiça.[27]

Além do litisconsórcio entre o Ministério Público e a pessoa jurídica interessada, é possível a formação de um litisconsórcio entre pessoas jurídicas interessadas sempre que o ato de improbidade administrativa prejudicar mais de uma das pessoas previstas no art. 1.º da LIA. E também se admite

---

[24] STJ, 2.ª Turma, REsp 1.542.253/SC, Rel. Min. Herman Benjamin, j. 20.10.2016, *DJe* 28.10.2016.

[25] SOBRANE, Sérgio Turra. *Improbidade administrativa*: aspectos materiais, dimensão difusa e coisa julgada. São Paulo: Atlas, 2010. 8.4.1, p. 131.

[26] STJ, 3.ª Turma, REsp 1.230.431/SP, Rel. Min. Nancy Andrighi, j. 18.10.2011, *DJe* 18.11.2011; STJ, 3.ª Turma, REsp 1.010.521/PE, Rel. Min. Sidnei Beneti, j. 26.10.2010, *DJe* 09.11.2010; STJ, 4.ª Turma, REsp 165.989/MG, Rel. Min. Luis Felipe Salomão, j. 25.11.2008, *DJe* 15.12.2008.

[27] STJ, 2.ª Turma, REsp 889.534/MG, Rel. Min. Eliana Calmon, j. 04.06.2009, *DJe* 23.06.2009.

a formação de litisconsórcio entre Ministérios Públicos, conforme previsão do art. 5.º, § 5.º, da Lei 7.347/1985.

10.2.5. Atuação superveniente do Ministério Público como autor

Conforme já afirmado, em razão do disposto no art. 17, § 4.º, da LIA, sendo proposta a ação de improbidade administrativa pela pessoa jurídica interessada o Ministério Público deverá atuar na ação como fiscal da lei, não havendo possibilidade de formação de litisconsórcio ativo ulterior e, por consequência natural, não podendo o Ministério Público atuar como autor da ação.

Nesse caso, entretanto, haverá ainda uma possibilidade de o Ministério Público atuar como autor, não em litisconsórcio com a pessoa jurídica interessada, mas em sua substituição, em interessante hipótese de sucessão processual no polo ativo da ação de improbidade administrativa. Embora não exista previsão expressa nesse sentido, dentro do espírito do microssistema coletivo, aplica-se à ação de improbidade administrativa a regra prevista no art. 9.º da Lei 4.717/1965 (LAP) e no art. 5.º, § 3.º, da Lei 7.347/1985 (LACP).[28]

O Ministério Público tem total autonomia na decisão de assumir ou não o polo ativo da ação de improbidade administrativa, não existindo qualquer obrigatoriedade na adoção de tal postura. Não havendo razões sérias para a continuidade da demanda, o Ministério Público deve optar pela inércia, mantendo-se na posição de *custos legis* que tem desde o começo da demanda judicial, negando, portanto, o convite a assumir o polo ativo, ainda que tal postura gere a extinção do processo por sentença terminativa. Não teria mesmo cabimento exigir a continuidade de uma ação que já foi objeto de desistência ou abandono pelo autor e que nem o Ministério Público acredita em sua plausibilidade.

10.3. LEGITIMIDADE PASSIVA

10.3.1. Legitimados passivos

É legitimado passivo na ação de improbidade administrativa qualquer sujeito que cometer um ato de improbidade administrativa, sendo, portanto, essencial na compreensão desse tema a remissão ao item 4.2., do Capítulo 4, o qual trata do sujeito ativo do ato de improbidade administrativa.

---

[28] SANTOS, Carlos Frederico Brito dos. *Improbidade administrativa*. 2. ed. Rio de Janeiro: Forense, 2009. 4.2.2.6, p. 250.

Segundo o art. 2.º da LIA, reputa-se agente público, para os efeitos desta lei, todo aquele que exerce, ainda que transitoriamente ou sem remuneração, por eleição, nomeação, designação, contratação ou qualquer outra forma de investidura ou vínculo, mandato, cargo, emprego ou função nas entidades mencionadas no artigo anterior. E nos termos do art. 3.º, as disposições desta lei são aplicáveis, no que couber, àquele que, mesmo não sendo agente público, induza ou concorra para a prática do ato de improbidade ou dele se beneficie sob qualquer forma direta ou indireta.

Como se pode notar, podem praticar atos de improbidade administrativa agentes públicos e terceiros, de forma que a legitimidade passiva na ação respeitará essa amplitude decorrente dos sujeitos ativos do ato de improbidade consagrada pelos arts. 2.º e 3.º da Lei 8.429/1992. Mas, conforme lembra a melhor doutrina, o ato de improbidade administrativa depende da atuação de pelo menos um agente público, pois, sem ele, o ato não tem aptidão para ser tipificado como de improbidade administrativa,[29] sendo também nesse sentido a jurisprudência do Superior Tribunal de Justiça.[30]

O STJ identificou duas hipóteses de distinção à sua jurisprudência que exige a presença do agente público no polo passivo da ação de improbidade administrativa. A primeira é a possibilidade de propositura de ação somente contra particulares quando o agente público já figurar como réu em ação conexa.[31] A segunda é a propositura somente contra particulares quando o agente público tiver aceitado celebrar acordo de não persecução civil.[32]

Deve-se também atentar para a melhor interpretação da parte final do art. 3.º da LIA, mais precisamente a indicação dos sujeitos beneficiados pelo ato de improbidade administrativa sob qualquer forma direta ou indireta. O objetivo de ampliar os sujeitos ativos da improbidade administrativa levou o legislador a certo exagero que deve ser corrigido. Nesse sentido, muito superior o art. 6.º, *caput*, da Lei 4.717/1965 (LAP), que prevê a legitimidade passiva na ação popular do beneficiário direto do ato ou omissão.

---

[29] SOBRANE, Sérgio Turra. *Improbidade administrativa*: aspectos materiais, dimensão difusa e coisa julgada. São Paulo: Atlas, 2010. 8.3.2, p. 126.

[30] A tese 8 da edição n.º 38 da "Jurisprudência em Teses" do STJ dispõe: "É inviável a propositura de ação civil de improbidade administrativa exclusivamente contra o particular, sem a concomitante presença de agente público no polo passivo da demanda".

[31] STJ, AgInt no AREsp 1.402.806/TO, 2018/0307417-8, 1ª Turma, Rel. Min. Manoel Erhardt (Des. do TRF5) (8410), j. 19.10.2021, *DJe* 03.11.2021.

[32] AREsp 1.897.188/SC, 2021/0145744-7, Rel. Min. Francisco Falcão (1116), 2ª Turma, j. 14.03.2023, *DJe* 16.03.2023.

A questão central desse legitimado passivo é a distinção entre aquele sujeito que é beneficiado diretamente pelo ato ou omissão daquele que se aproveita de forma indireta. Segundo o Superior Tribunal de Justiça, os beneficiados indiretos são aqueles que apenas episódica e circunstancialmente são beneficiados pelo ato ou omissão, ou seja, aqueles que não guardam relação de causalidade necessária e suficiente com a violação apontada na ação coletiva.[33]

Uma empresa que, contratando sem licitação com o Poder Público, aliena bens em valores muito acima dos de mercado, certamente é beneficiária direta do ato ilegal, considerando-se que teve um lucro indevido à custa de uma ilegalidade. O diretor responsável pela falcatrua, que recebeu uma comissão em razão da fraudulenta alienação, também é beneficiário direto e deve compor o polo passivo da ação de improbidade administrativa. Os sujeitos que se valem dos bens adquiridos no dia a dia, ainda que possam ter sido beneficiados com a aquisição de tais bens pelo Poder Público, são somente beneficiados reflexos, não havendo, com relação a eles, a vinculação direta à ilegalidade a ponto de lhes conferir legitimidade passiva para compor o polo passivo da ação de improbidade administrativa.

O que se pretende demonstrar é que o beneficiário indireto da prática do ato de improbidade administrativa não pode ser considerado sujeito ativo de tal ato e, por consequência, não pode ser legitimado passivo para a ação de improbidade administrativa.

Outra interessante questão diz respeito à possibilidade de ser ré numa ação de improbidade administrativa uma pessoa jurídica. Enquanto parcela da doutrina não vê empecilho em tal ocorrência,[34] outra parcela entende que somente a pessoa física pode ser ré, considerando em especial a necessidade de dolo para a ocorrência de improbidade administrativa, elemento subjetivo incompatível com a responsabilização da pessoa jurídica.[35]

Não há justificável motivação para a exclusão da pessoa jurídica da legitimidade passiva na ação de improbidade administrativa. O dolo exigido pelo Superior Tribunal de Justiça para a configuração de ato de improbidade administrativa, ao menos os previstos nos arts. 9.º e 10 da LIA, apesar de

---

[33] STJ, 2.ª Turma, REsp 234.388/SP, Rel. Min. João Otávio Noronha, j. 07.06.2005, *DJ* 1.º.08.2005, p. 373.

[34] GARCIA, Emerson; ALVES, Rogério Pacheco. *Improbidade administrativa*. 6. ed. Rio de Janeiro: Lumen Juris, 2011. n. 6.5.3, p. 668-670.

[35] CARVALHO FILHO, José dos Santos. *Manual de direito administrativo*. 24. ed. Rio de Janeiro: Lumen Juris, 2011. n. 14.4, p. 423.

ser elemento subjetivo exclusivo da pessoa humana, será analisado a partir da conduta dos representantes legais da pessoa jurídica.

Naturalmente, não se aplicará à pessoa jurídica penas de natureza personalíssima previstas no art. 12 da LIA. Dessa forma, inviável a perda de função pública – da mesma forma que se verifica quando terceiro compõe o polo passivo – e a suspensão de direitos políticos. As penas de multa civil e proibição de contratar com o Poder Público e dele receber subsídios e incentivos são plenamente aplicáveis, bem como a condenação ao perdimento de bens e valores e a reparação de dano.

Como se pode notar, dos seis pedidos previstos no art. 12 da LIA, quatro são aplicáveis à pessoa jurídica que figurar como réu no processo, não havendo qualquer justificativa séria para sua exclusão do rol de legitimados passivos na ação de improbidade administrativa. O tema é tratado no Capítulo 4, item 4.2.2.4., chegando-se à mesma conclusão.

10.3.2. Litisconsórcio passivo

Havendo uma pluralidade de sujeitos na prática do ato de improbidade administrativa, será hipótese de litisconsórcio. Nesse caso, o litisconsórcio deve ser inicial, considerando-se que deve ser formado já na propositura da demanda judicial, e passivo, já que formado no polo passivo da demanda. Será também facultativo e simples.[36]

O litisconsórcio necessário se verifica nas hipóteses em que é obrigatória sua formação, enquanto no litisconsórcio facultativo existe uma mera opção de sua formação, em geral, a cargo do autor (a exceção é o litisconsórcio formado pelo réu no chamamento ao processo e na denunciação da lide). No primeiro caso, há uma obrigatoriedade de formação do litisconsórcio, seja por expressa determinação legal, seja em virtude da natureza indivisível da relação de direito material da qual participam os litisconsortes. No segundo caso, a formação dependerá da conveniência que a parte acreditar existir no caso concreto de litigar em conjunto, dentro dos limites legais.

Diferentemente do que ocorre com a ação popular (art. 6.º da Lei 4.717/1965), na Lei 8.429/1992 não existe qualquer previsão expressa no

---

[36] STJ, 1.ª Turma, AgInt no AREsp 1.133.596/SP, Rel. Min. Napoleão Nunes Maia Filho, j. 11.09.2018, *DJe* 04.10.2018; OLIVEIRA, José Roberto Pimenta. *Improbidade administrativa e sua autonomia constitucional*. Belo Horizonte: Forum, 2009. 10.3, p. 355; SOBRANE, Sérgio Turra. *Improbidade administrativa*: aspectos materiais, dimensão difusa e coisa julgada. São Paulo: Atlas, 2010. 8.5, p. 137.

sentido de que todos os sujeitos que participaram da prática do ato de improbidade administrativa componham obrigatoriamente o polo passivo da demanda. Por outro lado, não há uma relação jurídica de natureza incindível que possa *a priori* e abstratamente exigir a formação do litisconsórcio no polo passivo. Trata-se, portanto, de litisconsórcio facultativo, sendo nesse sentido o entendimento do Superior Tribunal de Justiça.[37]

Não concordo com a corrente doutrinária que aponta para uma obrigatoriedade na formação do litisconsórcio passivo sob o argumento da indisponibilidade do direito discutido em juízo.[38] O sistema processual não adota esse critério para definir se o litisconsórcio é facultativo ou necessário, não havendo qualquer razão para que isso ocorra na ação de improbidade administrativa.

Até se compreende o ideal de que todos que tenham participado do ato de improbidade administrativa participem da ação judicial no polo passivo, considerando-se que não parece justo que agentes ímprobos ou terceiros que participaram ou se beneficiaram do ato saiam ilesos, sem qualquer condenação judicial. Por outro lado, a escolha de quem serão os réus poderá ser contaminada por opções que não estritamente jurídicas. E, o que é pior, ficando o particular de fora do polo passivo, nunca mais poderá ser demandado em ação de improbidade administrativa, já que não pode ser o único réu dessa ação, e para a pessoa jurídica lesada já terá se operado coisa julgada, o que impedirá que participe novamente da mesma ação no polo passivo.

As ponderações são consideráveis, mas há o verso da moeda, que não pode ser esquecido.

Se o litisconsórcio é necessário, a ausência de qualquer um deles gera uma nulidade absoluta, de forma que sempre se deixaria uma porta em

---

[37] A tese 9 da edição n.º 38 da "Jurisprudência em Teses" do STJ dispõe: "Nas ações de improbidade administrativa, não há litisconsórcio passivo necessário entre o agente público e os terceiros beneficiados com o ato ímprobo"; STJ, 1.ª Turma, EDcl no REsp 987.598/PR, Rel. Min. Napoleão Nunes Maia Filho, j. 05.11.2013, *DJe* 22.11.2013; STJ, 2.ª Turma, EDcl no AgRg no REsp 1.314.061/SP, Rel. Min. Humberto Martins, j. 25.06.2013, *DJe* 05.08.2013. Há decisões recentes referendando o entendimento: STJ, 2.ª Turma, AgInt no AREsp 1.047.271/MG, Rel. Min. Og Fernandes, j. 02.10.2018, *DJe* 05.10.2018; STJ, 1.ª Turma, AgInt nos EDcl no REsp 1.712.330/MG, Rel. Min. Regina Helena Costa, j. 16.08.2018, *DJe* 20.09.2018.

[38] SANTOS, Carlos Frederico Brito dos. *Improbidade administrativa*. 2. ed. Rio de Janeiro: Forense, 2009. 4.2.2.5, p. 246-247; LUCON, Paulo Henrique dos Santos. Litisconsórcio necessário e eficiência da sentença. In: BUENO, Cassio Scarpinella; PORTO FILHO, Pedro Paulo de Rezende (Coord.). *Improbidade administrativa (questões polêmicas e atuais)*. São Paulo: Malheiros, 2001. p. 365-366; DECOMAIN, Pedro Roberto. *Improbidade administrativa*. São Paulo: Dialética, 2007. 9.2.3, p. 239.

aberto para a anulação do processo caso todos os legitimados não tenham participado do polo passivo da demanda. Não se deve esquecer que nem sempre é fácil a identificação de rigorosamente todos os que participaram ou se beneficiaram do ato de improbidade administrativa, sendo extremamente perigoso à ação entender-se que todos eles devam participar do processo. E se, ao final de toda a instrução, descobre-se que um sujeito, mesmo com participação subalterna, deixou de ser posto no polo passivo da demanda?

Apesar de não ser adepto da tese do litisconsórcio necessário, acredito que o problema suscitado no parágrafo anterior poderá ser resolvido, pelo menos até a prolação da sentença, com a aplicação da regra consagrada no art. 7.º, § 2.º, III, da Lei 4.717/1965 que, ao reconhecer a dificuldade na determinação *a priori* dos sujeitos responsáveis pelo ato e dos beneficiários diretos, permite a formação de litisconsórcio ulterior até a prolação da sentença, evitando-se dessa forma a extinção do processo.

Trata-se de interessante norma que flexibiliza a estabilização subjetiva da demanda prevista no art. 329 do CPC,[39] evitando a anulação do processo. E, mesmo que se reconheça a natureza facultativa do litisconsórcio passivo na ação de improbidade administrativa, a aplicação da regra seria interessante, senão para evitar a extinção do processo, consequência incompatível com a natureza do litisconsórcio, para ampliar o rol de possíveis condenados pelo ato de improbidade administrativa.

Importante registrar que a formação do litisconsórcio ulterior conforme narrado respeitará o princípio do contraditório. Segundo o dispositivo legal analisado, uma vez incluído o sujeito no polo passivo, terá aberto o prazo de contestação e a oportunidade de produção de provas, com o que se consagra o indispensável contraditório. Mesmo que esse retrocesso possa atrasar o andamento procedimental, não parece que a inclusão tardia de réu no processo possa gerar a dispensa do direito à ampla defesa e ao contraditório.

Situação especial se configurará se o autor abrir mão da citação real desse litisconsórcio passivo ulterior, preferindo a publicação de edital, o que lhe faculta o art. 7.º, § 2.º, II, da Lei 4.717/1965. Nesse caso, o terceiro integrado tardiamente ao processo terá um prazo de 30 dias para apresentar sua defesa e, na ausência de resposta, lhe será constituído um curador especial, com poderes especiais para a apresentação de contestação

---

[39] STJ, 2.ª Turma, REsp 813.001/SP, Rel. Min. Eliana Calmon, j. 26.05.2009, *DJe* 04.06.2009.

por negativa geral.[40] Como se nota, de qualquer forma, com citação real ou ficta, estar-se-á respeitando o princípio do contraditório.

Apesar da possível solução de falha na composição do polo passivo, continuo a entender que o litisconsórcio passivo na ação de improbidade administrativa é facultativo. Insisto que para o litisconsório ser necessário deve-se respeitar a regra consagrada no art. 114 do CPC, sendo que será sempre facultativo o litisconsórcio se não houver previsão legal expressa que diga o contrário, ou na hipótese de relação jurídica não ter natureza incindível. Na ação de improbidade administrativa nenhuma das causas para a formação do litisconsórcio necessário encontra-se presente, conforme consolidado entendimento do Superior Tribunal de Justiça.[41]

Cabe uma última ressalva. Na ação de improbidade administrativa é comum a referência aos pedidos de ressarcimento pelos danos causados e aplicação das penas do art. 12 da LIA aos réus. Nesse caso, realmente trata-se de litisconsórcio facultativo e simples. Ocorre, entretanto, que, sendo incluído como pedido na ação de improbidade a anulação de ato administrativo, haverá como objeto da ação, ainda que parcialmente, uma relação jurídica incindível, o que exigirá a formação de litisconsórcio entre todos os que participaram da relação jurídica de direito material. Nesse caso, como acertadamente decidido pelo Superior Tribunal de Justiça, será caso de litisconsórcio necessário e unitário para o pedido de anulação do ato.[42]

Na classificação de litisconsórcio que leva em consideração o destino dos litisconsortes no plano do direito material é analisada a possibilidade de o juiz, no caso concreto, decidir de forma diferente para cada litisconsorte, o que naturalmente determinará diferentes sortes a cada um deles diante do resultado do processo. Será unitário o litisconsórcio sempre que o juiz estiver obrigado a decidir de maneira uniforme para todos os litisconsortes, e simples sempre que for possível uma decisão de conteúdo diverso para cada um dos litisconsortes.

Na ação de improbidade administrativa naturalmente não será exigida essa homogeneidade da decisão para todos os réus, até porque, conforme

---

[40] RODRIGUES, Marcelo Abelha; KLIPPEL, Rodrigo. *Comentários à tutela coletiva*. Rio de Janeiro: Lumen Juris, 2009. p. 200.

[41] STJ, 1.ª Turma, REsp 1.243.334/SP, Rel. Min. Benedito Gonçalves, j. 03.05.2011, *DJe* 10.05.2011; STJ, 2.ª Turma, AgRg no Ag 1.378.210/SP, Rel. Min. Herman Benjamin, j. 14.04.2011, *DJe* 25.04.2011.

[42] STJ, 1.ª Turma, REsp 1.162.604/SP, Rel. Min. Teori Albino Zavascki, 17.06.2010, *DJe* 28.06.2010; STJ, 2.ª Turma, AgRg no REsp 704.241/RS, Rel. Min. Mauro Campbell Marques, 03.12.2009, *DJe* 16.12.2009.

analisado no Capítulo 14, item 14.16.4., as sanções serão aplicáveis conforme a conduta de cada um deles no ato de improbidade administrativa. Por outro lado, a participação poderá ter sido dolosa ou culposa, com importantes consequências no atinente à responsabilização do réu.

10.4. INTERVENÇÃO SUPERVENIENTE DA PESSOA JURÍDICA INTERESSADA

Na ação de improbidade administrativa proposta pelo Ministério Público, a pessoa jurídica interessada não constará do polo passivo da demanda. A exceção fica por conta de pedido de anulação de ato administrativo, porque, nesse caso, haverá um litisconsórcio necessário passivo entre todos os sujeitos que participaram da relação jurídica contratual, entre eles, naturalmente, a pessoa jurídica interessada. Mas, limitando-se o pedido às tutelas reparatórias e às penas político-administrativas previstas pelo art. 12 da LIA, a pessoa jurídica não fará parte do polo passivo quando da propositura da ação.

Nos termos do art. 17, § 14, da LIA, a pessoa jurídica interessada será intimada para, caso queira, intervir no processo. Antes da Lei 14.230/2021, apesar de a corrente doutrinária entender que essa informação era obrigatória, sendo sua ausência geradora de nulidade absoluta,[43] o Superior Tribunal de Justiça consolidou o entendimento contrário, afirmando ser tal informação facultativa – apesar de chamá-la de citação – e entendendo não existir nulidade em razão de sua ausência.[44]

Não parece, entretanto, que, diante da nova realidade legislativa, a solução jurisprudencial deva ser mantida. Afinal, há uma expressa previsão legal exigindo a intimação da pessoa jurídica interessada, não se podendo defender que sua defesa seja uma mera faculdade do juízo. Trata-se, à evidência, de um dever judicial. Eventual ausência de intimação gera um vício formal, mas a decretação de nulidade fica condicionada à comprovação de prejuízo, aplicando-se ao caso o princípio da instrumentalidade das formas.

Uma vez sendo realizada a informação à pessoa jurídica interessada na ação de improbidade administrativa, resta determinar que tipo de ato será esse: citação ou intimação. Notificação é cautelar de jurisdição voluntária

---

[43] DECOMAIN, Pedro Roberto. *Improbidade administrativa*. São Paulo: Dialética, 2007. 9.2.5, p. 246.
[44] STJ, 2.ª Turma, REsp 886.524/SP, Rel. Min. João Otávio de Noronha, j. 23.10.2007, *DJ* 13.11.2007, p. 524; STJ, 1.ª Turma, REsp 526.982/MG, Rel. Min. Denise Arruda, j. 06.12.2005, *DJ* 1.º.02.2006, p. 433.

e não meio de informação processual, sendo incorreta a doutrina que defende a necessidade de notificação da pessoa jurídica interessada.[45] Não concordo com o entendimento de que se trata de citação, considerando que a pessoa jurídica não é ré na ação de improbidade administrativa, sendo mais adequado falar-se, nesse caso, de intimação, nos termos do art. 269 do CPC. Dessa forma, a comunicação da pessoa jurídica interessada será realizada por meio de uma intimação.[46]

Na edição anterior, defendi que a pessoa jurídica poderia adotar uma entre três condutas possíveis:[47] (a) assumir o polo ativo da ação, tornando-se litisconsorte ativa do Ministério Público, hipótese que lhe permitirá, inclusive, o aditamento da petição inicial; (b) assumir o polo passivo da ação, passando a defender a legalidade do ato impugnado, hipótese em que lhe será permitida a apresentação de contestação e outras defesas típicas de réu; ou (c) manter-se inerte e, por consequência, fora da relação jurídica processual.

Num primeiro momento de análise das mudanças legislativas geradas pela Lei 14.230/2021, mantive o entendimento. Mas, após uma reflexão mais apurada sobre o tema, passei a entender que a pessoa jurídica, caso pretendesse ingressar no processo, não poderia assumir nenhum dos polos da demanda, figurando na relação jurídica processual numa posição atípica.

Minhas reflexões sobre o tema resultaram da dificuldade em aceitar que um terceiro, que não tinha legitimidade ativa nem passiva para figurar originariamente nos polos da demanda, pela simples razão de ser intimado e poder, por previsão legal, participar do processo, pudesse ser incluído como coautor ou corréu. Não via, na verdade, grande sentido em admitir que um sujeito viesse a ter legitimidade superveniente se não a tinha de forma originária.

A premissa de meu raciocínio, contudo, teve que ser modificada, ainda que a contragosto, pelo já comentado restabelecimento da legitimidade ativa da pessoa jurídica interessada realizada pelo Supremo Tribunal Federal no

---

[45] DECOMAIN, Pedro Roberto. *Improbidade administrativa*. São Paulo: Dialética, 2007. 9.2.5, p. 246.

[46] MATTOS, Mauro Roberto Gomes de. *O limite da improbidade administrativa*: comentários à Lei n.º 8.429/92. 4. ed. Rio de Janeiro: Impetus, 2009. p. 543.

[47] FERRARESI, Eurico. *Improbidade administrativa*. São Paulo: Método, 2011 p. 196; SOBRANE, Sérgio Turra. *Improbidade administrativa*: aspectos materiais, dimensão difusa e coisa julgada. São Paulo: Atlas, 2010. 8.4.1, p. 133; PAZZAGLINI FILHO, Marino. *Lei de Improbidade Administrativa comentada*: aspectos constitucionais, administrativos, civis, criminais, processuais e de responsabilidade fiscal. 5. ed. São Paulo: Atlas, 2011. p. 204-205.

julgamento da ADI 7.042. Dessa forma, se há legitimidade ativa originária, deve-se reconhecer que, sendo intimada e pretendendo ingressar no processo de forma superveniente no polo ativo, essa posição poderá ser assumida pela pessoa jurídica interessada.

10.5. SUCESSÃO PROCESSUAL NO POLO PASSIVO

Numa redação melhorada pela Lei 14.230/2021, o art. 8.º, *caput*, prevê que o sucessor ou o herdeiro daquele que causar dano ao erário ou que se enriquecer ilicitamente estão sujeitos apenas à obrigação de repará-lo até o limite do valor da herança ou do patrimônio transferido. O dispositivo, na realidade, trata de dois temas relevantes para o processo: a legitimidade e a responsabilidade patrimonial.

A redação originária previa uma sucessão das cominações previstas pela lei, o que nunca pareceu adequado. Ao apontar para as cominações previstas pela Lei 8.429/1992, naturalmente pugnava-se por uma distinção. As cominações reparatórias seriam objeto de sucessão, respondendo o sucessor até o limite da herança. Já as genuínas penas consagradas no art. 12 da LIA não seriam objeto de sucessão, sendo inviável a condenação ou mesmo a execução de sentença contra herdeiros e sucessores do réu demandado na ação de improbidade administrativa. Para tal conclusão bastava a previsão contida do art. 5.º, XLV, da CF/1988 de que "nenhuma pena passará da pessoa do condenado, podendo a obrigação de reparar o dano e a decretação do perdimento de bens ser, nos termos da lei, estendidas aos sucessores e contra eles executadas, até o limite do valor do patrimônio transferido".

A nova redação do dispositivo resolve, de forma expressa, esse problema.

Havendo o falecimento do réu durante o processo, além da sucessão processual a ser realizada no polo passivo da demanda, também haverá uma diminuição objetiva da demanda, com a exclusão dos pedidos personalíssimos da ação. Não teria qualquer sentido extinguir a ação (caso o falecido fosse o único réu) ou mesmo excluir o réu falecido (caso haja litisconsórcio passivo). A ação deve seguir, mas com relação ao sucessor somente no tocante ao pedido de reparação dos danos causados ao patrimônio público e ao perdimento de bens e valores acrescidos ilicitamente ao patrimônio do *de cujus*. Será caso, portanto, da conversão da ação de improbidade administrativa em ação civil pública.

Ocorrendo o falecimento do sujeito que poderia ser réu numa ação de improbidade antes da propositura da ação, não vejo qualquer sentido na aplicação do art. 8.º da LIA. Conforme já foi reiteradamente afirmado, o grande diferencial da ação de improbidade administrativa é a possibilidade de pedido de aplicação das penas do art. 12 e o afastamento temporário previsto no art. 20, ambos da Lei 8.429/1992. Se tais pedidos não podem ser manejados contra o sucessor, que sentido teria a propositura de uma ação de improbidade administrativa contra ele? Somente com os pedidos de natureza reparatória, será cabível ação popular ou ação civil pública, não a ação de improbidade administrativa.

Só vejo uma possibilidade concreta de inclusão do sucessor no polo passivo desde a propositura da ação de improbidade administrativa: caso o ato de improbidade tenha sido praticado por mais de um sujeito, sendo um deles o *de cujus*, pode ser interessante a formação do litisconsórcio passivo, o que justificaria a presença do sucessor no polo passivo desde o início da demanda. De qualquer forma, para ele só se admitirá o pedido de ressarcimento de danos.

Na parte final do art. 8.º, *caput*, da LIA há previsão de o sucessor só responder pelos prejuízos ao patrimônio público causados pelo *de cujus* no limite da herança. A previsão é desnecessária. Os herdeiros e sucessores só respondem pelas dívidas do *de cujus* nos limites da herança, de forma que os bens de seu patrimônio que não vieram da herança jamais poderão ser atingidos por dívidas contraídas originariamente pelo *de cujus*. Trata-se do chamado benefício de inventário. Essa regra estabelecida pelo art. 1.792 do CC exclui a responsabilidade civil do espólio, herdeiro ou sucessor, além da herança, e seria aplicável às ações de improbidade administrativa mesmo que não existisse a previsão do art. 8.º, *caput*, da LIA.

Em novidades da Lei 14.230/2021, o legislador regulou a responsabilidade na hipótese de sucessão derivada de alteração contratual, de transformação, de incorporação, de fusão ou de cisão societária. Nos termos do parágrafo único do art. 8.º-A da LIA, nas hipóteses de fusão e de incorporação, a responsabilidade da sucessora será restrita à obrigação de reparação integral do dano causado, até o limite do patrimônio transferido, não lhe sendo aplicáveis as demais sanções previstas nessa lei decorrentes de atos e de fatos ocorridos antes da data da fusão ou da incorporação, exceto no caso de simulação ou de evidente intuito de fraude, devidamente comprovados.

Capítulo 11

COMPETÊNCIA

11.1. INTRODUÇÃO

Na busca da fixação de competência no caso concreto, o operador deve atentar para as diversas normas nos mais variados diplomas legais a respeito da competência da Justiça, do foro e do juízo. Para que essa tarefa seja facilitada, é possível seguir um esquema de descoberta da competência no caso concreto:

Primeira etapa: verificação da competência da Justiça brasileira. Os arts. 21 a 25 do CPC tratam dos limites da jurisdição nacional, disciplinando as hipóteses de competência exclusiva do juiz brasileiro e as hipóteses de competência concorrente deste com o juiz estrangeiro. Sendo exclusiva ou concorrente, será competente a Justiça brasileira para julgar o processo.

Segunda etapa: analisar se a competência para julgamento é dos Tribunais de superposição (a competência originária do STF vem disciplinada pelo art. 102, I, da CF e a competência originária do STJ no art. 105, I, da CF) ou de órgão jurisdicional atípico (por exemplo, o Senado Federal – art. 52, I e II, da CF).

Terceira etapa: verificar se o processo será de competência da justiça especial (Justiça do Trabalho, Justiça Militar ou Justiça Eleitoral) ou da justiça comum (Justiça Estadual e Justiça Federal).

Quarta etapa: sendo de competência da justiça comum, definir entre a Justiça Estadual e a Federal. A Justiça Federal tem sua competência absoluta prevista pelos arts. 108 (TRF) e 109 (primeiro grau) da CF. A competência da Justiça Estadual é residual, ou seja, sendo de competência da justiça comum, e não sendo de competência da Justiça Federal, será de competência da Justiça Estadual.

Quinta etapa: descoberta a Justiça competente, verificar se o processo é de competência originária do Tribunal respectivo (TRF ou TJ) ou do primeiro grau de jurisdição.

Sexta etapa: sendo de competência do primeiro grau de jurisdição, determinar a competência do foro. Por foro deve-se entender uma unidade territorial de exercício da jurisdição. Na Justiça Estadual, cada comarca representa um foro, enquanto na Justiça Federal cada seção judiciária representa um foro.

Sétima etapa: determinado o foro competente, a tarefa do operador poderá ter chegado ao final. Haverá hipóteses, entretanto, nas quais ainda deverá ser definida a competência de juízo, o que será feito, no mais das vezes, por meio das leis de organização judiciária (responsáveis pela criação de varas especializadas em razão da matéria e da pessoa) ou ainda pelo atual Código de Processo Civil (definição de qual juízo é competente quando duas ações são conexas e tramitam no mesmo foro – arts. 58 e 59 do CPC).

Cabe a análise dessas sete etapas aplicadas à ação de improbidade administrativa, destacando-se que a Lei 8.429/1992 não faz qualquer menção ao tema, cabendo ao intérprete a definição da competência, tomando como base de análise o microssistema coletivo, o Código de Processo Civil, a Constituição Federal e as leis extravagantes.

11.2. COMPETÊNCIA DA JUSTIÇA BRASILEIRA

Essa primeira etapa na definição da competência parece não ensejar maiores dificuldades no caso concreto. Sendo o ato de improbidade praticado em prejuízo ao patrimônio público ou a moralidade administrativa, naturalmente o juízo brasileiro será competente para o julgamento da ação de improbidade administrativa. É interessante notar que ao menos o agente ímprobo será domiciliado no Brasil, e sendo necessariamente réu na ação, aplica-se o art. 21, I, do CPC para garantir a competência do juízo nacional. Dessa forma, mesmo que o ato seja praticado fora do Brasil, o que naturalmente não será o mais comum de ocorrer, e inaplicável o art. 21, III, do CPC, a hipótese prevista pelo inciso I do mesmo dispositivo legal sempre garantirá ao juízo brasileiro a competência para a ação de improbidade administrativa.

11.3. COMPETÊNCIA ORIGINÁRIA DOS TRIBUNAIS SUPERIORES

Esse é um ponto extremamente relevante no tocante à competência na ação de improbidade administrativa. Existe no texto constitucional prerrogativa de competência originária dos tribunais superiores para o julgamento de crimes comuns e de responsabilidade quando praticados por certas autoridades. Tais previsões são encontradas nos arts. 102, I, *b* e *c*, e 105, I, *a*, *b* e *c*, ambos da Constituição Federal. Também há competência originária dos tribunais de segundo grau para o julgamento de determinadas autoridades. A questão a ser respondida é se tais prerrogativas de competência também se aplicam à ação de improbidade administrativa.

Para uma corrente doutrinária, deve se admitir a aplicação extensiva, em especial em razão da gravidade das penas, que poderão ser cominadas em sede de ação de improbidade administrativa, até mesmo mais severas que as aplicáveis numa ação de natureza penal (*ubieadem ratio, ibieadem legis dispositio*).[1] Trata-se da consagração da tese das competências implícitas complementares contidas no texto constitucional, o que permitiria ao intérprete uma interpretação ampliativa dos dispositivos legais para fazer incluir regras de competência que não estejam expressamente consagradas no texto legal.

Contrariamente a esse entendimento, outra corrente doutrinária defende a interpretação literal dos dispositivos constitucionais que preveem competência originária dos tribunais superiores, de forma a ser sempre do primeiro grau de jurisdição a competência para julgar a ação de improbidade administrativa.[2] O principal argumento é que, tratando-se de normas que

---

[1] ZAVASCKI, Teori Albino. *Processo coletivo*. São Paulo: RT, 2006. p. 116-119; MEIRELLES, Hely Lopes; WALD, Arnoldo; MENDES, Gilmar Ferreira. *Mandado de segurança e ações constitucionais*. 33. ed. São Paulo: Malheiros, 2010. p. 258-263; TOJAL, Sebastião Botto de Barros; CAETANO, Flávio Crocce. Competência e prerrogativa de foro em ação civil de improbidade administrativa. In: BUENO, Cassio Scarpinella; PORTO FILHO, Pedro Paulo de Rezende (Coord.). *Improbidade administrativa (questões polêmicas e atuais)*. São Paulo: Malheiros, 2001. p. 399-406.

[2] GAJARDONI, Fernando da Fonseca; CRUZ, Luana Pedrosa de Figueiredo; CERQUEIRA, Luis Otávio Sequeira de; GOMES JUNIOR, Luiz Manoel; FAVRETO, Rogério. *Comentários à Lei de Improbidade Administrativa*. São Paulo: RT, 2010. p. 307; MARQUES, Sílvio Antonio. *Improbidade administrativa*. São Paulo: Saraiva, 2010. p. 207; DECOMAIN, Pedro Roberto. *Improbidade administrativa*. São Paulo: Dialética, 2007. 9.2.7.1, p. 267; PAZZAGLINI FILHO, Marino. *Lei de Improbidade Administrativa comentada*: aspectos constitucionais, administrativos, civis, criminais, processuais e de responsabilidade fiscal. 5. ed. São Paulo: Atlas, 2011. p. 206; OLIVEIRA, José Roberto Pimenta. *Improbidade administrativa e sua autonomia constitucional*. Belo Horizonte: Forum, 2009. 10.4, p. 362.

criam exceções no sistema, sua interpretação deve necessariamente dar-se de forma restritiva. Apesar de reconhecer a seriedade das penas contidas na Lei 8.429/1992, essa corrente doutrinária entende que não se pode confundir a natureza administrativa das sanções com as sanções de natureza penal, as únicas que garantem a prerrogativa de foro em razão da função exercida pela autoridade pública.[3] Há doutrina, inclusive, que apela para o conteúdo político, asseverando que historicamente os tribunais superiores têm falhado em sua missão sancionatória em ações de sua competência originária.[4]

No âmbito legislativo se tentou a definição da questão com uma nova redação do art. 84, § 2.º, do CPP, que expressamente consagrava a competência originária dos tribunais nas ações de improbidade administrativa. O dispositivo legal, entretanto, foi declarado inconstitucional pelo Supremo Tribunal Federal, sob o correto argumento de que não pode a lei infraconstitucional ampliar as competências originárias dos tribunais, previstas constitucionalmente.[5] Diante de tal decisão, voltou-se à inexistência de previsão expressa em lei a respeito da competência para o julgamento das ações de improbidade administrativa.

Jurisprudencialmente, houve uma nítida mudança de posicionamento. No início, os tribunais superiores entendiam pela interpretação restritiva, apontando para a competência do primeiro grau de jurisdição, independentemente do agente público que figurasse como réu na ação de improbidade administrativa. Há decisões, até recentes, em especial do Superior Tribunal de Justiça,[6] nesse sentido. Até mesmo por isso a tentativa de imposição de solução distinta por meio de inovação legislativa que veio a ser declarada inconstitucional.

Ocorre, entretanto, que no julgamento da Reclamação Constitucional 2.138/DF, o Supremo Tribunal Federal passou a admitir a prerrogativa de foro nas ações de improbidade administrativa para as autoridades que têm tal prerrogativa na prática de crime de responsabilidade, afirmando

---

[3] COSTA, Susana Henriques da. *O processo coletivo na tutela do patrimônio público e da moralidade administrativa*. São Paulo: Quartier Latin, 2009. p. 247.

[4] ANDRADE, Adriano; MASSON, Cleber; ANDRADE, Landolfo. *Interesses difusos e coletivos esquematizado*. São Paulo: Método, 2011. p. 730.

[5] STF, Tribunal Pleno, ADI 2.797/DF, Rel. Min. Sepúlveda Pertence, j. 15.09.2005, *DJ* 19.12.2006, p. 37.

[6] STJ, 2.ª Turma, AgRg no REsp 1.088.258/GO, Rel. Min. Humberto Martins, j. 25.08.2009, *DJe* 06.09.2009; STJ, 1.ª Turma, AgRg no REsp 1.087.214/DF, Rel. Min. Francisco Falcão, j. 05.03.2009, *DJe* 18.03.2009.

que os atos de improbidade administrativa são tipificados como crime de responsabilidade na Lei 1.079/1950, delito de caráter político-administrativo.[7] Aparentemente, houve mudança de opinião, ainda que em decisões posteriores o mesmo tribunal, por meio de suas turmas, tenha sinalizado de forma diversa.[8]

A aparente modificação de entendimento ocorrido no Supremo Tribunal Federal afetou o entendimento que o Superior Tribunal de Justiça vinha tendo a respeito do tema. No julgamento da Reclamação Constitucional 2.790/SC, a Corte Especial, fazendo expressa remissão ao julgamento do Supremo Tribunal Federal já mencionado, passou a adotar o entendimento de existência de aplicação por analogia à ação de improbidade administrativa das normas constitucionais que asseguram a prerrogativa de foro a determinadas autoridades.[9] Após o julgamento, também há decisões nesse sentido, que corroboram o entendimento expressado pela Corte Especial.[10]

Atualmente pacificou-se em ambos os tribunais superiores o entendimento de que, não tendo a ação de improbidade administrativa natureza criminal, não se aplicam a ela as regras de competência por prerrogativa de foro.[11] Não custa lembrar que, apesar de o art. 17-D da LIA prever que a ação de improbidade não constitui ação civil, o STF já teve a oportunidade de afirmar que a Lei 14.230/2021 não excluiu a natureza civil dos atos de improbidade administrativa e suas sanções.[12]

Ainda que admitida a prerrogativa de foro, naturalmente não haverá tal prerrogativa para ex-autoridades que não exerçam mais o cargo público

---

[7] STF, Tribunal Pleno, Rcl 2.138/DF, Rel. Min. Gilmar Mendes, j. 13.06.2007, *DJe* 18.04.2008. No mesmo sentido: STF, Tribunal Pleno, Pet 3.211 QO/DF, Rel. Min. Marco Aurélio, Rel. p/ acordão Min. Menezes Direito, j. 13.02.2008, *DJe* 27.06.2008.

[8] STF, 2.ª Turma, AI 506.323 AgR/PR, Rel. Min. Celso de Mello, j. 02.06.2009, *DJe* 1.º.07.2009; STF, 1.ª Turma, AI 637.566 AgR/SE, Rel. Min. Ricardo Lewandowski, j. 26.08.2008, *DJe* 12.09.2008.

[9] STJ, Corte Especial, Rcl 2.790/SC, Rel. Min. Teori Albino Zavascki, j. 02.12.2009, *DJe* 04.03.2010.

[10] STJ, Corte Especial, Rcl 4.927/DF, Rel. Min. Felix Fischer, j. 15.06.2011, *DJe* 29.06.2011; STJ, 1.ª Turma, AgRg no Ag 1.404.254/RJ, Rel. Min. Benedito Gonçalves, j. 27.09.2011, *DJe* 17.10.2011; STJ, 1.ª Turma, EDcl no AgRg no Ag 1.338.058/MG, Rel. Min. Benedito Gonçalves, j. 25.10.2011, *DJe* 18.11.2011.

[11] Pet 3.240 AgR, Rel. Min. Teori Zavascki, Redator do acórdão Min. Roberto Barroso, Tribunal Pleno, j. 10.05.2018, publ. 22.08.2018. AgRg nos EDcl nos EDcl nos EDcl no RHC 171.760/GO, 2022/0316897-8, Rel. Min. Ribeiro Dantas, j. 24.04.2023, 5ª Turma, *DJe* 27.04.2023.

[12] ARE 843.989, Repercussão Geral – Mérito (Tema 1199), Rel. Min. Alexandre de Moraes, Tribunal Pleno, j. 18.08.2022, publ. 12.12.2022.

quando da propositura da ação, independentemente de os atos terem sido praticados quando de seu exercício.[13] Da mesma forma, sendo perdida a função durante o trâmite procedimental, será caso de imediata remessa dos autos ao juízo de primeiro grau competente para a causa.[14] Tratando-se de regra de competência absoluta, não se aplica o princípio da *perpetuatio jurisdictionis* (art. 43 do CPC), tendo a alteração fática consequências imediatas na determinação da competência. Justamente por essa razão que a eleição superveniente altera imediatamente a regra de competência.[15]

A reviravolta no entendimento jurisprudencial, entretanto, parece longe de ter se encerrado, porque recentemente tanto o Superior Tribunal de Justiça[16] como o Supremo Tribunal Federal[17] voltaram a decidir pela inexistência de prerrogativa de foro nas ações de improbidade administrativa. Nesse momento, parecia seguro afirmar que não existia competência por prerrogativa de foro nas ações de improbidade administrativa.[18]

Essa segurança, entretanto, pode ser colocada em xeque por conta da Lei 14.230, em especial por conta da redação dada ao art. 17-D da LIA e da consequente discussão doutrinária suscitada a respeito da natureza da ação de improbidade administrativa, tema devidamente analisado no Capítulo 7.

Parece razoável supor que, para a corrente doutrinária que defende ser tal ação meramente sancionatória, sem qualquer natureza de processo coletivo, haja sentido numa interpretação conforme o texto constitucional

---

[13] STF, Tribunal Pleno, Pet 3.421 AgR/MA, Rel. Min. Cezar Peluso, j. 25.06.2009, *DJe* 04.06.2010; STJ, 1.ª Turma, REsp 1.101.046/RS, Rel. Min. Francisco Falcão, j. 10.03.2009, *DJe* 18.03.2009.

[14] STF, Tribunal Pleno, Rcl 3.021 AgR/SP, Rel. Min. Cezar Peluso, j. 03.12.2008, *DJe* 06.02.2009.

[15] STJ, 1.ª Turma, AgRg no Ag 1.404.254/RJ, Rel. Min. Benedito Gonçalves, j. 27.09.2011, *DJe* 17.10.2011.

[16] STJ, Corte Especial, Rcl 8.826/RJ, Rel. Min. João Otávio de Noronha, j. 16.12.2015, *DJe* 02.02.2016; STJ, Corte Especial, AgRg na Pet 9.669/RJ, Rel. Min. Og Fernandes, j. 17.09.2014, *DJe* 06.10.2014; STJ, Corte Especial, Rcl 12.514/MT, Rel. Min. Ari Pargendler, j. 13.03.2014, *DJe* 21.03.2014.

[17] STF, Plenário, Pet 3.240 AgR/DF, Rel. Min. Teori Zavascki, Red. p/ o ac. Min. Roberto Barroso, j. 10.05.2018 (Informativo de Jurisprudência do STF 901); STF, Plenário, Pet. 3.067 AgR/MG, Rel. Min. Roberto Barroso, j. 19.11.2014, *DJe* 19.02.2015; STF, 2.ª Turma, ARE 806.293 ED/DF, Rel. Min. Cármen Lúcia, j. 03.06.2014, *DJe* 13.06.2014.

[18] A tese 3 da edição n.º 40 da "Jurisprudência em Teses" do STJ dispõe: "A ação de improbidade administrativa proposta contra agente político que tenha foro por prerrogativa de função é processada e julgada pelo juiz de primeiro grau, limitada à imposição de penalidades patrimoniais e vedada a aplicação das sanções de suspensão dos direitos políticos e de perda do cargo do réu".

para aplicar-se as prerrogativas de foro típicas do processo penal para a ação de improbidade administrativa.

11.4. COMPETÊNCIA DE JUSTIÇA ESPECIALIZADA

Para a determinação da competência da Justiça o aspecto a ser considerado é a matéria discutida na demanda judicial. Num primeiro momento, deve se determinar se a causa é de competência da Justiça Especializada, ou seja, da Justiça Trabalhista (art. 114 da CF), da Justiça Eleitoral (art. 121 da CF) e da Justiça Militar (art. 125 da CF).

Há autores que entendem ser extremamente difícil a competência das Justiças Especializadas para o julgamento da ação de improbidade administrativa,[19] enquanto outros afirmam ser inadmissível tal competência.[20]

O Tribunal Superior do Trabalho vem sistematicamente recusando-se a julgar ações cujos atos são tipificados na Lei 8.429/1992, afirmando sua natureza administrativa, o que afasta a atuação da justiça especializada.[21] Entendo ser incabível a ação de improbidade administrativa na Justiça Eleitoral, em razão de sua natureza civil. As questões a respeito da perda do cargo e da perda do posto, das patentes e da graduação, bem como da correspondente competência para tanto, são tratadas no Capítulo 4, item 4.2.1.5. Também entendo inviável haver ação de improbidade administrativa na Justiça Eleitoral.

11.5. COMPETÊNCIA DA JUSTIÇA COMUM

Não sendo caso de competência de algumas das Justiças Especializadas, a competência será da Justiça Comum, que contém a Justiça Federal (art. 109 da CF) e a Justiça Estadual (competência residual). A competência da Justiça Federal é determinada em razão da pessoa ou da matéria, sendo

---

[19] COSTA, Susana Henriques da. *O processo coletivo na tutela do patrimônio público e da moralidade administrativa*. São Paulo: Quartier Latin, 2009. p. 248-249.

[20] OLIVEIRA, José Roberto Pimenta. *Improbidade administrativa e sua autonomia constitucional*. Belo Horizonte: Forum, 2009. 10.4, p. 361.

[21] TST, 6.ª Turma, RR 531 30.2003.5.14.0402, Rel. Min. Aloysio Corrêa da Veiga, j. 26.10.2011, DJ 04.11.2011; TST, 1.ª Turma, RR 13700-05.2007.5.12.0013, Rel. Min. Walmir Oliveira da Costa, j. 22.06.2011, DJ 1.º.07.2011; TST, Subseção I Especializada em Dissídios Individuais, E-RR 540500-44.2006.5.12.0014, Rel. Min. Lelio Bentes Corrêa, j. 05.05.2011, DJ 20.05.2011.

sempre absoluta. As hipóteses de competência em razão da pessoa estão consagradas nos incisos I, II e VIII do art. 109 da CF, enquanto as hipóteses de competência em razão das matérias estão previstas nos incisos III, V-A, X e XI do mesmo dispositivo constitucional.

Existem algumas hipóteses de competência da Justiça Federal que podem ser excluídas do âmbito da ação de improbidade administrativa sem maiores questionamentos.

No art. 109, II, da CF está prevista a competência da Justiça Federal para o julgamento de causas entre Estado estrangeiro ou organismo internacional e Município ou pessoa domiciliada ou residente no País, o que naturalmente jamais se dará na ação de improbidade administrativa, em razão das regras de legitimidade desse tipo de ação, devidamente analisadas no Capítulo 10. No inciso VIII do mesmo dispositivo, a competência para julgamento dos mandados de segurança e do *habeas data* contra ato de autoridade federal, excetuados os casos de competência dos tribunais federais, não se aplica à ação de improbidade administrativa por ser esse um processo de conhecimento.

O inciso X do art. 109 da CF, em sua parte cível, prevê a competência para a execução da carta rogatória, após o *exequatur*, e de sentença estrangeira, após a homologação, as causas referentes à nacionalidade, inclusive a respectiva opção, e à naturalização, matérias alheias ao objeto da ação de improbidade administrativa. O mesmo ocorre com a hipótese prevista no inciso XI, ao prever a competência da Justiça Federal ao julgamento de demandas que tenham como objeto a disputa sobre direitos indígenas. Nesse rol também deve ser incluído o inciso V-A do mesmo dispositivo constitucional, que prevê a competência da Justiça Federal para as causas relativas a direitos humanos a que se refere o § 5.º deste artigo.

Na realidade, visualizo somente duas hipóteses de competência da Justiça Federal aplicáveis à ação de improbidade administrativa. Com menor relevância, a previsão contida no art. 109, III, que atribui à Justiça Federal a competência para o julgamento de causas fundadas em tratado ou contrato da União com Estado estrangeiro ou organismo internacional.[22] Imagino que se o ato de improbidade administrativa envolver um contrato nos termos do dispositivo legal, a competência será da Justiça Federal. Com maior relevância, tem-se o inciso I do dispositivo constitucional ora analisado.

---

22 COSTA, Susana Henriques da. *O processo coletivo na tutela do patrimônio público e da moralidade administrativa*. São Paulo: Quartier Latin, 2009. p. 250.

O dispositivo legal, ao prever a competência da Justiça Federal nas demandas nas quais participe a União, entidade autárquica ou empresa pública federal (inclui-se as fundações públicas federais), trata da pessoa jurídica de direito público e não dos agentes públicos que as integram, cuja presença na demanda não leva a competência à Justiça Federal, salvo nas hipóteses de *habeas data* e mandado de segurança, nos termos do art. 109, VIII, da CF. A observação é relevante porque, conforme analisado no Capítulo 10, os réus da ação de improbidade administrativa são pessoas humanas, e não as pessoas jurídicas de direito público lesionadas pelo ato de improbidade. Dessa forma, sob o aspecto do polo passivo, jamais será aplicável a regra do art. 109, I, da CF à ação de improbidade administrativa.

Já sob o aspecto do polo ativo, a situação muda de figura, porque será possível a aplicação do dispositivo legal comentado tanto quando a pessoa jurídica interessada é a autora da ação quanto quando o autor é o Ministério Público.

Sendo a pessoa jurídica interessada uma daquelas previstas no inciso I do art. 109 da CF, a competência será da Justiça Federal. E também quando a ação for proposta pelo Ministério Público Federal,[23] sendo esse o entendimento consagrado pelo Superior Tribunal de Justiça, ainda que existam críticas doutrinárias a respeito do tema.

E ainda há mais uma hipótese de a ação ser de competência da Justiça Federal, mas nesse caso a competência será superveniente. Como analisado no Capítulo 10, item 10.4., a pessoa jurídica lesionada, sempre que não for autora da ação, será intimada, podendo ingressar em qualquer um dos polos da demanda ou se manter inerte. Sendo a pessoa jurídica lesionada uma daquelas previstas no art. 109, I, da CF, e assumindo um dos polos da demanda, a ação de improbidade administrativa, que até então era de competência da Justiça Estadual, passará a ser de competência da Justiça Federal, para onde o processo deverá ser encaminhado imediatamente.[24]

Não concordo com o entendimento de que somente pelo fato de a pessoa jurídica lesada ser uma daquelas constantes do art. 109, I, da CF a

---

[23] OLIVEIRA, José Roberto Pimenta. *Improbidade administrativa e sua autonomia constitucional*. Belo Horizonte: Forum, 2009. 10.4, p. 364.

[24] GAJARDONI, Fernando da Fonseca; CRUZ, Luana Pedrosa de Figueiredo; CERQUEIRA, Luis Otávio Sequeira de; GOMES JUNIOR, Luiz Manoel; FAVRETO, Rogério. *Comentários à Lei de Improbidade Administrativa*. São Paulo: RT, 2010. p. 306-307.

competência já seria da Justiça Federal.[25] Conforme o dispositivo constitucional, exige-se a presença desses sujeitos na demanda judicial, de forma que um mero interesse econômico e/ou político, mantendo-se a pessoa jurídica de direito público fora da relação jurídica processual, não é o suficiente para a determinação da competência da Justiça Federal.

O STJ, inclusive, entende pela aplicação em ações de improbidade administrativa da técnica da distinção (*distinguishing*) na aplicação das Súmulas 208 e 209 do STJ, apontando que em razão da origem de tais enunciados – 3ª Seção – seu conteúdo versa sobre fixação da competência em matéria penal, em que basta o interesse da União ou de suas autarquias para deslocar a competência para a Justiça Federal, nos termos do inciso IV do art. 109 da CF.[26]

Interessante questão se coloca na hipótese de verba repassada pela União para outros entes federativos. Conforme entendimento do Superior Tribunal de Justiça, uma vez incorporada a verba advinda de convênios firmados com a União ao patrimônio municipal ou estadual, a competência para apreciação e julgamento do feito é da Justiça Estadual, pois a União perde interesse no controle da destinação e de uso da verba pública.[27]

O entendimento, inclusive, está sumulado quanto a repasse a Município.[28] Registre-se apenas o entendimento consagrado na Súmula 208/STJ, que prevê a competência da Justiça Federal para processar e julgar prefeito municipal por desvio de verba sujeita a prestação de contas perante órgão federal. Segundo o Superior Tribunal de Justiça, o simples fato de verba federal ter sido transferida da União, mediante convênio, para a implementação de política pública em Município não afasta a competência da Justiça Federal para processar e julgar suposto ato de improbidade administrativa decorrente do desvio da referida quantia. Isso porque nem toda transferência de verba que um ente federado faz para outro enseja o entendimento de que o dinheiro veio a ser

---

[25] OLIVEIRA, José Roberto Pimenta. *Improbidade administrativa e sua autonomia constitucional*. Belo Horizonte: Forum, 2009. 10.4, p. 364; COSTA, Susana Henriques da. *O processo coletivo na tutela do patrimônio público e da moralidade administrativa*. São Paulo: Quartier Latin, 2009. p. 249; GARCIA, Emerson; ALVES, Rogério Pacheco. *Improbidade administrativa*. 3. ed. Rio de Janeiro: Lumen Juris, 2006. 7.2, p. 695.

[26] AgRg no CC 143.460/PA, 2015/0247981-3, Rel. Min. Assusete Magalhães, j. 26.10.2016, 1ª Seção, *DJe* 19.12.2016.

[27] STJ, 2.ª Turma, REsp 1.070.067/RN, Rel. Min. Mauro Campbell Marques, j. 02.09.2010, *DJe* 04.10.2010; STJ, 1.ª Seção, AgRg no CC 107.457/PA, Rel. Min. Herman Benjamin, j. 14.04.2010, *DJe* 18.06.2010.

[28] Súmula 209/STJ: Compete à Justiça Estadual processar e julgar prefeito por desvio de verba transferida e incorporada ao patrimônio municipal.

incorporado ao seu patrimônio. A questão, portanto, depende do exame das cláusulas dos convênios e/ou da análise da natureza da verba transferida.[29]

11.6. COMPETÊNCIA DO FORO

Uma vez determinada a competência da Justiça, caberá a determinação da competência do foro. Foro é uma circunscrição territorial, sendo chamado de comarca na Justiça Estadual, e de seção judiciária na Justiça Federal.

A redação originária da Lei 8.429/1992 era omissa quanto à competência territorial, não determinando qual o foro competente para o julgamento da ação de improbidade administrativa, o que levava a doutrina a divergir sobre a aplicação das regras previstas no CPC[30] e aquelas constantes do microssistema coletivo.

Por conta do consolidado entendimento jurisprudencial e doutrinário no sentido de ser a ação civil de improbidade administrativa uma espécie de ação coletiva, tornou-se corrente a adoção da regra consagrada no art. 2.º da LACP.[31]

Com o advento da Lei 14.230, aparentemente, a divergência não mais se justifica, porque a Lei de Improbidade Administrativa passou a prever, em seu art. 17, § 4.º-A, regra expressa de competência territorial: foro do local onde ocorrer o dano ou da pessoa jurídica prejudicada. O legislador parece ter tido menos do que gostaria ao se referir à pessoa jurídica interessada, dando a entender que o foro competente ali indicado seja o do local de funcionamento de sua sede.

A opção legislativa de prever expressamente uma regra de competência territorial pode levar o intérprete à conclusão de que, pelo menos quanto a esse tema, a polêmica de ser ou não a ação de improbidade administrativa uma espécie de ação coletiva é irrelevante. Afinal, se existe regra expressa,

---

[29] STJ, 2.ª Turma, REsp 1.391.212/PE, Rel. Min. Humberto Martins, j. 02.09.2014 (Informativo de Jurisprudência do STJ 546).

[30] COSTA, Susana Henriques da. *O processo coletivo na tutela do patrimônio público e da moralidade administrativa*. São Paulo: Quartier Latin, 2009. p. 262.

[31] STJ, 1.ª Turma, AgInt no AREsp 758.361/TO, Rel. Min. Napoleão Nunes Maia Filho, Rel. p/ acórdão Min. Benedito Gonçalves, j. 21.08.2018, *DJe* 18.09.2018; STJ, 1.ª Seção, CC 143.698/PR, Rel. Min. Regina Helena Costa, j. 26.04.2017, *DJe* 03.05.2017; GAJARDONI, Fernando da Fonseca; CRUZ, Luana Pedrosa de Figueiredo; CERQUEIRA, Luis Otávio Sequeira de; GOMES JUNIOR, Luiz Manoel; FAVRETO, Rogério. *Comentários à Lei de Improbidade Administrativa*. São Paulo: RT, 2010. p. 307.

o intérprete não precisaria mais se socorrer nem do Código de Processo Civil nem do microssistema coletivo.

A tranquilidade, entretanto, é enganosa, sendo o tema da competência territorial mais um dos tantos afetados pela discussão a respeito da natureza jurídica da ação de improbidade administrativa. Não quanto à definição do foro competente, porque esse, de fato, está indicado expressamente pelo art. 17, § 4.º-A, da LIA, mas quanto à natureza jurídica dessa regra de competência.

Como resta pacificado na doutrina e na jurisprudência, as regras de competência territorial previstas no microssistema coletivo são excepcionalmente de natureza absoluta. O art. 2.º da LACP, inclusive, chama tal competência de funcional. Evidentemente, não é porque o legislador chama essa competência de funcional que ela se transforma nessa espécie de competência.[32] Há certa perplexidade pela reunião expressa de dois critérios de determinação de competência: territorial e funcional (pelo menos é isso que a lei afirma),[33] não obstante todos prestigiarem a indicação legal sob o argumento de que no local do dano haverá possibilidade de uma proximidade física do juiz com o evento e, consequentemente, a prova poderia ser colhida mais facilmente e de maneira mais eficaz, o que em última análise proporcionaria uma tutela jurisdicional de melhor qualidade.

Por outro lado, salvo a previsão contida no art. 47 do CPC, obviamente inaplicável à ação de improbidade administrativa, as normas de competência territorial previstas naquele diploma processual são todas relativas.

Significa dizer que, para a corrente doutrina que continua defendendo ter a ação de improbidade administrativa natureza de processo coletivo, a regra prevista no art. 17, § 4.º-A, da LIA é de competência absoluta. Para aqueles que entendem ser aplicável o CPC por conta do art. 17, *caput*, do CPC, que indica a utilização do procedimento comum cognitivo, a regra terá de ser de competência relativa.

Conforme as ideias que defendi no Capítulo 8 da presente obra, minha resposta ao questionamento levantado toma como premissa a impossibilidade

---

[32] DINAMARCO, Cândido Rangel. *Instituições de direito processual civil*. 23. ed. São Paulo: Malheiros, 2004. v. 1, p. 530; MAZZILLI, Hugo Nigro. *A defesa dos interesses difusos em juízo*. 15. ed. São Paulo: Saraiva, 2002. p. 212.

[33] ALMEIDA, Gregório Assagra de. *Direito processual coletivo brasileiro*. São Paulo: Saraiva, 2003. p. 345-346; LEONEL, Ricardo de Barros. *Manual do processo coletivo*. São Paulo: RT, 2002. p. 216-217; MIRRA, Álvaro Luiz Valey. Ação civil pública em defesa do meio ambiente: a questão da competência jurisdicional. *Ação civil pública*. 2. ed. São Paulo: RT, 2002. p. 61.

de separação dos pedidos de natureza sancionatória e de outras naturezas para fins de determinação da espécie de competência de foro.

Pode surgir questionamento a respeito de atos de improbidade administrativa que geram danos em diferentes foros. O art. 93, I, da Lei 8.078/1990 prevê ser do foro do lugar onde ocorreu ou deva ocorrer o dano, quando de âmbito local, enquanto o inciso II do mesmo dispositivo prevê competência corrente entre o foro da Capital do Estado ou o Distrito Federal, para os danos de âmbito nacional ou regional. Já tive oportunidade de fazer as devidas críticas ao dispositivo legal,[34] que são, entretanto, desinteressantes para o presente estudo.

O Superior Tribunal de Justiça preferiu decidir a questão de outra forma, sem a aplicação do art. 93 do CDC, desprezando a abrangência nacional do dano e preferindo atribuir a competência ao foro em que se reúne a maior parte dos elementos probatórios.[35] A decisão é interessante porque busca na *ratio* do art. 2.º da Lei 7.347/1985 a definição da competência do foro em que, ao menos em tese, será mais facilmente exercida a função jurisdicional, com supostamente a prestação de um serviço jurisdicional mais eficiente.

A doutrina majoritária entende que à regra de competência do local do dano nas ações coletivas aplica-se a regra de "competência por delegação" prevista pelo art. 109, §§ 3.º e 4.º, da CF. A delegação, nesse caso, se justificaria em razão de o processo se desenvolver perante o local do dano como forma de presumidamente garantir uma tutela jurisdicional de melhor qualidade. A justificativa para o legislador ter criado uma regra de competência territorial absoluta (situação excepcional) é justamente o contato mais direto do juiz com os elementos probatórios a serem colhidos e até mesmo com a repercussão do ato praticado na comunidade. A transferência de uma demanda para outra cidade, em que exista vara federal, colocaria em xeque tal justificativa, afastando o juiz do local do dano e, em tese, prejudicando a própria entrega da prestação jurisdicional.[36]

---

[34] ALMEIDA, Gregório Assagra de. *Direito processual coletivo brasileiro*. São Paulo: Saraiva, 2003. p. 345-346; LEONEL, Ricardo de Barros. *Manual do processo coletivo*. São Paulo: RT, 2002. p. 216-217; MIRRA, Álvaro Luiz Valey. Ação civil pública em defesa do meio ambiente: a questão da competência jurisdicional. *Ação civil pública*. 2. ed. São Paulo: RT, 2002. p. 61.

[35] STJ, 1.ª Seção, CC 97.351/SP, Rel. Min. Castro Meira, j. 27.05.2009, DJe 10.06.2009.

[36] NERY JR., Nelson; NERY, Rosa Maria de Andrade. *Código de Processo Civil comentado*. 10. ed. São Paulo: RT, 2008. p. 1.315; GRINOVER, Ada Pellegrini. *Código Brasileiro*

Esse entendimento, entretanto, não foi o mesmo que o Supremo Tribunal Federal teve sobre o tema, o que gerou inclusive a revogação da Súmula 183 do Superior Tribunal de Justiça. Para o Tribunal Supremo, a inexistência de norma expressa no sentido da delegação de competência impede a sua aplicação nas ações coletivas, de forma que a demanda sempre deverá ser proposta em vara federal, ainda que esta se situe em local diverso daquele em que se verificou o dano. Na realidade, entende-se que, na Justiça Federal, por local do dano entende-se a seção judiciária, de forma que a regra do art. 2.º da Lei 7.347/1985 seria sempre cumprida.[37]

Apesar de qualificados defensores, é inadmissível a tese que distingue a regra de competência territorial a depender dos sujeitos participantes do processo judicial. Segundo esse equivocado entendimento doutrinário, tramitando a demanda na Justiça Estadual, a competência será determinada de forma absoluta pelo art. 2.º da LACP, enquanto que, se a demanda tramitar perante a Justiça Federal, com a presença da União, serão aplicadas as regras de competência consagradas no art. 109, §§ 1.º e 2.º, da CF.[38] Ainda que previstas na Constituição Federal, as regras de competência territorial quando a União figurar no processo são regras de competência relativa, que preveem foros especiais, diferentes do foro comum determinado pelo art. 46 do CPC. Havendo um conflito entre regra de competência absoluta e de competência relativa, naturalmente aquela deve prevalecer.

11.7. COMPETÊNCIA DE JUÍZO

Uma vez determinada a competência do foro, terá se chegado à última etapa para a determinação da competência no caso concreto. É possível que exista no foro varas especializadas em razão da matéria ou da pessoa, sendo em ambos os casos hipótese de competência absoluta. Sempre que estiverem fixadas em norma de organização judiciária, determinarão a competência do juízo, em interesse geral da administração da Justiça.

---

de Defesa do Consumidor. 6. ed. Rio de Janeiro: Forense Universitária, 1999. p. 777; LEONEL, Ricardo de Barros. *Manual do processo coletivo*. São Paulo: RT, 2002. p. 219.

[37] STF, Pleno, RE 228.955/RS, Rel. Min. Ilmar Galvão, *DJU* 24.03.2000. Esse sempre foi o entendimento de Mazzili, *A defesa*, p. 223-224.

[38] GARCIA, Emerson; ALVES, Rogério Pacheco. *Improbidade administrativa*. 3. ed. Rio de Janeiro: Lumen Juris, 2006. 7.3, 702-704; OLIVEIRA, José Roberto Pimenta. *Improbidade administrativa e sua autonomia constitucional*. Belo Horizonte: Forum, 2009. 10.4, p. 366-369.

As normas de organização judiciária criam varas especializadas, que concentram todas as demandas pertencentes a um determinado foro – geralmente da Capital ou de cidade de grande porte –, tomando-se por base matéria específica. O objetivo é bastante claro: especializar os servidores da justiça, inclusive e principalmente o juiz, numa determinada matéria, dispensando estudos mais aprofundados de tantas outras, o que teoricamente ensejará uma prestação jurisdicional de melhor qualidade. Vivemos, afinal, em tempos de especialização.

Registre-se que, por se tratar da fixação de competência de juízo, somente após a fixação da competência do foro terá alguma relevância a existência ou não de vara especializada em razão da matéria. A vara especializada em razão da matéria não modifica regra de competência de foro, só passando a ter importância após tal determinação.

Também a pessoa pode determinar a competência absoluta de uma vara especializada. É bastante tradicional a existência de varas da Fazenda Pública em comarcas de maior movimento forense, nas quais a competência é determinada pela presença do Município (sede da comarca) ou do Estado no processo, independentemente da matéria.

Como a competência nesse caso é determinada em razão do sujeito processual, nunca é demais lembrar que é plenamente possível uma ação de improbidade administrativa sem a participação da pessoa jurídica de direito público, para tanto bastando ser o Ministério Público o autor da ação e, mesmo sendo intimada da existência da ação, a pessoa jurídica de direito público não ingressar no processo. Nesse caso, mesmo havendo vara da Fazenda Pública na comarca, e sendo lesada pelo ato ilícito uma pessoa jurídica de direito público municipal – da sede da comarca – ou estadual, a ação de improbidade administrativa será de competência da vara comum.

Capítulo 12

CONEXÃO E LITISPENDÊNCIA

12.1. CONCEITOS E EFEITOS

O fenômeno da conexão vem previsto no art. 55, *caput*, do CPC, reputando-se duas ou mais ações conexas quando lhes for comum o pedido ou a causa de pedir. Diante do próprio conceito legal consagrado no dispositivo mencionado, nota-se que a conexão é fenômeno processual que ocorrerá sempre que entre duas ou mais demandas houver a identidade de causa de pedir ou do pedido. O conceito de conexão é bastante polêmico na doutrina, sendo recorrente a crítica a respeito de sua insuficiência para descrever as diferentes variações do fenômeno.[1] Para que não se desvie do objeto principal do presente livro, adota-se o conceito legal, lembrando-se, entretanto, que sem sacrifício do conceito legal, o art. 55, § 3.º, do CPC admite a reunião de processos não conexos, desde que haja risco de prolação de decisões conflitantes ou contraditórias.

O art. 55, *caput*, do CPC descreve o objeto do fenômeno, seu conteúdo. Não se deve confundir o fenômeno da conexão com a sua consequência, ou seja, com o seu efeito, que será a reunião dos processos perante um só juízo para julgamento conjunto. Como se sabe, o conteúdo não se confunde com o efeito, até mesmo porque o efeito de um instituto é fenômeno externo a ele, enquanto o conteúdo pertence ao seu interior.

Ainda que a reunião de ações conexas perante um mesmo juízo não seja obrigatória, o estudo da conexão torna-se interessante a partir desse

---

[1] NEVES, Daniel Amorim Assumpção. *Competência no processo civil*. São Paulo: Método, 2005. 12.3.3, p. 195-200.

efeito, previsto no art. 58 do CPC. São duas as principais justificativas para tal reunião: economia processual e harmonização dos julgados.[2]

A primeira e inegável vantagem aferida com a reunião de causas conexas é evitar que decisões conflitantes sejam proferidas por dois juízos diferentes. A existência de decisões conflitantes proferidas em demandas que tratem de situações similares é, naturalmente, motivo de descrédito ao Poder Judiciário, podendo inclusive gerar problemas práticos de difícil solução. Por outro lado, é inegável que a reunião de duas ou mais demandas perante um mesmo juízo prestigia o princípio da economia processual, já que os atos processuais serão praticados somente uma vez, o que se mostrará mais cômodo ao Poder Judiciário (funcionará apenas uma estrutura – juiz, escrivão, cartorário etc.) e às partes e terceiros que tenham dever de colaboração com a Justiça (por exemplo, testemunhas, que só prestarão depoimento uma vez). Com a prática de atos processuais que sirvam a mais de um processo, é evidente que haverá otimização do tempo e, em razão disso, respeito ao princípio da economia processual.

O termo "litispendência" é equívoco, podendo significar pendência da causa (que começa a existir quando de sua propositura e se encerra com a sua extinção) ou pressuposto processual negativo verificado na concomitância de ações idênticas. Na presente análise, interessa o segundo significado, previsto expressamente no art. 337, § 3.º, do CPC, ainda que a citação seja importante para definir qual das ações será extinta.[3]

As mesmas razões que justificam a reunião de ações conexas motivam a extinção do processo na hipótese de litispendência, não havendo qualquer vantagem em se manter em trâmite duas ações idênticas. Na melhor das hipóteses, haverá somente ofensa à economia processual, com repetição desnecessária de atos gerando um mesmo resultado; na pior, além da ofensa à economia processual, haverá desarmonia entre julgados na hipótese de decisões conflitantes para a mesma ação desenvolvida em dois processos diferentes.

Como se pode notar desses breves comentários introdutórios, havendo conexão, o efeito possível é a reunião de ações perante o juízo prevento,

---

[2] ARRUDA ALVIM. *Manual de direito processual civil*. 8. ed. São Paulo: RT, 2003. v. I, p. 398-399; PIZZOL, Patrícia Miranda. *A competência no processo civil*. São Paulo: RT, 2003. p. 297; AMARAL SANTOS, Moacyr. *Primeiras linhas de direito processual civil*. 25. ed. São Paulo: Saraiva, 2007. v. 1, p. 258.

[3] STJ, 4.ª Turma, REsp 778.976/PB, Rel. Min. João Otávio de Noronha, j. 08.04.2008; STJ, 1.ª Turma, EDcl no AgRg na MC 5.281/GO, Rel. Min. Luiz Fux, j. 20.05.2003.

enquanto, havendo litispendência, o efeito necessário é a extinção do processo sem a resolução do mérito. Essa é a sistemática criada pelo Código de Processo Civil, aplicável indubitavelmente aos processos individuais.

Conforme devidamente exposto no Capítulo 8, apesar de a ação de improbidade administrativa ter natureza sancionatória e não ser projetada para tutelar o patrimônio público nem qualquer outro direito transindividual, permite-se ao autor a cumulação de pedidos não sancionatórios, que visam à tutela do patrimônio público.

Sempre que isso ocorre – e ocorre com frequência –, a ação de improbidade passa a, pelo menos potencialmente, se relacionar com ações coletivas que visam tutelar o interesse público. Afinal, é possível que o mesmo ato impugnado na ação de improbidade seja também impugnado numa ação civil pública e/ou numa ação popular. O mesmo ressarcimento pedido na ação de improbidade pode estar sendo requerido em uma ação civil pública e/ou uma ação popular.

Cumpre, agora, analisar como se relacionam essas demandas.

12.2. EFEITOS DA CONEXÃO ENTRE AÇÃO COLETIVA E AÇÃO DE IMPROBIDADE COLETIVA

12.2.1. Reunião das demandas

Acredito que não exista qualquer diferença substancial entre a tutela individual e a tutela coletiva no tocante aos fenômenos processuais da conexão e da litispendência. Dessa forma, é possível a existência de conexão entre ações coletivas, que tenham identidade de pedido ou causa de pedir e de litispendência, quando existirem em trâmite ações coletivas idênticas.[4] Na tutela coletiva, entretanto, é importante fixar duas premissas a respeito do tema.

Primeiro, é importante salientar que, nessa análise entre diferentes processos, deve-se considerar a parte no sentido material, e não no sentido processual. Havendo substituição processual em hipótese de legitimação extraordinária concorrente, a propositura de um novo processo com a

---

[4] MAZZILLI, Hugo Nigro. *A defesa dos interesses difusos em juízo.* 15. ed. São Paulo: Saraiva, 2002. p. 249-250.

mesma parte contrária, mesma causa de pedir e mesmo pedido, ainda que com autores diferentes, não evita a litispendência.[5]

Em segundo lugar, deve-se desprezar, para fins de comparação entre ações, a espécie de ação, sendo possível haver tanto a conexão como a litispendência entre diferentes espécies de ações coletivas.

No tocante à ação de improbidade administrativa, quando se formulam pedidos além dos sancionatórios, que visam tutelar o patrimônio público e a moralidade administrativa, é natural que possa, no caso concreto, existir também uma ação popular e/ou uma ação civil pública fundada no mesmo ato impugnado na ação de improbidade administrativa, apesar de ser o pedido destas ações limitado à anulação do ato administrativo e à condenação ao ressarcimento dos danos, vedado os pedidos de genuínas penas previstas na Lei 8.429/1992.

Essa segunda consideração é de grande relevância para a ação de improbidade administrativa, por ser extremamente difícil que ocorra conexão entre duas ou mais ações coletivas dessa espécie. Tal circunstância decorre das particularidades da legitimação ativa, já devidamente exploradas no Capítulo 10, item 10.2.

Na ação popular, na qual a legitimidade ativa é do cidadão, é possível imaginar-se a quantidade de ações conexas que podem ser propostas. Mesmo na ação civil pública, com uma legitimação mais restrita, é possível se imaginar uma pluralidade de ações conexas. Já na ação de improbidade administrativa, são legitimados ativos apenas o Ministério Público, estando a legitimidade da pessoa jurídica interessada garantida por força de decisão liminar em ação direta de inconstitucionalidade, e dificilmente haverá no caso concreto mais de uma ação para cada ato de improbidade, ainda mais se for considerada a notória timidez das pessoas jurídicas interessadas na propositura de tal ação.

Será mais comum a conexão da ação de improbidade administrativa com ações civis públicas e ações populares, justamente em razão da maior pluralidade de legitimados à propositura dessas duas espécies de ação coletiva. De qualquer forma, a conexão entre ações de improbidade administrativa não difere em nada da conexão entre demais espécies de ação coletiva e mesmo da conexão entre diferentes tipos de ação coletiva.

---

[5] WAMBIER, Teresa Arruda Alvim. Litispendência em ações coletivas. In: MAZZEI, Rodrigo; NOLASCO, Rita Dias. (Org.). *Processo civil coletivo*. São Paulo: Quartier Latin do Brasil, 2005. p. 264; MENDES, Aluísio Gonçalves de Castro. *Ações coletivas no direito comparado e nacional*. São Paulo: RT, 2002. 19.2, p. 260.

Parece não haver maiores questionamentos doutrinários a respeito da aplicação integral das regras da conexão, inclusive de seu efeito de reunião de processos perante um mesmo juízo, previsto no art. 58 do CPC, à tutela coletiva. O Superior Tribunal de Justiça, inclusive, já teve a oportunidade de entender cabível a reunião de ações populares conexas,[6] bem como de negar tal reunião, quando as ações populares tramitarem em graus jurisdicionais distintos,[7] exatamente como ocorre nas ações individuais. Reconhecendo a possibilidade de conexão entre diferentes espécies de ações, o Superior Tribunal de Justiça admite a reunião de ação civil pública e de ação popular em razão da conexão.[8]

A maior polêmica a respeito do tema diz respeito ao efeito que deve ser gerado quando verificada a litispendência entre ações coletivas. Para uma parcela doutrinária, a litispendência só pode gerar a extinção da ação coletiva na hipótese de uma identidade integral dos três elementos da ação, ou seja, além da mesma *causa de pedir* e do mesmo pedido, autor e réu devem também se repetir. Apesar de reconhecer que existe litispendência mesmo quando autores diferentes buscam a tutela do mesmo interesse em juízo, essa corrente doutrinária defende que, nesse caso, as ações coletivas devem ser reunidas, preservando-se o exercício do direito de ação e o princípio da inafastabilidade da jurisdição para os diferentes autores das ações coletivas.[9]

Não é esse, entretanto, o entendimento da doutrina majoritária, que defende a extinção do processo sem resolução do mérito quando ocorrer litispendência entre ações coletivas, ainda que sejam diferentes os autores.[10] Nesse entendimento, o direito de ação estará preservado porque o autor da ação coletiva extinta poderá ingressar como litisconsorte ulterior ou assistente litisconsorcial do autor da ação coletiva que será mantida em trâmite.

---

[6] STJ, REsp 685.398/SP, Rel. Min. Arnaldo Esteves, j. 03.04.2007, *DJ* 07.05.2007, p. 358.

[7] STJ, 1.ª Turma, REsp 851.090/SP, Rel. Luiz Fux, j. 18.12.2007, *DJe* 21.03.2008.

[8] STJ, 1.ª turma, REsp 936.205/PR, Rel. Min. Francisco Falcão, j. 07.08.2007, *DJ* 30.08.2007, p. 239; STJ, 2.ª Turma, REsp 208.680/MG, Rel. Min. Francisco Peçanha Martins, j. 06.04.2004, *DJ* 31.05.2004, p. 253.

[9] DIDIER JR., Fredie; ZANETI JR., Hermes. *Curso de direito processual civil*. 4. ed. Salvador: JusPodivm, 2009. v. 4, p. 172-173; VIGLIAR, José Marcelo Menezes. *Ações coletivas*. Salvador: JusPodivm, 2009. p. 133.

[10] MAZZILLI, Hugo Nigro. *A defesa dos interesses difusos em juízo*. 15. ed. São Paulo: Saraiva, 2002. p. 256; VENTURI, Elton. *Processo civil coletivo*. São Paulo: Malheiros, 2007. p. 333-334; MENDES, Aluísio Gonçalves de Castro. *Ações coletivas no direito comparado e nacional*. São Paulo: RT, 2002. p. 260; LEONEL, Ricardo de Barros. *Manual do processo coletivo*. São Paulo: RT, 2002. p. 253.

Entendo que, para a determinação dos efeitos da litispendência, deverá sempre se levar em conta a espécie de ações coletivas idênticas. Havendo uma identidade não só dos elementos da ação, mas também da espécie de ação coletiva, entendo cabível a extinção do processo mais recente, nos termos do art. 485, V, do CPC. Havendo somente a identidade dos elementos da ação coletiva, mas sendo essa de diferentes espécies, o efeito deve ser o da reunião das ações perante o juízo prevento para julgamento conjunto.

Já tive a oportunidade de defender como injustificável a reunião de ações coletivas da mesma natureza.[11] A solução de se aplicar o efeito da conexão nessa situação, reunindo as ações coletivas idênticas, despreza o fato de que a extinção por litispendência é obrigatória, enquanto a reunião das demandas por conexão não o é. O ponto principal da conclusão pela extinção terminativa, entretanto, é a manutenção do direito de ação daquele autor que teve sua ação extinta, considerando a possibilidade deste intervir como assistente litisconsorcial ou litisconsorte ulterior do autor que teve sua ação mantida.

A solução proposta não entra em contradição com as conclusões do Capítulo 10, item 10.2.4. a respeito da participação do Ministério Público na ação de improbidade administrativa. No referido capítulo, defendeu-se que, se a pessoa jurídica interessada propõe uma ação de improbidade administrativa, o Ministério Público não poderá ser litisconsorte ulterior, atuando como fiscal da lei, nos termos do art. 17, § 4.º, da Lei 8.429/1992. Essa atuação de fiscal da lei justifica-se pela ausência de vontade por parte do Ministério Público na propositura da demanda. Ocorre, entretanto, que sendo autor de outra ação de improbidade extinta em razão da litispendência, naturalmente o Ministério Público terá demonstrando suficientemente sua vontade de ser autor, devendo, nesse caso, ser admitido como litisconsorte ulterior na ação proposta pela pessoa jurídica interessada.

Interessante hipótese ocorre na litispendência entre diferentes espécies de ação coletiva, fenômeno já reconhecido pelo Superior Tribunal de Justiça.[12] Havendo em trâmite ação de improbidade administrativa idêntica a ação popular ou ação civil pública, será caso de extinção de uma dessas ações? Uma resposta afirmativa a tal questionamento significará uma ofensa clara ao princípio da inafastabilidade da jurisdição, considerando-se que os

---

[11] NEVES, Daniel Amorim Assumpção. *Ações constitucionais*. São Paulo: Método, 2011. 7.7.2, p. 263-265.

[12] STJ, 3.ª Seção, AgRg nos Edcl no MS 13.710/DF, Rel. Min. Celso Limongi, j. 23.09.2009, DJe 06.10.2009.

legitimados para ação popular não são legitimados para a ação civil pública e vice-versa, de forma que, extinta sua ação, não poderia o autor ingressar como litisconsorte ativo do autor da ação coletiva mantida em trâmite.

Conforme já exposto, entendo que, nesse caso excepcional, de litispendência entre ações coletivas cujos legitimados ativos não sejam os mesmos sujeitos, é possível se aplicar o efeito da reunião das ações conexas perante o juízo prevento, afastando-se o risco de decisões contraditórias e mantendo-se o direito de ação dos autores de tais ações coletivas.[13] Essa reunião, entretanto, seguirá as regras da reunião na conexão, nem sempre sendo realizada no caso concreto, tudo a depender de sua conveniência.

O entendimento, entretanto, merece duas ressalvas no tocante à ação de improbidade administrativa.

Os legitimados ativos para essa espécie de ação coletiva não se confundem com os legitimados ativos da ação popular, sendo o entendimento aplicável nesse caso. Mas com relação à ação civil pública, a situação é distinta. Todos os legitimados à propositura da ação de improbidade administrativa também são legitimados à propositura da ação civil pública, mas o inverso não é verdadeiro. Nesse caso, deve se determinar qual demanda teve a primeira citação válida para se determinar qual ação seria extinta.

Se a ação a ser extinta for a ação de improbidade administrativa, não haverá qualquer problema em o autor dessa ação tornar-se litisconsorte ativo ulterior na ação civil pública. Caso, entretanto, a ação a ser extinta seja a ação civil pública, a extinção só se justificará se o autor dessa ação for um dos legitimados ativos da ação de improbidade administrativa, sob pena de ter sua ação civil pública extinta e não ter legitimidade para participar da ação de improbidade administrativa.

Apesar do rigorismo técnico que se pretendeu emprestar ao raciocínio desenvolvido, a segunda ressalva a respeito da ação de improbidade administrativa torna a discussão meramente acadêmica. Nunca haverá litispendência total entre ação civil pública ou popular com a ação de improbidade administrativa, quando muito uma litispendência parcial que não gera a extinção do processo, mas sua diminuição objetiva.

---

[13] WAMBIER, Teresa Arruda Alvim. Litispendência em ações coletivas. In: MAZZEI, Rodrigo; NOLASCO, Rita Dias. (Org.). *Processo civil coletivo*. São Paulo: Quartier Latin do Brasil, 2005. p. 287-295; ALMEIDA, Gregório Assagra de. *Direito processual coletivo brasileiro*. São Paulo: Saraiva, 2003. p. 418-419; JORGE, Flávio Cheim; RODRIGUES, Marcelo Abelha. A tutela processual da probidade administrativa. In: BUENO, Cassio Scarpinella; PORTO FILHO, Pedro Paulo de Rezende (Coord.). *Improbidade administrativa (questões polêmicas e atuais)*. São Paulo: Malheiros, 2001. p. 223-224.

Noto com certa frequência uma confusão entre o fenômeno da continência, previsto pelo art. 56 do CPC, e a litispendência parcial. A distinção, diga-se de passagem, é mais importante no aspecto doutrinário que prático, mas ainda assim vale a pena esboçar uma pequena reação contra um forte movimento que confunde indevidamente os dois fenômenos processuais.

A continência decorre da existência de duas ou mais ações que tenham as mesmas partes, a mesma causa de pedir; e o pedido de uma, por ser mais amplo, contém o pedido da outra. Conforme previsto no art. 57 do CPC, havendo continência entre ações, a consequência prática é sua reunião para julgamento pelo juízo prevento, ou ainda da ação contida caso o juízo prevento seja o da ação continente. Ainda que essa reunião não seja consequência inexorável da continência, devendo o juiz observar no caso concreto a efetiva economia processual e harmonização dos julgados derivados da reunião, a consequência em regra não é a extinção de uma das ações, tampouco sua diminuição objetiva, mas a simples reunião para julgamento perante um mesmo juízo.

O termo "litispendência" no sentido que interessa à presente análise é um pressuposto processual negativo verificado na concomitância de ações idênticas, ou seja, ações com os mesmos elementos (pedido, causa de pedir e partes). A consequência é a extinção do processo mais recente, sendo mantido o processo no qual ocorreu a primeira citação válida.[14] A litispendência parcial verifica-se sempre que houver identidade de partes, causa de pedir e a repetição de pedido já formulado cumulado com novos pedidos.

Repetindo-se as partes e a causa de pedir, o autor na ação A pede a condenação do réu a ressarci-lo por danos materiais, e na ação B pede a condenação do réu a ressarci-lo por danos materiais e morais. Nesse caso, caberá ao juiz diminuir objetivamente a ação B, excluindo o pedido condenatório de danos materiais, mera repetição de pedido já formulado na ação A. Como se pode notar, diferente da continência, a consequência da litispendência parcial é a diminuição objetiva do processo (chamado erroneamente por alguns de "extinção parcial do processo").

O que fica claro no singelo exemplo é que na ação B o pedido do autor não é mais amplo que o pedido formulado na ação A, mas uma mera repetição cumulada com novo pedido. A pretensão do autor na ação B é mais ampla que na ação A, mas de forma alguma o pedido da ação B é mais

---

[14] STJ, REsp 778.976/PB, 4.ª Turma, Rel. Min. João Otávio de Noronha, j. 08.04.2008.

amplo que o pedido da ação A, e entre eles não existe a relação conteúdo-continente indispensável à configuração da continência.

A confusão entre os dois diferentes fenômenos processuais é ainda mais intensa na tutela coletiva em razão da legitimidade concorrente e disjuntiva para sua propositura. Colhe-se exemplo em festejada (merecidamente) obra de improbidade administrativa: numa ação popular na qual se veiculam os pedidos de anulação do ato administrativo lesivo ao erário público e a condenação dos réus ao ressarcimento e uma ação de improbidade administrativa na qual se veiculam os mesmos pedidos, acrescidos do pedido de sanções previstos no art. 12 da Lei 8.429/1992, existe continência, nos termos do art. 56 do CPC.[15] Como se nota do exemplo extraído da obra mencionada, a hipótese é nitidamente de litispendência parcial, e não de continência.

Apesar de inegável a distinção entre os dois institutos, na praxe forense as consequências práticas da confusão entre eles são praticamente inexistentes. Ainda que corretamente o juiz reconheça a litispendência parcial e diminua objetivamente o processo, continuará a existir a conexão entre as ações, considerando a identidade de causa de pedir entre elas. Em razão dessa conexão – e não da continência, inexistente – as ações serão reunidas perante o mesmo juízo, consequência idêntica da que seria gerada pela continência. Mesmo que erroneamente reunidas ações com pedidos que se repetem ("falsa continência"), sendo o mesmo juízo que as julgará, o problema de decisões conflitantes estará afastado. Tudo leva a crer, portanto, que o erro não traga maiores complicações práticas, mas essa é apenas a regra, e, ainda que excepcionalmente, problemas poderão surgir.

Havendo litispendência parcial, deve se determinar qual a demanda mais recente. Se tal ação for de improbidade administrativa, ocorrerá a diminuição objetiva da demanda com a exclusão dos pedidos já formulados na ação civil pública ou popular. Havendo conexão entre as ações, aplicam-se as considerações já feitas a respeito do tema. Mas, e no caso contrário?

Se tal ação for a popular ou a civil pública, o reconhecimento da litispendência parcial levará à sua extinção terminativa, já que o pedido formulado nessa ação já constará de uma ação de improbidade administrativa mais antiga. No caso da ação popular, o cidadão teria tolhido seu direito de ação porque não poderá participar da ação de improbidade administrativa. Como já afirmado, nesse caso, é mais adequada a reunião das demandas.

---

[15] GARCIA, Emerson; ALVES, Rogério Pacheco. *Improbidade administrativa*. 6. ed. Rio de Janeiro: Lumen Juris, 2011. p. 640-641.

Tratando-se de ação civil pública, a extinção só deve ocorrer se o autor de tal ação puder intervir na ação de improbidade administrativa como litisconsorte ativo ulterior.

12.3. PREVENÇÃO DO JUÍZO

A prevenção é um fenômeno de extrema importância na eventualidade de existirem duas ou mais ações conexas, havendo a reunião de todas perante um mesmo juízo, para que, neste, seja proferida decisão sobre elas (o que a doutrina entende, inclusive, poder ser feito por meio de somente uma sentença), em prol dos princípios da economia processual e da harmonização das decisões, conforme já analisado. A função da prevenção nas hipóteses de reunião por conexão é definir em qual juízo as ações serão reunidas, ou seja, determinar qual juízo irá concentrar as ações sob seu comando.

Antes da Lei 14.230/2021, com a generalizada premissa de ser a ação de improbidade uma espécie de ação coletiva, era pacificado o entendimento no sentido de se adotar a regra de prevenção do juízo previsto no microssistema coletivo: primeira propositura (art. 2.º, parágrafo único, da Lei 7.347/1985 – Ação Civil Pública; art. 17, § 5.º, da Lei 8.429/1992 – Lei de Improbidade Administrativa; art. 5.º, § 3.º, da Lei 4.717/1965 – Lei da Ação Popular).

Apesar de o art. 17-D da LIA deixar claro que a ação de improbidade administrativa não é uma espécie de ação civil pública, afastando-a, portanto, do microssistema coletivo, o art. 17, § 5.º, da LIA consagra a mesma regra de prevenção do juízo: a primeira propositura.

Entendo que faltou arrojo ao legislador ao se manter dentro das regras já existentes no microssistema coletivo. Poderia ter aproveitado a oportunidade e consagrado a tese da competência adequada, permitindo-se que a escolha do juízo prevento se desse naquele que demonstrasse ter melhores condições para conceder uma tutela jurisdicional de melhor qualidade. Não foi dessa vez.

São três artigos com o mesmo conteúdo: art. 2.º, parágrafo único, da Lei 7.347/1985 (Ação Civil Pública) e art. 17, § 5.º, da Lei 8.429/1992 (Lei de Improbidade Administrativa), com a mesma redação: "A propositura da ação prevenirá a jurisdição do juízo para todas as ações posteriormente intentadas que possuam a mesma causa de pedir ou o mesmo objeto"; e o art. 5.º, § 3.º, da Lei 4.717/1965 (Lei da Ação Popular): "A propositura da ação prevenirá a jurisdição do juízo para todas as ações, que forem posteriormente intentadas contra as mesmas partes e sob os mesmos fundamentos".

Como se nota da redação dos dispositivos legais transcritos, não é o registro ou a distribuição o ato processual determinante da prevenção do juízo, mas sim a mera propositura da ação. Essa diversidade de tratamento entre o Código de Processo Civil e as leis extravagantes que tratam da ação civil pública, da improbidade administrativa[16] e da ação popular já foi percebida pela melhor doutrina[17] e pelo Superior Tribunal de Justiça.[18]

---

[16] STJ, 2.ª Turma, AgRg na MC 23.640/DF, Rel. Min. Og Fernandes, j. 03.02.2015, *DJe* 06.02.2015.

[17] Cf. BUENO, Cassio Scarpinella. *O Poder Público em juízo*. 4. ed. São Paulo: Saraiva, 2010. p. 156. No mesmo sentido MAZZILLI, Hugo Nigro. *A defesa dos interesses difusos em juízo*. 15. ed. São Paulo: Saraiva, 2002. p. 221-222; ALMEIDA, Gregório Assagra de. *Direito processual coletivo brasileiro*. São Paulo: Saraiva, 2003. p. 347.

[18] STJ, 1.ª Seção, CC 45.297/DF, Rel. Min. João Otávio de Noronha, j. 14.09.2005, *DJ* 17.10.2005, p. 163.

Capítulo 13

PROCEDIMENTO ADMINISTRATIVO

13.1. INTRODUÇÃO

O Capítulo V da Lei 8.429/1992 trata do "procedimento administrativo e do processo judicial", sendo que o chamado "procedimento administrativo" encontra-se regulado pelos arts. 15 e 16 de referida lei. Conforme ensina a melhor doutrina, não se trata propriamente de um procedimento administrativo, como sugere a literalidade da lei, mas sim de genuíno processo administrativo,[1] no qual serão colhidos elementos para o eventual ingresso de ação judicial e se aplicarão as sanções administrativas previstas em lei.[2]

Registre-se que apesar da inegável relevância do processo administrativo no âmbito da improbidade administrativa, ainda que mais no plano teórico do que na prática, não é correto ter o processo administrativo como condição para o ingresso da ação de improbidade. Será sempre admissível o ingresso imediato de ação judicial, mesmo quando não tenha existido o

---

[1] SANTOS, Carlos Frederico Brito dos. *Improbidade administrativa*. 2. ed. Rio de Janeiro: Forense, 2009. 4.1, p. 181; CARVALHO FILHO, José dos Santos. O processo administrativo de apuração da improbidade administrativa. In: OLIVEIRA, Alexandre Albagli; CHAVES, Cristiano; GHIGNONE, Luciano (Coord.). *Estudos sobre improbidade administrativa* – em homenagem ao Prof. J. J. Calmon de Passos. Rio de Janeiro: Lumen Juris, 2010. p. 382-383; FERRAZ, Sérgio. Aspectos processuais na lei sobre improbidade administrativa. In: BUENO, Cassio Scarpinella; PORTO FILHO, Pedro Paulo de Rezende (Coord.) *Improbidade administrativa* – questões polêmicas e atuais. 2. ed. São Paulo: Malheiros, 2003. p. 422-426.

[2] FERRARESI, Eurico. *Improbidade administrativa*. São Paulo: Método, 2011, p. 160.

processo instaurado e conduzido pela Administração Pública ou o inquérito civil instaurado e conduzido pelo Ministério Público.[3]

Apesar de não ser obrigatória, a instauração de processo administrativo ou de inquérito civil parece ser bastante interessante como forma preparatória da ação de improbidade administrativa, em especial em razão da regra consagrada no art. 17, § 6.º, da Lei 8.429/1992. Conforme analisado no Capítulo 14, item 14.2.9., referida norma exige do autor a instrução da petição inicial na ação de improbidade administrativa com documentos ou a justificativa para que não ocorra tal instrução. Como se exige a indicação, ao menos indiciária, de elementos que corroborem as alegações do autor, parece ser interessante um processo investigativo prévio. De qualquer forma, obrigatoriedade não existe.

13.2. LEGITIMIDADE

Nos termos do art. 14, *caput*, da Lei 8.429/1992, qualquer pessoa poderá representar à autoridade administrativa competente para que seja instaurada investigação destinada a apurar a prática de ato de improbidade. Trata-se de consagração do direito de petição, previsto no art. 5.º, XXXIV, da CF.[4]

Não há dúvida de que a pessoa mencionada no dispositivo legal pode ser tanto física como jurídica, quando a representação será assinada por

---

[3] DECOMAIN, Pedro Roberto. *Improbidade administrativa*. São Paulo: Dialética, 2007. p. 9.1, p. 224; FERRARESI, Eurico. *Improbidade administrativa*. São Paulo: Método, 2011. p. 166. Contra: MATTOS, Mauro Roberto Gomes de. *O limite da improbidade administrativa*: comentários à Lei n.º 8.429/92. 4. ed. Rio de Janeiro: Impetus, 2009. p. 498; DALLARI, Adilson Abreu. Limitações à atuação do Ministério Público na Ação Civil Pública. In: BUENO, Cassio Scarpinella; PORTO FILHO, Pedro Paulo de Rezende (Coord.). *Improbidade administrativa (questões polêmicas e atuais)*. São Paulo: Malheiros, 2001. p. 38-42.

[4] SANTOS, Carlos Frederico Brito dos. *Improbidade administrativa*. 2. ed. Rio de Janeiro: Forense, 2009. 4.1, p. 185; MATTOS, Mauro Roberto Gomes de. *O limite da improbidade administrativa*: comentários à Lei n.º 8.429/92. 4. ed. Rio de Janeiro: Impetus, 2009. p. 497; ANDRADE, Adriano; MASSON, Cleber; ANDRADE, Landolfo. *Interesses difusos e coletivos esquematizado*. São Paulo: Método, 2011. 6.10, p. 720; GAJARDONI, Fernando da Fonseca. *Comentários à nova lei de Mandado de Segurança*. São Paulo: Método, 2009. p. 214; FERRARESI, Eurico. *Improbidade administrativa*. São Paulo: Método, 2011. p. 159-160; CARVALHO FILHO, José dos Santos. O processo administrativo de apuração da improbidade administrativa. In: OLIVEIRA, Alexandre Albagli; CHAVES, Cristiano; GHIGNONE, Luciano (Coord.). *Estudos sobre improbidade administrativa* – em homenagem ao Prof. J. J. Calmon de Passos. Rio de Janeiro: Lumen Juris, 2010. p. 384.

meio de seus representantes legais.⁵ A identificação dos representantes legais que assinam a representação é indispensável para que a responsabilização penal prevista pelo art. 19 da LIA recaia sobre eles, além de eventual responsabilização civil pelos danos gerados pela prática do ato.

Prevê o art. 19 da LIA ser crime, passível de detenção de seis a dez meses e multa, a representação por ato de improbidade contra agente público ou terceiro beneficiário, quando o autor da denúncia o sabe inocente. Identificada a pessoa física que fez a indevida representação, a responsabilidade penal estará determinada. Já no caso de representação realizada por pessoa jurídica, deve se responsabilizar penalmente os representantes legais responsáveis pela representação, sob pena de sujeitos com o intuito meramente de prejudicar agentes públicos honestos, valerem-se de pessoas jurídicas para representá-los perante a autoridade administrativa.

Segundo a melhor doutrina que já teve oportunidade de enfrentar o tema, se qualquer pessoa "poderá" representar à autoridade administrativa tendo conhecimento de um ato de improbidade administrativa, em ato de genuíno exercício de cidadania, o agente público tem o dever de realizar tal representação.⁶ Há corrente doutrinária, inclusive, que para chegar a tal conclusão se vale do microssistema coletivo, mais precisamente do art. 6.º da LAP.⁷

Conforme será analisado com a devida profundidade no presente capítulo, item 13.5., o Ministério Público pode instaurar inquérito civil para apurar atos de improbidade administrativa. Na prática é, inclusive, o que costuma acontecer. Nada, entretanto, impede que o Ministério Público oficie à autoridade administrativa para que instaure o devido processo administrativo. A concomitância dessas duas investigações não gera qualquer espécie de *bis in idem*, até porque o inquérito civil é destinado exclusivamente para

---

⁵ FERRAZ, Sérgio. Aspectos processuais na lei sobre improbidade administrativa. In: BUENO, Cassio Scarpinella; PORTO FILHO, Pedro Paulo de Rezende (Coord.) *Improbidade administrativa* – questões polêmicas e atuais. 2. ed. São Paulo: Malheiros, 2003. p. 426; FERRARESI, Eurico. *Improbidade administrativa*. São Paulo: Método, 2011. p. 159; CARVALHO FILHO, José dos Santos. O processo administrativo de apuração da improbidade administrativa. In: OLIVEIRA, Alexandre Albagli; CHAVES, Cristiano; GHIGNONE, Luciano (Coord.). *Estudos sobre improbidade administrativa* – em homenagem ao Prof. J. J. Calmon de Passos. Rio de Janeiro: Lumen Juris, 2010. p. 384.

⁶ MATTOS, Mauro Roberto Gomes de. *O limite da improbidade administrativa*: comentários à Lei n.º 8.429/92. 4. ed. Rio de Janeiro: Impetus, 2009. p. 498.

⁷ GAJARDONI, Fernando da Fonseca. *Comentários à nova lei de Mandado de Segurança*. São Paulo: Método, 2009. p. 215-216; FERRARESI, Eurico. *Improbidade administrativa*. São Paulo: Método, 2011. p. 162.

a colheita de elementos para a propositura da ação principal, enquanto o processo administrativo disciplinar visa também a aplicação de sanções administrativas.

Ainda que o dispositivo legal ora comentado preveja a necessidade de provocação para a instauração do processo administrativo, a doutrina é uníssona no entendimento de que tal processo pode ter início de ofício.[8]

Aspecto interessante e polêmico a respeito da legitimidade para dar início ao processo administrativo diz respeito à denúncia anônima, sem que o denunciante ofereça elementos suficientes para sua identificação. Segundo o art. 5.º, IV, da CF, é livre a manifestação do pensamento, sendo vedado o anonimato. Seria a previsão constitucional impeditiva da denúncia anônima para a instauração do processo administrativo?

Conforme será analisado com a devida profundidade no item seguinte, o art. 14, § 1.º, da Lei 8.429/1992 exige a qualificação do representante, o que, por si só, impediria a denúncia apócrifa. A questão, entretanto, não se resolve de forma tão simples.

Há corrente doutrinária minoritária que defende a vedação completa e absoluta à denunciação anônima, numa interpretação literal do dispositivo constitucional mencionado que, ao exigir a qualificação do representante, afasta a possibilidade de denúncia sem a identificação do denunciante. Além de lembrar que o anonimato serviria de escudo para denunciantes sem caráter e amantes do denuncismo infundado, o acusado não teria como responsabilizar o denunciante, tornando ineficaz o art. 19 da Lei 8.429/1992.[9]

Majoritariamente, entretanto, a doutrina se posiciona pela possibilidade de instauração de processo administrativo mesmo diante de denúncia anônima. É preciso lembrar que em muitos casos a denúncia poderá ser feita por agente público hierarquicamente vinculado ao denunciado, e exigir, nesse caso, a identificação do denunciante, é criar um obstáculo praticamente

---

[8] SANTOS, Carlos Frederico Brito dos. *Improbidade administrativa*. 2. ed. Rio de Janeiro: Forense, 2009. 4.1, p. 187; FERRARESI, Eurico. *Improbidade administrativa*. São Paulo: Método, 2011. p. 159; CARVALHO FILHO, José dos Santos. O processo administrativo de apuração da improbidade administrativa. In: OLIVEIRA, Alexandre Albagli; CHAVES, Cristiano; GHIGNONE, Luciano (Coord.). *Estudos sobre improbidade administrativa – em homenagem ao Prof. J. J. Calmon de Passos*. Rio de Janeiro: Lumen Juris, 2010. p. 387; FERRAZ, Sérgio. Aspectos processuais na lei sobre improbidade administrativa. In: BUENO, Cassio Scarpinella; PORTO FILHO, Pedro Paulo de Rezende (Coord.) *Improbidade administrativa – questões polêmicas e atuais*. 2. ed. São Paulo: Malheiros, 2003. p. 426.

[9] MATTOS, Mauro Roberto Gomes de. *O limite da improbidade administrativa*: comentários à Lei n.º 8.429/92. 4. ed. Rio de Janeiro: Impetus, 2009. p. 501-502.

insuperável. Ademais, mesmo quando não há essa vinculação, há agentes públicos poderosos que, ao praticar o ato de improbidade administrativa, passam a representar interesses não menos poderosos, o que naturalmente inibe qualquer pessoa de bem a fazer a denúncia. Por outro lado, se o processo pode ser instaurado de ofício, não se pode excluir *a priori* a denúncia anônima.[10]

Naturalmente, essa parcela majoritária da doutrina se preocupa com o denuncismo vazio, com o único objetivo de denegrir a imagem do denunciado. Justamente por essa razão exige-se da denúncia anônima uma confiabilidade ainda maior que naquela que conta com a identificação do denunciante. Alguns exigem verossimilhança,[11] outros, seriedade,[12] sendo o ponto comum a ideia de que a investigação só deve ser instaurada se a autoridade administrativa notar na representação dados objetivos e sérios que mereçam ser investigados.

O Superior Tribunal de Justiça tem decidido nesse sentido, admitindo a denúncia anônima séria, que forneça informações sobre o fato e a identificação do denunciado, entendendo que o anonimato não pode servir de escudo para práticas ilícitas.[13] O tema nesse tribunal, inclusive, encontra-se sumulado.[14] No Supremo Tribunal Federal, a denúncia anônima é admitida, desde que concorra com outros elementos de convicção, para a instauração de processos investigativos.[15]

---

[10] GAJARDONI, Fernando da Fonseca. *Comentários à nova lei de Mandado de Segurança*. São Paulo: Método, 2009. p. 217-218; MARQUES, Sílvio Antonio. *Improbidade administrativa*. São Paulo: Saraiva, 2010. 2.2, p. 146; CARVALHO FILHO, José dos Santos. O processo administrativo de apuração da improbidade administrativa. In: OLIVEIRA, Alexandre Albagli; CHAVES, Cristiano; GHIGNONE, Luciano (Coord.). *Estudos sobre improbidade administrativa* – em homenagem ao Prof. J. J. Calmon de Passos. Rio de Janeiro: Lumen Juris, 2010. p. 387.

[11] ANDRADE, Adriano; MASSON, Cleber; ANDRADE, Landolfo. *Interesses difusos e coletivos esquematizado*. São Paulo: Método, 2011. 6.10, p. 720.

[12] FERRARESI, Eurico. *Improbidade administrativa*. São Paulo: Método, 2011, p. 164.

[13] STJ, 2.ª Turma, RMS 32.065/PR, Rel. Mauro Campbell Marques, j. 17.02.2011, *DJe* 10.03.2011; STJ, RMS 30.510/RJ, Rel. Min. Eliana Calmon, j. 17.12.2009, *DJe* 10.02.2010; STJ, MS 13.348/DF, Rel. Min. Laurita Vaz, j. 27.05.2009, *DJe* 16.09.2009.

[14] Súmula 611/STJ: "Desde que devidamente motivada e com amparo em investigação ou sindicância, é permitida a instauração de processo administrativo disciplinar com base em denúncia anônima, em face do poder-dever de autotutela imposto à Administração".

[15] STF, HC 99.490/SP, Rel. Min. Joaquim Barbosa, j. 23.11.2010, *DJe* 1.º.02.2011; STF, HC 98.345/RJ, Rel. Min. Marco Aurélio, Rel. p/ acórdão Min. Dias Toffoli, j. 16.06.2010, *DJe* 17.09.2010.

Com os devidos cuidados já mencionados, entendo que a denúncia anônima pode servir para a instauração do processo administrativo. Como bem apontado pela doutrina, o princípio da moralidade administrativa deve preponderar sobre o do formalismo administrativo.[16]

13.3. REQUISITOS FORMAIS DA REPRESENTAÇÃO

Nos termos do art. 14, § 1.º, da Lei 8.429/1992, a representação poderá ser escrita ou oral, quando será reduzida a termo e assinada pelo representante. Deverá contar com a qualificação da parte que pede a instauração do processo administrativo – a questão da denúncia anônima já foi analisada no item anterior –, informações sobre o fato e sua autoria e a indicação das provas de que tenha conhecimento.

O dispositivo legal foi feliz ao exigir do representante apenas informações sobre o fato e sua autoria, deixando a qualificação jurídica de tal fato ao encargo da autoridade administrativa.[17] Até mesmo para que a investigação possa ser realizada da forma mais eficaz possível, cabe ao representante a indicação de fatos objetivos, precisos, não devendo se admitir a narração genérica a ponto de inviabilizar um direcionamento nas investigações.

No tocante à indicação das provas, é preciso ressaltar o próprio texto legal, que prevê a indicação das provas de que o representante tenha conhecimento. Significa que a representação não precisa ser acompanhada de provas, até porque a tarefa investigativa é do órgão administrativo e não do representante.[18] Não se pode exigir do representante um mínimo de provas, e tampouco se aplicar por analogia a regra do art. 17, § 8.º, da

---

[16] CARVALHO FILHO, José dos Santos. O processo administrativo de apuração da improbidade administrativa. In: OLIVEIRA, Alexandre Albagli; CHAVES, Cristiano; GHIGNONE, Luciano (Coord.). *Estudos sobre improbidade administrativa* – em homenagem ao Prof. J. J. Calmon de Passos. Rio de Janeiro: Lumen Juris, 2010. p. 386-387.

[17] GAJARDONI, Fernando da Fonseca. *Comentários à nova lei de Mandado de Segurança.* São Paulo: Método, 2009. p. 217.

[18] CARVALHO FILHO, José dos Santos. O processo administrativo de apuração da improbidade administrativa. In: OLIVEIRA, Alexandre Albagli; CHAVES, Cristiano; GHIGNONE, Luciano (Coord.). *Estudos sobre improbidade administrativa* – em homenagem ao Prof. J. J. Calmon de Passos. Rio de Janeiro: Lumen Juris, 2010. p. 387; FERRAZ, Sérgio. Aspectos processuais na lei sobre improbidade administrativa. In: BUENO, Cassio Scarpinella; PORTO FILHO, Pedro Paulo de Rezende (Coord.) *Improbidade administrativa* – questões polêmicas e atuais. 2. ed. São Paulo: Malheiros, 2003. p. 428.

LIA,[19] considerando-se que na ação judicial o autor já terá acesso às provas produzidas no processo administrativo ou inquérito civil, o que, por razão óbvia, não ocorrerá com o representante.

O art. 14, § 2.º, da Lei 8.429/1992 prevê que a autoridade administrativa rejeitará a representação, em despacho fundamentado, se esta não contiver as formalidades estabelecidas em lei. Conforme ensina a melhor doutrina, entretanto, o vício formal da representação não é causa para seu indeferimento liminar, cabendo à autoridade administrativa a intimação do representante para que saneie tal vício, numa espécie de emenda à representação.[20]

13.4. PROCEDIMENTO

Uma vez apresentada a representação perante a autoridade administrativa, é dever funcional desta a instauração do processo administrativo, ainda que para indeferi-lo de plano, o que deve ser reservado a situações excepcionais. Deixar de instaurar o processo, ou ainda retardar sua instauração, é ato tipificado como de improbidade administrativa pelo art. 11, II, da LIA.[21]

Nos termos do art. 14, § 3.º, da Lei 8.429/1992, com a nova redação dada pela Lei 14.230/2021, a apuração dos fatos será processada na forma da legislação do processo administrativo disciplinar aplicável ao agente.

Segundo a previsão do art. 15, *caput*, da LIA, a comissão processante dará conhecimento ao Ministério Público e ao Tribunal de Contas ou

---

[19] MATTOS, Mauro Roberto Gomes de. *O limite da improbidade administrativa*: comentários à Lei n.º 8.429/92. 4. ed. Rio de Janeiro: Impetus, 2009. p. 499.

[20] DECOMAIN, Pedro Roberto. *Improbidade administrativa*. São Paulo: Dialética, 2007. 9.1, p. 224; ANDRADE, Adriano; MASSON, Cleber; ANDRADE, Landolfo. *Interesses difusos e coletivos esquematizado*. São Paulo: Método, 2011. 6.10, p. 720; GAJARDONI, Fernando da Fonseca. *Comentários à nova lei de Mandado de Segurança*. São Paulo: Método, 2009. p. 217; CARVALHO FILHO, José dos Santos. O processo administrativo de apuração da improbidade administrativa. In: OLIVEIRA, Alexandre Albagli; CHAVES, Cristiano; GHIGNONE, Luciano (Coord.). *Estudos sobre improbidade administrativa – em homenagem ao Prof. J. J. Calmon de Passos*. Rio de Janeiro: Lumen Juris, 2010. p. 387; FERRAZ, Sérgio. Aspectos processuais na lei sobre improbidade administrativa. In: BUENO, Cassio Scarpinella; PORTO FILHO, Pedro Paulo de Rezende (Coord.). *Improbidade administrativa – questões polêmicas e atuais*. 2. ed. São Paulo: Malheiros, 2003. p. 427-428.

[21] MATTOS, Mauro Roberto Gomes de. *O limite da improbidade administrativa*: comentários à Lei n.º 8.429/92. 4. ed. Rio de Janeiro: Impetus, 2009. p. 498; MARQUES, Sílvio Antonio. *Improbidade administrativa*. São Paulo: Saraiva, 2010, 2.2, p. 146.

Conselho de Contas da existência do processo administrativo. A comunicação é obrigatória, não se constituindo em mera faculdade da comissão processante,[22] não obstante sua ausência não gere vício capaz de anular o processo administrativo.[23]

A comunicação se presta a três finalidades: (a) para que o Ministério Público e o Tribunal de Contas tomem providências no âmbito de suas atribuições funcionais,[24] (b) para que participem do processo administrativo já instaurado, quando fiscalizarão a investigação a cargo da comissão processante;[25] e (c) para que o Ministério Público, tendo ciência da investigação, possa pedir em juízo as medidas cautelares analisadas no Capítulo 16.[26]

Apesar de a comunicação ser obrigatória, é possível que o Ministério Público e/ou o Tribunal de Contas ingressem voluntariamente no processo administrativo já instaurado.[27] A participação desses órgãos é facultativa,[28]

---

[22] CARVALHO FILHO, José dos Santos. O processo administrativo de apuração da improbidade administrativa. In: OLIVEIRA, Alexandre Albagli; CHAVES, Cristiano; GHIGNONE, Luciano (Coord.). *Estudos sobre improbidade administrativa* – em homenagem ao Prof. J. J. Calmon de Passos. Rio de Janeiro: Lumen Juris, 2010. p. 393. Contra: MARQUES, Sílvio Antonio. *Improbidade administrativa*. São Paulo: Saraiva, 2010. 2.2, p. 147.

[23] GAJARDONI, Fernando da Fonseca. *Comentários à nova lei de Mandado de Segurança*. São Paulo: Método, 2009. p. 254.

[24] DECOMAIN, Pedro Roberto. *Improbidade administrativa*. São Paulo: Dialética, 2007. 9.1, p. 228.

[25] FERRARESI, Eurico. *Improbidade administrativa*. São Paulo: Método, 2011. p. 167; MATTOS, Mauro Roberto Gomes de. *O limite da improbidade administrativa*: comentários à Lei n.º 8.429/92. 4. ed. Rio de Janeiro: Impetus, 2009. p. 511.

[26] MARQUES, Sílvio Antonio. *Improbidade administrativa*. São Paulo: Saraiva, 2010. 2.2, p. 148; GAJARDONI, Fernando da Fonseca. *Comentários à nova lei de Mandado de Segurança*. São Paulo: Método, 2009. p. 252.

[27] CARVALHO FILHO, José dos Santos. O processo administrativo de apuração da improbidade administrativa. In: OLIVEIRA, Alexandre Albagli; CHAVES, Cristiano; GHIGNONE, Luciano (Coord.). *Estudos sobre improbidade administrativa* – em homenagem ao Prof. J. J. Calmon de Passos. Rio de Janeiro: Lumen Juris, 2010. p. 394; GAJARDONI, Fernando da Fonseca. *Comentários à nova lei de Mandado de Segurança*. São Paulo: Método, 2009. p. 254.

[28] ANDRADE, Adriano; MASSON, Cleber; ANDRADE, Landolfo. *Interesses difusos e coletivos esquematizado*. São Paulo: Método, 2011. 6.10, p. 721; MARQUES, Sílvio Antonio. *Improbidade administrativa*. São Paulo: Saraiva, 2010, 2.2, p. 147; MATTOS, Mauro Roberto Gomes de. *O limite da improbidade administrativa*: comentários à Lei n.º 8.429/92. 4. ed. Rio de Janeiro: Impetus, 2009. p. 512; FERRAZ, Sérgio. Aspectos processuais na lei sobre improbidade administrativa. In: BUENO, Cassio Scarpinella; PORTO FILHO, Pedro Paulo de Rezende (Coord.). *Improbidade administrativa* – questões polêmicas e atuais. 2. ed. São Paulo: Malheiros, 2003. p. 429.

cabendo aos mesmos uma análise de oportunidade e conveniência em sua intervenção, que na prática raramente ocorre.

O processo administrativo pode resultar na imposição de penas previstas pelas leis que regulamentam seu procedimento. Podem ser coincidentes ou não com as penas previstas no art. 12 da LIA, mas o que deve ficar claro é que a eventual aplicação de sanções ao agente público considerado ímprobo não decorre dessa lei, mas das leis que regulamentam os processos administrativos investigativos, conforme já afirmado no Capítulo 3, item 3.2. É nesse sentido a afirmação da doutrina pelo não cabimento das sanções previstas na Lei de Improbidade Administrativa[29] e pela impossibilidade de condenação do investigado ao pagamento pelo dano gerado ao erário ou a restituição de bens ao patrimônio público.[30]

O respeito ao contraditório, exigido pela doutrina majoritária[31] e consolidado em julgamentos do Superior Tribunal de Justiça,[32] decorre justamente da possibilidade de aplicação de sérias penas político-administrativas ao agente público dito como ímprobo. A preocupação com a preservação do contraditório é notada na Súmula 591 do Superior Tribunal de Justiça, que, voltada ao processo administrativo disciplinar, é totalmente aplicável ao caso concreto.[33]

13.5. PROCESSO ADMINISTRATIVO E INQUÉRITO CIVIL

A existência de previsão na Lei 8.429/1992 de um processo administrativo para fins de investigação de atos de improbidade administrativa não afasta a possibilidade de o Ministério Público instaurar um inquérito civil. E nem mesmo a previsão contida no art. 22 da mesma lei tem o condão

---

[29] SANTOS, Carlos Frederico Brito dos. *Improbidade administrativa*. 2. ed. Rio de Janeiro: Forense, 2009. 4.1, p. 183.

[30] SANTOS, Carlos Frederico Brito dos. *Improbidade administrativa*. 2. ed. Rio de Janeiro: Forense, 2009. 4.1, p. 184.

[31] GAJARDONI, Fernando da Fonseca. *Comentários à nova lei de Mandado de Segurança*. São Paulo: Método, 2009. p. 251-252; MATTOS, Mauro Roberto Gomes de. *O limite da improbidade administrativa: comentários à Lei n.º 8.429/92*. 4. ed. Rio de Janeiro: Impetus, 2009. p. 508.

[32] STJ, 1.ª Seção, MS 15.687/DF, Rel. Min. Mauro Campbell Marques, j. 09.11.2011, *DJe* 18.11.2011; STJ, 6.ª Turma, RMS 28.238/PI, Rel. Min. Maria Thereza de Assis Moura, j. 21.06.2011, *DJe* 1.º.07.2011; STJ, 2.ª Turma, AgRg no RMS 33.373/PE, Rel. Min. Herman Benjamin, j. 07.04.2011, *DJe* 25.04.2011.

[33] "591. É permitida a 'prova emprestada' no processo administrativo disciplinar, desde que devidamente autorizada pelo juízo competente e respeitados o contraditório e a ampla defesa".

de afastar uma prerrogativa concedida ao Ministério Público pelo texto constitucional. É nesse sentido o entendimento consagrado no Superior Tribunal de Justiça.[34]

Conforme aponta a melhor doutrina administrativista, o processo administrativo pode ter duas naturezas. No processo acusatório, o objetivo é a aplicação de sanções administrativas ao agente público, de forma que, nesse caso, é indispensável a observação do contraditório e da ampla defesa. Já no processo inquisitório, a atividade é toda desenvolvida para a obtenção de elementos que permitam o ingresso de um processo judicial, de forma que, nesse caso, não se exige o contraditório e a ampla defesa, que serão exercidas no plano judicial.

Acredito que esteja justamente nessa distinção a diferença entre o processo administrativo instaurado perante a Administração Pública e o inquérito civil conduzido pelo Ministério Público. No primeiro, em razão das normas que garantem o contraditório e a ampla defesa em processos administrativos disciplinares, principalmente em razão da possível aplicação de sanções, a participação do agente público durante a investigação será imprescindível. Já no caso do inquérito civil, não havendo possibilidade de aplicação de sanções, admite-se a ausência ou a restrição dos princípios da ampla defesa e do contraditório.[35]

Como cada um dos processos administrativos tem uma finalidade distinta – ainda que o processo administrativo disciplinar também possa fornecer dados para a propositura de ação judicial – é possível essa diferente aplicação dos princípios da ampla defesa e do contraditório.

---

[34] STJ, 1.ª Turma, REsp 695.396/RS, Rel. Min. Arnaldo Esteves Lima, j. 12.04.2011, DJe 27.04.2011; STJ, 1.ª Turma, AgRg no Ag 1.338.058/MG, Rel. Min. Benedito Gonçalves, j. 05.04.2011, DJe 08.04.2011.

[35] STJ, 1.ª Turma, RMS 31.767, Rel. Min. Teori Albino Zavascki, j. 11.10.2011 (Informativo de Jurisprudência do STJ 485).

Capítulo 14

PROCEDIMENTO JUDICIAL

14.1. INTRODUÇÃO

Nos termos do art. 17, *caput*, da LIA, a ação seguirá o procedimento comum previsto no Código de Processo Civil. A redação originária seguia no mesmo sentido, prevendo a adoção do procedimento ordinário (quando ainda existia no diploma processual revogado).

Desde sempre, a opção legislativa não agradou a doutrina, havendo aqueles que entendiam tratar-se de verdadeiro procedimento especial, principalmente em razão do procedimento de defesa prévia prevista na redação originária do art. 17, § 7.º, da Lei 8.429/1992.[1] Além dessa especialidade, a intimação da pessoa jurídica interessada, que poderia assumir qualquer dos polos da demanda ou manter-se inerte, regra prevista na redação originária no art. 17, § 3.º, da mesma lei, também era considerada uma especialidade procedimental.

Defendia, à época, que, mesmo havendo as especialidades procedimentais suprarreferidas, após o recebimento da petição inicial o procedimento seria fundamentalmente o comum.[2] E defendia que era importante que assim o fosse, porque o procedimento comum é o mais complexo de todos, ensejando maior segurança jurídica numa ação que pode ter consequências devastadoras para os réus condenados, em especial no tocante à aplicação das penas previstas no art. 12 da LIA.

Não parecia, entretanto, ser esse o entendimento do Superior Tribunal de Justiça. A tese 7 da edição n.º 40 da "Jurisprudência em Teses" do STJ

---

[1] BUENO, Cassio Scarpinella. O procedimento especial da ação de improbidade administrativa. In: BUENO, Cassio Scarpinella; PORTO FILHO, Pedro Paulo de Rezende (Coord.). *Improbidade administrativa (questões polêmicas e atuais)*. São Paulo: Malheiros, 2001. p. 172-173.
[2] MARQUES, Sílvio Antonio. *Improbidade administrativa*. São Paulo: Saraiva, 2010. 2.4.11, p. 215.

dispõe: "O especialíssimo procedimento estabelecido na Lei 8.429/1992, que prevê um juízo de delibação para recebimento da petição inicial (art. 17, §§ 8.º e 9.º), precedido de notificação do demandado (art. 17, § 7.º), somente é aplicável para ações de improbidade administrativa típicas (Tese julgada sob o rito do art. 543-C do CPC – TEMA 344)".

Ocorre, entretanto, que a especialidade procedimental que, segundo o entendimento consagrado no Superior Tribunal de Justiça, levava o procedimento a ser considerado como especial não existe mais. Seria o suficiente para, agora, se considerar o procedimento comum, como previsto no art. 17, *caput*, da LIA?

A consequência prática da presente discussão é que no procedimento comum previsto pelo Código de Processo Civil o réu não é mais, ao menos em regra, citado para contestar, mas para comparecer a uma audiência de conciliação e mediação. Diante dessa nova realidade procedimental, e partindo-se da premissa de que o procedimento da ação de improbidade administrativa é o comum, surge interessante questão a respeito do cabimento da audiência prevista no art. 334 do CPC à ação de improbidade administrativa.

Registre-se que, de todos os procedimentos especiais previstos no Código de Processo Civil, apenas o das ações de família prevê a realização de tal audiência. Um importante indicativo de que, chegando-se à conclusão de que o procedimento da ação de improbidade administrativa não é o comum, dificilmente se conseguirá defender o cabimento da audiência prevista no art. 334 do CPC.

Preliminarmente, é preciso apontar que não parece correto afastar o cabimento por conta do previsto no art. 334, § 4.º, II, do CPC. Afinal, com a previsão expressa do acordo de não persecução cível, no qual as sanções previstas no art. 12 da LIA poderão ser objeto de transação, não há mais espaço para se apontar para inviabilidade de autocomposição em sede de improbidade administrativa.

Conforme se analisará de forma mais detida no presente capítulo, o procedimento previsto no art. 17 da LIA tem várias técnicas procedimentais diferenciadas: (a) decisão de tipificação da conduta do réu não prevista no procedimento comum; (b) possibilidade de fragmentação do litisconsórcio com fundamento diverso daquele previsto para o procedimento comum; (c) requisitos da petição inicial parcialmente diferentes; (d) previsão de um julgamento liminar de improcedência com fundamento na manifesta rejeição do pedido do autor; (e) prazo de defesa diferenciado; (f) hipóteses próprias de cabimento de réplica; e (g) especialidades procedimentais associadas à produção de prova oral.

São especialidades em grande número e que acompanham todas as fases do procedimento, não parecendo ser possível considerar tal procedimento realmente como sendo o comum previsto no Código de Processo Civil.

Quanto à realização ou não da audiência prevista no art. 334 do CPC, parece-me definitivo o § 7.º do art. 17 da LIA, que, de forma expressa, determina que os réus serão citados para que contestem a petição inicial no prazo comum de 30 dias. Fica clara, portanto, a opção legislativa de constar do procedimento a audiência de conciliação e mediação.

Essa ausência de previsão, entretanto, não impede o juiz no caso concreto de designar tal audiência. Afinal, mesmo não se aplicando ao procedimento da ação de improbidade administrativa o art. 334 do CPC, aplica-se o art. 139, V, do mesmo diploma legal. Não custa lembrar que o art. 17-B da LIA regulamenta o acordo de não persecução cível, mas nada prevê a respeito do momento de sua celebração. Caso o juiz entenda que o momento posterior à citação e anterior à contestação seja adequado, poderá designar a audiência do art. 334 do CPC.

Nesses termos, é importante lembrar de precedente do Superior Tribunal de Justiça que, mesmo reconhecendo não existir previsão de tal audiência no procedimento comum do processo de execução, não entendeu como nula sua designação pelo juiz no caso concreto.

14.2. PETIÇÃO INICIAL

14.2.1. Introdução

A Lei 14.230/2021 trouxe significativa modificação quanto às exigências da petição inicial na ação de improbidade administrativa, tanto com relação ao seu conteúdo como à sua instrução. As exigências impostas ao autor pelo § 6.º do art. 17 da LIA procuram, como será demonstrado, evitar a propositura de demandas aventureiras, propostas sem maiores análises e estudos prévios. Por outro lado, não se devem interpretar tais exigências de forma a se criarem obstáculos injustificados ao legítimo exercício do direito de ação.

Seja como for, o importante dispositivo não dá conta de, sozinho, regulamentar a petição inicial na ação de improbidade administrativa. Dessa forma, indispensável a aplicação subsidiária do art. 319 do CPC.

14.2.2. Endereçamento

O primeiro requisito previsto pelo art. 319 do CPC, e que constará no topo da primeira página da petição inicial, é o juízo a que esta é dirigida. Sendo a primeira peça do processo, necessária é a indicação do juízo que a receberá nesse primeiro momento procedimental. A indicação do destinatário da petição – reconhecendo-se tanto a ação originária de primeiro grau como a de competência originária de Tribunal – é necessária para a remessa da petição inicial e formação dos autos perante o órgão pretensamente competente para o conhecimento da demanda.

A indicação jamais será pessoal, mesmo quando a petição inicial for "distribuída por dependência", ou ainda em comarcas de vara única com somente um juiz, exigindo-se a indicação do juízo, e não do juiz (consequência do caráter impessoal do Poder Judiciário). Dessa forma, ainda que seja possível identificar o juiz que receberá a demanda, não será ele indicado no endereçamento, e sim o juízo que representa.[3] Mesmo sabendo-se que será exatamente aquele juiz específico que receberá a petição inicial distribuída por dependência, não é correta a indicação pessoal do juiz. Apesar de incorreta do ponto de vista técnico, a indicação pessoal do juiz nos casos em que isso for possível – distribuição por dependência e comarcas com apenas um juiz – desde que acompanhada pela indicação do juízo, gera mera irregularidade, não produzindo efeitos significativos no processo.

Não há qualquer especialidade na aplicação do art. 319, I, do CPC, à ação de improbidade administrativa.

14.2.3. Nome das partes e sua qualificação

Deve constar da petição inicial a qualificação das partes, com indicação dos nomes, prenomes, o estado civil, a existência de união estável, a profissão, o número de inscrição no Cadastro de Pessoas Físicas ou no Cadastro Nacional da Pessoa Jurídica, o endereço eletrônico, o domicílio e a residência do autor e do réu. Tais elementos identificadores se prestam a duas funções principais: permitir a citação do réu e a individuação dos sujeitos processuais parciais, o que se mostrará importante para distingui-los de outros sujeitos e fixar com precisão os limites subjetivos da demanda e da futura e eventual coisa julgada material.[4]

---

[3] DINAMARCO, Cândido Rangel. *Instituições de direito processual civil*. 23. ed. São Paulo: Malheiros, 2004. v. 1, n. 992, p. 358; THEODORO JR., Humberto. *Curso de direito processual civil*. 47. ed. Rio de Janeiro: Forense, 2007. v. 1, n. 354, p. 398; CALMON DE PASSOS, José Joaquim. *Comentários ao Código de Processo Civil*. 8. ed. Rio de Janeiro: Forense, 2000. v. 3, p. 187.

[4] THEODORO JR., Humberto. *Curso de direito processual civil*. 47. ed. Rio de Janeiro: Forense, 2007. v. 1, n. 354, p. 398.

Diante das razões justificadoras para a indicação de tais dados, o que importa na análise do preenchimento do requisito é se a irregularidade ou mesmo a ausência de algum deles gera alguma espécie de prejuízo ao réu ou ao processo. Sem a comprovação de efetivo prejuízo, não haverá nulidade, aplicando-se ao caso o princípio da instrumentalidade das formas.[5] Como corretamente previsto pelo art. 319, § 2.º, do CPC, caso a qualificação deficitária do réu seja suficiente para permitir sua citação, não há por que impedir a continuidade da demanda. A indevida troca de um nome por outro é mera irregularidade, podendo ser corrigida a qualquer tempo, se o verdadeiro réu recebe a citação e contesta regularmente a demanda. O mesmo ocorre com os dados pessoais do réu, que nem sempre serão de amplo conhecimento do autor.

Trata-se de mais um requisito formal da petição inicial que não tem qualquer especialidade na ação de improbidade administrativa.

14.2.4. Causa de pedir

Apesar de o art. 319, III, do CPC indicar como requisito da petição inicial "o fato" no singular, e os "fundamentos jurídicos do pedido" no plural, é pacífico o entendimento que a petição inicial pode perfeitamente ter um ou mais fatos e um ou mais fundamentos jurídicos. Trata-se da apresentação fática – causa de pedir próxima – e das consequências jurídicas que o autor pretende que tais fatos tenham no caso concreto – causa de pedir remota. Considerando que dos fatos nasce o direito, cumpre ao autor narrá-los e demonstrar a razão jurídica para que, em decorrência desses fatos, seja merecedor da tutela jurisdicional pretendida.

Registre-se que a exigência da narrativa dos fatos constitutivos do direito do autor já em sua petição inicial se limita aos fatos jurídicos, também chamados de fatos principais. Ainda que seja recomendável a narrativa também dos fatos simples, também chamados de fatos secundários, estes não fazem parte da causa de pedir, de forma que podem ser levados ao processo depois do momento inicial de propositura da demanda.[6]

---

[5] DINAMARCO, Cândido Rangel. *Instituições de direito processual civil*. 23. ed. São Paulo: Malheiros 2004. v. 1, n. 993, p. 360.

[6] MARINONI, Luiz Guilherme; MITIDIERO, Daniel Francisco. *Código de Processo Civil comentado*. São Paulo: RT, 2008. p. 291; CARMONA, Carlos Alberto. Em torno da petição inicial, *Repro*, São Paulo, n. 119, p. 30.

Na ação de improbidade administrativa caberá ao autor narrar os fatos e o fundamento jurídico de sua demanda. Entendo que a tipificação da conduta do réu numa das condutas previstas nos arts. 9.º a 11 da Lei 8.429/1992 seja o fundamento jurídico do pedido, de narrativa indispensável na petição inicial. Nesse tocante, inclusive, acredito que existe certa confusão na doutrina. As penas previstas no art. 12 da LIA fazem parte do pedido do autor, sendo nesse caso cabível a discussão a respeito da possibilidade de pedido genérico. Causa de pedir genérica não existe, nem na ação de improbidade administrativa nem em ação alguma.

Sendo formado um litisconsórcio passivo, o que invariavelmente ocorre, o art. 17, § 6.º, I, da LIA exige que o autor individualize as condutas de cada um dos réus no evento fático narrado na petição inicial. Para alguém que não acompanhe o dia a dia das ações de improbidade administrativa, a norma pode parecer desnecessária. Afinal, prevê algo que chega a ser intuitivo: se há mais de um réu no processo, cabe ao autor descrever, de forma específica, como cada um deles colaborou no evento fático narrado.

Ocorre, entretanto, que, infelizmente, se notou na praxe forense um rotineiro descompasso com essa realidade. Narrações fáticas absolutamente genéricas, em qualquer especificação a respeito da participação de cada um dos réus. Um amontoado de fatos e um amontoado de réus, sem qualquer nexo de causalidade entre eles. Essa despreocupação narrativa, obviamente, dificulta o exercício de defesa pelo réu, que, numa situação limite, não consegue sequer saber exatamente do que está sendo acusado.

A exigência legal, portanto, apesar de ser algo óbvio, se presta a reformar um estado de coisas que se naturalizou na praxe forense, devendo, por essa razão, ser saudada.

Não se deve, por outro lado, permitir que a exigência legal sirva de justificativa para inviabilizar o legítimo exercício de direito de ação. Ainda que excepcionalmente, é possível que haja alguma dificuldade de esclarecimento exato do grau de participação de cada um dos réus no evento fático narrado. Não se pode descartar a necessidade de produção de prova para um esclarecimento nesse sentido. Nesse caso, é o próprio art. 17, § 6.º, I, da LIA que permite ao autor justificar, de forma fundamentada, a impossibilidade de cumprir a exigência legal.

A formulação de petição inicial na qual não se tipifica a conduta do réu é inepta e deve ser indeferida, quando muito permitir-se a emenda para que o autor saneie o vício e evite a extinção terminativa. Fundamentação jurídica é indispensável e, no caso da improbidade administrativa, isso significa a tipificação da conduta.

Não se deve confundir fundamento jurídico, que compõe a causa de pedir, com fundamento legal, que não compõe a causa de pedir e decididamente não vincula o juiz em sua decisão, que poderá decidir com outro fundamento legal, desde que respeitado o contraditório.[7] Por fundamento legal entende-se a indicação do artigo de lei no qual se fundamenta a decisão; esse fundamento legal é dispensável[8] e não vincula o autor ou o juiz, não fazendo parte da causa de pedir.[9] Fundamento jurídico é o liame jurídico entre os fatos e o pedido, ou seja, é a explicação à luz do ordenamento jurídico do porquê de o autor merecer o que está pedindo diante dos fatos que narrou, não se confundindo, portanto, com fundamento legal.

Essa distinção na ação de improbidade administrativa é importante para demonstrar que eventual equívoco na indicação do artigo legal referente à tipificação da conduta dos réus apontada na petição inicial não afeta a eventual adequação legal a ser realizada pelo juiz no caso concreto. Por exemplo, se um autor narra uma conduta do réu tipificada no art. 9.º, II, da LIA, mas inadvertidamente indica o inciso III do mesmo dispositivo, naturalmente não haverá qualquer vinculação do juiz. Por outro lado, sendo o fundamento legal dispensável, caso o autor se limite a narrar os fatos tipificáveis em qualquer dos incisos dos arts. 9.º a 11 da LIA, estará dispensado de indicar em qual dispositivo legal se fundamenta sua pretensão.

Mais interessante é a análise do eventual equívoco de tipificação da conduta do réu. Nesse caso, por exemplo, o autor narra a conduta prevista pelo art. 9.º, II, da LIA quando na realidade a conduta deveria ter sido tipificada no inciso III do mesmo dispositivo legal. Diante de tal situação, como deve o juiz proceder?

---

[7] NEVES, Daniel Amorim Assumpção. Contraditório e matérias de ordem pública. In: CALDEIRA, Adriano; FREIRE, Rodrigo da Cunha Lima (Org.). *Terceira etapa da reforma do Código de Processo Civil*: estudos em homenagem ao Ministro José Augusto Delgado. Salvador: JusPodivm, 2007. p. 100-107; OLIVEIRA, Carlos Alberto Alvaro de. *Do formalismo no processo civil*. São Paulo: Saraiva, 1997. p. 167-168; MARINONI, Luiz Guilherme; MITIDIERO, Daniel Francisco. *Código de Processo Civil comentado*. São Paulo: RT, 2008. p. 291.

[8] NERY JR., Nelson; NERY, Rosa Maria de Andrade. *Código de Processo Civil comentado*. 10. ed. São Paulo: RT, 2008 p. 551.

[9] DINAMARCO, Cândido Rangel. *Instituições de direito processual civil*. 23. ed. São Paulo: Malheiros, 2004. v. 1, n. 450, p. 128; THEODORO JR., Humberto. *Curso de direito processual civil*. 47. ed. Rio de Janeiro: Forense, 2007. v. 1, n. 354, p. 399; DIDIER JR., Fredie. *Curso de direito processual civil*. 7. ed. Salvador: JusPodivm, 2007. v. 1, p. 371; STJ, 1.ª Turma, EDcl no REsp 434.283/RS, Rel. Min. Luiz Fux, j. 16.09.2003.

Apesar de o art. 492 do CPC prever uma adstrição da sentença somente ao pedido formulado pelo autor, ela também existe para a causa de pedir, sendo tradicional a lição que determina não poder a sentença ser fundada em causa de pedir diversa da constante do processo. Havendo a limitação da sentença à causa de pedir, não pode o juiz conceder o pedido elaborado na petição inicial com fundamento em causa de pedir que não pertença à pretensão do autor.[10] Embora seja considerada na praxe forense como sentença *extra petita*, o nome mais adequado é sentença *extra causa petendi*, porque o juiz concede exatamente aquilo que o autor pediu, restando o vício limitado à utilização de uma causa de pedir não narrada pelo autor.

É indiscutível que o fundamento jurídico da pretensão faça parte da causa de pedir, mas a vinculação exigida entre causa de pedir e a sentença parece não ser exigida quanto a esse elemento. Há lições doutrinárias e decisões judiciais que liberam o juiz em sua decisão no tocante ao fundamento jurídico do pedido (princípio do *iura novit curia*), restando a vinculação limitada aos fatos narrados na petição inicial. Na realidade, a correlação só é exigida quanto aos fatos jurídicos, considerando que nem todos os fatos narrados pelo autor fazem parte da causa de pedir, sendo preciso distinguir os fatos jurídicos (principais, essenciais), que compõem a causa de pedir, e os fatos simples (secundários, instrumentais), que não compõem a causa de pedir.[11]

Os fatos jurídicos são aqueles que são aptos por si sós a gerar consequências jurídicas, enquanto os fatos simples não têm tal aptidão. Na realidade, os fatos simples são em regra irrelevantes para o Direito, somente passando a ter relevância jurídica quando se relacionam com fatos jurídicos. Como não fazem parte da causa de pedir, desde que se respeite o contraditório, podem ser utilizados pelo juiz ainda que não apresentados na petição inicial.[12]

Adotado o entendimento amplamente consagrado no âmbito do processo civil à ação de improbidade administrativa, se o autor narra fatos e se equivoca em sua tipificação, será possível ao juiz a correção da errônea

---

[10] DINAMARCO, Cândido Rangel. *Instituições de direito processual civil*. 23. ed. São Paulo: Malheiros, 2004. v. 1, n. 946, p. 280-283; ARRUDA ALVIM. *Manual de direito processual civil*. 8. ed. São Paulo: RT, 2003. v. I, n. 301, p. 554-555; BUENO, Cassio Scarpinella. *Código de Processo Civil anotado*. In: MARCATO, Antonio Carlos (Coord.). São Paulo: Atlas, 2006. p. 1.399; THEODORO JR., Humberto. *Curso de direito processual civil*. 47. ed. Rio de Janeiro: Forense, 2007. v. 1, n. 496-a, p. 577; STJ, REsp 746.622/PB, 3.ª Turma, Rel. Min. Nancy Andrighi, j. 26.09.2006, DJ 23.10.2006, p. 309.

[11] STJ, 3.ª Turma, REsp 702.739/PB, Rel. Min. Nancy Andrighi, Rel. para acórdão Min. Ari Pargendler, j. 19.09.2006.

[12] MARINONI, Luiz Guilherme; MITIDIERO, Daniel Francisco. *Código de Processo Civil comentado*. São Paulo: RT, 2008. p. 291.

tipificação, com base no entendimento de que não está ele vinculado ao fundamento jurídico do pedido. Era esse o posicionamento adotado pelo Superior Tribunal de Justiça,[13] havendo, inclusive, decisão entendendo que ao autor da ação de improbidade administrativa basta fazer "uma descrição genérica dos fatos e imputação dos réus, sem necessidade de descrever, em minúcias, os comportamentos e as sanções devidas de cada agente (*iura novit curia* e da *mihi factum dabo tibi ius*)".[14] Também entendia o STJ, como base nos mesmos fundamentos, ser legítima a condenação a sanções distintas daquelas pedidas pelo autor.[15] Por outro lado, salvo melhor juízo, nunca se pareceu que a liberdade do juiz fosse tanta a ponto de poder decidir baseado em outros fatos jurídicos estranhos à causa de pedir, mesmo tratando-se de ação de improbidade administrativa.[16]

O entendimento consagrado no Superior Tribunal de Justiça não pode ser mantido diante das inovações da Lei 14.230/2021. O § 10-C do art. 17 da LIA expressamente proíbe o juiz de modificar o fato principal e a capitulação legal apresentada pelo autor. Fica claro, portanto, que, por opção legislativa, afastam-se os princípios do *iura novit curia* e do *dahim factum dabo tibi ius* da ação de improbidade administrativa.

A vedação legal pode funcionar de diferentes formas.

Uma primeira hipótese é a equivocada qualificação jurídica da conduta do réu, fruto de falha do autor ao elaborar a petição inicial. O autor, nessa hipótese, diante da narrativa fática, descreve uma qualificação jurídica de conduta que nem abstratamente pode ser considerada como cabível ao caso concreto.

Esse cenário parece ser caso de julgamento de improcedência do pedido. Seria possível um julgamento liminar de improcedência nesse caso? Conforme devidamente analisado no presente capítulo, o art. 17, § 6.º-B, da LIA prevê a rejeição liminar de improcedência quando o autor descreve fatos que nem abstratamente podem ser qualificados como sendo de improbidade administrativa. Essa é a correta intepretação à manifesta inexistência de ato de improbidade prevista no dispositivo legal.

---

[13] STJ, 1.ª Turma, AgInt no AREsp 1.415.942/SP, Rel. Min. Benedito Gonçalves, j. 17.11.2020, *DJe* 18.12.2020; STJ, 2.ª Turma, REsp 1.375.840/MA, Rel. Min. Og Fernandes, j. 07.06.2018, *DJe* 13.06.2018.

[14] STJ, 2.ª Turma, REsp 1.134.461-SP, Rel. Min. Eliana Calmon, j. 03.08.2010 (Informativo de Jurisprudência do STJ 441); STJ, 1.ª Turma, REsp 439.280/RS, Rel. Min. Luiz Fux, j. 1.º.04.2003, *DJ* 16.06.2003, p. 265.

[15] AgInt no AREsp 1.415.942/SP, 2018/0329585-6, Rel. Min. Benedito Gonçalves, 1ª Turma, j. 17.11.2020, *DJe* 18.12.2020.

[16] STJ, 1.ª Turma, REsp 1.153.656/DF, Rel. Min. Teori Albino Zavascki, j. 10.05.2011, *DJe* 18.05.2011.

Entendo que, dentro de limites aceitáveis de hermenêutica, o mesmo dispositivo possa ser utilizado para justificar o julgamento liminar de improcedência na hipótese ora analisada. A alegação de fatos e a sua qualificação equivocada como sendo de outra hipótese prevista em lei como de improbidade administrativa permitem a conclusão que, diante daquela narrativa específica constante da petição inicial, inexiste ato de improbidade.

Uma segunda hipótese é a revelação, durante a instrução probatória, de fatos que demonstrem uma tipificação legal diferente daquela indicada na petição inicial. Nesse caso não há de se falar em erro ou falha do autor, porque a nova tipificação só se relevou no próprio processo. Ainda assim, a revelação deverá ser desconsiderada pelo juiz no caso concreto, que estará impossibilitado, por lei, de reconhecer outra tipificação legal distinta daquela descrita na petição inicial.

Registre-se que, apesar da reconhecida natureza sancionatória da ação de improbidade administrativa, o legislador criou nessa espécie de demanda uma vinculação do juízo à pretensão do autor consideravelmente maior do que aquela existente no processo penal.

O art. 383, *caput*, do CPP permite que o juiz, sem modificar a descrição do fato contida na denúncia ou na queixa, atribua-lhe definição jurídica diversa, ainda que, em consequência, tenha de aplicar pena mais grave. Antes da Lei 14.230/2021, havia corrente doutrinária que defendia a aplicação desse entendimento à ação de improbidade administrativa,[17] o que não parece ser mais possível diante da atualidade legislativa.

Também se afasta a aplicação do art. 384 do CPP, que permite, após o encerramento da instrução probatória, que o Ministério Público adite a denúncia ou a queixa formulando uma nova definição jurídica do fato, em consequência de prova existente nos autos.

Resumidamente, as flexibilizações admitidas nos institutos conhecidos como *emendatio libelli* (art. 383 do CPP) e *mutatio libelli* (art. 384 do CPP) são inaplicáveis na ação de improbidade administrativa.

14.2.5. Pedido

Salvo os pedidos de natureza cautelar, que podem ser elaborados incidentalmente na ação de improbidade administrativa, inclusive na própria petição

---

[17] GARCIA, Emerson; ALVES, Rogério Pacheco. *Improbidade administrativa*. 6. ed. Rio de Janeiro: Lumen Juris, 2011. 9.1, p. 719. Contra: DECOMAIN, Pedro Roberto. *Improbidade administrativa*. São Paulo: Dialética, 2007. 9.2.9.1, p. 293.

inicial, conforme será analisado nos itens 15.2.6 e 15.2.7, são tradicionalmente cumulados três pedidos principais: (a) declaração de improbidade do ato apontado na petição inicial; (b) aplicação das penas previstas no art. 12 da Lei 8.429/1992; e (c) condenação ao ressarcimento por danos causados ao patrimônio público. A cumulação é subsidiária, considerando que a improcedência do primeiro pedido torna os demais prejudicados.[18]

Como nem todo ato de improbidade administrativa é gerador de dano ao patrimônio público, esse terceiro pedido será dispensado a depender do caso concreto. Conforme ensina a melhor doutrina,[19] corroborada pela jurisprudência do Superior Tribunal de Justiça,[20] outros pedidos também poderão ser cumulados aos tradicionais, tais como o de anulação do ato administrativo ou ainda imposição de obrigações de fazer, não fazer e entregar coisa.

Parece não haver dúvida na doutrina que o pedido de reparação de danos materiais[21] pode ser genérico, nos termos do art. 324, § 1.º, II, do CPC. Dessa forma, sempre que for impossível ao autor determinar o valor do dano no momento da propositura da ação, ou quando esse valor depender da produção de uma prova pericial, o autor poderá requerer a condenação do réu ao pagamento de quantia ilíquida, que será liquidada ou durante a fase de conhecimento ou após tal fase, em sede de liquidação de sentença.

Quanto ao pedido de dano moral, entendo que diante do atual Código de Processo Civil não é mais cabível o pedido genérico em qualquer ação, inclusive na de improbidade administrativa, nos termos do inc. V do art.

---

[18] GARCIA, Emerson; ALVES, Rogério Pacheco. *Improbidade administrativa*. 6. ed. Rio de Janeiro: Lumen Juris, 2011. 9.1, p. 711.

[19] SALLES, Carlos Alberto de. O objeto do processo de improbidade administrativa: alguns aspectos polêmicos. In: JORGE, Flávio Cheim; RODRIGUES, Marcelo Abelha; ARRUDA ALVIM, Eduardo. *Temas de improbidade administrativa*. Rio de Janeiro: Lumen Juris, 2010. p. 155-159; LUCON, Paulo Henrique dos Santos; SILVA, Bruno Freire e. Efeitos da sentença na ação de improbidade e o princípio da proporcionalidade. In: BUENO, Cassio Scarpinella; PORTO FILHO, Pedro Paulo de Rezende (Coord.). *Improbidade administrativa (questões polêmicas e atuais)*. São Paulo: Malheiros, 2001. p. 423; ANDRADE, Adriano; MASSON, Cleber; ANDRADE, Landolfo. *Interesses difusos e coletivos esquematizado*. São Paulo: Método, 2011. 6.12.4, p. 734; SOBRANE, Sérgio Turra. *Improbidade administrativa*: aspectos materiais, dimensão difusa e coisa julgada. São Paulo: Atlas, 2010. 8.7, p. 142; MARQUES, Sílvio Antonio. *Improbidade administrativa*. São Paulo: Saraiva, 2010. 2.4.11, p. 216.

[20] STJ, 2.ª Turma, REsp 964.920/SP, Rel. Min. Herman Benjamin, j. 28.10.2008, *DJe* 13.03.2009.

[21] GARCIA, Emerson; ALVES, Rogério Pacheco. *Improbidade administrativa*. 6. ed. Rio de Janeiro: Lumen Juris, 2011. 9.1, p. 712-713; MARQUES, Sílvio Antonio. *Improbidade administrativa*. São Paulo: Saraiva, 2010. 2.4.11, p. 216.

292 do novo diploma processual. Ao tornar o pedido de dano moral em espécie de pedido determinado, exigindo-se do autor a indicação do valor pretendido, o dispositivo contraria posição consolidada do Superior Tribunal de Justiça de admitir nesses casos o pedido genérico,[22] ainda que exista corrente doutrinária que defenda que o pedido de dano moral pode continuar a ser genérico.[23]

Não é tão tranquila, entretanto, a possibilidade de pedido genérico no tocante à aplicação das penas previstas no art. 12 da Lei 8.429/1992. Para parcela da doutrina, não se deve admitir pedido genérico nesse tocante, cabendo ao autor indicar com precisão em sua peça inicial quais as penas que pretende ver aplicadas ao réu.[24] Para outra corrente doutrinária, o autor pode se limitar a indicar os fatos jurídicos da demanda, reservando ao juiz a aplicação das penas cabíveis, inclusive habilitando ao juiz adequar o pedido para a aplicação das penas conforme seu entendimento e não conforme a pretensão do autor.[25]

O Superior Tribunal de Justiça vem entendendo que o juiz não está adstrito ao pedido do autor na hipótese de aplicação das penas previstas no art. 12 da LIA, chegando até mesmo ao extremo de afirmar que nas ações de improbidade administrativa o juiz não está adstrito em sua sentença ao pedido do autor.[26] Até mesmo a concessão das penas independentemente de pedido já foi admitida naquele tribunal, naquilo que seria uma espécie de pedido implícito específica das ações de improbidade administrativa.[27]

A questão que, agora, deve ser levantada é se com as inovações da Lei 14.230/2021 esse entendimento jurisprudencial pode ser mantido ou deve ser superado.

---

[22] STJ, 4.ª Turma, REsp 645.729/RJ, Rel. Min. Antonio Carlos Ferreira, j. 11.12.2012, *DJe* 1.º.02.2013; STJ, 3.ª Turma, REsp 1.313.643/SP, Rel. Min. Sidnei Beneti, j. 22.05.2012, *DJe* 13.06.2012.

[23] CRAMER, Ronaldo. *Comentários ao novo Código de Processo Civil*. Rio de Janeiro: Forense, 2016. p. 458.

[24] OLIVEIRA, José Roberto Pimenta. *Improbidade administrativa e sua autonomia constitucional*. Belo Horizonte: Forum, 2009. 10.5.1, p. 732.

[25] DECOMAIN, Pedro Roberto. *Improbidade administrativa*. São Paulo: Dialética, 2007. 9.2.9.1, p. 294; GARCIA, Emerson; ALVES, Rogério Pacheco. *Improbidade administrativa*. 6. ed. Rio de Janeiro: Lumen Juris, 2011. 9.1, p. 720.

[26] STJ, 2.ª Turma, REsp 1.134.461-SP, Rel. Min. Eliana Calmon, j. 03.08.2010 (Informativo de Jurisprudência do STJ 441).

[27] STJ, 1.ª Turma, AgRg no REsp 1.125.634/MA, Rel. Min. Arnaldo Esteves Lima, j. 16.12.2010, *DJe* 02.02.2011.

A partir do momento em que o Superior Tribunal de Justiça admite a tipificação das condutas narradas independentemente da fundamentação jurídica constante da petição inicial é consequência natural a admissão de aplicação de penas distintas das pedidas. Não haveria sentido permitir a adequação ao tipo legal se não pudesse o juiz aplicar as penas correspondentes a ele. Por outro lado, a admissão da aplicação de penas que não foram pedidas pelo autor pode satisfatoriamente ser explicada pela teoria do "pedido implícito".

14.2.6. Valor da causa

Sem qualquer previsão na Lei 8.429/1992, o valor da causa na ação de improbidade administrativa deve ser determinado segundo as regras consagradas nos arts. 291 a 293 do CPC. A doutrina parece entender que o valor da causa deve representar o valor econômico da demanda, sendo determinado pelo valor da reparação ao patrimônio público que se busca obter.

Havendo pedido de restituição de bens ao patrimônio público, caberá ao autor fazer uma estimativa de seu valor. Havendo pedido de reparação de danos, também caberá ao autor a indicação do valor do dano que se pretende reparar, sendo, nesse caso, aplicável o art. 324, § 1.º, II, do CPC, que admite o pedido genérico sempre que não for possível ao autor determinar a extensão danosa do ato ilícito em sua petição inicial. Se o ato de improbidade não gerar prejuízo material ou moral (art. 11 da LIA), a doutrina[28] e o Superior Tribunal de Justiça[29] entendem que o valor da causa deve ser estimativo, representado pelo valor da multa civil a ser aplicada no caso concreto.

Registre-se que, havendo cumulação de pedidos, sempre que o valor da causa para um deles for regido pelo critério legal ou tiver valor economicamente aferível e para o outro for caso de valor da causa meramente estimativo, o valor da causa da ação será tão somente o do primeiro pedido.[30] A indicação de qualquer valor à causa só se justifica quando não há alternativa para o autor, o que não será o caso na situação exposta. Dessa

---

[28] SANTOS, Carlos Frederico Brito dos. *Improbidade administrativa*. 2. ed. Rio de Janeiro: Forense, 2009. 4.2.2.3, p. 235; DECOMAIN, Pedro Roberto. *Improbidade administrativa*. São Paulo: Dialética, 2007. 9.2.9.1, p. 294-295.
[29] STJ, 1.ª Turma, REsp 615.691/MG, Rel. Min. Francisco Falcão, j. 18.04.2006, *DJ* 11.05.2006, p. 146.
[30] STJ, REsp 713.800/MA, 3.ª Turma, Rel. Min. Sidnei Beneti, j. 11.03.2008, *DJe* 1.º.04.2008.

forma, não havendo valor econômico no pedido de aplicação das penas previstas no art. 12 da LIA, esse pedido será desconsiderado para fins de determinação do valor da causa, salvo se esse for o único pedido formulado pelo autor, quando se deve tomar como base o valor da multa civil.

14.2.7. Requerimento para produção de provas

Como já tive oportunidade de defender, o requisito formal do art. 319, VI, do CPC é inútil, porque a praxe forense consagrou o entendimento de que basta um requerimento genérico de produção de prova para o juiz entender a petição inicial como formalmente perfeita.[31]

Seja como for, ainda se trata de um requisito formal consagrado em lei e deve ser cumprido, inclusive na ação de improbidade administrativa. Ainda que o art. 17, § 6.º, da Lei 8.429/1992 preveja uma instrução da petição inicial com provas que indiquem, ainda que de forma indiciária, a prática de ato de improbidade administrativa, é natural que exista durante o processo judicial uma fase instrutória, cabendo ao autor requerer pela produção de provas em sua petição inicial.

14.2.8. Requerimento de não realização da audiência do art. 334 do CPC

Nos termos do art. 319, VII, do CPC, cabe ao autor a indicação, em sua petição inicial, de requerimento para a realização ou não da audiência de conciliação ou de mediação. Conforme já desenvolvido no presente capítulo, item 14.1., não obstante o *caput* do art. 17 da LIA determinar aplicar-se à ação de improbidade administrativa o procedimento comum previsto no Código de Processo Civil, no procedimento previsto no mesmo dispositivo legal não há previsão para a realização da audiência do art. 334 do CPC. Assim, ao menos *a priori*, não teria sentido pedir a não realização de algo que a própria lei já não preveja ocorrer.

O autor, entretanto, pode aproveitar a petição inicial para se manifestar a respeito da realização de tal audiência. Poderá tanto requerer sua realização, se entender conveniente, como também já se manifestar contrário a ela, porque, mesmo não havendo previsão expressa para sua realização, não é ilegal sua designação pelo juiz no caso concreto.

---

[31] NEVES, Daniel Amorim Assumpção. *Manual de direito processual civil*. São Paulo: Método, 2009. 9.2.6, p. 302.

14.2.9. Instrução da petição inicial

Determina o art. 320 do CPC que a petição inicial seja instruída com os documentos indispensáveis à propositura da demanda. A ausência de tais documentos enseja a possibilidade de emenda da petição inicial, considerando-se que o vício gerado pela não juntada de tais documentos é sanável.[32] Não ocorrendo a emenda com a juntada dos documentos indispensáveis à propositura da demanda, a petição inicial será indeferida (art. 330, IV, do CPC). Caso o juiz só perceba a ausência de tais documentos após a citação do réu, não mais se admitirá o indeferimento da petição inicial, que deve ocorrer sempre liminarmente, mas diante da resistência do autor em não juntar aos autos tais documentos, o processo deve ser extinto sem resolução de mérito por falta de pressuposto processual (art. 485, IV, do CPC).

Documentos indispensáveis à propositura da demanda são aqueles cuja ausência impede o julgamento de mérito da demanda, não se confundindo com *documentos indispensáveis à vitória do autor*, ou seja, ao julgamento de procedência de seu pedido.[33] Esses são considerados documentos úteis ao autor no objetivo do acolhimento de sua pretensão, mas, não sendo indispensáveis à propositura da demanda, não impedem a continuidade da demanda, tampouco a sua extinção com resolução do mérito.[34] Numa demanda de reparação de danos em razão de inadimplemento contratual, por exemplo, é documento indispensável o contrato, porque sem esse documento é impossível o julgamento de mérito, o mesmo não se podendo dizer de um documento que comprove que a obrigação contratual não foi cumprida, que pode ser importante para a parte que o apresente em juízo, mas cuja ausência não impedirá o julgamento de mérito da demanda.

Registre-se no tocante à instrução da petição inicial a redação originária do art. 17, § 6.º, da Lei 8.429/1992, exigia do autor da ação de improbidade administrativa a instrução da peça inicial com documentos ou justificação que contivessem os indícios suficientes da existência do ato de

---

[32] STJ, 1.ª Turma, AgRg no Ag 908.395/DF, Min. José Delgado, j. 27.11.2007; REsp 846.227/MS, 3.ª Turma, Rel. Nancy Andrighi, j. 22.05.2007.

[33] DINAMARCO, Cândido Rangel. *Instituições de direito processual civil*. 23. ed. São Paulo: Malheiros, 2004. v. 1, n. 1006, p. 381; NERY JR., Nelson; NERY, Rosa Maria de Andrade. *Código de Processo Civil comentado*. 10. ed. São Paulo: RT, 2008. p. 552.

[34] CALMON DE PASSOS, José Joaquim. *Comentários ao Código de Processo Civil*. 8. ed. Rio de Janeiro: Forense, 2000. v. 3, p. 198; MARINONI, Luiz Guilherme; MITIDIERO, Daniel Francisco. *Código de Processo Civil comentado*. São Paulo: RT, 2008. p. 293.

improbidade administrativa. Já se percebia, à época, alguma preocupação do legislador com a propositura de ações de improbidade administrativa sem fundamentação séria e sem um mínimo indiciário daquilo que se alega na petição inicial.

Aparentemente, a previsão legal supramencionada não foi o suficiente para evitar a propositura de ações de improbidade administrativa temerárias e sem qualquer lastro mínimo, ainda que indiciário, da prática de atos previstos em lei como de improbidade. Devido ao incontestável caráter infamante dessa espécie de demanda judicial, bem como de uma eventual utilização política enviesada dela, é natural que tal forma de utilização cause repulsa num Estado Democrático de Direito.

O legislador, portanto, resolveu "apertar os cintos", passando a exigir do autor uma segurança ainda maior ao propor uma ação de improbidade administrativa.

No § 6.º, I, do art. 17 da LIA, exige-se do autor o apontamento dos elementos probatórios mínimos que demonstrem a ocorrência do ato de improbidade e de sua autoria. A redação do dispositivo não é das mais felizes. Elementos probatórios são provas, o que dá a entender que o autor só poderia propor uma ação de improbidade administrativa se já estivesse em poder de prova pré-constituída. Por outro lado, o dispositivo não prevê expressamente que o autor tenha que juntar tais elementos aos autos, mas apenas fazer um apontamento de sua existência, o que poderia ser interpretado como uma mera especificação de provas.

Acredito que a ingrata tarefa de interpretar o inciso I do dispositivo ora comentado possa ser facilitada por conta do inciso II, que exige do autor a instrução da petição inicial com documentos ou justificação que contenham indícios suficientes da veracidade dos fatos e do dolo imputado ao réu. Fica, aqui, evidenciado, portanto, que o autor da ação de improbidade administrativa precisa, ao menos em regra, apresentar prova pré-constituída que pelo menos sirva como indícios de veracidade dos fatos alegados na petição inicial e do dolo dos réus na prática da ação ou da omissão a eles imputados.

Tenho para mim, portanto, até para que não haja uma sobreposição de normas, de forma que uma torne a outra inútil, que a melhor intepretação a ser dada ao inciso I é no sentido de ali haver um ônus de especificação de provas. O apontamento de elementos probatórios, portanto, seria tão somente a exigência de indicação, com a devida justificativa, de quais os meios de prova que o autor pretende se valer para comprovar suas alegações.

Aqui, cabe uma importante observação. Especificar provas não se confunde com produzir provas, de forma que o autor, nesse momento, requerendo de forma especificada a produção de uma prova testemunhal, não deverá arrolar testemunhas, bem como, requerendo uma prova pericial, não deverá indicar quesitos e assistentes técnicos. Tais atos fazem parte da produção da prova, no seu momento de preparação, e serão praticados mais adiante no procedimento, mais precisamente depois de tais meios de prova terem sido deferidos pelo juízo.

Reconheço que essa interpretação que faço do art. 17, § 6.º, I, da LIA torna mais difícil explicar a parte final do dispositivo, que dispensa a exigência nela prevista desde que o autor fundamente, de forma devida, a impossibilidade. Digo que o trabalho fica dificultado porque me parece difícil imaginar uma hipótese real de dificuldade de o autor especificar as provas que pretende produzir para provar as alegações fáticas que elabora em sua petição inicial.

Ainda assim, há uma válvula de escape disponível ao autor, que, demonstrando o altamente improvável, poderá deixar de especificar as provas e, como todo autor que se vale do procedimento comum faz, requerer, de forma genérica, a produção de provas. Sinceramente, mesmo que não veja, *a priori*, muito espaço para a aplicação prática dessa exceção legal, também não vejo grande sacrifício à ampla defesa na hipótese de o juiz a admitir, mesmo numa hipótese em que não deveria.

No inciso II do § 6.º, do art. 17 da LIA, o legislador se vale de suas expressões que precisam ser explicadas. Logo no início há a exigência de que o autor instrua a petição inicial com documentos ou justificação. Entendo que, nesse caso, o termo "justificação" remete à antiga cautelar probatória de justificação, prevista no CPC/1973, e que se prestava à produção de prova testemunhal num procedimento de jurisdição voluntária. A justificação, registre-se, sobrevive no art. 381, § 5.º, do CPC. Compreendo, portanto, que o legislador quis dizer por "justificação" uma prova documentada de conteúdo oral.

Não há como elogiar o texto legal. Até se compreende sua intenção, mas a redação é simplesmente péssima. E o conteúdo também não fica atrás. A intenção do legislador – aliás muito bem-vinda e elogiável – é exigir um mínimo de prova pré-constituída que demonstre uma mínima viabilidade da pretensão do autor em ação de improbidade administrativa. Por que, então, o legislador não previu exatamente isso, exigindo uma prova pré-constituída? Não, preferiu mencionar um meio de prova – documental

– e uma forma documentada de prova – oral –, valendo-se, para isso, de uma expressão em desuso.

Quanto ao conteúdo, uma pergunta básica: se o autor tiver em seu poder apenas uma prova documentada de conteúdo pericial, que atenda às exigências da parte central do dispositivo ora comentado, não será o suficiente? Vejam que absurdo. Se tomarmos pela literalidade do dispositivo, uma prova como tal, mesmo sendo capaz de demonstrar de forma indiciária a prática dolosa de um ato tipificado em lei como de improbidade, seria incapaz de atender à exigência legal. O que é, naturalmente, inaceitável.

A melhor interpretação da parte inicial do dispositivo comentado é: exige-se do autor a instrução da petição inicial com prova documental ou prova documentada com conteúdo oral ou pericial.

O dispositivo prevê que as provas exigidas na instrução da petição inicial contenham indícios suficientes da veracidade dos fatos e do dolo imputado aos réus. Tratando-se o termo "indício" de um termo equívoco, em qual sentido teria sido ele utilizado pelo legislador?

No processo civil, o termo "indício" é mais utilizado como prova indireta, no âmbito das presunções. Trata-se do fato provado do qual se deduz, pelas máximas de experiência, que o fato não provado é verdadeiro. Não parece, entretanto, ter sido utilizado nesse sentido o termo no art. 17, § 6.º, II, da LIA.

Conforme ensina a melhor doutrina, o Código de Processo Penal se utiliza do termo "indício", por vezes, como prova indireta e, outras, como prova semiplena.[35] Prova semiplena no sentido de uma prova mais tênue, com menor valor persuasivo. Algo como um meio-termo entre uma prova que demonstre a veracidade de um fato e um nada jurídico, algo como o início de um convencimento, um mero indicativo de que o alegado pode ser verídico, sem a necessidade de demonstrar que de fato o seja.

Não tenho dúvida de que o legislador, ao se valer do termo "indício" no dispositivo legal ora comentado, o fez para indicar que a prova exigida na instrução da petição inicial não necessita ser robusta a ponto de convencer, *prima facie*, o juiz das alegações contidas na petição inicial. O objetivo, naturalmente, não é criar um procedimento sumarizado documental, como o mandado de segurança.

O que se exige é um mínimo de prova que aponte uma viabilidade de ser verídico aquilo que se alega na petição inicial, ainda que a confirmação

---

[35] Brasileiro, Manual, p. 577.

dependa da produção de outras provas durante a instrução probatória. Sinceramente, eventual alegação de que o dispositivo cria injustificada barreira ao exercício de direito de ação é, no mínimo, exagerada. O que a lei exige é muito pouco diante da seriedade que deve se exigir na propositura de uma ação de improbidade administrativa.

A prova documentada pode ser obtida pelo Ministério Público por meio de inquérito civil ou qualquer outro meio investigativo mais simplificado. E mesmo naqueles casos de sigilo, seria possível a propositura de uma ação probatória autônoma, nos termos dos arts. 381 a 383 do CPC. É possível, também, que a prova seja emprestada de outro processo, seja ele individual ou coletivo. Há, ainda, a possibilidade de prova produzida em algum procedimento administrativo.

São tantas as possibilidades de produção de uma prova documentada que chega a ser difícil imaginar a justificativa para a propositura de uma ação de improbidade administrativa destituída de tal prova. Ainda assim, o dispositivo permite excepcionalmente uma petição inicial sem instrução, desde que o autor apresente razões fundamentadas da impossibilidade de apresentação das provas nesse momento procedimental.

14.3. REJEIÇÃO LIMINAR DA PETIÇÃO INICIAL

O § 6.º-B do art. 17 da LIA prevê três hipóteses de rejeição da petição inicial, dando a entender que se trata de rejeição liminar, ou seja, de prolação de sentença antes mesmo da citação do réu.

As hipóteses de indeferimento da petição previstas no art. 330 do CPC são totalmente aplicáveis à ação de improbidade administrativa, como, aliás, sempre foram.

O desatendimento aos requisitos previstos nos incisos I e II do § 6.º do art. 17 da LIA também é causa para a rejeição liminar da petição inicial. Vejo, aqui, algum exagero formal, em especial na exigência de descrição e tipificação da conduta do réu, porque o vício quanto a esses requisitos poderia perfeitamente ser saneado numa emenda da petição inicial. A ausência de provas mínimas a instruir a petição inicial já será vício mais complexo de ser saneado, exigindo-se do autor uma atividade processual incompatível com a oportunidade de emenda, ou extraprocessual, que não justificaria a manutenção do processo.

De qualquer forma, essa espécie de indeferimento me parece uma resposta do legislador ao entendimento consagrado pelo STJ formado antes das profundas alterações na LIA a respeito do recebimento da petição inicial.[36] Segundo o tribunal aplicava-se o princípio do *in dubio pro societate*, o que se entende que, na dúvida, cabia ao juízo receber a petição inicial. Entendo que em razão não só das novas exigências probatórias dirigidas ao autor já na propositura da ação, mas também ao reconhecimento expresso da natureza sancionatória da ação de improbidade administrativa não permitem a manutenção de tal entendimento.

Por fim, haverá rejeição liminar da petição inicial quando for manifestamente inexistente o ato de improbidade imputado. Nesse caso, imagino que tenhamos duas hipóteses possíveis e que somente numa delas a rejeição liminar seja o caminho mais adequado.

O juiz pode entender, da narrativa e das provas que instruíram a petição inicial, pela manifesta inexistência de ato ilícito. Nesse caso, entendo razoável a rejeição liminar da petição inicial. Por outro lado, o juiz pode entender que, manifestamente, não há ato tipificável como sendo de improbidade administrativa, sem ainda ter condições de apontar para a manifesta inexistência de ato ilícito. Nessa hipótese, em prestígio ao princípio da primazia no julgamento do mérito, parece-me que seria mais adequada a conversão da ação de improbidade administrativa em ação civil pública, nos termos do § 16 do art. 17 da LIA.

Não posso afirmar que a opção, por se valer do termo "rejeição" em vez do termo "indeferimento", tenha sido consciente, o que, entretanto, não me impede de elogiá-la. Isso porque indeferimento da petição inicial é a rejeição terminativa do processo antes da citação do réu, e o dispositivo ora comentado prevê uma hipótese de rejeição com julgamento de mérito, com a rejeição do pedido do autor. Afinal, quando o juiz se pronuncia no sentido de manifestamente inexistir o ato alegado pelo autor, está considerando manifestamente improcedente a pretensão do autor, nos termos do art. 487, I, do CPC. Esse entendimento é corroborado pelo § 11 do art. 17 da LIA, ao prever, expressamente, que, em qualquer momento do processo, verificada a inexistência do ato de improbidade, o juiz julgará a demanda improcedente.

Desconfio, entretanto, que o legislador não tenha sido, mais uma vez, feliz na redação legal, prevendo algo que não consiga expressar exatamente a hipótese imaginada. Afinal, uma interpretação literal dessa terceira espécie

---

[36] AgInt no REsp 2.090.208/RS, 2023/0038730-6, Rel. Min. Regina Helena Costa, j. 13.11.2023, 1ª Turma, *DJe* 17.11.2023.

de rejeição liminar da petição inicial a torna impossível de ocorrer no caso concreto.

O dispositivo prevê que seja caso de rejeição liminar o descumprimento das exigências legais previstas no § 6.º do art. 17 da LIA. Pois bem. Para a petição inicial não ser rejeitada, portanto, o autor terá que apresentar prova indiciária da veracidade dos fatos alegados e do dolo imputado ao réu. E, caso isso ocorra, exatamente como será possível rejeitar a petição inicial por ser manifestamente inexistente o ato de improbidade administrativa? Há uma evidente e insuperável contradição entre as duas hipóteses. Se superados os requisitos legais do § 6.º, a terceira causa de rejeição não se sustenta; se não forem superados, a inicial já terá sido rejeitada sem a necessidade de análise da terceira causa.

Uma forma de tentar salvar a norma é compreendê-la no sentido não de inexistir o ato em si, mas de inexistir a possibilidade de qualificá-lo como sendo de improbidade administrativa. A questão aqui é de qualificação jurídica, e não fática. Os fatos alegados pelo autor podem até ter ocorrido conforme descrito. Os réus podem até ter atuado com dolo conforme alegado. E pode até existir prova pré-constituída a corroborar tudo isso. Ainda assim, pode ser o juiz capaz de se convencer, da mera leitura da petição inicial, que, mesmo sendo todas as alegações fáticas verdadeiras, não há ato tipificável como de improbidade administrativa.

Em qualquer hipótese de rejeição liminar, o recurso cabível será a apelação, que, por analogia ao previsto no Código de Processo Civil, terá efeito regressivo, o que possibilita ao juízo de primeiro grau, convencido das razões recursais, se retratar de sua sentença e dar continuidade ao procedimento com a citação do réu.

14.4. CITAÇÃO E DEFESA DO RÉU

Não sendo hipótese de rejeição liminar, caberá a citação dos requeridos, nos termos do § 7.º do art. 17 da LIA. Curiosa a utilização do termo "requeridos" em vez de "réus", mas sem consequências práticas. Só não deve o texto legal influenciar o intérprete imaginando que não seja possível a propositura de ação de improbidade contra apenas um réu. Não havendo qualquer especialidade na lei, a citação se dará pelas formas legais previstas no Código de Processo Civil.

A citação poderá se realizar de forma real (certeza de ciência da existência do processo) ou ficta (presunção de ciência da existência do processo).

Sendo realizada de forma ficta – hora certa ou edital – e não comparecendo o réu no prazo legal com advogado constituído para apresentar contestação, caberá ao juiz lhe designar um defensor dativo, garantindo-se, dessa forma, a defesa do réu. Tratando-se de hipossuficiente jurídico, a curadoria será prestada pela Defensoria Pública nos locais em que atuar.

No caso de citação real, caso o réu não conteste no prazo legal, a situação fica mais interessante. Se seguirmos o procedimento comum previsto no Código de Processo Civil, como orienta o *caput* do art. 17 da LIA, o réu será considerado revel. A revelia é um estado de fato gerado pela ausência jurídica de contestação, nos termos do art. 344 do CPC. Não há dúvida de que o estado de fato que gera revelia pode se dar numa ação de improbidade administrativa, o que, inclusive, é corroborado pelo § 19, I, do art. 17 da LIA.

Sempre defendi que o conteúdo da revelia não pode ser confundido com os seus efeitos, até porque, conforme autorizada doutrina, conceito é o que está dentro e efeito é aquilo que se projeta para fora, de maneira que é impossível confundir um com o outro. Por isso deve ser elogiada a redação do art. 17, § 19, I, da LIA ao prever não se aplicar à ação de improbidade administrativa a presunção de veracidade dos fatos alegados pelo autor em caso de revelia.

O dispositivo reconhece o óbvio: é possível haver revelia no processo, mas retira dessa revelia o seu principal efeito, qual seja, a presunção de veracidade dos fatos alegados pelo autor. Significa dizer que, mesmo sendo o réu revel, continuará a ser do autor o ônus de provar os fatos constitutivos de seu direito. O mesmo ocorre no processo penal, também de natureza acusatória, e dialoga com demais normas que vedam a confissão do acusado.

É importante lembrar, entretanto, que a revelia gera um segundo efeito, que depende da ausência de advogado constituído nos autos: a dispensa de intimação. Como não há qualquer previsão expressa que afaste a geração desse efeito na ação de improbidade administrativa, ao se adotar o procedimento comum do CPC, a conclusão é no sentido de que, sendo o réu revel e não tendo advogado constituído nos autos, não será intimado dos atos processuais, salvo quando exigir-se a intimação pessoal.

Essa foi, inclusive, a conclusão a que cheguei em obra anterior, na qual tratei do tema. Após uma maior maturação sobre o assunto, entendo ser o caso de mudar o meu entendimento.

Se a situação descrita se desse num processo penal, por conta do previsto no art. 261 do CPP, caberia ao juiz, mesmo diante da citação real do réu e de sua revelia, a indicação de um advogado dativo para a elaboração de sua defesa.

Não se trata, naturalmente, de preferir o art. 261 do CPP aos artigos que versam sobre a revelia e seus efeitos previsto no CPC, mas simplesmente de lembrar, à luz do art. 1.º, § 4.º, da LIA, a necessidade de se interpretar as normas que regem o procedimento da ação de improbidade administrativa conforme os princípios do processo administrativo sancionatório.

Assim sendo, como corolário da ampla defesa em processo sancionatório, deve ser garantido ao réu a defesa técnica necessária e irrenunciável, pouco importando ter ele sido citado de forma real ou ficta. Entendimento em sentido contrário, além de violar frontalmente o art. 1.º, § 4.º, da LIA, desconsidera a ação de improbidade administrativa como inserida no microssistema dos processos sancionatórios.

Não há designação de audiência de conciliação e mediação (art. 334 do CPC), de forma que os requeridos serão citados e a eles será aberto um prazo comum de 30 dias para contestação. A expressa menção ao prazo comum de 30 dias retira a possibilidade de que esse prazo seja contado em dobro, ainda que tipificável a hipótese prevista no art. 229 do CPC. O termo inicial dependerá da forma de citação, nos termos do art. 231 do CPC.

Registre-se a possibilidade de as partes celebrarem negócio jurídico processual durante a contagem do prazo de contestação visando à tentativa de solução consensual do conflito. Nos termos do § 10-A do art. 17 da LIA, havendo a possibilidade de solução consensual, poderão as partes requerer ao juiz a interrupção do prazo para a contestação, por período não superior a 90 dias.

Apesar de o dispositivo não deixar claro quais seriam as partes responsáveis pelo requerimento de interrupção do prazo, só consigo imaginar que sejam autor e réu, porque entendimento em sentido contrário, de que as partes poderiam ser os réus, apenas criaria estranha hipótese de dilação de prazo de contestação criada de forma unilateral pelos únicos interessados em tal dilação. Ademais, se a causa que justifica a dilação é a possibilidade de solução consensual, é natural que ambas as partes concordem com o requerimento.

Particularmente, chamou-me a atenção a regra ter se valido da interrupção e não da suspensão do prazo. Significa dizer que não importa quanto do prazo de 30 dias já tenha transcorrido até que o requerimento seja protocolado, uma vez terminado o período para a tentativa de solução consensual, e sendo ela frustrada, o réu terá de volta o prazo de 30 dias na íntegra para apresentar sua contestação.

Nos termos do dispositivo, o prazo máximo de interrupção será de 90 dias. Na verdade, o processo poderá ficar suspenso por, no máximo, 90 dias e o prazo de contestação voltará a ser contado na íntegra. Caso as partes não se manifestem expressamente sobre o assunto, deve se considerar o prazo máximo.

Esse prazo é material ou processual, devendo ser contado de forma contínua e somente em dias úteis? Entendo tratar-se de prazo processual, de forma que sua contagem seja somente em dias úteis. Em homenagem à segurança jurídica, seria conveniente que as próprias partes esclarecessem a forma de contagem na petição na qual requerem a interrupção do prazo de contestação. Podem, inclusive, por negócio jurídico processual, convencionar a contagem de forma contínua.

O termo inicial de contestação é o vencimento do prazo de interrupção, não sendo necessária qualquer intimação ao réu para que seja iniciada a contagem do prazo de 30 dias. Havendo solução consensual, cabe às partes informá-la ao juízo para a devida homologação.

14.5. PROVIDÊNCIAS APÓS A APRESENTAÇÃO DA CONTESTAÇÃO

Após o oferecimento da contestação, os §§ 10-B e 10-C do art. 17 da LIA preveem algumas providências a serem adotadas pelo juízo de primeiro grau.

Segundo o inciso I do § 10-B, procederá ao julgamento conforme o estado do processo, observada a eventual inexistência manifesta do ato de improbidade. O legislador deveria ter sido mais cauteloso na utilização das palavras, porque "julgamento conforme o estado do processo", segundo o Código de Processo Civil, é a extinção do processo num determinado momento processual por sentença terminativa ou definitiva, a depender do caso concreto.

Na hipótese do dispositivo comentado, até tem sentido usar a expressão por conta do momento procedimental, mas não há qualquer lógica a associar a uma única espécie de julgamento, o de improcedência do pedido (art. 487, I, do CPC). De qualquer forma, fica clara a inexistência de preclusão temporal para essa espécie de extinção do processo de improbidade administrativa, considerando-se que a manifesta inexistência de ato de improbidade já deveria ter levado à rejeição liminar. Na verdade, o afastamento de preclusão tem previsão expressa no § 11 do art. 17 da LIA ao prever que, em qualquer momento do processo, verificada a inexistência do ato de improbidade, o juiz julgará a demanda improcedente.

A outra providência, prevista no inciso II do § 10-B do art. 17 da Lei 8.429/1992, permite ao juízo o desmembramento do litisconsórcio, com vistas a otimizar a instrução processual. Esse dispositivo deixa muito mais dúvidas do que certezas. A única que tenho é que o dispositivo se refere, embora não de forma expressa, ao litisconsórcio passivo, porque, mesmo sendo possível a formação de litisconsórcio ativo entre Ministérios Públicos, a causa para o desmembramento nunca se aplicaria.

Há uma hipótese de desmembramento de litisconsórcio previsto no art. 113, §§ 1.º e 2.º, do CPC. O que o justifica é o número excessivo de litisconsortes a ponto de comprometer a rápida solução do litígio ou dificultar a defesa ou o cumprimento da sentença. No dispositivo ora comentado, o desmembramento tem como justificativa a otimização da instrução probatória. Nenhuma referência a número excessivo de litisconsortes, que, aparentemente, não é requisito a ser considerado no caso concreto. O único fator a ser considerado é uma produção de provas mais eficiente.

Há, entretanto, um ponto que imagino ser comum às duas hipóteses: o desmembramento só é possível numa hipótese de litisconsórcio facultativo. E essa exigência pode tornar muito difícil a aplicação do dispositivo no caso concreto, salvo em hipóteses de cumulação de atos de improbidade praticados por diferentes sujeitos, quando cada um deles exigir uma instrução probatória própria e a necessidade de formação do litisconsórcio esteja limitado aos sujeitos que praticaram cada um dos atos de improbidade cumulados.

14.6. RÉPLICA

O termo "réplica" é utilizado de forma expressa apenas no § 10-C do art. 17 da LIA. Mas há uma sugestão de seu cabimento no dispositivo anterior. Considerando-se as regras do Código de Processo Civil, a réplica é uma resposta do autor à contestação do réu, cabível apenas quando há entre as matérias defensivas a alegação de preliminares, a defesa de mérito indireta ou a juntada de documentos (arts. 350, 351 e 437, *caput*, do CPC).

As providências previstas nos dois incisos do § 10-B do art. 17 da LIA serão adotadas após a manifestação do autor, se for o caso. Não se pode deixar de apontar a estranheza do dispositivo legal, porque, se formos considerar as hipóteses de cabimento de réplica previstas no Código de Processo Civil, nenhuma delas é aplicável à espécie. Julgar improcedente o pedido por inexistência de ato de improbidade só pode decorrer do acolhimento de uma defesa de mérito direta, enquanto o desmembramento do litisconsórcio não depende sequer de provocação do réu. Se alegado pelo réu, será qualificada como defesa processual dilatória. De qualquer forma, uma decisão nesse sentido deve ser precedida de contraditório, nos termos do art. 10 do CPC.

E tudo fica ainda mais nebuloso quando o § 10-C, sem impor nenhuma condição, prevê que, após a réplica do Ministério Público, o juiz proferirá decisão na qual indicará com precisão a tipificação do ato de improbidade administrativa imputável ao réu, sendo-lhe vedado modificar o fato principal e a capitulação legal apresentada pelo autor.

Apesar das dificuldades, apontaria cinco hipóteses de cabimento para a réplica na ação de improbidade administrativa: alegação de defesa de mérito indireta na contestação; alegação de defesa preliminar na contestação; juntada de documentos na contestação; objetivo de o legislador desmembrar o litisconsórcio; e objetivo de o legislador em proferir a decisão prevista no § 10-C do art. 17 da LIA. Ou seja, não sendo caso de julgamento conforme o estado do processo, haverá a réplica do Ministério Público.

O prazo para essa réplica promete polêmica. No silêncio da lei, aplica-se o art. 218, § 3.º, do CPC, sendo o prazo de 5 dias ou o de 15 dias previsto para a réplica consagrada no Código de Processo Civil? Entendo que nem um nem outro, devendo ser de 30 dias por conta do princípio da isonomia. O Código de Processo Civil só prevê o prazo de 15 dias para a réplica porque o período de contestação é de 15 dias. Sendo, na ação de improbidade, o prazo de defesa de 30 dias, o mesmo prazo deverá ser concedido para o autor replicar.

14.7. DECISÃO DE TIPIFICAÇÃO DE CONDUTA

O art. 17, § 10-C, da LIA prevê uma decisão exclusiva do procedimento da ação de improbidade administrativa. Antes do saneamento e, principalmente, da organização do processo, caberá ao juiz proferir decisão na qual indicará com precisão a tipificação do ato de improbidade administrativa imputável ao réu. Na prolação dessa decisão, o juízo estará vinculado ao fato principal e à capitulação legal apresentada pelo autor.

Apesar de o art. 492 do CPC prever uma adstrição da sentença somente ao pedido formulado pelo autor, ela também existe para a causa de pedir, sendo tradicional a lição que determina não poder a sentença ser fundada em causa de pedir diversa da constante do processo. Havendo a limitação da sentença à causa de pedir, não pode o juiz conceder o pedido elaborado na petição inicial com fundamento em causa de pedir não descrita pelo autor em sua petição inicial.[37] Ao desconsiderar essa vinculação, proferirá decisão *extra causa petendi*.

É indiscutível que o fundamento jurídico da pretensão faça parte da causa de pedir, mas a vinculação exigida entre causa de pedir e a sentença parece, ao menos em regra, não ser exigida quanto a esse elemento. Há lições doutrinárias e decisões judiciais que liberam o juiz em sua decisão no tocante ao fundamento jurídico do pedido (princípio do *iura novit curia*), restando a vinculação limitada aos fatos jurídicos narrados na petição inicial.

Esse entendimento aplicado à ação de improbidade administrativa levaria à conclusão de que, se o autor narra fatos e se equivoca em sua tipificação, seria possível ao juiz a correção da errônea tipificação, com base no entendimento de que não está ele vinculado ao fundamento jurídico do pedido.

O dispositivo ora comentado traz uma outra realidade ao exigir que a adstrição do juízo seja tanto aos fatos jurídicos como ao fundamento jurídico alegado pelo autor. Em realidade, assim já o era na vigência da lei reformada quanto aos fatos jurídicos, havendo, inclusive, precedente do Superior Tribunal de Justiça no sentido da vinculação obrigatória.[38] Mas, quanto ao fundamento jurídico, o entendimento do mesmo tribunal era em sentido contrário ao que agora resta consagrado em lei.[39]

Nesse tocante, é importante consignar que o legislador foi extremamente protetivo como réu, indo além, inclusive, do legislador penal. No processo penal, por conta do instituto da *emendatio libelli*, previsto no art. 383 do CPP. Nos termos do dispositivo legal, o juiz, desde que adstrito aos fatos contidos na denúncia ou na queixa, poderá atribuir-lhe definição jurídica diversa, ainda que, em consequência, tenha de aplicar pena mais grave.

Não só se aplica o princípio do *iura novit curia* no processo penal, como se admite, por expressa previsão legal, que a adequada aplicação da fundamentação jurídica ao caso concreto gere a aplicação de uma pena mais grave do que aquela pedida originariamente pelo autor. Segundo a melhor doutrina, essa realidade se justifica porque, no processo penal, o

---

[37] STJ, 1.ª Turma, AgRg no AREsp 118.671/RJ, Rel. Min. Arnaldo Esteves Lima, *DJ* 05.02.2013, *DJe* 14.02.2013.

[38] STJ, 1.ª Turma, REsp 1.153.656/DF, Rel. Min. Teori Albino Zavascki, j. 10.05.2011, *DJe* 18.05.2011.

[39] STJ, 1.ª Turma, AgInt no AREsp 1.415.942/SP, Rel. Min. Benedito Gonçalves, j. 17.11.2020, *DJe* 18.12.2020; STJ, 2.ª Turma, REsp 1.375.840/MA, Rel. Min. Og Fernandes, j. 07.06.2018, *DJe* 13.06.2018.

réu se defende dos fatos que a ele são imputados, e não da qualificação jurídica a eles atribuídos pelo autor da ação penal.[40]

Por opção legislativa, na ação de improbidade administrativa, a realidade é outra. A adstrição do juiz é maior, o que amplia o plano de defesa do réu que, além de atacar os fatos narrados pelo autor, também poderá impugnar não só a qualificação jurídica constante da petição inicial, mas a sua adequação aos fatos narrados.

Uma mera desconexão entre os fatos e a imputação legal narrada será o suficiente para a improcedência do pedido, porque, mesmo que o juízo se convença de uma outra tipificação que pudesse justificar a condenação do réu, estará impedido por lei de julgar o pedido de procedência. Se insistir na condenação, sua sentença será absolutamente nula.

14.8. ESPECIFICAÇÃO DE PROVAS

Após a prolação da decisão de tipificação de conduta do réu, as partes serão intimadas a especificar as provas que pretendem produzir. O disposto no § 10-E do art. 17 da LIA é o suficiente para se compreender que os pedidos de provas a serem elaborados pelo autor na petição inicial e pelo réu na contestação podem ser genéricos. Principalmente para o autor, essa é uma informação importante, porque não seria absurda a intepretação do § 6.º-B do dispositivo ora comentado levar à conclusão de uma necessária especificação de provas já na petição inicial. Afinal, o dispositivo é expresso em prever a necessidade de indicação de elementos probatórios mínimos.

Quanto ao tema, o dispositivo que mais me chama a atenção é o inciso II do § 10-F, ao prever a nulidade da decisão de mérito da ação de improbidade administrativa que condenar o requerido sem a produção das provas por ele tempestivamente especificadas. O dispositivo sugere um direito adquirido do réu à produção de qualquer meio de prova, bastando, para tanto, que ele as tenha especificado dentro do prazo legal.

Ainda que elogiável a preocupação do legislador com a ampla defesa do réu, não há que se falar em direito adquirido absoluto, devendo o dispositivo ser interpretado conforme o previsto no art. 370, parágrafo único, do CPC. Dessa forma, caso a prova especificada se mostre inútil ou meramente protelatória, deverá ser indeferida sua produção, e isso, por si só, não será apto a anular eventual decisão de mérito a vir a ser proferida.

---

[40] LIMA, Renato Brasileiro de. *Manual de processo penal.* Salvador: JusPodivm, 2022. p. 1.266.

Caso não se entenda cabível a aplicação subsidiária de norma constante do diploma processual cível, basta aplicar o art. 400, § 1.º, do CPP, que autoriza o juízo penal a indeferir as provas consideradas irrelevantes, impertinentes ou protelatórias.

Quanto a eventual requerimento de produção de prova ilícita, ainda que feito tempestivamente, nem o mais fanático defensor do direito do réu à produção da prova conseguirá justificar uma obrigatoriedade de o juiz deferir o pedido sob pena de anulação de sua decisão de mérito.

Cumpre lembrar que, agora, vigora na demanda de improbidade administrativa a prescrição intercorrente, inclusive na fase de conhecimento. Dito isso, não seria razoável vincular o juiz à produção de provas requerida pelo réu com o claro intuito protelatório, na busca de uma demora no andamento do processo até mesmo suficiente para a sua extinção por prescrição. Amplo direito de defesa sempre, abuso de direito de defesa nunca.

O dispositivo legal, por outro lado, deve inspirar os juízes a terem extremo cuidado nos indeferimentos de pedidos de produção de prova por parte do réu nas ações de improbidade administrativa, reservando tais decisões somente para aquelas hipóteses nas quais ficar efetivamente demonstrado o caráter meramente protelatório ou o claro exercício abusivo do direito de defesa.

Esse cuidado, além de decorrência lógica da regra milenar de que a boa-fé se presume e a má-fé deve ser provada, parte da premissa de que o juiz não tem poderes mediúnicos para antever o resultado de provas requeridas, sendo simplesmente incapaz de antecipar a qualidade do resultado da prova requerida pelo réu.

Naturalmente, portanto, não tem cabimento e se enquadra na nulidade prevista no art. 17, § 10-F, II, da LIA a decisão que indefere o pedido de prova com o argumento genérico de que prova requerida seria incapaz de sustentar as alegações formuladas pela parte. Tal espécie de decisão só se legitima se o fundamento utilizado for a não adequação do meio de prova requerido diante da espécie de fato que se pretende provar.

Assim, por exemplo, se justifica indeferir uma prova testemunhal se o fato a ser provado depender, exclusivamente, de uma prova pericial. Mas, se o fato puder, abstratamente, ser demonstrado por prova testemunhal, o pedido de produção desse meio de prova nunca poderá ser indeferido por uma desconfiança prévia de que a qualidade da prova oral a ser produzida não será suficiente a formar o convencimento do juiz.

14.9. ÔNUS DA PROVA

Segundo a regra geral estabelecida pelos incisos do art. 373 do CPC, cabe ao autor o ônus de provar os fatos constitutivos de seu direito, ou seja, deve provar a matéria fática que traz em sua petição inicial e que serve como origem da relação jurídica deduzida em juízo. Caso o réu alegue, por meio de defesa de mérito indireta, um fato novo, impeditivo, modificativo ou extintivo do direito do autor, terá o ônus de comprová-lo.

O Código de Processo Civil de 2015 inovou quanto ao sistema de distribuição dos ônus probatórios, atendendo à corrente doutrinária que já vinha defendendo a chamada "distribuição dinâmica do ônus da prova". Na realidade, criou-se um sistema misto: existe, abstratamente prevista em lei, uma forma de distribuição, que poderá ser, no caso concreto, modificada pelo juiz. Diante da inércia do juiz, portanto, as regras de distribuição do ônus da prova no Código de Processo Civil continuarão a ser as mesmas do diploma processual revogado.

Quando o § 19, III, do art. 17 da LIA prevê ser inaplicável a imposição de ônus da prova ao réu, na forma dos §§ 1.º e 2.º do art. 373 do CPC, está expressamente proibindo a distribuição dinâmica na ação de improbidade administrativa. Mais uma vez, a mudança vem no sentido do reconhecimento de um processo de natureza acusatória, no qual caberá sempre ao acusado – no caso, ao Ministério Público – o ônus probatório, ainda que, em tese, fosse mais fácil ao réu provar sua inocência do que ao autor provar sua culpa.

É provável que a previsão proibitiva leve a doutrina a concluir que, a exemplo do que sempre ocorreu no processo penal, por conta da presunção de inocência, na ação de improbidade administrativa, passou a vigorar a regra do ônus da prova *in dubio pro reo*, ou seja, se os fatos constitutivos do direito não restarem comprovados, o julgamento será de improcedência.

Embora se reconheça que, realmente, na maioria das vezes, assim será, é importante registrar que a distribuição dinâmica, realizada pelo juiz no caso concreto, não é a única espécie de inversão do ônus probatório. Há, também, a inversão convencional, a ser realizada por negócio jurídico processual celebrado pelas partes. E essa hipótese de inversão, por não ter sido vetada pelo dispositivo ora comentado, é admitida na ação de improbidade administrativa, nos termos do art. 373, § 3.º, do CPC.

Poderia se objetar a esse entendimento com a lembrança de que o próprio dispositivo que prevê a inversão consensual do ônus da prova cria limites ao exercício de vontade das partes na hipótese de direitos indisponíveis. Ainda que possamos classificar os direitos discutidos na ação de improbidade administrativa como indisponíveis, atualmente, não há maiores questionamentos a respeito da possibilidade de sua transação, de forma que é questionável permitir a transação do "principal", ao menos das formas de exercício do "principal", e não admitir a de um "acessório".

Seja como for, é um debate que, na prática, não vale a tinta a ser gasta. A inversão do ônus da prova consensual é um mito urbano, como o homem do saco ou a mula sem cabeça. Se, no processo civil comum, não é feita, muito menos será na ação de improbidade administrativa.

14.10. INSTRUÇÃO PROBATÓRIA

14.10.1. Introdução

O julgamento da ação de improbidade administrativa será realizado mediante uma cognição exauriente do juiz, resultando numa decisão fundada em juízo de certeza. Dessa forma, seria de se imaginar, ao menos num primeiro momento, que todos os meios de prova em direito admitidos previstos pelo Código de Processo Civil seriam aceitos na espécie de ação ora analisada.

A natureza sancionatória da demanda e a previsão expressa de interrogatório no § 18 do art. 17 da LIA, entretanto, exigem outra conclusão. Ademais, haverá a necessidade de interpretação adequada de algumas regras procedimentais probatórias previstas no diploma processual civil, conforme será demonstrado.

Quanto à quebra de sigilo bancário, o Superior Tribunal de Justiça tem posição consolidada no sentido de sua possibilidade, inclusive pelas instâncias ordinárias, no caso de o juiz se convencer da existência de indícios de improbidade administrativa.[41]

Por fim, é admissível a utilização de prova emprestada colhida na persecução penal, desde que assegurados o contraditório e a ampla defesa,[42] o que se coaduna com o art. 372 do CPC, que exige o respeito ao contraditório para a admissão da prova emprestada.

---

[41] A tese 5 da edição n.º 40 da "Jurisprudência em Teses" do STJ dispõe: "Havendo indícios de improbidade administrativa, as instâncias ordinárias poderão decretar a quebra do sigilo bancário".

[42] A tese 12 da edição n.º 40 da "Jurisprudência em Teses" do STJ dispõe: "Nas ações de improbidade administrativa é admissível a utilização da prova emprestada, colhida na persecução penal, desde que assegurado o contraditório e a ampla defesa".

14.10.2. Prerrogativas na produção de prova oral

A redação originária do art. 17, § 12, da LIA determinava a aplicação à prova oral a ser produzida na ação de improbidade administrativa das regras consagradas no art. 221, *caput* e § 1.º, do CPP. A norma foi revogada, com o que se passa a aplicar à hipótese as regras do Código de Processo Civil, o que não deixa de ser interessante, por conta da reconhecida natureza sancionatória da demanda de improbidade administrativa.

A mudança mais significativa será a ausência da prerrogativa do presidente, do vice-presidente da República e dos presidentes do Senado Federal, da Câmara dos Deputados e do Supremo Tribunal Federal de optarem pela prestação de depoimento por escrito, caso em que as perguntas, formuladas pelas partes e deferidas pelo juiz, lhes seriam transmitidas por ofício.

Essa prerrogativa era bastante interessante, porque criava, na ação de improbidade administrativa, uma prova atípica. O conteúdo era de prova testemunhal, mas a forma, de documento ("prova documentada"). Nunca gostei da prerrogativa por permitir um depoimento preparado, pensado, sem a pressão natural de uma audiência, podendo ter sido produzido, inclusive, por um terceiro, e não necessariamente a autoridade.

14.10.3. Interrogatório e depoimento pessoal

Mais uma vez influenciado pelo caráter punitivo da ação de improbidade administrativa, o § 18 do art. 17 da LIA prevê que ao réu será assegurado o direito de ser interrogado sobre os fatos de que trata a ação, e a sua recusa ou o seu silêncio não implicarão confissão.

Ainda que o interrogatório seja um ato processual muito mais frequente no processo penal, ele também pode ocorrer no processo civil, nos termos do art. 139, VIII, do CPC. Há, entretanto, uma diferença importante: enquanto, na ação de improbidade administrativa, o dispositivo ora comentado garante ao réu o direito de ser interrogado sobre os fatos, o interrogatório previsto pelo Código de Processo Civil é uma mera faculdade do juiz, tanto assim que raramente acontece.

O art. 139, VIII, do CPC prevê que, no interrogatório, não incidirá a pena de confesso. Prever "pena" ao se referir à confissão é confundir "alho com bugalho". É verdade que existe intensa polêmica a respeito da natureza jurídica da confissão, se é realmente um meio de prova, mas é certo que a confissão não tem natureza de sanção processual. Quando o dispositivo legal menciona que a oitiva da parte por determinação judicial não gera confissão, tudo leva a crer que a vedação se limite a confissão tácita, gerada pela ausência ou pelo silêncio da parte. Não há qualquer sentido em desprezar uma confissão expressamente realizada em juízo somente porque a presença da parte não decorreu de pedido da parte contrária, mas de determinação do juiz.

Muito superior, portanto, o dispositivo ora comentado, que, ao tratar da inviabilidade de confissão, se refere apenas à ausência e ao silêncio do interrogado, deixando claro, portanto, que a única espécie de confissão que não pode ser obtida no interrogatório é a tácita. Se o interrogado, ao responder as perguntas do juiz, confessar, essa confissão expressa não deve ser ignorada.

Minha maior dúvida a respeito da previsão expressa em relação ao interrogatório é a admissibilidade de depoimento pessoal na ação de improbidade administrativa. Enquanto, no processo civil, o interrogatório convive com o depoimento pessoal, no processo penal, não existe depoimento pessoal.

A ausência de qualquer vedação expressa quanto ao cabimento do depoimento pessoal na ação de improbidade administrativa poderia parecer o suficiente para a admissão desse meio de prova. Tenho, entretanto, minhas dúvidas, porque, sendo cabível o depoimento pessoal, o interrogatório estará completamente esvaziado, ocorrendo apenas nas hipóteses de o autor não requerer o depoimento do réu e o juiz não o determinar de ofício.

Acredito, inclusive, que a definição quanto ao tema passa pela própria natureza jurídica do interrogatório, tema controvertido no processo penal. Partindo-se da premissa de ser o interrogatório um meio de defesa do réu, teria mais dificuldade em aceitar sua concomitância com o depoimento pessoal, porque, nesse caso, não parece razoável a convivência de duas formas de naturezas distintas de oitiva do réu num mesmo processo. Considerado como um meio de prova, seria mais fácil admitir sua convivência com o depoimento pessoal, mas o legislador parece ter adotado a tese contrária.

Refletindo sobre o tema, tendo a concluir pelo não cabimento do depoimento pessoal "sob pena" de se esvaziar a proteção ao réu concedida pelo art. 17, § 18, da LIA. O autor, na verdade, podendo requerer o depoimento pessoal do réu, daria um verdadeiro "drible da vaca" no legislador.

Pensemos na seguinte situação: réu no interrogatório se negando a responder uma série de perguntas elaboradas pelo magistrado alegando seu direito ao silêncio. Enquanto isso, o promotor, diligentemente, anotando todas elas. Ato seguinte, o promotor requer o depoimento pessoal do réu e repete as mesmas perguntas. Então o réu estará numa "sinuca de bico". Ou responde e se autoincrimina; ou responde e, criminosamente, mente para não se autoincriminar; ou silencia e confessa implicitamente. E a proteção outorgada pela lei se esvazia até murchar completamente...

14.10.4. Exibição de coisa ou documento

Quando a pretensão de exibição é dirigida à parte contrária, não existem maiores formalidades no pedido de exibição, além do preenchimento dos requisitos previstos no art. 397 do CPC, até porque esse pedido cria tão somente um incidente processual. Corretamente, a doutrina permite, inclusive, que o pedido seja feito de forma oral em audiência, ainda que, na praxe forense, o mais comum seja formulá-lo por petição escrita.

O réu será intimado – considerando-se que já faz parte da relação jurídica processual – para que, no prazo de cinco dias, ofereça resposta (art. 398, *caput*, do CPC), havendo divergência doutrinária a respeito da intimação poder ser feita na pessoa do advogado,[43] ou necessariamente pessoal.[44] Terá cinco dias para se defender. Sendo condenado e não exibindo o documento em juízo, o art. 400 do CPC prevê que serão presumidos verdadeiros os fatos que se pretendia provar com a exibição.

Ainda que o Superior Tribunal de Justiça entenda tratar-se de presunção relativa de veracidade, podendo ser afastada com a apresentação de documento que aponte em sentido contrário[45] ou com base em qualquer outro elemento de prova constante dos autos,[46] fica claro que a consequência prevista pelo art. 400 do CPC não se coaduna com as garantias que necessariamente precisam ser concedidas a um réu de processo estatal sancionatório.

Ora, se o art. 1.º, § 4.º, da LIA exige que se considerem os princípios do processo administrativo sancionatório, e dentre eles está a garantia de

---

[43] THEODORO JR., Humberto. *Curso de direito processual civil*. 47. ed. Rio de Janeiro: Forense, 2017. p. 497; DINAMARCO, Cândido Rangel. *Instituições de direito processual civil*. São Paulo: Malheiros, 2001. v. 1. p. 572; TABOSA, Fábio Guidi. *Código de Processo Civil interpretado*. (Coord. Antônio Carlos Marcato). São Paulo: Atlas, 2004. p. 1.093; MACHADO, Antonio Cláudio da Costa. *Código de Processo Civil interpretado*. 5. ed. São Paulo: Manole, 2006. p. 733.

[44] MARINONI, Luiz Guilherme; MITIDIERO, Daniel. *Código de Processo Civil comentado*. São Paulo: RT, 2008. p. 359.

[45] STJ, 1.ª Turma, REsp 989.616/TO, Rel. Min. Luiz Fux, j. 20.5.2008, DJe 18.06.2008.

[46] Informativo 539/STJ: 2.ª Seção, REsp 1.333.988/SP, Rel. Min. Paulo de Tarso Sanseverino, j. 09.04.2014.

o réu não produzir prova contra si mesmo, parece natural a conclusão de que a não exibição de documento que seja uma prova contra o réu não possa lhe gerar a mesma consequência negativa da exibição da prova em juízo. Seria o mesmo que tirar com uma mão e entregar com a outra...

Garantir ao réu o direito de não provar um fato contrário ao seu direito com a não exibição e, ao mesmo tempo, considerar como consequência de sua omissão em exibir a presunção de veracidade do fato contrário ao seu interesse. Nitidamente, uma contradição em termos insuportável.

14.11. INTIMAÇÃO DA PESSOA JURÍDICA INTERESSADA

No sistema processual anterior, a pessoa jurídica interessada, quando não figurava no polo ativo da demanda, era intimada para ter ciência da existência do processo. Uma vez intimada, a pessoa jurídica poderia adotar uma entre três condutas possíveis: (a) assumir o polo ativo da ação, tornando-se litisconsorte ativa do Ministério Público, hipótese que lhe permitirá, inclusive, o aditamento da petição inicial; (b) assumir o polo passivo da ação, passando a defender a legalidade do ato impugnado, hipótese em que lhe será permitida a apresentação de contestação e outras defesas típicas de réu; ou (c) manter-se inerte e, por consequência, fora da relação jurídica processual.

Como a legitimação ativa se concentrou exclusivamente no Ministério Público, não há chance de a pessoa jurídica ser autora da demanda. Por outro lado, não tinha, e continua não tendo, legitimidade para figurar no polo passivo. Será, portanto, obrigatoriamente um terceiro.

Segundo o § 14 do art. 17 da LIA, sem prejuízo da citação dos réus, a pessoa jurídica interessada será intimada para, caso queira, intervir no processo. A citação é ato de integração compulsória ao processo, e, nesse sentido, o legislador acertou ao prever a intimação da pessoa jurídica interessada, que só passará a participar do processo se assim desejar.

Numa visão mais tradicionalista da relação jurídica processual, essa intervenção voluntária se daria no polo ativo ou passivo do processo, mas pode se imaginar uma posição anômala, na qual a pessoa jurídica esteja integrada, participe do procedimento, mas sem necessariamente assumir uma posição parcial.

Numa reflexão mais profunda sobre o tema, arrisco-me a defender, inclusive, a inviabilidade de a pessoa jurídica assumir determinadas posições jurídicas processuais parciais por ausência de legitimidade para tanto.

O polo passivo, por exemplo. O que poderá justificar, após a sua intimação, que a pessoa jurídica interessada viesse a formar um litisconsórcio passivo ulterior com os réus originários? De onde teria surgido essa legitimidade passiva? Certamente, não existia no momento da propositura da demanda, e não parece ter ocorrido qualquer ato superveniente capaz de tê-la criado. Se assim o é, como aceitá-la num polo passivo da demanda sem legitimidade para tanto?

Quanto à formação de um litisconsórcio ativo ulterior, o raciocínio seria o mesmo?

Naturalmente, descarto, para fins de desenvolvimento do raciocínio, a situação atual criada pela sofrível liminar concedida na ADI 7.002, que restabeleceu a legitimidade ativa da pessoa jurídica interessada. Se tem legitimidade ativa, ao ser intimada, poderá assumir o polo ativo junto ao Ministério Público. Imaginemos, entretanto, que, no mérito, o Supremo Tribunal Federal mantenha o texto original da lei e a legitimidade ativa da ação de improbidade administrativa fique limitada ao Ministério Público.

A resposta natural seria que, nesse caso, também não teria sentido admitir a pessoa jurídica como litisconsorte ulterior ativa, porque, se não tinha legitimidade no momento da propositura da demanda, continua não tendo no momento da intervenção superveniente. Ocorre, entretanto, que é possível – e bastante provável – que o Ministério Público tenha elaborado pedidos não sancionatórios na demanda, pedidos esses que poderiam ter sido elaborados pela pessoa jurídica interessada numa ação civil pública. Dessa forma, ainda que ela não tenha legitimidade para assumir um polo ativo para os pedidos sancionatórios, não vejo ilegitimidade para pedidos de outra natureza.

Reconheço que a solução não é usual, porque teríamos um coautor apenas parcial, cuja própria atuação como autor seria limitada, exclusivamente, àquilo que interessar aos pedidos não sancionatórios. Não poderia, portanto, atuar para impulsionar os pedidos sancionatórios, e tampouco atuar quando os pedidos de ambas as naturezas se confundam, não podendo ser nitidamente separados.

Uma questão que ficou em aberto é o momento da intimação. Nenhuma menção sequer é feita pelo texto legal. O principal a se considerar é que a intimação da pessoa jurídica interessada deve ser feita em tempo hábil a lhe proporcionar uma participação efetiva no processo, se essa for a sua pretensão. De nada adianta uma intimação tardia procedimentalmente, porque a pessoa jurídica, nesse caso, como qualquer terceiro interveniente, receberá o processo no estado em que ele se encontra. Sob essa perspectiva, pode parecer que o momento ideal da intimação seja logo após a propositura da ação (art. 312 do CPC). Como, entretanto, a pessoa jurídica, uma vez decidindo intervir, deverá, além disso, resolver em qual posição processual participará do processo, entendo que o mais adequado seja a intimação ocorrer após a apresentação de contestação, com os argumentos de ataque e de defesa já constantes dos autos.

Registro, por fim, que, na vigência da redação originária da LIA, o Superior Tribunal de Justiça consolidou o entendimento no sentido de ser tal informação facultativa – apesar de chamá-la de citação – e entendendo não existir nulidade em razão de sua ausência.[47] Não vejo razões para uma mudança de entendimento diante da nova realidade legislativa.

14.12. DESCONSIDERAÇÃO DA PERSONALIDADE JURÍDICA

Apesar de o grande aspecto diferenciador da ação de improbidade no âmbito da tutela coletiva serem as medidas punitivas, a tutela reparatória também é passível de obtenção nesse tipo de demanda. Uma razão a mais, como já defendido, para se compreender pela natureza civil da demanda.

Nesse sentido, é feliz, ainda que de duvidosa utilidade, a previsão do § 15 do dispositivo ora comentado ao prever que, se a imputação envolver a desconsideração de pessoa jurídica, serão observadas as regras previstas nos arts. 133, 134, 135, 136 e 137 do CPC. Previsão similar encontra-se no art. 16, § 7.º, da mesma lei, aplicável para a cautelar de indisponibilidade de bens.

Minha maior dúvida a respeito da desconsideração da personalidade jurídica é a possibilidade de aplicação do art. 134, § 2.º, do CPC, que dispensa a instauração do incidente se a desconsideração da personalidade jurídica for requerida na petição inicial, hipótese em que será citado o sócio ou a pessoa jurídica.

Tenho uma tendência a defender a aplicabilidade, sendo permitido ao Ministério Público, desde já, incluir responsáveis patrimoniais secundários na petição inicial. É natural, entretanto, que, nesse caso, os sócios que sejam incluídos como réu exclusivamente por conta da pretendida desconsideração da personalidade jurídica respondam apenas pela eventual reparação

---

[47] STJ, 2.ª Turma, REsp 886.524/SP, Rel. Min. João Otávio de Noronha, j. 23.10.2007, DJ 13.11.2007, p. 524; STJ, 1.ª Turma, REsp 526.982/MG, Rel. Min. Denise Arruda, j. 06.12.2005, DJ 1.º.02.2006, p. 433.

ao Erário, não sendo cabível o pedido de aplicação de sanções contra eles meramente por conta de referida desconsideração.

14.13. CONVERSÃO EM AÇÃO CIVIL PÚBLICA

O § 16 do dispositivo ora comentado tem uma novidade que deve ser efusivamente elogiada por prestigiar o princípio da primazia no julgamento do mérito (art. 4.º do CPC). Segundo a norma, o juiz pode, a qualquer momento do processo, identificando a existência de ilegalidades ou de irregularidades administrativas a serem sanadas sem que estejam presentes todos os requisitos para a imposição das sanções aos agentes incluídos no polo passivo da demanda, converter, por meio de decisão motivada, a ação de improbidade administrativa em ação civil pública.

O propósito da norma legal é, como já adiantado, elogiável. Mas a interpretação da causa de conversão nela descrita determinará a extração ou não de tudo de positivo que a norma pode entregar.

Pela interpretação literal da norma, a conversão dependerá de duas certezas do juízo: (i) os atos descritos na petição inicial não se tipificam como sendo de improbidade administrativa; e (ii) existem ilegalidades ou irregularidades administrativas a serem sanadas. Concordo que abrir mão da ação de improbidade administrativa, convertendo-a em ação civil pública enquanto ainda existam dúvidas quanto à tipificação do ato imputável ao réu não faz qualquer sentido. Mas acredito ser exagerado que o juízo tenha que formar um juízo de certeza a respeito da ilicitude ou da irregularidade do ato – ou, mesmo, a sua própria existência – para realizar a conversão.

Entendo que a norma exija um juízo de certeza quanto à não tipificação do ato como sendo de improbidade, e não quanto à existência ou à ilegalidade ou à irregularidade do ato em si. Até porque, se o juiz tem certeza quanto à existência e à ilegalidade do ato, não seria necessária a conversão do processo, bastando condenar o réu ao ressarcimento ao erário e julgar improcedentes os pedidos de aplicação de sanção.

Dessa forma, estando o juiz certo de não ter havido ato de improbidade, porque, mesmo que ele tenha efetivamente ocorrido como o descrito pelo autor – o que pode ainda ser controverso – não se tipifica nas hipóteses descritas nos arts. 9.º, 10 e 11 da LIA, deverá converter a demanda em ação civil pública, para que nela se apure a efetiva ocorrência do ato e sua eventual ilicitude os demais requisitos da responsabilidade (dano, nexo de causalidade, culpa ou dolo).

Uma outra possibilidade de aplicação do dispositivo é um duplo juízo de certeza: (i) o fato ocorreu conforme o narrado pelo autor; e (ii) o fato não é de improbidade administrativa. Nesse caso, a ilicitude e os demais requisitos da responsabilidade (dano, nexo de causalidade, culpa ou dolo) serão examinados na ação civil pública convertida.

Não tenho dúvida, até mesmo pela forma pela qual o dispositivo foi redigido, de que o juiz pode realizar a conversão ora enfrentada de ofício. O que, naturalmente, não impede que as próprias partes façam requerimento expresso nesse sentido. Será preciso analisar a questão estratégica, porque, num primeiro momento, a decisão gera sucumbência a ambas as partes, já que impede o acolhimento do pedido do autor e o julgamento de improcedência do pedido. Dentro de uma perspectiva de eventualidade, entretanto, pode se mostrar interessante à parte formular tal pedido para justamente evitar um mal maior.

A previsão de cabimento de agravo de instrumento da decisão de conversão é desnecessária por conta do previsto no § 21 do mesmo dispositivo. Mais uma norma de recorribilidade de decisão interlocutória para a cota de o que "abunda não prejudica".

Há, ainda, a necessidade de compatibilização do dispositivo ora comentado como os três dispositivos que determinam a extinção do processo quando o juiz se convencer não ter ocorrido ato de improbidade administrativa. O § 6.º-B do art. 17 da LIA prevê a rejeição liminar da petição inicial quando manifestamente inexistente o ato de improbidade imputado. O § 10-B do mesmo dispositivo prevê um julgamento antecipado do mérito com a improcedência do pedido pela mesma razão. E, finalmente, o § 11 prevê que, a qualquer momento do processo, verificada a inexistência do ato de improbidade, o juiz julgará a demanda improcedente.

Vamos aos possíveis cenários: (i) juízo se convence da não ocorrência do ato narrado na petição inicial – extingue o processo com julgamento de improcedência; (ii) juízo se convence da não tipificação do ato como sendo de improbidade, ainda que o próprio ato em si não tenha sido provado – conversão em ação civil pública; (iii) juízo se convence da ocorrência do ato alegado na petição inicial e de sua não qualificação como de improbidade – conversão em ação civil pública; (iv) juízo se convence da ocorrência do ato, de sua não qualificação como de improbidade e de sua ilicitude e demais elementos da responsabilidade civil reparatória – julga procedente o pedido reparatório e improcedente os pedidos sancionatórios.

14.14. ASSESSORIA JURÍDICA

O § 20 do dispositivo ora comentado prevê uma interessante hipótese de participação no processo da assessoria jurídica que tenha emitido o parecer atestando a legalidade prévia dos atos administrativos praticados pelo administrador público.

A participação, embora pontual, veio prevista como obrigatória, já que o dispositivo exige que a assessoria jurídica defenda em juízo o ato praticado, ou seja, defenda sua legalidade conforme os termos do parecer emitido. Desde o início defendi que a obrigatoriedade de defesa deveria ficar condicionada ao estrito respeito aos termos do parecer, porque, se o administrador público atuou em desconformidade com o teor do parecer, não parecia justificável obrigar a assessoria jurídica a defender o ato em juízo. Defenderia, se fosse o caso, o seu próprio parecer, o que significaria uma impugnação, ainda que indireta, ao ato reclamado.

É verdade que, numa interpretação mais literal do dispositivo, a assessoria jurídica só seria chamada para defender o ato, o que poderia levar à conclusão de que, havendo uma incompatibilidade entre o parecer e o ato praticado e judicialmente impugnado, não seria caso de participação da assessoria jurídica.

Defendia, entretanto, que esse juízo de correlação, ou seja, de respeito aos termos do parecer jurídico diante do ato praticado pelo administrador público, deveria ser objeto de análise em juízo, concluindo que sempre que existisse um parecer prévio à realização do ato, a assessoria jurídica que o elaborou devesse ser chamada a se manifestar em juízo. Os parágrafos anteriores estão todos redigidos no passado porque o STF declarou a inconstitucionalidade parcial da norma, com interpretação conforme sem redução de texto, no sentido de que não inexiste "obrigatoriedade de defesa judicial"; havendo, porém, a possibilidade de os órgãos da Advocacia Pública autorizarem a realização dessa representação judicial, por parte da assessoria jurídica que emitiu o parecer atestando a legalidade prévia dos atos administrativos praticados pelo administrador público, nos termos autorizados por lei específica.[48]

Trata-se, de forma anômala, de intervenção, por meio da qual a assessoria jurídica não será chamada a participar integralmente do processo, limitando-se a apresentar uma defesa do ato impugnado em juízo. Entendo,

---
[48] ADI 7.042, Rel. Min. Alexandre de Moraes, Tribunal Pleno, j. 31.08.2022, publ. 28.02.2023.

inclusive, que, por defender a legalidade do ato e não os que o praticaram, a assessoria jurídica não pode praticar outros atos além dessa defesa escrita.

Reconheço que a redação do dispositivo pode sugerir o contrário, que já prevê que a faculdade de defender o ato judicial existe até que a decisão transite em julgado. Poderia dar a impressão, portanto, que, durante todo o desenvolvimento procedimental, a assessoria jurídica poderia defender a legalidade do ato.

Entendo, entretanto, que o limite temporal previsto diz respeito à ausência de preclusão temporal para a manifestação da assessoria jurídica, que poderia, portanto, ocorrer até o trânsito em julgado. O que, por outro lado, não deve ser elogiado dentro de uma perspectiva de contraditório real. A manifestação deve ser realizada em tempo hábil a ser devidamente impugnada pela parte contrária e considerado pelo juízo de primeiro grau e não a qualquer tempo do processo, conforme sugere o dispositivo. Basta imaginar o despropósito de uma manifestação ocorrer, por exemplo, somente em fase de recurso excepcional.

14.15. LITISPENDÊNCIA

Um dos significados do termo "litispendência" – e que interessa à presente análise – é a existência de dois ou mais processos em trâmite com a mesma ação (teoria da tríplice identidade – mesmos elementos da ação). Salvo melhor juízo, é disso que trata, ainda que parcialmente, o § 19, III, do art. 17 da LIA, ao prever o "ajuizamento de mais de uma ação de improbidade administrativa pelo mesmo fato".

Digo parcialmente por que não se pode descartar a possibilidade de concomitância de ação de improbidade administrativa fundada nos mesmos fatos, mas com tipificações legais distintas, sendo, nesse caso, impossível se falar em litispendência. O fenômeno seria o de conexão, a ensejar, se for o caso, a reunião dos processos perante o juízo prevento.

Seja como for, entendo como consideravelmente estranho o previsto no dispositivo ora comentado, porque prevê atividade administrativa interna do Ministério Público como atividade jurisdicional. Afinal, o dispositivo prevê a concomitância de mais de uma ação de improbidade administrativa pelo mesmo fato e atribui ao Conselho Nacional do Ministério Público a competência para dirimir conflitos de atribuições entre membros de Ministérios Públicos distintos.

Entendo que o conflito de atribuições seja cabível quando atividades administrativas são desempenhadas por diferentes Ministérios Públicos e seja necessário, *interna corporis*, definir de quem é a competência de atuação. Seria o caso, por exemplo, de indevida concomitância de trâmite de mais de um inquérito civil para apuração dos mesmos fatos.

Ocorre, entretanto, que, já havendo demanda judicial, eventual multiplicidade de processos com a mesma ação ou de processos conexos passa a ser tema jurisdicional, devendo ser resolvido pelo Poder Judiciário. Na hipótese de litispendência com a manutenção de somente um processo, na hipótese de conexão com a possível reunião das demandas.

É óbvio que o Poder Judiciário não pode impedir o Ministério Público de instaurar um conflito de atribuições, que poderá, portanto, coexistir com processos judiciais. A sua instauração, entretanto, não deve servir como causa de suspensão do processo, já que essa hipótese não está contemplada no ordenamento processual. A norma analisada não prevê tal suspensão, limitando-se, em realidade, ao prever a competência para o julgamento do conflito de atribuições. Julgado o conflito de atribuições, caberá ao membro do Ministério Público tido como incompetente peticionar em juízo pedindo a extinção do processo que dependerá, naturalmente, de uma decisão judicial.

14.16. SENTENÇA

14.16.1. Introdução

A extinção da fase de conhecimento da ação de improbidade administrativa dar-se-á por meio de sentença, que pode ser tanto terminativa (art. 485 do CPC) como definitiva (art. 487 do CPC). Não se descarta a possibilidade de julgamento antecipado parcial do mérito, nos termos do art. 356 do CPC, mas, ainda assim, nesse caso, haverá uma parcela remanescente do mérito que será, ao final, julgada por mérito.

Das sentenças de mérito, não há qualquer especialidade na sentença de improcedência, que terá natureza meramente declaratória, como em qualquer outra espécie de ação. A sentença de procedência, com o acolhimento de todos os possíveis pedidos elaborados pelo autor, será analisada em tópico próprio, no qual se analisarão as penas previstas pelo art. 12 da Lei 8.429/1992.

Das sentenças homologatórias, não é possível a prevista no art. 487, III, "c", do CPC, não se admitindo a renúncia do direito material que será objeto da ação, enquanto a sentença prevista no art. 487, III, "a", do CPC é plenamente possível, apesar de ser raro o reconhecimento jurídico do pedido nesse tipo de ação. A sentença homologatória de transação merece análise em tópico próprio, em especial por conta da regulamentação do acordo de não persecução cível.

14.16.2. Sentença terminativa em caso de abandono e desistência

Não existe qualquer previsão na Lei 8.429/1992 que trate do abandono ou da desistência da ação de improbidade administrativa, mas, na hipótese de aplicação do microssistema coletivo, é possível se concluir que existe uma especialidade procedimental para a extinção terminativa da demanda nesses dois casos.

Os arts. 9.º, da Lei 4.717/1965, e 5.º, § 3.º, da Lei 7.347/1985 regulamentam a desistência ou o abandono da ação popular e da ação civil pública, respectivamente. Trata-se de interessante hipótese de sucessão processual, permitindo-se que o Ministério Público ou qualquer outro legitimado assuma o polo ativo diante de desistência ou abandono do autor, com o claro objetivo de evitar a extinção terminativa da demanda.

A primeira questão que deve ser levantada diz respeito à aplicabilidade dessa regra na ação de improbidade administrativa.

Conforme devidamente analisado no Capítulo 8, não cabe a aplicação do microssistema coletivo na parte sancionatória da ação de improbidade administrativa, de forma que, quanto aos pedidos previstos no art. 12 da LIA, o juiz, diante do abandono ou da desistência da ação por parte do autor, deverá extinguir o processo, observando, para isso, naturalmente, as regras procedimentais previstas no Código de Processo Civil.

Havendo, entretanto, pedidos de natureza não sancionatória, é aplicável o microssistema coletivo, de forma que os legitimados que não forem autores no processo terão a oportunidade de assumir a sua condução.

Importante notar que, nesse caso, haverá, necessariamente, a conversão em ação civil pública, porque com a homologação da desistência ou do abandono quanto aos pedidos sancionatórios, não há sentido o remanescente da pretensão continuar sob a forma de ação de improbidade administrativa.

14.16.3. Sentença homologatória de transação

Na redação originária do art. 17, § 1.º, da Lei 8.429/1992 estava proibida a prolação de sentença homologatória nos termos do art. 487, III, "b", do

CPC, considerando-se que a previsão legal proibia expressamente a transação, o acordo ou a conciliação nas ações de improbidade administrativa.

Desde aquela época, já apontava que a vedação legal deveria ser interpretada à luz da espécie da natureza do pedido elaborado. Sempre me pareceu claro que a vedação legal tinha sentido, àquela época, apenas para os pedidos de natureza sancionatória. Para os demais pedidos, apesar de sua natureza indisponível, sempre defendi a possibilidade de transação.

Na tutela coletiva, é frequente a transação, como se pode notar pela quantidade razoável de TACs (Termos de Ajustamento de Conduta) celebrados pelos legitimados a defender o direito coletivo *lato sensu*, ainda que para parcela da doutrina nos termos de ajustamento de conduta tenha-se a solução por submissão e não transação.[49] O que deve ficar claro é que, nessas soluções do conflito por autocomposição, não é o direito material em si o objeto da transação, mas sim a forma de seu exercício. Significa que será objeto de transação apenas a forma, o modo e os prazos de cumprimento de obrigações que tutelem o direito material, que nunca será em si mesmo o objeto da transação.[50]

Na ação de improbidade administrativa, sempre ocorreu exatamente o mesmo com relação à reparação dos danos causados ao patrimônio público e à perda dos bens ou valores acrescidos ilicitamente ao patrimônio do agente ímprobo. O que a redação originária do art. 17, § 1.º, da Lei 8.429/1992 não admitia era qualquer espécie de transação das penas de natureza político-administrativa previstas pelo art. 12 da Lei 8.429/1992, não se permitindo qualquer espécie de transação no tocante à perda da função pública, suspensão dos direitos políticos, pagamento de multa civil e proibição de contratar com o Poder Público, ou receber benefícios ou incentivos fiscais ou creditícios.[51]

---

[49] LEONEL, Ricardo de Barros. *Manual do processo coletivo*. São Paulo: RT, 2002. 5.18.3, p. 350.

[50] MAZZILLI, Hugo Nigro. *A defesa dos interesses difusos em juízo*. 15. ed. São Paulo: Saraiva, 2002. p. 412.

[51] FERRARESI, Eurico. *Improbidade administrativa*. São Paulo: Método, 2011. p. 189; OLIVEIRA, José Roberto Pimenta. *Improbidade administrativa e sua autonomia constitucional*. Belo Horizonte: Forum, 2009. 10.5.4, p. 380-382; GARCIA, Emerson; ALVES, Rogério Pacheco. *Improbidade administrativa*. 6. ed. Rio de Janeiro: Lumen Juris, 2011. p. 617-618; FARIAS, Bianca Oliveira de; PINHO, Humberto Dalla Bernardina de. Apontamentos sobre o compromisso de ajustamento de conduta na Lei de Improbidade Administrativa e no Projeto de Lei da Ação Civil Pública. In: BUENO, Cássio Scarpinella; PORTO FILHO, Pedro Paulo de Rezende (Coord.). *Improbidade administrativa (questões polêmicas e atuais)*. São Paulo: Malheiros, 2001. p. 115-119; DIDIER JR., Fredie; ZANETI JR., Hermes. *Curso de direito processual civil*. 4. ed. Salvador: JusPodivm, 2009. v. 4, p. 315.

Nesse sentido, inclusive, o art. 1.º, § 2.º, da Resolução 179 do CNMP (Conselho Superior do Ministério Público), ao tratar da possibilidade de celebração de TAC em atos de improbidade administrativa: "É cabível o compromisso de ajustamento de conduta nas hipóteses configuradoras de improbidade administrativa, sem prejuízo do ressarcimento ao erário e da aplicação de uma ou algumas das sanções previstas em lei, de acordo com a conduta ou ato praticado".

Atualmente, não existe mais norma que proíba a transação. Na verdade, pelo contrário. O art. 17-B da LIA prevê expressamente a possibilidade de transação que tenha como objeto as penas previstas no art. 12 da LIA. O tema é tratado de forma específica no Capítulo 19. Sem dispositivo proibindo a transação, não há, atualmente, qualquer sentido em discutir a impossibilidade de solução consensual quanto aos pedidos não sancionatórios.

14.16.4. Sentença de procedência e as "penas" previstas pelo art. 12 da Lei 8.429/1992

14.16.4.1. Introdução

Aproveita-se o estudo da sentença de procedência na ação de improbidade administrativa para se analisar as "penas" previstas pelo art. 12 da LIA. Segundo entendimento consolidado no Superior Tribunal de Justiça, não há obrigatoriedade de cumulação das sanções previstas em lei, tudo dependendo do caso concreto.[52]

14.16.4.2. Perda dos bens e valores acrescidos ilicitamente ao patrimônio

A primeira "pena" prevista pelo art. 12 da Lei 8.429/1992, em seus três incisos, na realidade não tem qualquer natureza punitiva. A perda dos bens e dos valores acrescidos ilicitamente ao patrimônio do réu tem natureza reparatória,[53] tanto assim que haverá sucessão nessa obrigação na hipótese de falecimento do agente ímprobo, nos termos do art. 9.º da LIA.

---

[52] A tese 13 da edição n.º 40 da "Jurisprudência em Teses" do STJ dispõe: "O magistrado não está obrigado a aplicar cumulativamente todas as penas previstas no art. 12 da Lei 8.429/1992, podendo, mediante adequada fundamentação, fixá-las e dosá-las segundo a natureza, a gravidade e as consequências da infração".

[53] SANTOS, Carlos Frederico Brito dos. *Improbidade administrativa*. 2. ed. Rio de Janeiro: Forense, 2009. 3.1.2, p. 150; FERRARESI, Eurico. *Improbidade administrativa*. São Paulo: Método, 2011. p. 139; GARCIA, Emerson; ALVES, Rogério Pacheco. *Improbidade*

A única interpretação possível à reparação ora analisada limita a responsabilidade patrimonial ao momento posterior ao ato de improbidade administrativa.⁵⁴ O patrimônio anterior poderá ser usado para a reparação de danos causados ao erário, aplicando-se normalmente o art. 793 do CPC, mas a perda de bens e valores acrescidos ilicitamente ao patrimônio demanda que o acréscimo decorra do ato de improbidade, projetando para o momento posterior a tal ato a imposição da reparação ora analisada.

Os bens podem ser tanto aqueles desviados do patrimônio público e indevidamente incorporados pelo agente ímprobo como também bens licitamente adquiridos com dinheiro desviado do erário. Também estão abarcados os frutos e os rendimentos dos bens adquiridos ilicitamente. Ainda que o bem seja considerado bem de família, deverá ser perdido em favor da pessoa jurídica, considerando a origem ilícita de sua aquisição. Os valores que deverão ser restituídos são aqueles ilicitamente surrupiados do erário e não utilizados para a aquisição de bens pelo agente ímprobo.

Mesmo os bens que tenham sido licitamente transferidos para terceiros deverão ser objeto de restituição.⁵⁵ Na realidade, essa transferência para terceiros pode ser qualificada como fraude contra credores ou fraude à execução e, por essa razão, responderão os bens independentemente de quem seja seu atual proprietário. O que se pretende é evitar a utilização de "laranjas", parentes, empresas fantasmas e outros ardis comumente utilizados pela canalhada faminta pela dilapidação do patrimônio público.

Como bem lembra a melhor doutrina, ainda que a vantagem seja obtida por intermédio de prestação negativa, cabe a restituição de valores que o agente ímprobo deixou de gastar a se valer indevidamente da estrutura

---

administrativa. 6. ed. Rio de Janeiro: Lumen Juris, 2011. p. 441. Contra, entendendo tratar-se de sanção: OLIVEIRA, José Roberto Pimenta. *Improbidade administrativa e sua autonomia constitucional*. Belo Horizonte: Forum, 2009. 9.4, p. 307; CARVALHO FILHO, José dos Santos. *Manual de direito administrativo*. 24. ed. Rio de Janeiro: Lumen Juris, 2011. p. 1.003.

⁵⁴ CARVALHO FILHO, José dos Santos. *Manual de direito administrativo*. 24. ed. Rio de Janeiro: Lumen Juris, 2011. p. 1.003; ANDRADE, Adriano; MASSON, Cleber; ANDRADE, Landolfo. *Interesses difusos e coletivos esquematizado*. São Paulo: Método, 2011. 6.9.3.1, p. 705; PAZZAGLINI FILHO, Marino. *Lei de Improbidade Administrativa comentada*: aspectos constitucionais, administrativos, civis, criminais, processuais e de responsabilidade fiscal. 5. ed. São Paulo: Atlas, 2011. p. 147. Contra: DECOMAIN, Pedro Roberto. *Improbidade administrativa*. São Paulo: Dialética, 2007. 8.1.2, p. 206.

⁵⁵ OLIVEIRA, José Roberto Pimenta. *Improbidade administrativa e sua autonomia constitucional*. Belo Horizonte: Forum, 2009. 9.4, p. 307.

estatal, como ocorre quando desvia funcionários públicos para a realização de trabalhos caseiros e pessoais.[56] O tema das condutas omissivas foi devidamente abordado nos subitens 5.2.3 e 5.3.3.

Nos termos do art. 18 da Lei 8.429/1992, a sentença que julgar procedente ação civil de reparação de dano ou decretar a perda dos bens havidos ilicitamente determinará o pagamento ou a reversão dos bens, conforme o caso, em favor da pessoa jurídica prejudicada pelo ato ilícito. Essa regra excepciona a regra geral prevista no art. 13 da LACP, que prevê como destinatário das condenações coletivas o Fundo de Direitos Difusos (FDD), mas se justifica em razão das peculiaridades da ação de improbidade administrativa.

Apesar de a previsão apontar para a reversão dos bens à pessoa jurídica lesada, é importante lembrar que os bens ilicitamente incorporados ao patrimônio do agente ímprobo podem provir de terceiros, e não propriamente da pessoa jurídica lesada. Nesses casos, não haverá restituição, porque os bens jamais fizeram parte do patrimônio da pessoa jurídica lesada, mas ainda assim aplicar-se-á a regra do art. 18 da LIA, de forma a serem incorporados ao patrimônio da pessoa jurídica tais bens, e não restituídos conforme a previsão legal ora comentada.[57]

14.16.4.3. Ressarcimento integral do dano

O ressarcimento integral do dano previsto no art. 12 da LIA é o mesmo existente em qualquer ação coletiva que tenha como objeto um ato lesivo ao patrimônio público. Dessa forma, nenhuma diferença haverá na condenação dos réus à reparação integral do dano na ação de improbidade administrativa, na ação popular ou na ação civil pública. Da mesma forma que ocorre com a perda de bens e valores, o ressarcimento integral do dano não é pena, tendo natureza reparatória.[58]

---

[56] GARCIA, Emerson; ALVES, Rogério Pacheco. *Improbidade administrativa*. 6. ed. Rio de Janeiro: Lumen Juris, 2011. p. 441-442; FERRARESI, Eurico. *Improbidade administrativa*. São Paulo: Método, 2011. p. 140.

[57] GARCIA, Emerson; ALVES, Rogério Pacheco. *Improbidade administrativa*. 6. ed. Rio de Janeiro: Lumen Juris, 2011. p. 443.

[58] STJ, 2.ª Turma, AgRg no Ag 1.378.210/SP, Rel. Min. Herman Benjamin, j. 14.04.2011, *DJe* 25.04.2011; GARCIA, Emerson; ALVES, Rogério Pacheco. *Improbidade administrativa*. 6. ed. Rio de Janeiro: Lumen Juris, 2011. p. 444; SOBRANE, Sérgio Turra. *Improbidade administrativa*: aspectos materiais, dimensão difusa e coisa julgada. São Paulo: Atlas, 2010. 8.10.2, p. 156.

Havendo condenação do réu à reparação dos danos suportados pelo patrimônio público, todo seu patrimônio presente e futuro responderá em eventual execução, nos termos do art. 792 do CPC. Pouco importa, nesse caso, se o patrimônio foi construído antes ou depois do ato de improbidade administrativa.

Interessante questão que se coloca na doutrina a respeito da integral reparação dos danos diz respeito à possibilidade de aí ser incluído o dano moral. Atualmente, não mais se discute a possibilidade de a pessoa jurídica suportar dano moral,[59] não havendo qualquer particularidade nesse tocante quanto à pessoa jurídica de direito público lesionada pelo ato de improbidade administrativa. Há doutrina, inclusive, que admite o pedido de condenação à reparação de dano moral da própria coletividade, quando o ato gerar comoção social.[60]

A questão que se levanta no âmbito da ação de improbidade administrativa é se a multa civil prevista pelo art. 12 da LIA não teria o condão de substituir a eventual condenação em dano moral, conforme apontado por parcela doutrinária.[61] Entendo que a doutrina majoritária está correta quando afasta tal entendimento, consagrando o cabimento de dano moral como objeto de condenação autônoma na ação de improbidade administrativa, sem o que não se teria a reparação integral do dano.[62] Nesse sentido também o Superior Tribunal de Justiça,[63] que, entretanto, não entende haver legitimidade do Ministério Público para pleitear dano moral suportado pela pessoa jurídica lesada pelo ato de improbidade administrativa.[64]

---

[59] Súmula 227/STJ.

[60] GARCIA, Emerson; ALVES, Rogério Pacheco. *Improbidade administrativa*. 6. ed. Rio de Janeiro: Lumen Juris, 2011. p. 448.

[61] MARQUES, Sílvio Antonio. *Improbidade administrativa*. São Paulo: Saraiva, 2010. 1.8.1.5, p. 136.

[62] CARVALHO FILHO, José dos Santos. *Manual de direito administrativo*. 24. ed. Rio de Janeiro: Lumen Juris, 2011. p. 1.003; OLIVEIRA, José Roberto Pimenta. *Improbidade administrativa e sua autonomia constitucional*. Belo Horizonte: Forum, 2009. 9.5, p. 310; ANDRADE, Adriano; MASSON, Cleber; ANDRADE, Landolfo. *Interesses difusos e coletivos esquematizado*. São Paulo: Método, 2011. 6.9.3.2.1, p. 707; SOBRANE, Sérgio Turra. *Improbidade administrativa: aspectos materiais, dimensão difusa e coisa julgada*. São Paulo: Atlas, 2010. 8.10.4, p. 160.

[63] STJ, 2.ª Turma, REsp 718.321/SP, Rel. Min. Mauro Campbell Marques, j. 10.11.2009, *DJe* 19.11.2009; STJ, 2.ª Turma, REsp 960.926/MG, Rel. Min. Castro Meira, j. 18.03.2008, *DJe* 1.º.04.2008.

[64] STJ, 1.ª Turma, AgRg no REsp 1.337.768/MG, Rel. Min. Olindo Menezes (desembargador convocado do TRF 1.ª Região), j. 05.11.2015, *DJe* 19.11.2015.

Essa conclusão é corroborada pela diferença de natureza entre o ressarcimento dos danos e a multa civil. Enquanto a primeira tem natureza reparatória, a segunda tem natureza punitiva. Ainda que se vislumbre em ambas alguns pontos de contato, havendo até mesmo doutrina que entenda ser a multa civil espécie de *punitive damages*,[65] a reparação pelo abalo suportado na imagem da pessoa jurídica de direito público não se confunde com a aplicação de multa com o objetivo de desestimular a prática de novos atos de improbidade administrativa e sancionar o réu pelo ato praticado.

Nos termos do art. 18 da LIA todo valor obtido para o ressarcimento do dano gerado ao patrimônio público deve ser revertido à pessoa jurídica de direito público lesada pelo ato de improbidade administrativa. Mais uma vez é excepcionada, justificadamente, a regra geral do art. 13 da LACP, que prevê que os valores obtidos na ação coletiva sejam revertidos para o Fundo de Direitos Difusos (FDD).

14.16.4.4. Perda da função pública

Pela perda da função pública extingue-se a relação jurídica existente entre o agente ímprobo e a pessoa jurídica de direito público ou privada elencada no art. 1.º da Lei 8.429/1992. Naturalmente, é sanção inaplicável ao terceiro beneficiário do ato de improbidade ou mesmo de partícipe que não tenha qualquer vinculação jurídica com a pessoa jurídica de direito público, o mesmo ocorrendo com a pessoa jurídica que pratica ato de improbidade, conforme já afirmado no Capítulo 4, item 4.2.2.3.

Nos termos do art. 20, *caput*, da Lei 8.429/1992, a perda da função pública é sanção, ao lado da suspensão dos direitos políticos, que só pode ser aplicada após o trânsito em julgado, ou seja, em sede de execução definitiva.[66] A gravidade da sanção, aliada à sua provável irreversibilidade prática, motivaram o legislador a valorizar a segurança jurídica para a aplicação dessas sanções, ainda que tal exigência possa tornar a medida ineficaz, em especial em cargos eletivos.

Registre-se que nem todo ato de improbidade administrativa levará à perda da função pública, sendo entendimento consagrado no Superior

---

[65] SALLES, Carlos Alberto de. O objeto do processo de improbidade administrativa: alguns aspectos polêmicos. In: JORGE, Flávio Cheim; RODRIGUES, Marcelo Abelha; ARRUDA ALVIM, Eduardo. *Temas de improbidade administrativa*. Rio de Janeiro: Lumen Juris, 2010. p. 163-166.
[66] STJ, 5.ª Turma, MC 15.679/SP, Rel. Min. Laurita Vaz, j. 04.12.2009, *DJe* 08.02.2010.

Tribunal de Justiça que a conduta do agente será determinante para a eventual aplicação de tal pena, da mesma forma que também será valorada a espécie de ato e quais os propósitos pretendidos pela sua prática.[67]

Há ao menos três interessantes questões que envolvem a perda da função pública e que merecem destaque especial.

A primeira questão polêmica diz respeito a qual função pública poderá ser perdida pelo réu derrotado na ação de improbidade administrativa. Aparentemente, a Lei 14.230/2021 resolveu a polêmica, e não da forma mais adequada.

Antes da Lei 14.230/2021, uma parcela minoritária da doutrina defendia que a perda da função pública seria limitada àquela função exercida pelo agente público no momento da prática do ato de improbidade administrativa.[68] Afirmava-se ter sido essa a opção do legislador ao prever a perda "da" função pública e não "de" função pública, sendo, ademais, impossível uma condenação genérica e eventual, a colher o agente público no momento de seu trânsito em julgado.[69]

A parcela doutrinária majoritária, entretanto, com a qual me filiava, entendia que a função pública que seria perdida seria aquela exercida pelo agente ímprobo no momento do trânsito em julgado, mesmo que diferente daquela exercida à época em que foi praticado o ato de improbidade administrativa.[70] Nesse sentido também era o entendimento consagrado

---

[67] STJ, 2.ª Turma, REsp 1.220.007/PR, Rel. Min. Mauro Campbell Marques, j. 1.º.12.2011, *DJe* 09.12.2011; STJ, 1.ª Turma, AgRg no Ag 1.390.707/RS, Rel. Min. Benedito Gonçalves, j. 08.11.2011, *DJe* 11.11.2011.

[68] OLIVEIRA, José Roberto Pimenta. *Improbidade administrativa e sua autonomia constitucional.* Belo Horizonte: Forum, 2009. 9.2, p. 298-299.

[69] SALLES, Carlos Alberto de. O objeto do processo de improbidade administrativa: alguns aspectos polêmicos. In: JORGE, Flávio Cheim; RODRIGUES, Marcelo Abelha; ARRUDA ALVIM, Eduardo. *Temas de improbidade administrativa.* Rio de Janeiro: Lumen Juris, 2010. p. 166-168.

[70] DECOMAIN, Pedro Roberto. *Improbidade administrativa.* São Paulo: Dialética, 2007. 8.1.4, p. 208; ANDRADE, Adriano; MASSON, Cleber; ANDRADE, Landolfo. *Interesses difusos e coletivos esquematizado.* São Paulo: Método, 2011. 6.9.3.3, p. 708; FERRARESI, Eurico. *Improbidade administrativa.* São Paulo: Método, 2011. p. 144; SANTOS, Carlos Frederico Brito dos. *Improbidade administrativa.* 2. ed. Rio de Janeiro: Forense, 2009. 3.1.3.1, p. 160-162; PAZZAGLINI FILHO, Marino. *Lei de Improbidade Administrativa comentada:* aspectos constitucionais, administrativos, civis, criminais, processuais e de responsabilidade fiscal. 5. ed. São Paulo: Atlas, 2011. p. 143; GOMES JUNIOR, Luiz Manoel; FAVRETO, Rogério. *Comentários à Lei de Improbidade Administrativa.* São Paulo: RT, 2010. p. 181-182.

no Superior Tribunal de Justiça.[71] Além de ser interpretação que dava uma maior eficácia à sanção ora analisada, era a única capaz de afastar o agente ímprobo de sua vinculação com a Administração Pública.[72] Que sentido teria reconhecer que o sujeito era ímprobo e mantê-lo nos quadros da Administração Pública, dando-lhe total condição para que viesse a repetir a prática de tais atos?

Pois é. O legislador pareceu insensível a tais questionamentos ao prever, de forma expressa no § 1.º do art. 12 da LIA, que a sanção de perda da função pública atinge apenas o vínculo de mesma qualidade e natureza que o agente público ou político detinha com o poder público na época do cometimento da infração.

Há, entretanto, no próprio dispositivo legal, uma possibilidade de a sanção ser aplicada mesmo que o vínculo seja outro. Para que isso ocorra, entretanto, dois requisitos terão que ser preenchidos.

O primeiro é a espécie de tipificação legal, ou seja, só perde o cargo ou a função pública diferente da que exercia à época da prática do ato ilícito se esse for tipificado como ato de improbidade administrativa que importa enriquecimento ilícito. Se a tipificação for de ato de improbidade que causa prejuízo ao erário, não haverá possibilidade de excepcionar a regra.

O segundo é uma devida fundamentação do juiz consideradas as circunstâncias do caso e a gravidade da infração. Como o próprio dispositivo prevê a excepcionalidade da medida, a fundamentação deve ser adequada, sendo aplicável à espécie o disposto no art. 489, § 1.º, II, do CPC. Ainda que pessoalmente discorde da opção legislativa, uma vez que ela tenha sido democraticamente feita, não pode o juiz simplesmente excepcionar a regra porque dela não gosta sem devidamente fundamentar, nos termos da lei, sua decisão. Uma obviedade ululante, em homenagem a Nelson Rodrigues.

A segunda questão polêmica envolve o aposentado que venha a ser condenado por ato de improbidade administrativa. Poderá também o aposentado perder sua vinculação com a Administração Pública?

Para uma parcela doutrinária, não há qualquer impedimento, cabendo ao juiz, no momento de prolação da sentença, anular o ato de aposentadoria e decretar a perda da função pública. Dentro desse raciocínio, a perda da

---

[71] STJ, 2.ª Turma, REsp 924.439/RJ, Rel. Min. Eliana Calmon, j. 06.08.2009, *DJe* 19.08.2009.
[72] STJ, 2.ª Turma, RMS 32.378/SP, Rel. Min. Humberto Martins, j. 05.05.2015, *DJe* 11.05.2015.

função pública deve ser interpretada extensivamente, atingindo até mesmo a relação formada pelo agente ímprobo e Administração Pública a partir de sua aposentadoria.[73] É, certamente, o entendimento que torna mais eficaz a medida sancionatória ora analisada.

Outra parcela doutrinária entende que, nesse caso, existem duas relações jurídicas distintas, sendo que a função pública já teria sido encerrada no momento em que o agente público se aposentou. O novo vínculo, de natureza previdenciária, só poderia ser extinto por outro tipo de sanção, a cassação da aposentadoria, sanção essa não consagrada expressamente na Lei 8.429/1992.[74]

Apesar de decisões mais antigas admitindo que a perda da função pública abarca a cassação da aposentadoria,[75] em decisões mais recentes o Superior Tribunal de Justiça aponta para distinção entre as sanções, indicando a impossibilidade de perda de aposentadoria como sanção de ação de improbidade administrativa,[76] o que, entretanto, não impede que, por meio de processo administrativo disciplinar, tal sanção seja aplicada.[77]

Conforme já demonstrado no Capítulo 4, item 4.2.1.2., os agentes políticos são sujeitos ativos de improbidade administrativa e, por essa razão, são legitimados a participar da ação judicial no polo passivo. A aplicação das sanções, entretanto, pode ser afetada a depender do cargo exercido pelo agente político, em especial no tocante à perda do cargo.

Para corrente doutrinária minoritária, qualquer agente político poderá perder a função pública em razão da sentença de procedência proferida em

---

[73] FERRARESI, Eurico. *Improbidade administrativa*. São Paulo: Método, 2011. p. 145; OLIVEIRA, José Roberto Pimenta. *Improbidade administrativa e sua autonomia constitucional*. Belo Horizonte: Forum, 2009. 9.2, p. 300; PAZZAGLINI FILHO, Marino. *Lei de Improbidade Administrativa comentada:* aspectos constitucionais, administrativos, civis, criminais, processuais e de responsabilidade fiscal. 5. ed. São Paulo: Atlas, 2011. p. 143.

[74] CARVALHO FILHO, José dos Santos. *Manual de direito administrativo*. 24. ed. Rio de Janeiro: Lumen Juris, 2011. p. 1.005, ANDRADE, Adriano; MASSON, Cleber; ANDRADE, Landolfo. *Interesses difusos e coletivos esquematizado*. São Paulo: Método, 2011. 6.9.3.3.1, p. 709-710; SANTOS, Carlos Frederico Brito dos. *Improbidade administrativa*. 2. ed. Rio de Janeiro: Forense, 2009. 3.1.3.2, p. 162-164.

[75] STJ, 5.ª Turma, RMS 22.570/SP, Rel. Min. Arnaldo Esteves Lima, j. 18.03.2008, *DJe* 19.05.2008.

[76] STJ, 1.ª Turma, REsp 1.564.682/RO, Rel. Min. Olindo Menezes (desembargador convocado do TRF 1.ª Região), j. 10.11.2015, *DJe* 14.12.2015; STJ, 2.ª Turma, REsp 1.186.123/SP, Rel. Min. Herman Benjamin, j. 02.12.2010, *DJe* 04.02.2011.

[77] STJ, 1.ª Seção, MS 16.418/DF, Rel. Min. Herman Benjamin, j. 08.08.2012, *DJe* 24.08.2012.

ação de improbidade administrativa que imponha tal pena.[78] A justificativa é a previsão contida no art. 37, § 4.º, da CF, que deve ser interpretado de forma isonômica para todos os agentes públicos.[79] Não parece, entretanto, ser esse o melhor entendimento.

O Presidente da República só pode perder o mandato presidencial por crime de responsabilidade por meio do *impeachment*, nos termos dos arts. 85 e 86 da CF. Os deputados federais e os senadores só podem perder o mandato por decisão da Câmara ou do Senado, nos termos do art. 55 da CF.[80] Aos deputados estaduais, chega-se à mesma conclusão, em razão do previsto no art. 27, § 1.º, da CF.[81] Vereadores,[82] prefeitos[83] e governadores[84] podem perder a função pública por sentença de procedência transitada em julgado proferida em ação de improbidade administrativa.[85] Quanto aos agentes públicos vitalícios (membros da magistratura, do Ministério Público, do Tribunal de Contas), há divergência doutrinária, existindo aqueles que permitem a perda do cargo por sentença de procedência na

---

[78] MARQUES, Sílvio Antonio. *Improbidade administrativa*. São Paulo: Saraiva, 2010. 1.8.1.3, p. 134.

[79] OLIVEIRA, José Roberto Pimenta. *Improbidade administrativa e sua autonomia constitucional*. Belo Horizonte: Forum, 2009. 9.2, p. 302-303.

[80] DI PIETRO, Maria Sylvia Zanella. *Direito administrativo*. 16. ed. São Paulo: Atlas, 2003. p. 820; CARVALHO FILHO, José dos Santos. *Manual de direito administrativo*. 24. ed. Rio de Janeiro: Lumen Juris, 2011. p. 1.006; PAZZAGLINI FILHO, Marino. *Lei de Improbidade Administrativa comentada*: aspectos constitucionais, administrativos, civis, criminais, processuais e de responsabilidade fiscal. 5. ed. São Paulo: Atlas, 2011. p. 144; SANTOS, Carlos Frederico Brito dos. *Improbidade administrativa*. 2. ed. Rio de Janeiro: Forense, 2009. 3.1.3.1, p. 161; GARCIA, Emerson; ALVES, Rogério Pacheco. *Improbidade administrativa*. 6. ed. Rio de Janeiro: Lumen Juris, 2011. p. 471-473.

[81] DI PIETRO, Maria Sylvia Zanella. *Direito administrativo*. 16. ed. São Paulo: Atlas, 2003. p. 820; CARVALHO FILHO, José dos Santos. *Manual de direito administrativo*. 24. ed. Rio de Janeiro: Lumen Juris, 2011. p. 1.006; PAZZAGLINI FILHO, Marino. *Lei de Improbidade Administrativa comentada*: aspectos constitucionais, administrativos, civis, criminais, processuais e de responsabilidade fiscal. 5. ed. São Paulo: Atlas, 2011. p. 144; SANTOS, Carlos Frederico Brito dos. *Improbidade administrativa*. 2. ed. Rio de Janeiro: Forense, 2009. 3.1.3.1, p. 161; GARCIA, Emerson; ALVES, Rogério Pacheco. *Improbidade administrativa*. 6. ed. Rio de Janeiro: Lumen Juris, 2011. p. 471-473.

[82] STJ, 2.ª Turma, REsp 1.135.767/SP, Rel. Min. Castro Meira, j. 25.05.2010, *DJe* 09.06.2010.

[83] STJ, CE, AgRg na SS 1.883/BA, Rel. Min. Cesar Asfor Rocha, j. 17.12.2008, *DJe* 05.02.2009.

[84] STJ, CE, Rcl 2.790/SC, Rel. Min. Teori Albino Zavascki, j. 02.12.2009, *DJe* 04.03.2010.

[85] SANTOS, Carlos Frederico Brito dos. *Improbidade administrativa*. 2. ed. Rio de Janeiro: Forense, 2009. 3.1.3, p. 160.

ação de improbidade[86] e outros que entendem ser necessária ação específica para tal fim, em razão de regramentos específicos.[87]

No Capítulo 4, itens 4.2.1.2 e 4.2.1.4, que versam a respeito da aplicabilidade da Lei de Improbidade Administrativa aos agentes políticos, aos membros da Magistratura, do Ministério Público e dos Tribunais de Contas, é feita uma análise exauriente sobre o tema, que repercute diretamente no assunto do presente capítulo.

14.16.4.5. Suspensão dos direitos políticos

Nos termos do art. 15 da CF, é vedada a cassação de direitos políticos, cuja perda ou suspensão só se dará nos casos de: (i) cancelamento da naturalização por sentença transitada em julgado; (ii) incapacidade civil absoluta; (iii) condenação criminal transitada em julgado, enquanto durarem seus efeitos; (iv) recusa de cumprir obrigação a todos imposta ou prestação alternativa, nos termos do art. 5.º, VIII; e (v) improbidade administrativa, nos termos do art. 37, § 4.º.

Diferentemente do que ocorre com a sentença penal, na sentença civil da ação de improbidade administrativa a suspensão dos direitos políticos deve constar expressamente da sentença, não sendo um efeito imediato e automático de sua mera prolação.[88] Dessa forma, se o juiz não decidir expressamente pela suspensão dos direitos políticos, essa sanção não será aplicada ao réu, não precisando, entretanto, especificar quais os direitos que estarão suspensos, já que a previsão legal contempla todos os direitos políticos. A exemplo da perda da função pública,

---

[86] GARCIA, Emerson; ALVES, Rogério Pacheco. *Improbidade administrativa*. 6. ed. Rio de Janeiro: Lumen Juris, 2011. p. 473-476; ANDRADE, Adriano; MASSON, Cleber; ANDRADE, Landolfo. *Interesses difusos e coletivos esquematizado*. São Paulo: Método, 2011. 6.9.3.3, p. 712; SANTOS, Carlos Frederico Brito dos. *Improbidade administrativa*. 2. ed. Rio de Janeiro: Forense, 2009. 3.1.3.1, p. 161.

[87] CARVALHO FILHO, José dos Santos. *Manual de direito administrativo*. 24. ed. Rio de Janeiro: Lumen Juris, 2011. p. 1.006; PAZZAGLINI FILHO, Marino. *Lei de Improbidade Administrativa comentada:* aspectos constitucionais, administrativos, civis, criminais, processuais e de responsabilidade fiscal. 5. ed. São Paulo: Atlas, 2011. p. 144.

[88] ANDRADE, Adriano; MASSON, Cleber; ANDRADE, Landolfo. *Interesses difusos e coletivos esquematizado*. São Paulo: Método, 2011. 6.9.3.4, p. 731; CARVALHO FILHO, José dos Santos. *Manual de direito administrativo*. 24. ed. Rio de Janeiro: Lumen Juris, 2011. p. 1.007; GARCIA, Emerson; ALVES, Rogério Pacheco. *Improbidade administrativa*. 6. ed. Rio de Janeiro: Lumen Juris, 2011. p. 483.

a aplicação dessa sanção depende do trânsito em julgado, nos termos do art. 20, *caput*, da LIA.

A suspensão dos direitos políticos e a perda de cargo público são sanções autônomas, sendo que a aplicação de uma não acarreta automaticamente a aplicação da outra. Essa realidade só é excepcionada na hipótese de agente político, que tendo sido eleito para o exercício da função, tem como condição para o exercício da função o pleno exercício de seus direitos políticos. Nesse caso, portanto, sendo determinada em sentença a suspensão dos direitos políticos, entende-se também pela perda do cargo eletivo, ainda que omissa a decisão quanto à aplicação dessa pena.[89]

A mensuração da pena varia conforme a espécie de ato de improbidade cometido. Nos atos de improbidade que importam enriquecimento ilícito, a suspensão será de até quatorze anos e nos atos de improbidade que causam prejuízo ao erário, a suspensão será de até doze anos. Nos atos de improbidade que atentam contra os princípios da Administração Pública, a Lei 14.230/2021 afastou pena de suspensão, que era de três a cinco anos.

Sendo aplicada a pena ora analisada, caberá ao órgão jurisdicional comunicar tal fato ao Juiz Eleitoral ou ao Tribunal Regional do território no qual o agente ímprobo mantenha seu domicílio eleitoral, para que, nos termos da legislação específica, se proceda ao cancelamento de sua inscrição eleitoral. Decorrido o prazo de suspensão determinado na sentença, os direitos políticos são retomados imediatamente e de forma automática, cabendo ao condenado diligenciar perante a Justiça Eleitoral caso se faça necessária a tomada de providências no sentido de regularização de sua nova situação.

As mesmas restrições feitas no item anterior no tocante à perda da função pública de determinados agentes políticos também se aplicam à sanção de suspensão dos direitos políticos.

Interessante questão envolvendo a sanção de suspensão dos direitos políticos diz respeito ao eventual concurso formal ou material na conduta do agente ímprobo, sendo inviável uma cumulação de sanções de suspensão, o que poderia levar a uma tácita cassação dos direitos políticos, o que

---

[89] MARQUES, Sílvio Antonio. *Improbidade administrativa*. São Paulo: Saraiva, 2010. 1.8.1.4, p. 135; OLIVEIRA, José Roberto Pimenta. *Improbidade administrativa e sua autonomia constitucional*. Belo Horizonte: Forum, 2009. 9.3, p. 305; ANDRADE, Adriano; MASSON, Cleber; ANDRADE, Landolfo. *Interesses difusos e coletivos esquematizado*. São Paulo: Método, 2011. 6.9.3.4, p. 731.

nitidamente contrariaria o espírito da pena consagrada nos arts. 15, V, e 37, § 4.º, da CF e 12 da Lei 8.429/1992.[90]

14.16.4.6. Multa civil

Conforme lições da melhor doutrina, a multa civil tem como principal função desestimular a prática de atos de improbidade administrativa, como forma de lição a todos de que, além de todas as demais penas, tal espécie de ato terá repercussão no patrimônio do agente ímprobo pela condenação ao pagamento da multa.[91] Justamente em razão dessa característica há até mesmo doutrinadores que defendem a natureza de *punitive damages* dessa multa civil.[92]

A natureza punitiva da multa[93] a afasta claramente das *astreintes*, que têm natureza de execução indireta, consubstanciada em pressão psicológica sobre o devedor para que esse cumpra determinada obrigação. Também a afasta da cláusula penal, de natureza indenizatória.[94]

Na hipótese de ato de improbidade que gere enriquecimento ilícito, a multa será fixada em valor de até vezes o valor do acréscimo patrimonial obtido; na hipótese de ato de improbidade que cause prejuízo ao erário, o valor da multa será fixado em até duas vezes o valor do dano; na hipótese de ato de improbidade que atente contra princípio da Administração Pública, o valor da multa será fixado em até cem vezes o valor da remuneração percebida pelo agente.

Nos termos dos três incisos do art. 12 da Lei 8.429/1992, nota-se que caberá ao juiz fixar o valor tendo como valor máximo aquele indicado

---

[90] ZAVASCKI, Teori Albino. *Processo coletivo*. São Paulo: RT, 2006. p. 121.

[91] ANDRADE, Adriano; MASSON, Cleber; ANDRADE, Landolfo. *Interesses difusos e coletivos esquematizado*. São Paulo: Método, 2011. 6.9.3.5, p. 713; GARCIA, Emerson; ALVES, Rogério Pacheco. *Improbidade administrativa*. 6. ed. Rio de Janeiro: Lumen Juris, 2011. p. 486.

[92] ANDRADE, Adriano; MASSON, Cleber; ANDRADE, Landolfo. *Interesses difusos e coletivos esquematizado*. São Paulo: Método, 2011. 6.9.3.5, p. 713; GARCIA, Emerson; ALVES, Rogério Pacheco. *Improbidade administrativa*. 6. ed. Rio de Janeiro: Lumen Juris, 2011. p. 486.

[93] STJ, 2.ª Turma, REsp 1.385.582/RS, Rel. Min. Herman Benjamin, j. 1.º.10.2013, *DJe* 15.08.2014; STJ, 2.ª Turma, AgRg no REsp 1.152.717/MG, Rel. Min. Castro Meira, j. 27.11.2012, *DJe* 06.12.2012.

[94] SALLES, Carlos Alberto de. O objeto do processo de improbidade administrativa: alguns aspectos polêmicos. In: JORGE, Flávio Cheim; RODRIGUES, Marcelo Abelha; ARRUDA ALVIM, Eduardo. *Temas de improbidade administrativa*. Rio de Janeiro: Lumen Juris, 2010. p. 163.

pela lei. Dessa forma, o juiz deverá, em sua sentença, justificar a opção por determinar o valor inferior ao teto legal ou à fixação de tal teto. Deve, para tanto, se valer dos princípios da razoabilidade e da proporcionalidade, conforme será devidamente analisado em item específico sobre o tema.

Apesar da omissão legislativa, a doutrina é uníssona no sentido de que o destinatário do valor fixado na multa ora analisada é a pessoa jurídica de direito público lesada, aplicando-se por analogia o art. 18 da LIA e mais uma vez afastando-se, justificadamente, a aplicação do art. 13 da LACP.[95] Não havendo o pagamento voluntário, o valor será incluído na dívida ativa, com a consequente expedição de certidão da dívida ativa e a devida execução fiscal.

Ainda que se reconheça certa polêmica a respeito do tema, entendo que a multa não é transmissível, de forma que o falecimento do condenado gera a extinção de pagar.[96] Meu entendimento é fundado na natureza sancionatória da multa que, por não ter natureza ressarcitória, não deve ser transmitida aos herdeiros e sucessores como qualquer obrigação patrimonial.

Em curiosa interpretação do art. 8.º da LIA, o Superior Tribunal de Justiça já teve a oportunidade de decidir que a transmissibilidade da multa depende da espécie de ato de improbidade: haverá nos casos tipificados nos arts. 9.º a 10 da LIA e não haverá nos casos tipificados no art. 11 da mesma lei.[97] A decisão indevidamente confunde reparação com sanção, afirmando que, havendo reparação ao patrimônio público, a multa será

---

[95] OLIVEIRA, José Roberto Pimenta. *Improbidade administrativa e sua autonomia constitucional.* Belo Horizonte: Forum, 2009. 9.6, p. 317; DECOMAIN, Pedro Roberto. *Improbidade administrativa.* São Paulo: Dialética, 2007. 8.1.5, p. 212; ANDRADE, Adriano; MASSON, Cleber; ANDRADE, Landolfo. *Interesses difusos e coletivos esquematizado.* São Paulo: Método, 2011. 6.9.3.5, p. 713; GARCIA, Emerson; ALVES, Rogério Pacheco. *Improbidade administrativa.* 6. ed. Rio de Janeiro: Lumen Juris, 2011. p. 488; SOBRANE, Sérgio Turra. *Improbidade administrativa: aspectos materiais, dimensão difusa e coisa julgada.* São Paulo: Atlas, 2010. 8.10.4, p. 161; MARQUES, Sílvio Antonio. *Improbidade administrativa.* São Paulo: Saraiva, 2010. 1.8.1.5, p. 137; SANTOS, Carlos Frederico Brito dos. *Improbidade administrativa.* 2. ed. Rio de Janeiro: Forense, 2009. 3.1.4, p. 166.

[96] OLIVEIRA, José Roberto Pimenta. *Improbidade administrativa e sua autonomia constitucional.* Belo Horizonte: Forum, 2009. 9.6, p. 317; DECOMAIN, Pedro Roberto. *Improbidade administrativa.* São Paulo: Dialética, 2007. 8.1.5, p. 212; PAZZAGLINI FILHO, Marino. *Lei de Improbidade Administrativa comentada:* aspectos constitucionais, administrativos, civis, criminais, processuais e de responsabilidade fiscal. 5. ed. São Paulo: Atlas, 2011. p. 146.

[97] STJ, 1.ª Seção, REsp 951.389/SC, Rel. Min. Herman Benjamin, j. 09.06.2010, *DJe* 04.05.2011.

objeto de sucessão, enquanto, não havendo dano a ser ressarcido, a multa não poderá ser cobrada do sucessor.

14.16.4.7. Proibição de contratar com o Poder Público ou de receber benefícios ou incentivos fiscais ou creditícios, direta ou indiretamente, ainda que por intermédio de pessoa jurídica da qual seja sócio majoritário

Não resta muita dúvida de que o sujeito que tenha atentado contra o patrimônio público e/ou contra a moralidade administrativa, vindo a ser condenado em ação de improbidade administrativa, não reunirá as condições de confiabilidade que se espera de qualquer contratante, sendo benéfica ao Poder Público a vedação de sua contratação, sob qualquer forma.

Por outro lado, há um nítido caráter punitivo em tal vedação, em espécie de penalidade pecuniária de ordem indireta, considerando-se que o ímprobo deixará de aferir benefícios que seriam gerados com o contrato a ser celebrado com o Poder Público.[98]

Entendo que a vedação à contratação não deve ser limitada à pessoa jurídica lesada pelo ato de improbidade administrativa, considerando-se a própria justificativa da pena ora analisada: afastar o ímprobo de contratos com o Poder Público em geral, e não com apenas uma determinada pessoa jurídica de direito público.[99] Nesse sentido, inclusive, é a interpretação literal do dispositivo legal.

Segundo lições da melhor doutrina, a proibição de recebimento de incentivos fiscais ou creditícios se limita aos casos de benefícios ou incentivos de caráter condicionado, em que haja uma relação direta entre o ímprobo e a Administração Pública. Não alcança, portanto, benefícios ou incentivos incondicionais, que são dirigidos a um grupo, classe ou categoria de pessoas, não contendo como característica a pessoalidade na concessão.[100]

---

[98] GARCIA, Emerson; ALVES, Rogério Pacheco. *Improbidade administrativa*. 6. ed. Rio de Janeiro: Lumen Juris, 2011. p. 489; FERRARESI, Eurico. *Improbidade administrativa*. São Paulo: Método, 2011. p. 148; SOBRANE, Sérgio Turra. *Improbidade administrativa: aspectos materiais, dimensão difusa e coisa julgada*. São Paulo: Atlas, 2010. 8.10.7, p. 163.

[99] GARCIA, Emerson; ALVES, Rogério Pacheco. *Improbidade administrativa*. 6. ed. Rio de Janeiro: Lumen Juris, 2011. p. 489; OLIVEIRA, José Roberto Pimenta. *Improbidade administrativa e sua autonomia constitucional*. Belo Horizonte: Forum, 2009. p. 319; GOMES JUNIOR, Luiz Manoel; FAVRETO, Rogério. *Comentários à Lei de Improbidade Administrativa*. São Paulo: RT, 2010. p. 186-187.

[100] CARVALHO FILHO, José dos Santos. *Manual de direito administrativo*. 24. ed. Rio de Janeiro: Lumen Juris, 2011. p. 1.008; GARCIA, Emerson; ALVES, Rogério Pacheco.

Apesar de a pena ser pessoal, o legislador se preocupou com o comum artifício de o ímprobo se "esconder" por trás de sociedades empresariais para escapar da efetiva aplicação da pena. Nesse sentido, a lei prevê que a sanção será também aplicada à sociedade empresarial na qual figure como sócio majoritário o sujeito condenado por ato de improbidade. Entendo a preocupação do legislador com os demais sócios, exigindo a participação do ímprobo como sócio majoritário, mas a mente criminosa trabalha de formas variadas e inesperadas, e contra ela devem ser utilizadas todas as armas disponíveis. Significa dizer que, se ficar demonstrado que a sociedade tem participação societária mínima do ímprobo, mas que o sócio ou os sócios majoritários são somente "testas de ferro", naturalmente, a sanção também deve ser aplicada. Parentes e "laranjas" são comumente utilizados nesses casos.

A sanção para ato de improbidade administrativa que importa enriquecimento ilícito é de até quatorze anos; para ato de improbidade que cause prejuízo ao erário, o prazo é de até doze anos; para ato de improbidade que atente contra os princípios da Administração Pública, o prazo é de até quatro anos.

14.16.4.8. Proporcionalidade e razoabilidade na aplicação das penas

Segundo expressa previsão do art. 12, parágrafo único, da Lei 8.429/1992, na fixação das penas, o juiz levará em conta a extensão do dano causado, assim como o proveito patrimonial obtido pelo agente. A crítica certeira da doutrina é no sentido de que o dispositivo é insuficiente para municiar o juiz de todos os elementos que deve considerar na aplicação das penas.

Assim, além dos elementos previstos pelo dispositivo ora mencionado, deve o juiz considerar a personalidade do agente, sua vida pregressa na Administração Pública, seu grau de participação no ato ilícito, os reflexos de seu ato e a efetiva ofensa ao interesse público.[101] Esses elementos devem ser analisados quando couber ao juízo a fixação de penas mínimas e máximas previstas no art. 12 da LIA, o que ocorre com a suspensão dos direitos políticos e com a aplicação da multa civil.

Improbidade administrativa. 6. ed. Rio de Janeiro: Lumen Juris, 2011. p. 491; OLIVEIRA, José Roberto Pimenta. *Improbidade administrativa e sua autonomia constitucional*. Belo Horizonte: Forum, 2009. 9.8, p. 323; SOBRANE, Sérgio Turra. *Improbidade administrativa*: aspectos materiais, dimensão difusa e coisa julgada. São Paulo: Atlas, 2010. 8.10.7, p. 164.

[101] GARCIA, Emerson; ALVES, Rogério Pacheco. *Improbidade administrativa*. 6. ed. Rio de Janeiro: Lumen Juris, 2011. p. 509.

O Superior Tribunal de Justiça consolidou o entendimento de que não é indispensável a aplicação de todas as penas previstas no art. 12 da LIA, sempre dependendo a fixação das penas do caso concreto. No tocante à dosimetria das penas, é tranquilo o entendimento naquele tribunal de que as sanções do art. 12 da Lei 8.429/1992 não são necessariamente cumulativas, cabendo ao magistrado a sua fixação, conforme se depreende do parágrafo único do citado dispositivo.[102]

Nesse sentido a redação dada ao art. 12, *caput*, da LIA, por meio da Lei 12.120/2009, que passou a prever expressamente que as sanções podem ser aplicadas isolada ou cumulativamente, de acordo com a gravidade do fato.

Ainda que haja parcela minoritária da doutrina que defende que todas as penas devam ser aplicadas cumulativamente,[103] não parece que atos de improbidade de menor potencial lesivo possam gerar as mesmas penas que atos de grande potencial lesivo. Não parece correto se punir com a perda da função pública e suspensão de direitos políticos, por qualquer tempo que seja, o agente público que, por exemplo, presenteou meia dúzia de pessoas com cestas básicas no final do ano.

Por outro lado, não parece que se deva punir da mesma forma o agente público que atua com culpa e aquele que atua com dolo. Sanções tais como a perda da função pública, a suspensão dos direitos políticos e a multa civil serão bem aplicadas para o agente público que dirige dolosamente licitação, mas será justo aplicá-las àquele que tão somente dispensa culposamente uma licitação?

Segundo o Superior Tribunal de Justiça, na tarefa de determinar quais penas aplicar e qual a dosimetria para cada uma delas, deve o juiz se valer dos princípios da razoabilidade e da proporcionalidade,[104] opinião compartilhada pela melhor doutrina.[105] Dessa forma, o cabimento de cada

---

[102] STJ, 2.ª Turma, REsp 1.416.406/CE, Rel. Min. Humberto Martins, j. 14.10.2014, *DJe* 24.10.2014; STJ, 1.ª Turma, REsp 980.706/RS, Rel. Min. Luiz Fux, j. 03.02.2011, *DJe* 23.02.2011.

[103] DECOMAIN, Pedro Roberto. *Improbidade administrativa*. São Paulo: Dialética, 2007. 8.2, p. 214.

[104] STJ, 1.ª Turma, AgRg no AREsp 390.129/SC, Rel. Min. Benedito Gonçalves, j. 05.11.2015, *DJe* 17.11.2015; STJ, 2.ª Turma, REsp 1.376.481/RN, Rel. Min. Mauro Campbell Marques, j. 15.10.2015, *DJe* 22.10.2015.

[105] GOMES JUNIOR, Luiz Manoel; FAVRETO, Rogério. *Comentários à Lei de Improbidade Administrativa*. São Paulo: RT, 2010. p. 188; ZAVASCKI, Teori Albino. *Processo coletivo*. São Paulo: RT, 2006. p. 120-121; PAZZAGLINI FILHO, Marino. *Lei de Improbidade Administrativa comentada*: aspectos constitucionais, administrativos, civis, criminais, processuais e de responsabilidade fiscal. 5. ed. São Paulo: Atlas, 2011. p. 148-149;

uma das penas no caso concreto dependerá da análise das circunstâncias concretas do ato de improbidade, passando pela intensidade e consciência da conduta do réu, bem como a seriedade e a extensão de sua conduta perante a Administração Pública, além de outros fatores já apontados.

Como já tive oportunidade de afirmar, apesar de previstas no art. 12 da LIA, cujo capítulo tem como título "Das penas", a condenação do réu ao ressarcimento integral do dano e o perdimento de bens e valores acrescidos ilicitamente ao patrimônio não têm natureza sancionatória, representando diferentes espécies de reparação do patrimônio público. A lembrança é importante porque, nesses dois casos, não há qualquer liberdade concedida ao órgão julgador, que, sempre que presentes os requisitos objetivos de responsabilidade civil do réu, será obrigado a condená-lo. São somente as genuínas penas previstas pelo art. 12 (perda da função pública, suspensão dos direitos políticos, multa civil e proibição de contratar com o Poder Público e dele receber incentivos e benefícios fiscais e creditícios) que serão aplicadas a partir de uma análise de razoabilidade e proporcionalidade.[106]

14.17. APELAÇÃO

O recurso cabível contra a sentença proferida na ação de improbidade administrativa é a apelação, nos termos do art. 1.009, *caput*, do CPC. Não há espaço nessa apelação para impugnação de decisão interlocutória, por conta do previsto no art. 17, § 21, da LIA.

O único comentário digno de nota quanto ao recurso de apelação diz respeito a seu efeito suspensivo, sendo, nesse caso, aplicável a tese defendida no Capítulo 7 de isolamento dos capítulos de natureza sancionatória e não sancionatória da sentença.

A discussão, naturalmente, só tem sentido prático na hipótese de sentença de procedência, porque, sendo a sentença terminativa ou de improcedência, não há efeitos a serem gerados. Na realidade, efeitos sempre há, mas sua geração imediata não terá repercussão no plano prático, diferentemente do que ocorre no caso de acolhimento do pedido do autor.

Como o § 9.º do art. 12 da LIA não permite a aplicação das sanções previstas na lei sejam aplicadas antes do trânsito em julgado, naturalmente

---

MARQUES, Sílvio Antonio. *Improbidade administrativa*. São Paulo: Saraiva, 2010. 1.8.4, p. 141.

[106] SOBRANE, Sérgio Turra. *Improbidade administrativa*: aspectos materiais, dimensão difusa e coisa julgada. São Paulo: Atlas, 2010. 8.10.9, p. 167.

a apelação terá efeito suspensivo. Não só ela, aliás, como qualquer recurso durante o trâmite procedimental, inclusive os recursos especial e extraordinário.

Já com relação aos pedidos de natureza não sancionatória, deve-se aplicar o microssistema coletivo, mais precisamente a regra do art. 14 da LACP, ou seja, a apelação não terá efeito suspensivo *ope legis*, podendo o juiz conferir tal efeito à apelação para evitar dano irreparável à parte. A norma, entretanto, deve ser compatibilizada com o Código de Processo Civil, inclusive para atender ao disposto no *caput* do art. 17 da LIA.

A primeira compatibilização necessária se dá quanto aos requisitos para a concessão do efeito suspensivo impróprio. Não há sentido algum, mesmo diante de um perigo de grave dano, que seja concedido efeito suspensivo se o recorrente não tiver chance de vitória em seu recurso. Dessa forma, num primeiro momento, devem-se aplicar ao caso os requisitos previstos no art. 995, *caput*, do CPC: (i) risco de dano grave, de difícil ou impossível reparação, pela geração imediata de efeitos da decisão; e (ii) demonstração da probabilidade de provimento do recurso. Trata-se de requisitos típicos de tutela de urgência.

Tratando-se, entretanto, de apelação, mais adequada ainda é a aplicação do art. 1.012, § 4.º, do CPC, que, além de permitir a concessão de efeito suspensivo com fundamento nos requisitos da tutela de urgência previstos no art. 995, *caput*, do mesmo diploma legal, também permite sua concessão com fundamento em tutela provisória da evidência.

A segunda adaptação necessária fica por conta da competência para a concessão do efeito suspensivo a ser requerido pelo apelante. O juízo de primeiro grau não tem mais competência para fazer análise de admissibilidade da apelação e, consequentemente, não pode mais analisar os seus efeitos. Não cabe a ele, portanto, conceder efeito suspensivo a apelação conforme previsto no art. 14 da LACP.

Aplica-se, então, o art. 1.012, § 3.º, do CPC, que prevê que o pedido de efeito suspensivo deve ser formulado por simples requerimento dirigido ao relator, quando a apelação já tiver sido distribuída (II) ou dirigida ao tribunal no período compreendido entre a interposição e distribuição do recurso, hipótese em que será o requerimento livremente distribuído, ficando o relator que o receber prevento para o exame e julgamento da apelação (I).

14.18. REEXAME NECESSÁRIO

No microssistema coletivo, o único dispositivo que versa sobre a remessa necessária é o art. 19, *caput*, da Lei n. 4.717/1965 (Lei de Ação

Popular – LAP), que prevê o reexame necessário na hipótese de sentença que concluir pela carência ou pela improcedência do pedido, mesmo que parcial. Essa remessa, diferentemente daquela prevista no art. 496 do CPC e classificada como prerrogativa da Fazenda Pública, serve para proteger os interesses da coletividade representada pelo autor que ingressou com a ação. Sempre que o direito alegado deixar de ser tutelado, a sentença será, necessariamente, reexaminada pelo tribunal de segundo grau.

Apesar de ser o único dispositivo do microssistema a prever especificamente o reexame necessário de sentenças proferidas no processo coletivo, o art. 19 da LAP tem extrema relevância para todas as ações coletivas porque tanto a doutrina quanto a jurisprudência são tranquilas no entendimento de sua aplicabilidade, além da ação popular, alcançando todas as ações coletivas, inclusive a de improbidade administrativa.[107]

Por conta da jurisprudência consolidada do Superior Tribunal de Justiça, compreende-se a previsão contida no art. 17, § 19, IV, da LIA, ao expressamente vedar o reexame obrigatório da sentença de improcedência ou de extinção sem resolução de mérito.

14.19. AGRAVO DE INSTRUMENTO

O art. 1.015, VIII, do CPC permite que decisões interlocutórias não previstas em seu rol sejam recorríveis por agravo de instrumento desde que exista previsão expressa por lei nesse sentido. O art. 19, § 1.º, da LAP prevê que toda decisão interlocutória proferida nessa espécie de ação coletiva é imediatamente recorrível por agravo de instrumento, sendo o dispositivo, no entendimento consagrado pelo Superior Tribunal de Justiça, aplicável a todas as espécies de ação coletiva por conta do microssistema coletivo.

Dessa forma, as decisões interlocutórias proferidas em ação de improbidade administrativa já vinham sendo recorríveis por agravo de instrumento mesmo antes da Lei 14.230/2021. Na prática, portanto, o § 21 do dispositivo ora comentado nada altera, mas é importante, em termos de segurança jurídica, uma previsão expressa como essa. Afinal, o Superior Tribunal de Justiça nem sempre respeita a sua própria jurisprudência.

---

[107] STJ, 1.ª Turma, AgInt no REsp 1.612.579/RR, Rel. Min. Gurgel de Faria, j. 28.04.2020, *DJe* 04.05.2020; STJ, 2.ª Turma, REsp 1.799.618/SC, Rel. Min. Herman Benjamin, j. 21.05.2019, *DJe* 30.05.2019.

Capítulo 15

COISA JULGADA

15.1. INTRODUÇÃO

O tema da coisa julgada na ação de improbidade administrativa deve ser enfrentado de duas formas distintas, a depender da natureza do pedido decidido que transite em julgado.

Para os pedidos de natureza sancionatória, conforme já defendido no Capítulo 14, aplicam-se as regras do microssistema do processo sancionador, havendo, aqui, um diálogo necessário com as regras do processo penal, não só quanto à coisa julgada em si, mas também, e em especial, quanto às regras e às oportunidades de sua flexibilização. Já para os pedidos de outra natureza, deve-se aplicar o microssistema coletivo, como suas técnicas diferenciadas de coisa julgada.

Diante da necessária distinção, o presente capítulo será desenvolvido em tópicos que contemplem tal diferença.

15.2. MICROSSISTEMA DOS PROCESSOS SANCIONATÓRIOS

A conclusão alcançada no Capítulo 14, de que, para a parcela da pretensão sancionatória da ação de improbidade administrativa, não se aplicam as regras do microssistema coletivo, já seria o suficiente para afastar a aplicação da técnica da coisa julgada *secundum eventum probationis*. Há, entretanto, outro motivo que deve ser lembrado para embasar tal conclusão.

O art. 8.4 da Carta Americana de Direitos Humanos (CADH) prevê que "o acusado absolvido por sentença passado em julgado não poderá ser submetido a novo processo pelos mesmos fatos". Ainda que, originariamente, o dispositivo legal tenha sido aplicado para decisões proferidas em processos penais, decisões mais recentes proferidas pela Corte Interamericana de Direitos Humanos vêm ampliando sua incidência para processos de natureza sancionatória não penais nos quais há exercício do poder estatal punitivo na aplicação de sanções graves.

Imagino que a norma impeça a reproposta de uma ação de improbidade administrativa julgada por improcedência, ainda que com fundamento em prova nova. Trata-se da aplicação do *ne bis in idem*, princípio tão tradicional no direito processual penal.

O dispositivo legal seria, a princípio, também razão suficiente para impedir uma nova proposta de ação de improbidade administrativa contra o mesmo réu, como base no mesmo fato, ainda que com fundamentação jurídica distinta da primeira ação na qual ocorreu o julgamento de improcedência com trânsito em julgado. Não há no caso a tríplice identidade, porque a causa de pedir, ainda que parcialmente, é diferente, mas, como os fatos são os mesmos, e a norma proíbe o novo processo, a nova proposta não deveria ser admitida.

Há, entretanto, uma consideração necessária. A aplicação do princípio do *ne bis in idem* no processo penal é temperada com as previsões constantes nos arts. 383 e 384 do CPC, que consagram no processo penal os institutos da *emendatio libelli* e da *mutatio libelli*. Ou seja, como o sistema reconhece a impossibilidade de processar o réu duas vezes com base nos mesmos fatos, há uma flexibilização procedimental para que, num mesmo processo, possa se adequar o fundamento jurídico ao caso concreto.

Ainda que esteja longe de ser um estudioso do processo penal, vejo nessas previsões legais uma espécie de compensação pela vedação à proposta de uma nova ação com fundamento em diferente fundamento jurídico na hipótese de improcedência protegida pela coisa julgada material. Já que não será possível esse novo processo, que ao menos se admita a reequação da fundamentação jurídica do processo em curso.

Na ação de improbidade administrativa, entretanto, a situação é distinta. Conforme devidamente analisado no Capítulo 14, o art. 17, § 10-C, da LIA proíbe o juízo de modificar a capitulação legal apresentada pelo autor, enquanto o § 10-F do mesmo dispositivo prevê ser nula a sentença que condenar o requerido por tipo diverso daquele definido na petição inicial. Não há espaço, portanto, para *emendatio libelli*, *mutatio libelli* ou qualquer outra forma de quebra da correlação do fundamento jurídico alegado pelo autor e da decisão judicial.

Se simplesmente conjugarmos o art. 17, §§ 10-C e 17-F, com o art. 8.4 da CADH, teremos, na ação de improbidade administrativa, um sistema mais protetivo ao réu do que aquele existente no processo penal brasileiro. Vinculação ao fundamento jurídico narrado pelo autor e vedação à propositura de nova ação com base em novo fundamento jurídico. Não me parece uma solução razoável nem juridicamente aceitável. Afinal, como defender uma maior tutela do réu de uma ação de improbidade do que a um réu de processo penal?

Vejo duas soluções possíveis para resolver o impasse, mas já adianto que qualquer uma delas que venha a ser adotada não o será sem alguma cota de sacrifício.

A primeira solução possível parte da premissa de que se deve prestigiar a Convenção em detrimento da lei de improbidade por conta de uma regra de hierarquia de normas. Embora ela não tenha sido aprovada com quórum qualificado, e, por isso, não tenha *status* constitucional, está acima das normas federais em nosso ordenamento jurídico.

Nesses termos, a justificativa da norma é justamente de que existam regras procedimentais que permitam uma flexibilização procedimental para a adaptação do fundamento jurídico ao caso concreto. Um procedimento rígido, como sugerido pela Lei de Improbidade, viola, de forma indireta, a norma contida na Convenção, devendo-se, por essa razão, serem tornados ineficazes os §§ 10-C e 17-F do art. 17 da LIA e passando-se a aplicar os arts. 383 e 384 do CPC, com as devidas adaptações.

Outra solução, provavelmente até menos dramática que a primeira, é simplesmente manter as regras previstas na Lei de Improbidade Administrativa e afastar a aplicação do art. 8.4 da CADH, atraindo para a ação de improbidade administrativa a teoria da tríplice identidade para justificar a eficácia negativa da coisa julgada. Pode até se alegar que o tema não é tratado de forma expressa pela lei e que, nesses termos, deve se aplicar o previsto no Código de Processo Civil, conforme previsto no art. 17, *caput*, da LIA.

Há, ainda, o tema da relativização da coisa julgada. Sinto que se trata de tema que merece mais estudo de minha parte, e que, de qualquer forma, não comporta uma análise tão aprofundada como merece nos limites de um manual. Faço, portanto, uma descrição de minhas primeiras impressões.

Tenho alguma dificuldade de transportar, pura e simplesmente, as regras da ação rescisória para a ação de improbidade administrativa em sua parte sancionatória. E, nesse tocante, é preciso já adiantar da inaplicabilidade do art. 17, *caput*, da LIA, considerando-se que a ação rescisória não faz parte do procedimento comum previsto no Código de Processo Civil.

A ação rescisória, ao menos em regra, tem uma cumulação de pedidos: (a) juízo rescindendo (*iudicium rescindens*), que é o pedido de rescisão do julgado impugnado; e (b) juízo rescisório (*iudicium rescissorium*), que é o pedido de novo julgamento.

Significa dizer que, diante de um julgamento de improcedência do pedido de aplicação das penas previstas no art. 12 da LIA, a admissão de uma ação rescisória significará a admissão de um novo pedido de aplicação das mesmas penas, porque, uma vez obtida a desconstrução da decisão de improcedência, naturalmente, no novo julgamento pedido em sede de rescisória, o autor pretende obter o pedido de aplicação de penas que lhe foi negado na demanda originária.

A ação rescisória, portanto, funcionará, nesses termos, como uma nova ação que, com base nos mesmos fatos, buscará condenar o autor nas mesmas penas do processo originário, em flagrante violação ao disposto no art. 8.4 do CADH.

Não significa, naturalmente, que a ação rescisória não tenha cabimento, porque poderá ser proposta pelo réu condenado, seguindo-se, nesse caso, as regras procedimentais previstas no Código de Processo Civil. Haverá algo como um cabimento *secundum eventum litis in utilibus*, prestando-se a ação rescisória apenas para beneficiar o réu, e nunca para prejudicá-lo.

Deve se ir além. Imagine-se uma decisão condenatória transitada em julgado e já vencido o prazo decadencial da ação rescisória. Cinco anos depois do trânsito em julgado, descobre-se um grande esquema de corrupção no Poder Judiciário e fica solidamente comprovado que o juiz do processo condenou um inocente numa ação de improbidade administrativa em troca de favores de dinheiro. O condenado, até os dias atuais, carrega a pecha de corrupto, nunca mais tendo conseguido voltar ao cenário político.

Não me parece defensável simplesmente afirmar que, por ter vencido o prazo decadencial da ação rescisória, não há mais mecanismo processual para se desconstituir a decisão condenatória. Há, para mim, duas saídas. Ou se entende que não há prazo para a ação rescisória para desconstituir decisões punitivas transitadas em julgado ou se aplica por analogia a sistemática do processo penal e admite-se uma "revisão criminal na esfera cível", que, por lei, já não tem prazo mesmo.

15.3. MICROSSISTEMA COLETIVO

A doutrina é tranquila em apontar a coisa julgada como um dos aspectos mais relevantes na distinção entre a tutela coletiva e a tutela individual. Regras tradicionais presentes na tutela individual, tais como a coisa julgada *pro et contra* e sua eficácia *inter partes*, são simplesmente desconsideradas, passando-se a eficácias *ultra partes* e *erga omnes* e à coisa julgada *secundum eventum probationis* e *secundum eventum litis*.

Por outro lado, existe ainda a funesta e lamentável regra consagrada no art. 16 da Lei 7.347/1985, que aparentemente cria uma espécie de limitação territorial aos efeitos da sentença e, por consequência, da coisa julga material.

Não existe qualquer previsão expressa na Lei 8.429/1992 a respeito da coisa julgada material, mas tal omissão não gera consequências práticas. Adotando-se a tese de ser a ação de improbidade administrativa uma ação coletiva, aplicam-se a ela as regras que compõem o microssistema coletivo, em especial aquelas que tratam da coisa julgada de decisões que tenham como objeto um direito difuso.[1]

Registre-se posição doutrinária minoritária que defende a aplicação do regime de coisa julgada material previsto no Código de Processo Civil, de forma a produzir coisa julgada material mesmo a sentença de improcedência fundada em ausência ou insuficiência de provas.[2]

Também há parcela doutrinária que defende uma aplicação parcial do art. 103 do CDC, limitando sua aplicação ao pedido de reparação de danos, de forma que os pedidos sancionatórios não possam ser repetidos em outra ação de improbidade administrativa, ainda que a sentença de improcedência tenha decorrido da falta ou da ausência de provas.[3] Esse segundo entendimento

---

[1] ANDRADE, Adriano; MASSON, Cleber; ANDRADE, Landolfo. *Interesses difusos e coletivos esquematizado*. São Paulo: Método, 2011. p. 739-740; DECOMAIN, Pedro Roberto. *Improbidade administrativa*. São Paulo: Dialética, 2007. 9.2.11, p. 320-324; SOBRANE, Sérgio Turra. *Improbidade administrativa*: aspectos materiais, dimensão difusa e coisa julgada. São Paulo: Atlas, 2010. 12.4.2.2, p. 261-262; GARCIA, Emerson; ALVES, Rogério Pacheco. *Improbidade administrativa*. 6. ed. Rio de Janeiro: Lumen Juris, 2011. n. 17.2, p. 818; FERRAZ, Sérgio. Aspectos processuais na lei sobre improbidade administrativa. In: BUENO, Cassio Scarpinella; PORTO FILHO, Pedro Paulo de Rezende (Coord.). *Improbidade administrativa* – questões polêmicas e atuais. 2. ed. São Paulo: Malheiros, 2003. p. 415.

[2] COSTA, Susana Henriques da. *O processo coletivo na tutela do patrimônio público e da moralidade administrativa*. São Paulo: Quartier Latin, 2009. p. 306-310.

[3] ZAVASCKI, Teori Albino. *Processo coletivo*. São Paulo: RT, 2006. p. 131; OLIVEIRA, José Roberto Pimenta. *Improbidade administrativa e sua autonomia constitucional*. Belo Horizonte: Forum, 2009. 10.5.6, p. 394-395.

busca inverter o ônus gerado aos réus em ações coletivas quando o pedido for de aplicação das penas de natureza político-administrativas.

Apesar de me parecer entre os dois posicionamentos ser mais adequado o segundo deles, decorrente da distinção das diferentes pretensões veiculadas numa ação de improbidade administrativa, acredito que esses entendimentos contrariam frontalmente a ideia do microssistema coletivo e por isso não podem ser admitidos.

Por outro lado, é surpreendente que justamente as consequências mais sérias previstas para o agente ímprobo possam definitivamente ser afastadas em razão da insuficiência ou da ausência de provas. Como justificar a manutenção nos quadros da Administração Pública de agente notoriamente ímprobo apenas porque não se obteve a prova necessária para sua condenação, quando evidente que numa eventual repropositura da ação tal prova seria obtida e, consequentemente, decretada sua condenação?

15.4. COISA JULGADA *SECUNDUM EVENTUM PROBATIONIS*

No tocante aos direitos coletivos e difusos, a coisa julgada, na hipótese de julgamento de improcedência do pedido, tem uma especialidade que a diferencia da coisa julgada tradicional, prevista pelo Código de Processo Civil. Enquanto, no instituto tradicional, a imutabilidade e a indiscutibilidade geradas pela coisa julgada não dependem do fundamento da decisão, nos direitos difusos e coletivos, caso tenha a sentença como fundamento a ausência ou a insuficiência de provas, não se impedirá a propositura de novo processo com os mesmos elementos da ação – partes, causa de pedir e pedido –, de modo a possibilitar uma nova decisão, o que, naturalmente, afastará, ainda que de forma condicional, os efeitos de imutabilidade e indiscutibilidade da primeira decisão transitada em julgado.

A primeira questão a respeito dessa espécie atípica de coisa julgada diz respeito à sua constitucionalidade. Uma corrente minoritária vê uma quebra da isonomia em referido sistema e aponta para uma proteção exacerbada dos autores das ações coletivas *stricto sensu* em desfavor dos réus. Apesar de mais sentida nas ações que tenham como objeto os direitos individuais homogêneos, também nas que tratam de direitos difusos e coletivos, haveria uma disparidade de tratamento absolutamente desigual, o que feriria o princípio constitucional da isonomia.[4]

---

[4] TUCCI, Rogério Lauria; TUCCI, José Rogério Cruz e. *Devido processo legal e tutela jurisdicional*. São Paulo: RT, 1993. p. 120-121; MENDES, Aluísio Gonçalves de Castro. *Ações coletivas no direito comparado e nacional*. São Paulo: RT, 2002. p. 263-264.

Majoritariamente, entretanto, a doutrina entende pela constitucionalidade da coisa julgada *secundum eventum probationis* – como também da coisa julgada *secundum eventum litis* – afirmando que os sujeitos que serão afetados pelo resultado do processo, ao não fazerem parte da relação jurídica processual, não poderão ser prejudicados por uma má condução procedimental do autor da demanda. Não seria justo ou legítimo impingir a toda uma coletividade ou a uma comunidade (grupo, classe ou categoria de pessoas), em decorrência de uma falha na condução do processo, a perda definitiva de seu direito material. A ausência da efetiva participação desses sujeitos em um processo em contraditório é fundamento suficiente para defender essa espécie de coisa julgada material.[5]

Ademais, a coisa julgada *secundum eventum probationis* serve como medida de segurança dos membros da coletividade ou de uma comunidade que não participam como parte no processo contra qualquer espécie de desvio de conduta do autor. A insuficiência ou a inexistência de provas poderá decorrer, logicamente, de uma inaptidão técnica dos que propuseram a demanda judicial, mas também não se poderá afastar, de antemão, algum ajuste entre as partes para que a prova necessária não seja produzida e, com isso, a sentença seja de improcedência.[6] É bem verdade que os poderes instrutórios do juiz, aguçados nas ações coletivas em razão da natureza dos direitos envolvidos, poderiam também funcionar como forma de controle para que isso não ocorra, mas é inegável que a maneira mais eficaz de afastar, definitivamente, qualquer ajuste fraudulento nesse sentido é a adoção da coisa julgada *secundum eventum probationis*.

Outra questão que parece ter sido pacificada pela doutrina e pela jurisprudência diz respeito aos legitimados à propositura de um novo processo com a mesma causa de pedir, o mesmo pedido e o mesmo réu do primeiro; estaria legitimado o mesmo sujeito que propôs a primeira demanda que foi resolvida de forma negativa por ausência ou insuficiência de provas? A ausência de qualquer indicativo proibitivo para a repetição do polo ativo nas duas demandas parece afastar de forma definitiva a

---

[5] MARCATO, Ana Cândida Menezes. O princípio do contraditório como elemento essencial para a formação da coisa julgada material na defesa dos interesses transindividuais. In: MAZZEI, Rodrigo; NOLASCO, Rita Dias (Orgs.). *Processo civil coletivo*. São Paulo: Quartier Latin, 2005. p. 317; MARINONI, Luiz Guilherme; ARENHART, Sérgio Cruz. *Manual do processo de conhecimento*. São Paulo: RT, 2006. p. 781.

[6] VIGLIAR, José Marcelo Menezes. *Ações coletivas*. Salvador: JusPodivm, 2009. p. 117; NERY JR., Nelson; NERY, Rosa Maria de Andrade. *Código de Processo Civil comentado*. 10. ed. São Paulo: RT, 2008. p. 1.348; MANCUSO, Rodolfo de Camargo. *Ação popular*. 4. ed. São Paulo: RT, 2001. p. 276.

proibição. Todos os legitimados poderão, com base na prova nova, propor a "segunda" demanda, mesmo aquele que já havia participado no polo ativo da "primeira".[7]

A próxima questão refere-se à formação ou não de coisa julgada nas ações coletivas – direitos difusos e coletivos – julgadas improcedentes por ausência ou insuficiência de provas. Fala-se em coisa julgada *secundum eventum probationis*, mas há divergência a respeito de ser essa uma espécie atípica de coisa julgada ou se, nesse caso, a coisa julgada material estaria afastada, de modo a operar-se, no caso concreto, tão somente a coisa julgada formal.

Há parcela significativa da doutrina que entende não se operar, nesse caso, a coisa julgada material, por afirmar que, sendo possível a propositura de um novo processo com os mesmos elementos da ação – partes, causa de pedir e pedido –, a imutabilidade e indiscutibilidade próprias da coisa julgada material não se fariam presentes. A possibilidade de existência de um segundo processo, que, naturalmente, proporcionará uma segunda decisão, afetaria de forma irremediável a segurança jurídica advinda da coisa julgada material tradicional, de forma a estar afastado esse fenômeno processual quando os fundamentos que levaram à improcedência do pedido forem a insuficiência ou a inexistência de prova.[8]

Esse entendimento, entretanto, não é o mais correto, parecendo configurar-se a mesma confusão a respeito da formação ou não da coisa julgada nos processos que tenham como objeto as relações de trato continuativo, reguladas pelo art. 505, I, do CPC. Em razão da possibilidade de que a sentença seja alterada em virtude de circunstâncias supervenientes de fato e de direito, parcela da doutrina apressou-se a afirmar que essa "instabilidade" da sentença seria incompatível com o fenômeno da coisa julgada material, que exige a imutabilidade e a indiscutibilidade do julgado.

---

[7] BARBOSA MOREIRA, José Carlos. Ação Civil Pública. *Revista trimestral de direito público*, São Paulo, Malheiros, n. 3, 1993, p. 24. p. 123; ARENHART, Sérgio Cruz. *Perfis da tutela inibitória coletiva*. São Paulo: RT, 2003. p. 412.

[8] LEONEL, Ricardo de Barros. *Manual do processo coletivo*. São Paulo: RT, 2002. p. 273-274; MAZZILLI, Hugo Nigro. *A defesa dos interesses difusos em juízo*. 15. ed. São Paulo: Saraiva, 2002. p. 427; MARINONI, Luiz Guilherme; ARENHART, Sérgio Cruz. *Manual do processo de conhecimento*. São Paulo: RT, 2006; NERY JR., Nelson; NERY, Rosa Maria de Andrade. *Código de Processo Civil comentado*. 10. ed. São Paulo: RT, 2008. p. 1.347-1.348.

A doutrina majoritária, entretanto, entende pela ocorrência de coisa julgada material nesse caso.⁹

Aos partidários do entendimento de que não existe coisa julgada nas ações que tratam de direito difuso ou coletivo, quando a improcedência decorrer da insuficiência ou da ausência de provas, surge uma questão de difícil resposta: como deverá o juiz proceder ao receber uma petição inicial de um processo de improbidade administrativa idêntico a um processo anterior decidido nessas condições, em que o autor não indica qualquer nova prova para fundamentar sua pretensão, alegando tão somente não ser possível suportar a extrema injustiça da primeira decisão? Sem ao menos indícios de que existe uma prova nova, ainda que o fundamento da primeira decisão tenha sido a insuficiência ou ausência de provas, poderá o juiz dar continuidade ao processo?

É evidente, nesse caso, que o juiz deverá indeferir a petição inicial; não há maiores dúvidas a esse respeito. Mas sob qual fundamento? O fundamento de sua decisão será o art. 485, V, do CPC, o qual aponta que, nesse caso, não se poderá afastar a segurança obtida pela coisa julgada material gerada pela primeira decisão. Essa é a prova maior de que existe coisa julgada material, independente do fundamento da decisão de mérito da primeira demanda que efetivamente ocorreu, embora sua imutabilidade e sua indiscutibilidade estejam, no caso da ausência ou insuficiência de provas, condicionadas à inexistência de prova nova que possa fundamentar a nova demanda.

Apesar da defesa veemente da existência de coisa julgada material na hipótese ora analisada e da extinção do processo quando não houver prova nova, em razão justamente do fenômeno da coisa julgada material, ainda que seja admitida a inexistência de coisa julgada material quando a mesma se verifica *secundum eventum probationis*, como prefere a doutrina majoritária que tratou do tema, a conclusão a que todos chegam já é o suficiente para os fins buscados no presente trabalho: se não houver prova nova, o processo deverá ser extinto sem resolução do mérito. Seja por falta de interesse de agir, como prefere a doutrina,¹⁰ seja por força da

---

⁹ NEVES, Daniel Amorim Assumpção. *Manual de direito processual civil*. São Paulo: Método, 2009. 17.9, p. 542-543.

¹⁰ GIDI, Antônio. *Coisa julgada e litispendência em ações coletivas*. São Paulo: Saraiva, 1995. p. 135-136; RODRIGUES, Marcelo Abelha. Ação civil pública. In: DIDIER JR., Fredie (Org.). *Ações constitucionais*. 4. ed. Salvador: JusPodivm, 2009. p. 329, a extinção se fundamenta na falta de interesse de agir.

coisa julgada, o essencial é a conclusão pacífica de que o segundo processo não deve ser admitido.

Há outro interessante questionamento a respeito do tema, que vem suscitando dúvidas na doutrina nacional. Os dispositivos legais que tratam da coisa julgada *secundum eventum probationis* são omissos a respeito da exigência de que, expressa ou implicitamente, conste da sentença ter sido a improcedência gerada pela ausência ou insuficiência de provas ou se tal circunstância poderá ser estranha à decisão, de modo a ser demonstrada somente na segunda demanda. A tomada de uma ou de outra posição terá peso fundamental no próprio conceito de prova nova, que será fixado a seguir.

A tese restritiva exige que haja, na motivação ou no dispositivo da decisão, expressa ou implicitamente, a circunstância da ausência ou insuficiência de provas. Afirma-se que, por ser uma exceção à regra da coisa julgada material prevista em nosso ordenamento processual, deverá o juiz indicar, ou ao menos ser possível deduzir de sua fundamentação, que sua decisão de improcedência decorreu de uma insuficiência ou inexistência de material probatório. A ausência dessa circunstância proporcionaria, obrigatoriamente, a geração de coisa julgada material tradicional.[11]

Com entendimento contrário, existe corrente doutrinária que não vê qualquer necessidade de constar, expressa ou implicitamente na sentença, que a improcedência do pedido decorreu de ausência ou insuficiência de provas. A doutrina que defende uma tese mais ampla afirma que não se deveria adotar um critério meramente formal do instituto, propondo um critério mais liberal, nomeado de critério substancial. Segundo essa visão, sempre que um legitimado propuser, com o mesmo fundamento, uma segunda demanda coletiva na qual fundamente sua pretensão em uma nova prova, estar-se-á diante da possibilidade de obter-se uma segunda decisão.[12]

---

[11] SILVA, José Afonso da. *Ação popular constitucional*. 2. ed. São Paulo: Malheiros, 2007. p. 273; MANCUSO, Rodolfo de Camargo. *Ação popular*. 4. ed. São Paulo: RT, 2001. p. 284; ARRUDA ALVIM. Notas sobre algumas das mutações verificadas com a Lei 10.352/2001. In: NERY JR., Nelson; WAMBIER, Teresa Arruda Alvim (Coord.). *Aspectos polêmicos e atuais dos recursos e outros meios de impugnação às decisões judiciais*. São Paulo: RT, 2002. v. 6. p. 37; ALMEIDA, Gregório Assagra de. *Direito processual coletivo brasileiro*. São Paulo: Saraiva, 2003. p. 377-378.

[12] GIDI, Antônio. *Coisa julgada e litispendência em ações coletivas*. São Paulo: Saraiva, 1995. p. 131-138; GRINOVER, Ada Pellegrini. Novas questões sobre a legitimação e a coisa julgada nas ações coletivas. *O processo – estudos & pareceres*. São Paulo: DPJ, 2006. p. 222-224; LEONEL, Ricardo de Barros. *Manual do processo coletivo*. São Paulo: RT, 2002. p. 274.

A segunda corrente defende o entendimento mais acertado, considerando que a adoção da tese restritiva limitaria indevidamente o conceito de prova nova. Ao exigir-se do juiz uma fundamentação referente à ausência ou à insuficiência de provas, será impossível o juiz se manifestar sobre o que não existia à época da decisão, o que retiraria a possibilidade de propositura de uma nova demanda fundada em meio de prova que não existia à época da prolação da decisão. Nesses casos, haveria um indevido e indesejável estreitamento do conceito de nova prova, que também, por não ser tranquilo na doutrina, passa-se a analisar.

Todos os regramentos legais que tratam da coisa julgada *secundum eventum probationis* são omissos quanto ao conceito de "nova prova", missão legada à doutrina. Parcela majoritária da doutrina entende que não se deve confundir nova prova com prova superveniente, surgida após o término da ação coletiva. Por esse entendimento, seria nova a prova, mesmo que preexistente ou contemporânea à ação coletiva, desde que não tenha sido nesta considerada. Assim, o que interessa não é se a prova existia ou não à época da demanda coletiva, mas se foi ou não apresentada durante seu trâmite procedimental; será nova porque, no tocante à pretensão do autor, é uma novidade, mesmo que, em termos temporais, não seja algo recente.[13]

Esse entendimento muito se assemelha ao conceito dado pela melhor doutrina ao "fato novo", como fundamento da liquidação de sentença por artigos. Também nesse caso, o adjetivo "novo" não é utilizado para designar um fato ocorrido após o término do processo em que se formou o título executivo, mas sim como novidade ao Poder Judiciário, por não ter sido objeto de apreciação em tal processo.[14] O fato, portanto, assim como a "nova prova" nas ações coletivas, poderá ser anterior, concomitante ou posterior à demanda judicial; para ser adjetivado de novo, basta que não tenha sido objeto de apresentação pelas partes e de apreciação pelo juiz.

Registre-se o pensamento a respeito do tema exposto por Ada Pellegrini Grinover, que, nos trabalhos para a elaboração do Anteprojeto de Código Modelo de Processos Coletivos para a Ibero-América, entendeu, junto com Kazuo Watanabe, que as provas que já poderiam ter sido produzidas, mas

---

[13] RODRIGUES, Marcelo Abelha. Ação civil pública. In: DIDIER JR., Fredie (Org.). *Ações constitucionais*. 4. ed. Salvador: JusPodivm, 2009. p. 327; MARINONI, Luiz Guilherme; ARENHART, Sérgio Cruz. *Manual do processo de conhecimento*. São Paulo: RT, 2006. p. 781-782.

[14] NEVES, Daniel Amorim Assumpção. *Manual de direito processual civil*. São Paulo: Método, 2009. 41.14, p. 935-936.

não o foram, ficam acobertadas pela eficácia preclusiva da coisa julgada. Fato novo, portanto, seria o fato superveniente.

A ideia restritiva de conceito de "nova prova" sugerida pela processualista não parece ser a mais adequada ao fenômeno da proteção dos direitos transindividuais em juízo. Já foi devidamente exposto que uma das razões para adotar-se a coisa julgada *secundum eventum probationis* nas demandas que tenham como objeto direitos difusos ou coletivos é evitar que, por meio de conluio fraudulento entre as partes processuais, obtenha-se uma decisão de improcedência. Considerando a relevância do direito material debatido e a ausência dos sujeitos interessados no processo, ao menos essa proteção lhes deve ser concedida, o que não ocorreria se fosse adotada a visão de que somente provas que não existiam à época da demanda coletiva permitiriam uma nova demanda judicial.

De qualquer forma, o pensamento ao menos se mostra bastante correto quando sedimenta a ideia de que, ao surgir uma prova que não existia ou que era impossível de obter-se à época da ação coletiva, sua apresentação será o suficiente para permitir a propositura de um novo processo com os mesmos elementos da ação anterior. Nesse caso, evidentemente, não será possível defender a corrente doutrinária que exige do juiz a indicação, expressa ou implícita, de ter o julgamento de improcedência decorrido de ausência ou insuficiência de provas. Não sabendo da existência da prova porque não era possível sua obtenção, o que só veio a ser possibilitado, por exemplo, pelo avanço tecnológico, não haveria possibilidade lógica de o juiz considerar tal circunstância em sua decisão.

15.5. COISA JULGADA *SECUNDUM EVENTUM LITIS*

No sistema tradicional da coisa julgada, a mesma se opera com a simples resolução de mérito, independentemente de qual seja o resultado no caso concreto (*pro et contra*). Dessa forma, é irrelevante saber se o pedido do autor foi acolhido ou rejeitado, se houve sentença homologatória ou se o juiz reconheceu a prescrição ou decadência; sendo sentença prevista no art. 487 do CPC, faz coisa julgada material.

Mas existe outro sistema possível, que, ao menos na tutela individual, é extremamente excepcional: a coisa julgada *secundum eventum litis*. Por meio desse sistema, nem toda sentença de mérito faz coisa julgada material, tudo dependendo do resultado concreto da sentença definitiva transitada em julgado. Por vontade do legislador, é possível que o sistema crie exceções pontuais à relação da sentença de mérito com a cognição exauriente e a coisa julgada material.

Poderia o sistema passar a prever que toda sentença de mérito fundada em prescrição não fará coisa julgada em ações na quais figure como parte um idoso, ou ainda que a sentença que homologa transação não fará coisa julgada material quando o acordo tiver como objeto direito real. Apesar da óbvia irrazoabilidade dos exemplos fornecidos, servem para deixar claro que afastar a coisa julgada material de sentença de mérito que, em regra, se tornaria imutável e indiscutível com o trânsito em julgado, em fenômeno conhecido como coisa julgada *secundum eventum litis*, é fruto de uma opção político-legislativa.

Na tutela individual, a técnica da coisa julgada *secundum eventum litis* era consideravelmente excepcional, sendo identificada no art. 274 do CC, que trata dos limites subjetivos da coisa julgada nas demandas que têm como objeto dívida solidária. No entanto, aparentemente, tal forma de coisa julgada se tornou regra em razão do previsto no art. 506 do CPC, ao estabelecer que a coisa julgada não prejudica terceiros, não mencionando mais a inviabilidade de benefício aos terceiros. Seja como for, na presente obra interessa o estudo da coisa julgada *secundum eventum litis* nas ações coletivas em geral e na ação de improbidade administrativa em específico.

Segundo previsão do art. 103, § 1.º, do CDC, os efeitos da coisa julgada previstos nos incisos I e II do mesmo dispositivo legal não prejudicarão interesses e direitos individuais dos integrantes da coletividade, do grupo, da classe ou da categoria, em regra também aplicável ao inciso III.[15] Significa dizer que, decorrendo de uma mesma situação fática jurídica consequências no plano do direito coletivo e individual e sendo julgado improcedente o pedido formulado em demanda coletiva, independentemente da fundamentação, os indivíduos não estarão vinculados a esse resultado, podendo ingressar livremente com suas ações individuais. A única sentença que os vincula é a de procedência, porque essa naturalmente os beneficia, permitindo-se que o indivíduo se valha dessa sentença coletiva, liquidando-a no foro de seu domicílio e posteriormente executando-a, o que o dispensará do processo de conhecimento. A doutrina fala em coisa julgada *secundum*

---

[15] MARINONI, Luiz Guilherme; ARENHART, Sérgio Cruz. *Manual do processo de conhecimento*. São Paulo: RT, 2006. p. 747; THEODORO JR., Humberto. *Curso de direito processual civil*. 47. ed. Rio de Janeiro: Forense, 2007. v. 1, n. 1.688, p. 547.

eventum litis in utilibus porque somente a decisão que seja útil ao indivíduo será capaz de vinculá-lo a sua coisa julgada material.[16]

Registre-se que esse benefício da coisa julgada material da ação coletiva pode ser excepcionado em duas circunstâncias:

a) na hipótese de o indivíduo ser informado na ação individual da existência da ação coletiva (*fair notice*), e num prazo de 30 dias preferir continuar com a ação individual (*right to opt out*), não será beneficiado pela sentença coletiva de procedência (art. 104 do CDC);[17]

b) nas ações coletivas de direito individual homogêneo, o art. 94 do CDC admite a intervenção dos indivíduos como litisconsortes do autor, sendo que nesse caso os indivíduos se vinculam a qualquer resultado do processo coletivo, mesmo no caso de sentença de improcedência.[18]

15.6. LIMITAÇÃO TERRITORIAL DA COISA JULGADA

Segundo o art. 16 da LACP, "a sentença civil fará coisa julgada *erga omnes*, nos limites da competência territorial do órgão prolator, exceto se o pedido for julgado improcedente por insuficiência de provas, hipótese em que qualquer legitimado poderá intentar outra ação com idêntico fundamento, valendo-se de nova prova". A presente redação do dispositivo legal decorreu da famigerada Lei 9.494/1997 e, na primeira regra que consagra, é absolutamente lamentável devido à tentativa de se limitar a abrangência territorial da tutela coletiva. E o que é ainda pior, a norma teria sido supostamente criada para a defesa de interesses fazendários...[19]

Por um lado, a previsão legal é uma clara afronta a todas as tentativas legislativas voltadas à diminuição no número de processos, o que, em última

---

[16] GIDI, Antônio. *Rumo a um Código de Processo Civil coletivo*. Rio de Janeiro: Forense, 2006. p. 289-290.

[17] THEODORO JR., Humberto. *Curso de direito processual civil*. 47. ed. Rio de Janeiro: Forense, 2007. v. 1, n. 1.688, p. 547; MARINONI, Luiz Guilherme; ARENHART, Sérgio Cruz. *Manual do processo de conhecimento*. São Paulo: RT, 2006. p. 747.

[18] MAZZILLI, Hugo Nigro. *A defesa dos interesses difusos em juízo*. 15. ed. São Paulo: Saraiva, 2002. p. 563; VENTURI, Elton. *Processo civil coletivo*. São Paulo: Malheiros, 2007. n. 11.4.4, p. 403.

[19] GRINOVER, Ada Pellegrini. A ação civil pública refém do autoritarismo. *O processo – estudos & pareceres*. São Paulo: DPJ, 2006. p. 241; LEONEL, Ricardo de Barros. *Manual do processo coletivo*. São Paulo: RT, 2002. p. 283.

análise, geraria uma maior celeridade naqueles que estiverem em trâmite, sendo também uma agressão clara ao próprio espírito da tutela coletiva.[20]

Também deve se levar em consideração que a exigência de diversas ações coletivas a respeito da mesma circunstância fática jurídica poderá gerar decisões contraditórias, o que abalará a convicção da unidade da jurisdição, ferindo de morte o ideal de harmonização de julgados.[21] E, uma vez existindo várias decisões de diferente teor, também restará maculado o princípio da isonomia, com um tratamento jurisdicional distinto para os sujeitos pela simples razão de serem domiciliados em diferentes localidades.[22]

Até se poderia alegar que nesse caso o Estado – mais precisamente o Executivo, já que a lei decorre de conversão da Medida Provisória 1.570/1997 – apenas adotou a regra que mais lhe pareceu interessante, ainda que computados os prejuízos de sua adoção. Nesse sentido, teriam sido pesados todos os males advindos da multiplicação de processos coletivos – ofensa ao princípio da economia processual – e das eventuais decisões contraditórias – ofensa ao princípio da harmonização dos julgados – e ainda assim teria feito a consciente opção pela regra consagrada no dispositivo legal ora comentado.

O alegado não deve de maneira alguma ser entendido como defesa da opção do legislador, até porque compartilho da corrente doutrinária amplamente majoritária que critica com veemência o art. 16 da LACP. A questão não é precisamente se pessoalmente gosto ou não da previsão legal, mas reconhecer a possível aplicação prática da regra se a única crítica for principiológica, fundada em ofensa clara, manifesta e injustificada aos princípios da economia processual e à harmonização dos julgados. Nada mais que uma entre várias opções equivocadas de política legislativa.

Mas mesmo nesse caso haverá uma nova e fatal crítica a respeito da conduta estatal: a clara e manifesta ofensa ao princípio do devido processo substancial (*substantive due process of law*).[23] É natural que a liberdade legislativa estatal – ainda mais pelo indevido caminho das medidas provi-

---

[20] GRINOVER, Ada Pellegrini. A ação civil pública refém do autoritarismo. *O processo – estudos & pareceres*. São Paulo: DPJ, 2006. p. 241.

[21] MAZZILLI, Hugo Nigro. *A defesa dos interesses difusos em juízo*. 15. ed. São Paulo: Saraiva, 2002. p. 291.

[22] LEONEL, Ricardo de Barros. *Manual do processo coletivo*. São Paulo: RT, 2002. p. 284; DIDIER JR., Fredie; ZANETI JR., Hermes. *Curso de direito processual civil*. 4. ed. Salvador: JusPodivm, 2009. v. 4, p. 148.

[23] DIDIER JR., Fredie; ZANETI JR., Hermes. *Curso de direito processual civil*. 4. ed. Salvador: JusPodivm, 2009. v. 4, p. 147-148.

sórias – encontre limites na proporcionalidade e na razoabilidade, não se devendo admitir a elaboração de regras legais que afrontem tais princípios. As mais variadas críticas doutrinárias elaboradas contra a regra legal ora analisada dão uma mostra clara de sua irrazoabilidade.

Uma crítica mais severa, e não pela maior contundência ou maior acerto, mas porque inviabiliza na prática a aplicação da regra, é voltada para a impossibilidade material de se limitar territorialmente a coisa julgada material.[24]

E mesmo que se tente fugir dessa crítica, interpretando-se o dispositivo legal no sentido de que a limitação não deve atingir a coisa julgada material, conforme previsto, mas na realidade os efeitos da decisão, os mesmos doutrinadores demonstram a inadequação da pretendida limitação, já que os efeitos são incontroláveis, sendo gerados independentemente de vontades restritivas do legislador.

A própria indivisibilidade do direito transindividual também é outro aspecto lembrado por grande parte da doutrina para demonstrar a incompatibilidade lógica da limitação territorial com essas espécies de direitos.[25] Basta imaginar um direito difuso, de toda a coletividade, sendo limitado a apenas um determinado território, o que feriria de morte a própria ideia de indivisibilidade que é essencial aos direitos transindividuais. Como pode uma propaganda ser considerada enganosa em um Estado da Federação e não em outro? Um medicamento nocivo à saúde em um Estado da Federação e não em outro? Um contrato de adesão ser nulo em um Estado da Federação e válido em outros?

Trago uma situação que vivi em minha atuação profissional para demonstrar que, realmente, no que tange aos direitos difusos, somente quem tem nervos de aço consegue interpretar a norma ora criticada de forma a dar-lhe operatividade. O Ministério Público Estadual de uma determinada capital ingressou com ação coletiva para obrigar um fornecedor a fornecer um telefone 0800 para os consumidores que, uma vez tendo adquirido o produto em telefonemas gratuitos, tinham que posteriormente reclamar por meio de telefonemas pagos, inclusive por ligações interurbanas.

---

[24] MARINONI, Luiz Guilherme; ARENHART, Sérgio Cruz. *Manual do processo de conhecimento*. São Paulo: RT, 2006. p. 748. No mesmo sentido ZAVASCKI, Teori Albino. *Processo coletivo*. São Paulo: RT, 2006. p. 78-79.

[25] LEONEL, Ricardo de Barros. *Manual do processo coletivo*. São Paulo: RT, 2002. p. 284; MARINONI, Luiz Guilherme; ARENHART, Sérgio Cruz. *Manual do processo de conhecimento*. São Paulo: RT, 2006. p. 749; MENDES, Aluísio Gonçalves de Castro. *Ações coletivas no direito comparado e nacional*. São Paulo: RT, 2002. p. 265.

Agora basta imaginar uma sentença de procedência diante de tal pedido. Ela teria efeito somente para os consumidores domiciliados na comarca em que tramitou a demanda judicial, ou, ainda, na melhor das hipóteses, no Estado em que a Comarca está contida? Instado a criar um telefone 0800, ele seria disponível somente para quem provasse ser domiciliado naquele determinado território? Consumidores de outro Estado receberiam uma mensagem gravada afirmando que o serviço para eles não funcionaria porque no seu Estado não teria o fornecedor sido condenado a oferecer o serviço 0800? Será no mínimo consideravelmente complicada a aplicação da regra do art. 16 da LACP numa situação como essa.

Também interessante a tese de que a modificação legal tenha sido ineficaz por ter modificado dispositivo que já não mais se encontrava em vigor.[26] Segundo esse entendimento, a partir do momento em que o CDC passou a regulamentar, de forma exaustiva, o tema da coisa julgada na tutela coletiva por meio do art. 103 do diploma legal, o art. 16 da LACP teria sido tacitamente revogado. Como o CDC é de 1990 e a mudança do art. 16 para a atual redação deu-se em 1994, a modificação teria sido ineficaz e, portanto, inaplicável.

Ainda no plano da ineficácia da modificação trazida ao art. 16 da LACP pela Lei 9.494/1997, há doutrina que entende que a modificação perpetrada pela citada lei foi inócua, porque o CDC não foi modificado e, dessa forma, a disciplina dos arts. 93 e 103 desse diploma legal continua a ter aplicação integrada e subsidiária às ações civis públicas.[27]

Superadas as críticas fundadas na inaplicabilidade prática da regra limitadora da coisa julgada material a uma determinada extensão territorial, a doutrina parte para a tentativa de limitar sua aplicação, partindo-se da premissa de que, se a regra vai ser aplicada, que faça o menor estrago possível.

As teses nascidas com tais propósitos, apesar de sempre terem uma intenção nobre, nem sempre podem ser admitidas, como aquela que defende não ser a norma aplicável ao direito consumerista em razão da ausência de norma nesse sentido no CDC.[28] Não concordo com esse entendimento

---

[26] MENDES, Aluísio Gonçalves de Castro. *Ações coletivas no direito comparado e nacional.* São Paulo: RT, 2002. p. 264.

[27] MAZZILLI, Hugo Nigro. *A defesa dos interesses difusos em juízo.* 15. ed. São Paulo: Saraiva, 2002. p. 293.

[28] MARINONI, Luiz Guilherme; ARENHART, Sérgio Cruz. *Manual do processo de conhecimento.* São Paulo: RT, 2006. p. 748.

porque, para ampará-lo, seria necessário afastar a ideia de microssistema coletivo, com a interação das leis que versam sobre processo coletivo, em especial a LACP e o CDC. Seria indubitavelmente muito positivo para os consumidores, que teriam afastada a limitação territorial consagrada pelo dispositivo legal ora criticado. Mas o preço de sacrificar a ideia de microssistema coletivo pode ser muito alto. De qualquer forma, a teoria é inaplicável à ação de improbidade administrativa.

Há, entretanto, uma teoria que merece destaque.

Para Ada Pellegrini Grinover, uma análise conjunta dos arts. 16 da LACP e 103 do CDC demonstra que o dispositivo legal só pode ser aplicado aos direitos difusos e coletivos. Segundo a fundamentação da processualista, como o art. 16 da LACP, além de criar a limitação territorial da coisa julgada material, prevê a coisa julgada *secundum eventum probationis*, deve se aplicar a norma somente aos direitos que produzem essa forma especial de coisa julgada, o que não é o caso do direito individual homogêneo, conforme já verificado.[29]

Essa teoria teve inclusive aceitação em julgado do Superior Tribunal de Justiça, em julgamento cuja relatoria coube à Ministra Nancy Andrighi,[30] mas que posteriormente foi alterado em julgamento de embargos de divergência interposto contra o julgamento mencionado.[31] Mais uma vez, entretanto, é teoria inaplicável à ação de improbidade administrativa, que sempre terá como objeto um direito difuso.

Significa dizer que, apesar das inúmeras, fundadas e criativas críticas encontradas na doutrina, o Superior Tribunal de Justiça se acostumou a aplicar normalmente o art. 16 da LACP, o fazendo para toda tutela coletiva, sendo irrelevante a espécie de direito coletivo *lato sensu* tutelado pela demanda. Decisões recentes daquele tribunal infelizmente vinham confirmando essa triste situação.[32]

---

[29] GRINOVER, Ada Pellegrini. A ação civil pública refém do autoritarismo. *O processo* – estudos & pareceres. São Paulo: DPJ, 2006. p. 242. Com a mesma conclusão, mas por razões diversas, ZAVASCKI, Teori Albino. *Processo coletivo*. São Paulo: RT, 2006. p. 79-80.

[30] STJ, REsp 411.529/SP, Terceira Turma, Rel. Min. Nancy Andrighi, j. 24.06.2008, *DJe* 05.08.2008.

[31] STJ, EREsp 411.529/SP, Segunda Seção, Rel. Min. Fernando Gonçalves, j. 10.03.2010, *DJe* 24.03.2010.

[32] STJ, EDcl no REsp 167.328/SP, Terceira Turma, Rel. Min. Paulo de Tarso Sanseverino, j. 1.º.03.2011, *DJe* 16.03.2011; STJ, REsp 600.711/RS, Quarta Turma, Rel. Min. Luis Felipe Salomão, j. 18.11.2010, *DJe* 24.11.2010.

Ocorre, entretanto, em julgamento da Corte Especial que pode ser considerado histórico para a tutela coletiva, que o Superior Tribunal de Justiça, reconhecendo seus péssimos precedentes a respeito da matéria, decidiu pela inaplicabilidade do art. 16 da LACP, adotando a maioria das fundadas críticas da doutrina.[33] A decisão no caso concreto diz respeito especificamente ao direito individual homogêneo, mas, no acórdão, há expressa menção para a adoção do mesmo entendimento para os direitos difusos e coletivos.

Em trecho do acórdão o relator afirma que a antiga jurisprudência do Superior Tribunal de Justiça, "em hora mais que ansiada pela sociedade e pela comunidade jurídica, deve ser revista para atender ao real e legítimo propósito das ações coletivas, que é viabilizar um comando judicial célere e uniforme – em atenção à extensão do interesse metaindividual objetivado na lide".

Após um momento de indefinição a respeito do tema no Superior Tribunal de Justiça, que, mesmo depois do posicionamento da Corte Especial, continuou a proferir decisões que aplicavam a limitação do art. 16 da Lei 7.347/1985[34] e outras que seguiam a orientação de afastar os limites territoriais,[35] a jurisprudência do tribunal parece finalmente ter se consolidado pelo afastamento de referido dispositivo legal.[36]

A matéria foi afetada pelo Supremo Tribunal Federal para a criação de precedente vinculante quanto ao tema por meio do Recurso Extraordinário 1.101.937/SP, com relatoria do Ministro Alexandre de Moraes (Tema 1.075). O julgamento, por maioria de votos, apontou para a consagração da seguinte tese: "(1) É inconstitucional o art. 16 da Lei 7.347/85, alterado pela Lei 9.494/97; (2) Em se tratando de ação civil pública de efeitos nacionais ou regionais, a competência deve observar o art. 93, II, do CDC; (3) Ajuizadas múltiplas ações civis públicas de âmbito nacional ou regional firma-se a

---

[33] STJ, CE, REsp 1.243.887/PR, Rel. Min. Luis Felipe Salomão, j. 19.10.2011, *DJe* 12.12.2011.

[34] STJ, 3.ª Turma, REsp 1.304.953/RS, Rel. Min. Nancy Andrighi, j. 26.08.2014, *DJe* 08.09.2014; STJ, 2.ª Turma, AgRg no REsp 1.353.720/SC, Rel. Min. Herman Benjamin, j. 26.08.2014, *DJe* 25.09.2014.

[35] STJ, 2.ª Turma, AgRg no REsp 1.380.787/SC, Rel. Min. Og Fernandes, j. 19.08.2014, *DJe* 02.09.2014; STJ, 2.ª Seção, REsp 1.391.198/RS, Rel. Min. Luis Felipe Salomão, j. 13.08.2014, *DJe* 02.09.2014.

[36] STJ, 1.ª Turma, REsp 1.800.103/DF, Rel. Min. Napoleão Nunes Maia Filho, j. 13.08.2019, *DJe* 16.08.2019; STJ, 2.ª Turma, AgInt no REsp 1.457.464/SP, Rel. Min. Francisco Falcão, j. 13.12.2018, *DJe* 18.12.2018; STJ, 2.ª Turma, REsp 1.746.416/PR, Rel. Min. Herman Benjamin, j. 16.08.2018, *DJe* 13.11.2018; STJ, 3.ª Turma, AgInt no REsp 1.633.392/PR, Rel. Min. Paulo de Tarso Sanseverino, j. 24.04.2018, *DJe* 30.04.2018.

prevenção do juízo competente que primeiro conheceu de uma delas para o julgamento de todas as demandas conexas".

De qualquer forma, felizmente não se tem notícia de que o artigo ora criticado tenha causado dificuldades na ação de improbidade administrativa, inclusive em razão dos pedidos típicos veiculados nessa espécie de ação coletiva, de forma que, mesmo devendo ser saudada a mudança de posicionamento, a ação de improbidade administrativa continuará alheia ao debate.

Capítulo 16

MEDIDAS CAUTELARES PREVISTAS NA LIA

16.1. INTRODUÇÃO

A Lei 8.429/1992 previa, originariamente, três espécies de medidas cautelares: (a) a indisponibilidade de bens; (b) o sequestro previsto; e (c) o afastamento temporário de cargo, emprego ou função. O sequestro, em boa hora, não está mais previsto como cautelar típica da ação de improbidade administrativa após a Lei 14.230/2021.

Naturalmente, admitir-se-á no plano da improbidade administrativa, com relação aos pedidos de natureza não sancionatória, qualquer medida cautelar, independentemente do rol legal. A tutela cautelar será concedida sempre que presentes o *periculum in mora* e o *fumus boni iuris*, independentemente de previsão legal específica ou genérica, de forma que essa amplitude de tutela cautelar existente em nosso sistema processual certamente valerá também à improbidade administrativa.

No tratamento do tema é importante consignar que o Código de Processo Civil não prevê mais cautelares típicas, restando tão somente – e de forma suficiente – o poder geral de cautela. Essa observação preliminar é de suma importância quando se busca comparar as cautelares típicas previstas na Lei 8.429/1992 com cautelares típicas que estavam dispostas no CPC/1973, mas não constam do Código de Processo Civil de 2015. Se é verdade que as cautelares de arresto e sequestro não são mais cautelares típicas, não deve ser ignorado o art. 301 do CPC que continua a mencionar expressamente o arresto e sequestro.

Acredito ser o dispositivo desnecessário, mas, sendo impossível ignorá-lo, parece que os termos podem continuar a ser utilizados para designar cautelar de bens indeterminados para garantir futura execução de pagar quantia certa (arresto) e de bens determinados para garantir futura execução de entregar coisa (sequestro). Procedimentalmente, entretanto, não haverá qualquer especialidade, o que, inclusive, gera consequências pontuais na comparação que será realizada no presente capítulo.

Na realidade, a tutela de urgência comum é plenamente aplicável à parcela não sancionatória da ação de improbidade administrativa, ou seja, tanto a tutela cautelar como a tutela antecipada podem ser pedidas e concedidas em tal ação, desde que preenchidos os requisitos. O Superior Tribunal de Justiça, inclusive, já teve a oportunidade de decidir pelo cabimento de concessão de liminar (tutela antecipada *inaudita altera parte*) em ação de improbidade administrativa, excluindo de seu alcance, entretanto, os pedidos sancionatórios de aplicação de multa civil, perda da função pública e suspensão dos direitos políticos.[1]

De qualquer forma, como o objetivo da presente obra é o enfrentamento de questões referentes à Lei de Improbidade Administrativa, a análise se limitará às medidas cautelares previstas na Lei 8.429/1992, sendo certo que tais medidas poderão ser aplicadas em outras espécies de ação coletiva que visem tutelar o patrimônio público em consideração ao microssistema coletivo. O Superior Tribunal de Justiça, inclusive, já admitiu a cautelar de indisponibilidade de bens prevista no art. 22 da Lei 8.429/1992 em ação popular.[2]

Ainda em caráter introdutório, é preciso registrar que o art. 300, *caput*, do CPC tornou homogêneo o tratamento dos requisitos necessários para a concessão da tutela de urgência. Significa que tanto para a concessão da tutela cautelar como da antecipada os requisitos são os mesmos: a existência de elementos que evidenciem a probabilidade do direito e o perigo de dano ou o risco ao resultado útil do processo.

Tal circunstância, entretanto, não parece capaz de impedir que, quando analisados tais requisitos no âmbito da tutela cautelar, continuemos a nos valer dos consagrados termos *fumus boni iuris* e *periculum in mora*. E, com base nessa premissa, a análise das cautelares nominadas pela Lei 8.429/1992 não abandonará a tradicional e consolidada nomenclatura.

---

[1] STJ, 2.ª Turma, REsp 1.385.582-RS, Rel. Herman Benjamin, j. 1.º.10.2013 (Informativo de Jurisprudência do STJ 531).

[2] STJ, 2.ª Turma, AgRg no REsp 957.878/MG, Rel. Min. Castro Meira, j. 11.12.2012, *DJe* 04.02.2013.

16.2. INDISPONIBILIDADE DE BENS

16.2.1. Natureza jurídica

Pelo princípio da instrumentalidade o processo cautelar terá sua função ligada a outro processo, chamado de principal, cuja utilidade prática do resultado procurará resguardar. O processo cautelar, assim, é um instrumento processual para que o resultado de outro processo seja útil e eficaz. Se o processo principal é o instrumento para a composição da lide ou para a satisfação do direito, o processo cautelar é o instrumento para que essa composição ou satisfação seja praticamente viável no mundo dos fatos.[3]

Não se nega que a instrumentalidade seja característica de todo e qualquer processo, considerando-se que este serve de meio para a parte obter o bem da vida desejado, desde que sua pretensão esteja amparada no Direito material. A ideia do processo como mero instrumento na busca do Direito material está amplamente consagrada pela doutrina processual contemporânea. A característica especial de instrumentalidade no processo cautelar se deve justamente a que este não serve de instrumento para a obtenção do bem da vida, mas sim para tornar possível tal obtenção. Dessa forma, surge a nomenclatura "instrumento do instrumento" ou "instrumentalidade ao quadrado",[4] que aponta para a característica peculiar do processo cautelar de servir de instrumento para o processo principal – que também é instrumento – no qual a parte obterá o bem da vida pretendido.

A instrumentalidade da tutela cautelar faz com que tal espécie de tutela sirva como instrumento apto a garantir que o resultado final do processo seja eficaz, significando que tal resultado tenha condições materiais para gerar os efeitos práticos normalmente esperados. O próprio nome do instituto – cautelar – expressa de maneira clara a ideia de que essa espécie de tutela presta-se a garantir, acautelar, assegurar alguma coisa, que é, como foi visto, justamente o resultado final do processo principal. A característica analisada da tutela cautelar refere-se, essencialmente, à função de proteger

---

[3] THEODORO JR., Humberto. *Processo de execução e cumprimento de sentença.* 25. ed. São Paulo: Leud, 2008. n. 44, p. 65-66; FUX, Luiz. *Curso de direito processual civil.* 2. ed. Rio de Janeiro: Forense, 2004. p. 1.553; BARBOSA MOREIRA, José Carlos. *O novo processo civil brasileiro.* 22. ed. Rio de Janeiro: Forense, 2004. p. 309.

[4] FUX, Luiz. *Curso de direito processual civil.* 2. ed. Rio de Janeiro: Forense, 2004. p. 1.553; CÂMARA, Alexandre Freitas. *Lições de direito processual civil.* 9. ed. Rio de Janeiro: Lumen Juris, 2003. v. 3, p. 21. Contra: MARINONI, Luiz Guilherme; ARENHART, Sérgio Cruz. *Curso de processo civil.* São Paulo, RT, 2008. v. 4, p. 35-36.

o resultado final do processo principal, seja esse de conhecimento, seja de execução. Nesse ponto de vista, qualquer processo que não gere o conhecimento ou a satisfação do direito material, mas somente prepare o caminho para tais realizações, poderá ser considerado como processo cautelar.

Parece não haver qualquer dúvida a respeito da natureza cautelar da indisponibilidade de bens prevista no art. 16 da Lei 8.429/1992, já que a medida busca preservar bens no patrimônio do acusado de ato de improbidade administrativa visando garantir a eficácia da futura e eventual execução de pagar quantia certa. Corretamente, parcela da doutrina, inclusive, aponta para uma semelhança com o arresto cautelar previsto no art. 301 do CPC, até porque, a exemplo dessa cautelar, a indisponibilidade também recai em bens indeterminados do patrimônio do pretenso devedor.[5]

Na vigência do CPC/1973, havia corrente doutrinária que afirmava haver diferença entre a indisponibilidade de bens e o arresto cautelar em razão da inaplicabilidade dos requisitos para a concessão da medida, considerando inaplicável à cautelar de indisponibilidade os arts. 813 e 814 do CPC.[6] Essa discussão perdeu relevância com o advento do Novo Código de Processo Civil, que deixou de tipificar o *fumus boni iuris* e o *periculum in mora* na cautelar de arresto.

Apesar das semelhanças, há uma diferença fundamental entre o arresto cautelar e a indisponibilidade de bens da improbidade administrativa, suficiente para distingui-las.

Conforme observa a melhor doutrina, a medida de indisponibilidade de bens é mais enérgica que o arresto, porque enquanto esse somente diminui a disponibilidade sobre o bem, dissuadindo terceiros de adquiri-lo em razão de eventual constituição de fraude, aquela cria uma proibição de alienação, evitando qualquer espécie de transferência dos bens.[7] Naturalmente que essa

---

[5] GARCIA, Emerson; ALVES, Rogério Pacheco. *Improbidade administrativa*. 6. ed. Rio de Janeiro: Lumen Juris, 2011. n. 14.2.2.1, p. 767. Contra, MARQUES, Sílvio Antonio. *Improbidade administrativa*. São Paulo: Saraiva, 2010. p. 176.

[6] DECOMAIN, Pedro Roberto. *Improbidade administrativa*. São Paulo: Dialética, 2007. n. 9.2.8.2, p. 276-278; COSTA, Eduardo José da Fonseca. A indisponibilidade cautelar de bens na ação de improbidade administrativa. In: DELFINO, Lúcio; ROSSI, Fernando; MOURÃO, Luiz Eduardo Ribeiro; CHIOVITTI, Ana Paula (Coord.). *Tendências do moderno processo civil brasileiro* – aspectos individuais e coletivos das tutelas preventivas e ressarcitórias (estudos em homenagem ao jurista Ronaldo Cunha Campos). Belo Horizonte: Forum, 2008. p. 263; SANTOS, Carlos Frederico Brito dos. *Improbidade administrativa*. 2. ed. Rio de Janeiro: Forense, 2009. 4.2.4.1, p. 275.

[7] COSTA, Eduardo José da Fonseca. A indisponibilidade cautelar de bens na ação de improbidade administrativa. In: DELFINO, Lúcio; ROSSI, Fernando; MOURÃO, Luiz

vedação só será eficaz após a averbação da medida cautelar no registro do bem (por exemplo, na matrícula do imóvel), sendo que para bens não registráveis a eventual alienação será ineficaz perante o credor, exatamente como ocorre com o ato praticado em fraude à execução.

Justamente por se tratar de uma medida cautelar que busca garantir a eficácia de uma futura execução de pagar quantia certa na hipótese de acolhimento do pedido condenatório da ação de improbidade administrativa, o Superior Tribunal de Justiça vem entendendo com acerto que a medida não deve atingir indistintamente todo o patrimônio do requerido, mas somente bens em valor suficiente para o ressarcimento do dano suportado pelo erário, conforme devidamente analisado no presente capítulo, item 16.2.5.

16.2.2. Atos de improbidade e indisponibilidade

Nos termos do art. 16, *caput*, da Lei 8.429/1992, a indisponibilidade de bens recairá sobre bens que possam garantir a integral composição do erário ou o acréscimo patrimonial resultante do enriquecimento ilícito. Conforme devidamente analisado no Capítulo 5, são três as espécies de atos de improbidade: (a) os que importam enriquecimento ilícito, tipificados no art. 9.º; (b) os que causam prejuízo ao erário, tipificados no art. 10; (c) os que atentam contra os princípios da Administração Pública, tipificados no art. 11; e (d) os de concessão, aplicação ou manutenção de benefício financeiro ou tributário contrário ao que dispõem o *caput* e o § 1.º do art. 8.º-A da Lei Complementar 116/2003.

É importante se perguntar se todas as tipificações legais, quando utilizadas como fundamento da ação de improbidade administrativa, permitem o ingresso da ação cautelar ora analisada. Não há qualquer dúvida a respeito da abrangência das ações fundadas nos atos tipificados nos arts. 9.º, 10 e 10-A da LIA, o mesmo não ocorrendo quanto aos atos tipificados no art. 11 da mesma lei. Sendo o ato de improbidade administrativa tipificado como aquele que atenta aos princípios da Administração Pública, será cabível a medida de indisponibilidade de bens?

Eduardo Ribeiro; CHIOVITTI, Ana Paula (Coord.). *Tendências do moderno processo civil brasileiro* – aspectos individuais e coletivos das tutelas preventivas e ressarcitórias (estudos em homenagem ao jurista Ronaldo Cunha Campos). Belo Horizonte: Forum, 2008. p. 264-265; SANTOS, Carlos Frederico Brito dos. *Improbidade administrativa*. 2. ed. Rio de Janeiro: Forense, 2009. 4.2.4.1, p. 274.

Parcela da doutrina responde de forma afirmativa o questionamento, afirmando que mesmo os atos tipificados pelo art. 11 da Lei 8.429/1992 podem gerar prejuízos ao erário, sendo, portanto, admissível a medida cautelar.[8] Entendo que a conclusão pelo cabimento é correta, mas o fundamento é inadequado. Havendo prejuízo ao erário, mesmo que o ato atente a princípios da Administração Pública, o ato será tipificado pelo art. 10 da referida lei, sendo, portanto, cabível a medida cautelar em razão dessa tipificação.[9]

Mas mesmo que não se anteveja qualquer prejuízo ao erário decorrente do ato de improbidade administrativa previsto no art. 11 da Lei 8.429/1992, será cabível a medida de indisponibilidade de bens para garantir o pagamento da multa civil sancionatória prevista pelo art. 12, III, da LIA?

A resposta a essa pergunta depende da adoção de uma premissa: a inclusão do valor da futura e eventual multa civil a ser aplicada para fins de determinar o alcance do valor dos bens a serem indisponibilizados. Se a multa for incluída, faz sentido haver indisponibilidade mesmo sem prejuízo; caso contrário, a resposta tem que ser negativa.

Como o Superior Tribunal de Justiça tinha consolidado entendimento no sentido de incluir o valor da multa na base de cálculos da indisponibilidade, não poderia ser outra a conclusão que não a possibilidade da indisponibilidade de bens em demandas que versem sobre atos de improbidade administrativa tipificados no art. 11 da LIA.[10]

A situação, entretanto, terá que, necessariamente, mudar, diante de novidade legislativa que forçosamente mudou a premissa a ser adotada, conforme devidamente analisado no Capítulo 14, item 14.16.4.6.

16.2.3. Legitimidade ativa

Por conta da limitação imposta pela nova redação do art. 17, *caput*, da Lei 8.429/1992, à legitimidade ativa para a propositura da ação de improbidade, poderia se concluir que só o Ministério Público terá legitimidade

---

[8] MARQUES, Sílvio Antonio. *Improbidade administrativa*. São Paulo: Saraiva, 2010. p. 175; GARCIA, Emerson; ALVES, Rogério Pacheco. *Improbidade administrativa*. 6. ed. Rio de Janeiro: Lumen Juris, 2011. n. 14.2.2.1, p. 772.

[9] FERRARESI, Eurico. *Improbidade administrativa*. São Paulo: Método, 2011. p. 56-57.

[10] A tese 10 da edição n.º 40 da "Jurisprudência em Teses" do STJ dispõe: "Aplica-se a medida cautelar de indisponibilidade dos bens do art. 7.º aos atos de improbidade administrativa que impliquem violação dos princípios da administração pública – no art. 11 da LIA".

ativa para o requerimento de indisponibilidade de bens. A questão, entretanto, não é assim tão simples.

Sendo a indisponibilidade antecedente, a conclusão é correta, sendo compreensível a conclusão de só ter legitimidade para o acessório (tutela cautelar) o sujeito que a tenha para o principal (pedidos reparatório e sancionatório). Até porque, uma vez concedida a medida cautelar requerida, o autor terá um prazo de 30 dias de sua efetivação para aditar a petição inicial, formulando o pedido principal. Essa emenda, naturalmente, só poderá ser realizada por quem tem legitimidade ativa para a propositura da ação de improbidade, ou seja, o Ministério Público. Desconheço o aditamento de petição inicial por sujeito diverso daquele que tenha proposto a ação.

No caso de medida incidental, entretanto, é possível se defender a legitimidade ativa da pessoa jurídica interessada a depender dos poderes que lhe sejam atribuídos com o seu ingresso na demanda judicial.

Conforme devidamente analisado no Capítulo 14, não entendo que a intervenção permitida pela lei crie para a pessoa jurídica interessada uma legitimidade ativa superveniente. Essa circunstância, entretanto, não me parece suficiente para, uma vez admitida no processo, se retirar da pessoa jurídica interessada a legitimidade ativa para requerer a indisponibilidade de bens. Isso porque, conforme já amplamente consignado, a medida de indisponibilidade refere-se, exclusivamente, à parte da pretensão não punitiva da ação de improbidade administrativa, ou seja, a parcela meramente patrimonial da demanda. Nesse sentido, teria a pessoa jurídica interessada legitimidade para ingressar com uma ação civil pública para elaborar esses pedidos e, nessa ação, requerer medidas cautelares. O que, obviamente, não faz qualquer sentido, porque os pedidos já foram elaborados em ação que já se encontra em trâmite.

Muito mais racional, portanto, será permitir o pedido de indisponibilidade na própria ação de improbidade administrativa em trâmite, ainda que a intervenção da pessoa jurídica interessada não tenha causado a formação de um litisconsórcio ativo ulterior.

O art. 16, § 1.º-A, prevê que a representação de autoridade que conhecer dos fatos ao Ministério Público competente, para que o *Parquet* tome as providências necessárias, não é condição de admissibilidade do requerimento de indisponibilidade. Trata-se de importante novidade diante da divergência interpretativa do disposto na redação originária do art. 7.º, *caput*, da Lei 8.429/1992, havendo corrente doutrinária que, ainda que incorretamente, se valia do dispositivo para defender ser a representação como condição de admissibilidade do pedido de indisponibilidade dos bens.

Sempre defendi que referida representação não era condição *sine qua non* para o pedido de indisponibilidade de bens, considerando-se que o Ministério Público pode tomar conhecimento dos fatos que ensejam o pedido da medida cautelar de outras formas. O dispositivo ora analisado não deixa mais margem à dúvida quanto à sua dispensabilidade.

A representação, entretanto, poderá continuar a ocorrer nos termos do art. 7.º, *caput*, da Lei 8.429/1992, e, quando isso ocorrer, é possível que surjam algumas questões que devem ser enfrentadas.

Nos termos do art. 15, *caput*, da Lei 8.429/1992, a comissão processante dará conhecimento ao Ministério Público e ao Tribunal de Contas da existência do processo administrativo para apurar a prática de ato de improbidade, sendo, portanto, de conhecimento do Ministério Público tal procedimento investigatório. Em razão dessa comunicação, o *Parquet*, mesmo sem ter sido provocado pela comissão processante para ingressar com a ação cautelar de indisponibilidade, entendendo que há condições de fazer o pedido de indisponibilidade, assim procederá.[11] Por outro lado, é possível o trâmite de um inquérito civil anterior ou mesmo concomitante com o processo administrativo, numa outra oportunidade para o Ministério Público entender adequado o pedido de indisponibilidade sem que tenha sido provocado a tanto.[12]

Interessante questão que pode ser levantada diz respeito a eventual discordância entre a autoridade administrativa que conduz o processo investigatório e o Ministério Público. Basta imaginar que, mesmo instado a tanto, o Ministério Público entenda que não há condições para o pedido de indisponibilidade em juízo, restando inerte. Acredito que nesse caso não haja possibilidade de a autoridade administrativa realizar o pedido diretamente em juízo.

Registre-se que os comentários a respeito da legitimidade sofrem significativa influência da já amplamente mencionada liminar concedida na ADI 7.002, pela qual foi restabelecida a legitimidade ativa da pessoa jurídica interessada. Na eventualidade de ser confirmada no mérito tal liminar, naturalmente, a pessoa jurídica interessada passa a ser legitimada ativa para requerer a indisponibilidade, seja em caráter antecedente ou incidente, com ou sem representação ao Ministério Público.

---

[11] FERRARESI, Eurico. *Improbidade administrativa*. São Paulo: Método, 2011. p. 54; SANTOS, Carlos Frederico Brito dos. *Improbidade administrativa*. 2. ed. Rio de Janeiro: Forense, 2009. 4.2.4.1, p. 279.

[12] DECOMAIN, Pedro Roberto. *Improbidade administrativa*. São Paulo: Dialética, 2007. n. 9.2.8.2, p. 279.

16.2.4. Objeto da garantia

Segundo o *caput* do art. 16 da Lei 8.429/1992, a indisponibilidade ora analisada recairá sobre bens que assegurem a integral recomposição do erário ou o acréscimo patrimonial resultante do enriquecimento ilícito.

Uma leitura mais atenta do art. 12 da LIA, que versa não só sobre as penas imputáveis ao ímprobo, mas também sobre as reparações devidas pelo mesmo, levará o intérprete a concluir que existem três medidas que podem gerar uma execução civil no caso de procedência do pedido: (i) perda dos bens e valores acrescidos ilicitamente ao patrimônio; (ii) ressarcimento integral do dano; e (iii) aplicação da multa civil. Nesses três casos será cabível a execução de entrega de bens (perda dos bens) e, mais frequentemente, a de pagamento da quantia certa.

A observação é interessante porque o dispositivo ora analisado prevê expressamente que a garantia gerada pela indisponibilidade de bens refere-se exclusivamente às tutelas de perda dos bens e valores acrescidos ilicitamente ao patrimônio e à reparação integral do dano gerado ao erário. Não há qualquer previsão quanto à multa civil, que gerará uma obrigação de pagar quantia certa que, ao ser executada, também dependerá de patrimônio do devedor para ser satisfeita.

Registre-se que essa omissão legislativa não tem nada de novo, já estando presente desde a redação originária da Lei 8.429/1992. E, durante muito tempo, suscitou uma grande discussão doutrinária.

Parcela doutrinária entendia que a ausência de previsão legal da multa civil a excluía do âmbito da medida de indisponibilidade, que deveria ser limitada à perda de bens ou valores obtidos ilicitamente e à reparação do dano gerado ao erário.[13] Não era esse, entretanto, o entendimento do Superior Tribunal de Justiça, que incluía a multa civil no cálculo da indisponibilidade, ressaltando que a garantia tinha como objeto o integral ressarcimento de eventual prejuízo ao erário e o pagamento da multa civil, chamada de "sanção autônoma".[14]

Não há mais espaço para dúvida em razão de inovação legislativa quanto ao valor da indisponibilidade prevista no § 10 do art. 16 da LIA,

---

[13] ANDRADE, Adriano; MASSON, Cleber; ANDRADE, Landolfo. *Interesses difusos e coletivos esquematizado*. São Paulo: Método, 2011. n. 6.11.1.3, p. 724.

[14] STJ, 2.ª Turma, AgInt nos EDcl no AREsp 1.411.373/RJ, Rel. Min. Assusete Magalhães, j. 23.05.2019, *DJe* 30.05.2019; STJ, 1.ª Turma, AgInt no REsp 1.756.370/SC, Rel. Min. Napoleão Nunes Maia Filho, j. 02.04.2019, *DJe* 04.04.2019.

que expressamente exclui para o seu cálculo a multa civil a ser potencialmente aplicada como medida sancionatória. O STJ, inclusive, consagrou o entendimento de aplicação imediata da norma, readequando o valor de medidas efetivadas antes da novidade legislativa.[15]

Tudo leva a crer que a motivação do legislador tenha sido a distinção de naturezas da condenação à reparação ao erário e da multa aplicada como sanção. Ainda que nos dois casos tenhamos uma mesma espécie de execução – de pagar quantia certa – o legislador entendeu não haver sentido em admitir uma medida constritiva de bens como forma de assegurar futura eficácia de sanção.

Em termos de direito intertemporal, o tema foi afetado pelo Superior Tribunal de Justiça: "Definir a possibilidade ou não de aplicação da nova lei de improbidade administrativa (Lei 14.230/2021) a processos em curso, iniciados na vigência da Lei 8.429/1992, para regular o procedimento da tutela provisória de indisponibilidade de bens, inclusive a previsão de se incluir, nessa medida, o valor de eventual multa civil".[16]

Outra interessante questão que envolve o objeto da indisponibilidade de bens diz respeito a quais bens que compõem o patrimônio do devedor devem suportar a medida de constrição judicial.

No Superior Tribunal de Justiça está consolidado o entendimento de que mesmo bens adquiridos antes da prática do ato de improbidade administrativa devam suportar a medida de indisponibilidade, bastando para tanto que estejam no patrimônio do devedor no momento da efetivação da medida cautelar.[17]

Entendo correto o entendimento consagrado pelo Superior Tribunal de Justiça, somente chamando a atenção para o fato de que a medida cautelar se presta a garantir a futura execução de pagar quantia certa em razão do prejuízo gerado ao erário e referente à aplicação da multa civil. Nesse caso,

---

[15] AgInt no AREsp 1.964.284/SP, 2021/0236663-5, Rel. Min. Gurgel de Faria, 1ª Turma, j. 27.11.2023, DJe 05.12.2023.

[16] STJ, ProAfR no REsp 2.074.601/MG, Rel. Min. Afrânio Vilela, 1.ª Seção, j. 14.05.2024, DJe 22.05.2024 (Tema repetitivo 1.257).

[17] A tese 13 da edição n.º 38 da "Jurisprudência em Teses" do STJ dispõe: "Na ação de improbidade, a decretação de indisponibilidade de bens pode recair sobre aqueles adquiridos anteriormente ao suposto ato, além de levar em consideração, o valor de possível multa civil como sanção autônoma". Contra, defendendo que só respondem bens adquiridos depois do ato de improbidade administrativa: MEIRELLES, Hely Lopes; WALD, Arnaldo; MENDES, Gilmar Ferreira. *Mandado de segurança e ações constitucionais*. 33. ed. São Paulo: Malheiros, 2010. p. 276.

pouco importa se o bem foi integrado ao patrimônio do ímprobo antes ou depois da prática do ato de improbidade administrativa, sendo plenamente aplicável na responsabilização patrimonial desse sujeito o art. 789 do CPC.

16.2.5. Limites impostos ao ato de constrição

Conforme já devidamente demonstrado, a cautelar de indisponibilidade de bens ora analisada tem como função garantir a eficácia da futura execução de pagar quantia certa resultante da sentença de procedência na ação de improbidade administrativa. Nesse sentido, a constrição judicial deve ser suficiente para proporcionar tal eficácia, o que vincula o juiz ao valor, ainda que estimativo, que se buscará satisfazer no momento executivo.

Não há, portanto, qualquer sentido lógico ou jurídico na determinação de constrição de todo o patrimônio do pretenso ímprobo, sem qualquer correspondência com o valor da satisfação que se buscará pela execução. A constrição de todo o patrimônio nesse caso se prestaria apenas a sancionar o acusado pela prática do ato de improbidade administrativa, numa espécie de vingança privada que pode atender bem a ânsia de justiça contra aqueles que supostamente desfalcam o erário, mas é incompatível com a ideia moderna de execução. A medida, afinal, é executiva, e não sancionatória.[18]

Medidas executivas de vingança privada, tais como a morte ou a escravidão do devedor, ou ainda a perda de todo o seu patrimônio independentemente do valor da dívida ficaram num passado distante, sendo incompatíveis com o processo de humanização pelo qual passou a execução civil.[19] Dessa forma, deve ser elogiada a postura do Superior Tribunal de Justiça quando decide pela existência de uma correlação entre o valor dos bens que serão objeto da cautelar de indisponibilidade e o valor da execução cuja satisfação se busca garantir.[20]

O valor a se tornar indisponível com a concessão da tutela cautelar ora analisada é versado em diferentes passagens da nova redação do art. 16 da

---

[18] PAZZAGLINI FILHO, Marino. *Lei de Improbidade Administrativa comentada*: aspectos constitucionais, administrativos, civis, criminais, processuais e de responsabilidade fiscal. 5. ed. São Paulo: Atlas, 2011. p. 185.

[19] NEVES, Daniel Amorim Assumpção. *Manual de direito processual civil*. São Paulo: Método, 2009. n. 38.2, p. 850-851.

[20] STJ, 2.ª Turma, AgInt no REsp 1.770.485/SE, Rel. Min. Francisco Falcão, j. 21.05.2019, *DJe* 28.05.2019; STJ, 1.ª Turma, AgInt no REsp 1.571.721/SC, Rel. Min. Napoleão Nunes Maia Filho, j. 04.09.2018, *DJe* 21.09.2018.

LIA. No *caput*, há remissão expressa a "garantir a integral recomposição do erário ou do acréscimo patrimonial resultante de enriquecimento ilícito". Nos §§ 5.º e 6.º, há menção à estimativa do valor de dano indicada na petição inicial. No § 10, há menção ao integral ressarcimento do dano ao erário. A conjugação de todas essas previsões consagra legislativamente o entendimento jurisprudencial formado no Superior Tribunal de Justiça.

Dessa forma, deve ser elogiada a postura do legislador ao prever, por mais de uma vez, que o valor da indisponibilidade deve se limitar ao necessário à recomposição integral do erário.

Em outro aspecto relacionado à limitação do valor da indisponibilidade, o legislador acertou ao seguir entendimento consolidado pelo Superior Tribunal de Justiça. O tribunal entende pela diminuição da abrangência da medida cautelar de indisponibilidade quando essa recai no patrimônio dos pretensos devedores solidários representando o total do valor a ser garantido para cada um deles individualmente. Reconhecendo um excesso de cautela, já que é a responsabilidade solidária, não há razão para que cada um dos acusados tenha bens indisponíveis em valor representativo do total da pretensa dívida, decide corretamente o tribunal que a medida deve se limitar a tornar indisponíveis bens dos devedores no valor total da dívida.[21]

Nesse sentido, deve ser elogiada a previsão contida no § 5.º do art. 16 da LIA, que consagra regra no sentido de que, havendo litisconsórcio passivo, a somatória dos valores declarados indisponíveis não poderá superar o montante indicado na petição inicial como danos ao erário ou como enriquecimento ilícito.

Na intepretação de referido dispositivo, o Superior Tribunal de Justiça, em precedente vinculante, entendeu que, para fins de indisponibilidade de bens, há solidariedade entre os corréus da Ação de Improbidade Administrativa, de modo que a constrição deve recair sobre os bens de todos eles, sem divisão em quota-parte, limitando-se o somatório da medida ao *quantum* determinado pelo juiz, sendo defeso que o bloqueio corresponda ao débito total em relação a cada um.[22]

Tema interessante respeitante aos limites do ato de constrição diz respeito à possibilidade de a indisponibilidade atingir bem de família. Naturalmente, se o bem foi adquirido de forma ilícita, como o produto do enriquecimento

---

[21] STJ, 1.ª Turma, REsp 1.731.782/MS, Rel. Min. Regina Helena Costa, j. 04.12.2018, *DJe* 11.12.2018.

[22] Informativo 813/STJ, REsp 1.955.116-AM, REsp 1.955.957-MG, REsp 1.955.300-DF, REsp 1.955.440-DF, Rel. Min. Herman Benjamin, 1.ª Seção, por unanimidade, j. 22.05.2024 (Tema 1.213).

ilícito, responderá normalmente pela execução e, por isso, deve ser objeto da indisponibilidade. Por outro lado, o art. 3.º, VI, da Lei 8.009/1990 afasta a impenhorabilidade do bem de família quando adquirido com produto de crime ou em execução de sentença penal condenatória. A natureza cível da ação de improbidade administrativa torna inaplicável a segunda parte do dispositivo, mas se restar configurado que o ato de improbidade administrativa foi criminoso, será possível a penhora do bem de família e, por consequência, sua indisponibilidade cautelar deve ser admitida.[23]

Mas, e nos demais casos, em que o bem tenha sido adquirido de forma lícita, sem qualquer vinculação com o ato de improbidade administrativa, ou ainda não haver crime no ato praticado pelo acusado?

Entendimento mais antigo do Superior Tribunal de Justiça apontava que a natureza de "bem de família" não afastava a possibilidade de o bem ser atingido pela medida cautelar de indisponibilidade.[24] Ainda que as essas decisões do Superior Tribunal de Justiça defendessem uma diferença entre a indisponibilidade – voltada somente a evitar a alienação do bem – e a penhora – ato de garantia da satisfação do direito de crédito –, a função da indisponibilidade continua a ser a garantia de eficácia da futura execução de pagar quantia certa. Sendo o bem de família impenhorável, não há qualquer sentido em torná-lo indisponível porque, no momento executivo, esse bem não poderá servir à satisfação do direito, de forma que não terá qualquer sentido proceder à sua constrição cautelar.[25]

Como defendo a proximidade dessa cautelar de indisponibilidade com a cautelar de arresto, entendo plenamente aplicável o entendimento, consagrado inclusive no próprio Superior Tribunal de Justiça,[26] que aponta para a impossibilidade de o arresto recair sobre bem de família, justamente pela impossibilidade de penhora de tal bem na futura execução de pagar quantia certa.

---

[23] DECOMAIN, Pedro Roberto. *Improbidade administrativa*. São Paulo: Dialética, 2007. 9.2.8.2, p. 283.

[24] STJ, 2.ª Turma, REsp 900.783/PR, Rel. Min. Eliana Calmon, j. 23.06.2009, *DJe* 06.08.2009; STJ, 1.ª Turma, AgRg no REsp 956.039/PR, Rel. Min. Francisco Falcão, j. 03.06.2008, *DJe* 07.08.2008.

[25] COSTA, Eduardo José da Fonseca. A indisponibilidade cautelar de bens na ação de improbidade administrativa. In: DELFINO, Lúcio; ROSSI, Fernando; MOURÃO, Luiz Eduardo Ribeiro; CHIOVITTI, Ana Paula (Coord.). *Tendências do moderno processo civil brasileiro – aspectos individuais e coletivos das tutelas preventivas e ressarcitórias (estudos em homenagem ao jurista Ronaldo Cunha Campos)*. Belo Horizonte: Forum, 2008. p. 266.

[26] STJ, 4.ª Turma, REsp 316.306/MG, Rel. Min. Aldir Passarinho Junior, j. 15.05.2007, *DJ* 18.06.2007, p. 265; NEVES, Daniel Amorim Assumpção. *Manual de direito processual civil*. São Paulo: Método, 2009. n. 53.1, p. 1.228.

E o próprio Superior Tribunal de Justiça parece que mais recentemente já vinha adotando esse correto entendimento, afastando da indisponibilidade bens impenhoráveis, salvo aqueles obtidos com o produto do ato de improbidade administrativa.[27] Havia, entretanto, equivocado entendimento consagrado pela possibilidade de indisponibilidade de bem de família.[28]

Daí o porquê da indisfarçável relevância do § 14 do art. 16 da LIA, que prevê expressamente a proibição da decretação de indisponibilidade do bem de família do réu, salvo se comprovado que o imóvel seja fruto de vantagem patrimonial indevida. A norma deveria trazer uma certa vergonha ao Superior Tribunal de Justiça, que precisou ter sua tenção chamada para uma obviedade: o que não se pode utilizar para satisfazer uma obrigação de pagar quantia não se presta a garantir a satisfação de tal obrigação...

E àqueles que imaginam que essa é mais uma das previsões legais que buscam tutelar indevidamente o réu, criando maior impunidade aos agentes ímprobos, é importante lembrar que a proibição também beneficia a coletividade. Afinal, de que adianta a indisponibilidade hoje se, amanhã, no momento executivo, ao se requerer a conversão da garantia em penhora, o pedido é indeferido com fundamento em tratar-se de bem de família? Ou seja, durante anos, vende-se a ilusão de que a execução estava garantida, sem nunca estar...

Conforme já ficou devidamente registrado, defendo a tese de que a medida de indisponibilidade só pode recair sobre bens penhoráveis. E que tal realidade decorre da própria função da medida, independentemente, portanto, de previsão expressa nesse sentido. Faltam, entretanto, dispositivos com esse teor.

O § 13 do art. 16 da LIA prevê ser vedada a decretação de indisponibilidade da quantia de até 40 (quarenta) salários-mínimos depositados em caderneta de poupança, em outras aplicações financeiras ou em conta corrente. A previsão é interessante, porque o art. 833, X, do CPC prevê a impenhorabilidade até esse mesmo valor de quantias mantidas somente na poupança, sendo a norma ora analisada mais ampla. Verdade que essa

---

[27] A tese 8 da edição n.º 40 da "Jurisprudência em Teses" do STJ dispõe: "A indisponibilidade de bens prevista na LIA – Lei de Improbidade Administrativa pode alcançar tantos bens quantos necessários a garantir as consequências financeiras da prática de improbidade, excluídos os bens impenhoráveis assim definidos por lei". STJ, 2.ª Turma, AgRg no AREsp 362.027/MG, Rel. Min. Herman Benjamin, j. 05.08.2014, DJe 18.08.2014; STJ, 1.ª Turma, REsp 1.164.037/RS, Rel. Min. Sérgio Kukina, Rel. p/ acórdão Min. Napoleão Nunes Maia Filho, j. 20.02.2014; DJe 09.05.2014.

[28] A tese 9 da edição n.º 40 da "Jurisprudência em Teses" do STJ dispõe: "Os bens de família podem ser objeto de medida de indisponibilidade prevista na Lei de Improbidade Administrativa, uma vez que há apenas a limitação de eventual alienação do bem".

amplitude, agora consagrada em lei – ao menos para a medida de indisponibilidade – já era uma realidade por conta da interpretação extensiva do art. 833, X, do CPC.[29] De qualquer forma, a previsão é bem-vinda.

Em interessante inovação, o § 11 do art. 16 da LIA cria uma ordem de indisponibilidade ao prever que a medida recairá, prioritariamente, sobre veículos de via terrestre, bens imóveis, bens móveis em geral, semoventes, navios e aeronaves, ações e quotas de sociedades simples e empresárias, pedras e metais preciosos e, apenas na inexistência desses, sobre o bloqueio de contas bancárias, de forma a garantir a subsistência do acusado e a manutenção da atividade empresária ao longo do processo.

A ordem de constrição é uma novidade no tocante a medidas cautelares, considerando-se que a única ordem nesse sentido que tínhamos no ordenamento era a do art. 835 do CPC, que versa sobre a ordem de penhora. E, numa comparação entre os dois dispositivos, percebe-se importante diferença: enquanto, na penhora, o dinheiro é o bem preferencial, na cautelar de indisponibilidade, ele é o bem residual. Entendo como compreensível a distinção por conta da diferente natureza das medidas. A cautelar é fundada numa cognição sumária, enquanto a penhora, de natureza executiva, decorre, senão de uma certeza jurídica, ao menos de uma situação de maior probabilidade da existência do direito.

Seja como for, a opção legislativa está feita e deve ser respeitada. O juízo só deve se servir do SISBAJUD se não houver outras espécies de bens que possam garantir adequadamente o juízo. E, nesse ponto, entendo plenamente aplicável, por analogia, o art. 774, V, do CPC, cabendo a intimação do réu para que indique os bens de seu patrimônio que poderão se tornar indisponíveis. O silêncio já será o suficiente para que a medida recaia sobre dinheiro.

Por fim, é digna de nota a preocupação do legislador com o réu. A colocação da indisponibilidade de dinheiro como medida residual a ser adotada justifica-se na garantia à subsistência do acusado e na manutenção de suas atividades empresariais durante o processo. Também no § 12 nota-se a mesma preocupação ao se exigir do juiz, na apreciação do pedido de indisponibilidade de bens do réu, a observação dos efeitos práticos da decisão, vedada a adoção de medida capaz de acarretar prejuízo à prestação de serviços públicos.

---

[29] STJ, 2.ª Seção, REsp 1.230.060/PR, Rel. Min. Maria Isabel Gallotti, j. 13.08.2014, *DJe* 29.08.2014.

16.2.6. Forma do pedido de indisponibilidade

Por conta de expressa previsão legal, a medida poderá ser requerida de forma antecedente ou incidental. Nesse sentido, o dispositivo dialoga perfeitamente com o art. 294, parágrafo único, do CPC, que prevê as formas antecedente e incidental para a concessão da tutela de urgência.

Ainda que exista certa divergência doutrinária a respeito da admissão da tutela de urgência antecedente, que ficaria restrita a uma espécie de urgência potencializada, não retiro do texto legal do art. 305, *caput*, do CPC nenhum indicativo nesse sentido. Trata-se, na verdade, de uma mera opção do autor, independentemente do grau de urgência e/ou da capacidade atual de o autor formular sua pretensão principal.

Caso o autor pretenda iniciar o processo por meio exclusivamente do pedido de indisponibilidade de bens, tal medida será requerida em sede antecedente; caso a pretensão principal já tenha sido formulada no processo, a tutela será incidental. Registre-se que na tutela cautelar incidental é possível sua cumulação com a pretensão principal, quando o pedido cautelar de indisponibilidade será fundamentado em tópico da petição inicial. Não há, entretanto, preclusão temporal para tal pedido, que poderá ser realizado a qualquer tempo do processo.

16.2.7. Concessão liminar da medida cautelar

As medidas de tutela de urgência podem ser concedidas com base no princípio do contraditório tradicional ou do contraditório diferido, também chamado de postecipado. A estrutura básica do contraditório é: (i) pedido; (ii) informação da parte contrária; (iii) reação possível; e (iv) decisão. É a estrutura mais adequada do princípio do contraditório, porque a decisão a ser proferida pelo juiz só ocorre depois da oportunidade de ambas as partes manifestarem-se a respeito da matéria que formará o objeto da decisão.

Essa ordem, apesar de ser a preferível, pode excepcionalmente ser afastada pelo legislador, como ocorre na concessão das tutelas de urgência *inaudita altera partes*, em situações de extrema urgência, nas quais a decisão do juiz deve preceder a informação e a reação da parte contrária. Nesse caso, haverá um "contraditório diferido ou postecipado", porque, apesar de os elementos essenciais do princípio continuarem a existir, a inversão da sua ordem tradicional antecipa a decisão para o momento imediatamente posterior ao pedido da parte.[30] A estrutura do contraditório diferido é: (i) pedido; (ii) decisão; (iii) informação da parte contrária; e (iv) decisão, estando suas hipóteses de cabimento previstas no art. 9.º, parágrafo único, do CPC, interessando à presente discussão a permissão expressa de sua aplicação para a concessão de tutela provisória de urgência.

Ainda que excepcional, em situações de extrema urgência se vem admitindo a concessão de tutelas de urgência antes mesmo da oitiva da parte contrária, que será intimada da decisão concessiva da tutela, só podendo reagir a partir desse momento. Não há qualquer razão para que o contraditório diferido não seja também aplicado à cautelar de indisponibilidade de bens ora analisada. Pelo contrário, sendo medida voltada à garantia de eficácia de execução que busca recompor o erário, com ainda maior razão deve se permitir, sempre que indispensável, a utilização do princípio do contraditório de forma diferida. É nesse sentido a jurisprudência firmada no Superior Tribunal de Justiça.[31]

Mais uma vez o legislador consagra em lei o entendimento do Superior Tribunal de Justiça. O § 3.º do art. 16 da LIA, acrescido pela Lei 14.230/2021, exige um contraditório tradicional para a concessão da medida de indisponibilidade, prevendo a necessária ciência da parte que suportará a medida de constrição e a concessão de um prazo de defesa de cinco dias antes de ser proferida a decisão acolhendo o pedido. Entendo que o contraditório, nesse caso, só se justifica se não for caso de rejeição liminar do pedido, aplicando-se à hipótese a dispensa do contraditório inútil.

A norma, embora possa criar algumas complicações procedimentais, deve ser elogiada. Ainda mais por conta da exceção prevista no parágrafo seguinte, que permite excepcionalmente a adoção do contraditório diferido sempre que o contraditório prévio puder, comprovadamente, frustrar a efetividade da medida ou houver outras circunstâncias que recomendem a proteção liminar.

Somente se justifica conceder uma tutela de urgência antes da oitiva do réu em situações de extrema urgência, nas quais a mera espera da citação e resposta do réu já seja suficiente para o perecimento do direito do autor. Também a hipótese de a ciência motivar o réu a adotar alguma conduta

---

[30] CÂMARA, Alexandre Freitas. *Lições de direito processual civil*. 17. ed. Rio de Janeiro: Lumen Juris, 2008. v. 1, p. 53; SILVA, Ovídio Baptista da; GOMES, Fábio. *Teoria geral do processo*. 3. ed. São Paulo: RT, 2002. p. 56; THEODORO JR., Humberto. *Curso de direito processual civil*. 47. ed. Rio de Janeiro: Forense, 2007. v. 1, n. 24, p. 31.

[31] A tese 11 da edição n.º 38 da "Jurisprudência em Teses" do STJ dispõe: "É possível o deferimento da medida acautelatória de indisponibilidade de bens em ação de improbidade administrativa nos autos da ação principal sem audiência da parte adversa e, portanto, antes da notificação a que se refere o art. 17, § 7.º, da Lei n. 8.429/92".

que venha a frustrar a eficácia de uma futura antecipação de tutela pode justificar no caso concreto sua concessão liminarmente. Resumindo, só se justifica a tutela de urgência antecipada antes da citação se a convocação do réu prejudicar a eficácia da medida.

Significa dizer que, sempre que for possível aguardar a manifestação do réu após sua citação sem grandes repercussões negativas na esfera de interesse do autor, deve-se esperar esse momento para conceder a tutela de urgência. Ainda que o contraditório diferido seja apto a preservar o princípio constitucional consagrado no art. 5.º, LV, da CF, é evidente que o contraditório tradicional, com decisão somente após a concessão de oportunidade para a parte contrária se manifestar, é o ideal, limitando-se seu sacrifício a situações excepcionais.

Por fim, não me impressiona a exigência de que a urgência que justifique uma concessão de tutela liminarmente não possa ser presumida. Sendo o contraditório diferido à exceção, é natural que caberá ao autor do requerimento a demonstração de sua necessidade no caso concreto. Até porque, se essa urgência fosse presumida, o contraditório diferido seria a regra, e não a exceção, o que contrariaria a expressa previsão legal.

16.2.8. Requisitos para a concessão

O primeiro requisito exigido por lei para a concessão da medida de indisponibilidade é a demonstração no caso concreto de perigo de dano irreparável ou de risco ao resultado útil do processo. Há uma identidade, inclusive redacional, com o art. 300, *caput*, do CPC, responsável por, genericamente, prever os requisitos para a concessão da tutela provisória de urgência.

Sendo a medida de indisponibilidade uma medida cautelar típica, nenhuma surpresa deveria existir de ter como requisito para sua concessão o *periculum in mora*. Ocorre, entretanto, que diante do entendimento consolidado pelo Superior Tribunal de Justiça a respeito do tema na vigência da redação originária da Lei de Improbidade Administrativa, a previsão legal traz substancial novidade.

Não se deve desconsiderar que, mesmo antes da presente previsão legal, já existia corrente doutrinária, a qual me filiava, no sentido de exigir a comprovação concreta do perigo de ineficácia da futura e eventual execução, assim como ocorre em todas as medidas cautelares. Para essa corrente doutrinária deveria restar comprovado o perigo de dilapidação ou o desvio patrimonial do acusado de improbidade para que se justifique a concessão da medida cautelar. Sendo a cautelar espécie de tutela que visa garantir a eficácia do resultado de um processo principal, se no caso não houvesse indicação de que o resultado de tal processo corresse qualquer risco de ineficácia, não haveria razão para a determinação de indisponibilidade de bens.

O Superior Tribunal de Justiça, entretanto, consolidou o entendimento de que esse perigo de ineficácia na tutela de recomposição do erário era presumido, de forma que a indisponibilidade deveria ser determinada mesmo sem qualquer demonstração concreta de que a medida fosse necessária para garantir a futura execução de pagar quantia certa.[32] Há precedente, inclusive, no sentido de ter a indisponibilidade natureza de tutela de evidência e não de urgência, não importando o perigo do agente dilapidar seu patrimônio, e sim a gravidade dos fatos e o montante do prejuízo gerado ao erário.[33]

Devo confessar que me alegrou a mudança legal. Nunca consegui, do ponto de vista processual, aceitar a tese consagrada no Superior Tribunal de Justiça de *periculum in mora* presumido. Se o arresto cautelar depende da prova desse requisito, como pode uma medida ainda mais severa prescindir de tal prova? O argumento de que a defesa do erário justificaria tal presunção podia parecer simpática à população já esgotada diante de tantos maus-tratos da coisa pública, mas não se sustenta juridicamente.

Se assim fosse, não só a medida cautelar de indisponibilidade de bens ora analisada se beneficiaria da presunção, mas todas as medidas cautelares que pudessem, de alguma forma, garantir uma efetiva reparação ao erário. Não se tem notícia de outras cautelares nesses termos gozando de tal prerrogativa. A mudança legislativa torna homogênea a proteção cautelar de ressarcimento ao erário, independentemente da espécie de medida cautelar e da espécie de processo principal à qual tal medida esteja associada, o que deve ser comemorado.

Por outro lado, o argumento de que a comprovação do *periculum in mora* se mostraria extremamente difícil no caso concreto e poderia inviabilizar a medida cautelar desconsiderava por completo a excepcionalidade dessa medida. Deve-se lembrar que a cognição realizada pelo juiz para a concessão da medida cautelar é sumária, fundada num juízo de probabilidade, de forma

---

[32] A tese 12 da edição n.º 38 da "Jurisprudência em Teses" do STJ dispõe: "É possível a decretação da indisponibilidade de bens do promovido em ação civil pública por ato de improbidade administrativa, quando ausente (ou não demonstrada) a prática de atos (ou a sua tentativa) que induzam a conclusão de risco de alienação, oneração ou dilapidação patrimonial de bens do acionado, dificultando ou impossibilitando o eventual ressarcimento futuro".

[33] STJ, 1ª Seção, REsp 1.319.515/ES, Rel. Min. Napoleão Nunes Maia Filho, Rel. p/ acórdão Min. Mauro Campbell Marques, j. 22.08.2012, *DJe* 21.09.2012.

que meros indícios de que há um perigo de ineficácia do resultado final já são suficientes para a concessão da medida. Pode-se até imaginar que, em decorrência das dificuldades de tal prova, o juiz amenize o preenchimento desse requisito, satisfazendo-se com uma mera possibilidade de dilapidação do patrimônio. Presumir tal perigo, entretanto, nunca me pareceu razoável.

Registro, por fim, que não há ginástica hermenêutica capaz de manter o entendimento consagrado no Superior Tribunal de Justiça diante da nova redação legal. Continuar a dispensar o *periculum in mora* para a concessão da medida de indisponibilidade será julgar absolutamente *contra legem*, o que se espera, sinceramente, que não ocorra.

Interessante notar que o Superior Tribunal de Justiça, em precedente vinculante, entendeu que as novidades quanto à cautelar de indisponibilidade, por terem natureza processual, têm aplicação imediata, de forma que nas cautelares já concedidas em época de dispensa do requisito do *periculum in mora*, cabe sua revogação se tal requisito não se fizer atualmente presente.[34]

O segundo requisito previsto no § 3.º do art. 16 da LIA é a probabilidade da ocorrência dos atos descritos na petição inicial com fundamento nos respectivos elementos de instrução. Aqui há uma sutil e extremamente importante diferença do requisito genericamente previsto para a concessão da tutela de urgência.

Segundo o art. 300, *caput*, do CPC, exige-se o convencimento do juiz da existência de elementos que evidenciem a probabilidade do direito para a concessão de tutela de urgência. O legislador não especificou que elementos são esses capazes de convencer o juiz, ainda que mediante uma cognição sumária, a conceder a tutela de urgência pretendida. É natural que o convencimento do juiz para a concessão da tutela de urgência passa pela parte fática da demanda, já que o juiz só aplicará o direito ao caso concreto em favor da parte se estiver convencido, ainda que em um juízo de probabilidade, da veracidade das alegações de fato da parte. E, nesse ponto, questiona-se: esse convencimento sumário do juiz da parte fática da pretensão é derivado apenas de alegação verossímil da parte, ou cabe a ela a produção de alguma espécie de prova para corroborar sua alegação?

A redação do art. 300, *caput*, do CPC dá grande poder ao juiz para decidir a respeito do convencimento ora analisado. Ao não exigir nada além de elementos que evidenciem a probabilidade de o direito existir, o legislador permite que o juiz decida, desde que o faça justificadamente, que

---

[34] Informativo 840/STJ, REsp 2.074.60-MG, REsp 2.089.767-MG, REsp 2.076.137-MG, REsp 2.076.911-SP, REsp 2.078.360-MG, Rel. Min. Afrânio Vilela, 1.ª Seção, por unanimidade, j. 06.02.2025, *DJEN* 13.02.2025 (Tema 1.257).

se convenceu em razão de elementos meramente argumentativos da parte, sem a necessidade, portanto, de provas que corroborem tais alegações. É natural que, nesse caso, as alegações de fato sejam verossímeis, ou seja, que sejam aparentemente verdadeiras em razão das regras de experiência.

A questão parece ter sido tratada de forma diversa no dispositivo ora comentado, exigindo o legislador que o convencimento do juízo se construa não só à luz da narrativa fática constante da petição inicial. Afinal, a norma é expressa ao apontar que a probabilidade decorra dos elementos de instrução, ou seja, de elementos probatórios.

Há, portanto, uma exigência maior para a concessão da medida de indisponibilidade, não bastando que as alegações contidas na petição inicial sejam verossímeis. Num pedido antecedente ou incidental feito de forma liminar, caberá ao autor juntar aos autos prova documental ou documentada (forma de documento e conteúdo oral ou pericial) que corrobore suas alegações fáticas. Num pedido incidental, o autor poderá se valer das provas colhidas no próprio processo. Mas sem prova que corrobore as alegações do autor é inadmissível a determinação de indisponibilidade de bens.

16.2.9. Prazo para a propositura da ação principal

Quando a medida cautelar é obtida em sede de processo antecedente, prevê o art. 308, *caput*, do CPC um prazo de 30 dias para o ingresso da ação principal, com o nítido objetivo de evitar que a medida cautelar, provisória por natureza, se eternize. Favorecida a parte com a proteção cautelar, cabe a discussão da efetiva existência do direito material, que se dará com a devida ação principal, sendo bastante razoável o prazo de 30 dias para a sua propositura.

A redação do dispositivo legal é suficientemente clara ao estabelecer que o termo inicial da contagem do prazo é a efetivação da medida cautelar, ou seja, é o efetivo cumprimento no plano dos fatos da decisão concessiva da tutela cautelar. Para fins de contagem do prazo do 308, *caput*, do CPC, é irrelevante o momento da propositura do processo ou mesmo da concessão da tutela; o único momento que interessa é o da efetivação da medida cautelar. Registre-se que, em respeito ao princípio do *contraditório*, o prazo só terá início após a intimação da parte de que a medida cautelar foi devidamente cumprida.[35]

---

[35] SILVA, Ovídio Baptista da. *Do processo cautelar*. Rio de Janeiro: Forense. p. 200.

Sendo parcialmente efetivada a decisão judicial, sempre entendi que o prazo deveria ter sua contagem iniciada, considerando-se que nesse caso já existe tutela cautelar a proteger a parte, ainda que parcial.[36] Infelizmente, entretanto, assim não vem entendendo o Superior Tribunal de Justiça, que exige a efetivação total da medida cautelar para que a contagem do prazo para elaboração do pedido principal seja iniciada.[37] Já decidiu o Superior Tribunal de Justiça que, sendo diversos os réus, o prazo para a propositura da ação principal somente tem início para aqueles que sofreram constrição judicial em seus bens.[38]

Enquanto esse prazo era para a propositura de um novo processo – assim o era na vigência do diploma legal revogado – havia viva controvérsia a respeito da de sua natureza jurídica. Com a nova sistemática, entretanto, parece tranquilo concluir pela natureza processual do prazo, porque o que se exige do autor é um aditamento da petição inicial e não a propositura de uma nova ação. Conta-se o prazo, portanto, em dias úteis e o seu descumprimento gera a extinção do processo sem resolução do mérito com a consequente revogação da tutela cautelar concedida.[39]

De qualquer forma, seja qual for a natureza do prazo, naturalmente seu decurso não impedirá a propositura da ação principal, sendo, na realidade, um prazo para a manutenção da eficácia da medida cautelar concedida em sede antecedente. Descumprido o prazo legal, a medida cautelar extinguiu-se *ipso iure*, ou seja, perdeu sua eficácia automaticamente,[40] mas o direito à ação principal não será em nada afetado.

---

[36] MARINONI, Luiz Guilherme; MITIDIERO, Daniel Francisco. *Código de Processo Civil comentado*. São Paulo: RT, 2008. p. 756; SHIMURA, Sérgio Seiji. *Arresto cautelar*. 2. ed. São Paulo: RT, 1997. n. 8.7.2.1, p. 396; STJ: 1.ª Seção, REsp 1.115.370/SP, Rel. Min. Benedito Gonçalves, j. 16.03.2010 (Informativo de Jurisprudência do STJ 427); STJ, 3.ª Turma, REsp 757.625/SC, Rel. Min. Nancy Andrighi, j. 19.10.2006, *DJ* 13.11.2006. Contra: SILVA, Ovídio Baptista da. *Do processo cautelar*. Rio de Janeiro: Forense. p. 200.

[37] Informativo 718/STJ, 3.ª Turma, REsp 1.954.457-GO, Rel. Min. Moura Ribeiro, por unanimidade, j. 09.11.2021, *DJe* 11.11.2021; STJ, 1.ª Turma, AgInt no AREsp 1.702.728/PE, Rel. Min. Napoleão Nunes Maia Filho, j. 23.11.2020, *DJe* 27.11.2020.

[38] STJ: 3.ª Turma, REsp 1.040.404-GO, Rel. originário Min. Sidnei Beneti, Rel. para acórdão Min. Nancy Andrighi, j. 23.02.2010 (Informativo de Jurisprudência do STJ 424).

[39] REsp 2.066.868/SP, 2023/0123998-5, Rel. Min. Nancy Andrighi, j. 20.06.2023, 3ª Turma, *DJe* 26.06.2023; REsp 1.763.736/RJ, 2018/0225179-5, Rel. Min. Antonio Carlos Ferreira, 4ª Turma, j. 21.06.2022, *DJe* 18.08.2022.

[40] THEODORO JR., Humberto. *Processo de execução e cumprimento de sentença*. 25. ed. São Paulo: Leud, 2008. n. 107, p. 149; SILVA, Ovídio Baptista da. *Do processo cautelar*. Rio de Janeiro: Forense. p. 202.

16.2.10. Pedido ilíquido

O art. 324, § 1.º, do CPC exige do autor a elaboração de um pedido determinado, ou seja, cabe ao autor indicar em sua petição inicial a quantidade de bem da vida pretendida. Na hipótese específica da ação de improbidade o pedido determinado será aquele que contém o valor do dano causado ao erário que se pretende reparar. Sendo elaborado um pedido determinado, a priori, não haverá dificuldades de calcular, ainda que de forma estimativa, o valor da indisponibilidade.

Entendo que o juízo não está condicionado ao valor apontado pela petição inicial, até porque o § 6.º do art. 16 da Lei 8.429/1992 se limita a afirmar que a indisponibilidade considerará tal valor, o que permite uma fixação em quantia inferior do sugerido. De qualquer forma, haverá um valor para se utilizar como base de cálculos sobre o qual versará a medida de indisponibilidade.

Ocorre, entretanto, que nem sempre o pedido é determinado, havendo previsão legal que permite a elaboração de pedido genérico, justamente quando não há indicação da quantidade de bem da vida pretendido. Analisando a hipótese prevista no art. 324, § 1.º, II, do CPC, e verificando a praxe forense atual, não é nada desprezível – pelo contrário – a elaboração de pedidos condenatórios genéricos nas petições iniciais de ações de improbidade administrativa.

Não tenho nem quero colocar em dúvida o cabimento de tal espécie de pedido, mas apenas questionar a respeito do eventual cabimento da medida de indisponibilidade nesse caso. Poderia se imaginar que, sem um valor dos danos, ainda que meramente estimativo, indicado na petição inicial, a medida de indisponibilidade se inviabilizaria por conta da falta de base de cálculo para determinar sua extensão. Essa solução, entretanto, traz problemas.

Primeiro porque o valor indicado na petição inicial não vincula o juízo, de forma que, estando ele autorizado a considerar a quantia que lhe pareça mais adequada, fazendo-o, naturalmente, por meio de decisão devidamente fundamentada, não vejo qualquer problema de o juízo, mesmo sem indicação de qualquer valor, indicar um estimativo do dano que lhe pareça adequado ao caso concreto.

Segundo porque essa interpretação poderá vir a consagrar uma regra de cinismo procedimental. O autor sabe que, se não indicar um valor, ainda que meramente estimativo, não conseguirá a indisponibilidade de bens. O que faz o autor? Simplesmente inventa um, provavelmente bem alto, apenas para que o juízo não utilize o fundamento de pedido genérico como impeditivo da concessão da indisponibilidade.

Afirmar, por outro lado, pelo cabimento da medida de indisponibilidade diante de um pedido genuinamente genérico, quando seja impossível tanto às partes como ao próprio juízo fazer uma estimativa digna do valor do dano, é solução perigosa justamente pela inexistência de uma base de cálculos objetiva e minimamente confiável. Se a medida deve zelar pela futura efetividade da execução de obrigação de pagar quantia certa, sem ofender o princípio da menor onerosidade, não é difícil imaginar a complexa situação que teremos na prática.

16.2.11. Adequações

Levando-se em conta a natureza da indisponibilidade, é natural que a medida possa ser adequada diante de circunstâncias supervenientes. Nesse sentido, é elogiável o § 6.º do artigo ora comentado ao prever a readequação da medida durante a instrução do processo. Basta imaginar uma hipótese, dentre várias possíveis, de a instrução probatória apontar para um dano significativamente maior ou menor do que aquele indicado na petição inicial e que serviu ao juízo para determinar o alcance da indisponibilidade. É claro que, nesse caso, a medida terá que ser readequada.

No mesmo dispositivo está prevista uma permissão expressa de substituição da indisponibilidade por caução idônea, por fiança bancária ou por seguro garantia judicial.

Confesso que tenho dificuldade em compreender a substituição da indisponibilidade por caução idônea conforme previsto pelo dispositivo legal. O problema é o que seria oferecido pelo réu para servir de caução idônea. Outro bem de seu patrimônio, imagino. Mas, nesse caso, não seria mais correta uma substituição do bem tornado indisponível, sem a mudança da natureza da garantia? A preocupação não é meramente acadêmica, porque uma caução idônea pode ser negociada, ainda que em fraude à execução, o que não se admite no bem indisponível averbado. Daí por que não me parece razoável essa mudança na natureza da garantia.

Quanto à substituição por fiança bancária e seguro garantia, a previsão é mais compreensível e deve ser celebrada. Importante lembrar que o art. 835, § 2.º, do CPC equiparou a fiança bancária e o seguro garantia ao dinheiro, tamanho o grau de confiança de que tais formas de garantia do juízo serão aptas a satisfazer a obrigação exequenda.

Se considerarmos que a indisponibilidade, ao menos em regra, recairá sobre bens distintos do dinheiro, a substituição deverá ser admitida sem maiores questionamentos. Para a garantia do juízo, será muito melhor do que a indisponibilidade de qualquer bem, e se o réu requereu a substituição, só se pode deduzir que para ele também será melhor. Ou seja, sendo melhor para todos, não consigo nem imaginar a criação de uma resistência séria à substituição.

E, mesmo que a indisponibilidade tenha recaído sobre o dinheiro, com a equiparação prevista no art. 835, § 2.º, do CPC, entendo que o pedido de substituição pelo réu, desde que formalmente perfeito, deva ser admitido, ainda que diante de resistência do autor.

Há precedentes do Superior Tribunal de Justiça nesse sentido ao entender ser incabível a rejeição do seguro garantia judicial pelo exequente, salvo por insuficiência, defeito formal ou inidoneidade da salvaguarda oferecida[41] e ao apontar que a fiança bancária e o seguro garantia judicial acarretam a harmonização entre o princípio da máxima eficácia da execução para o credor e o princípio da menor onerosidade para o executado.[42]

Infelizmente, esse não tem sido o entendimento adotado pelas turmas da Seção de Direito Público, que continuam a entender pela excepcionalidade da medida e pela necessidade de demonstração no caso concreto de motivos que justifiquem a substituição.[43] E como são elas as turmas competentes para o tema de improbidade administrativa...

16.2.12. Direito intertemporal

Questão de extrema pertinência acadêmica e flagrante interesse prático diz respeito à aplicação da nova norma para as medidas de indisponibilidade já determinadas e/ou efetivadas sob a égide do ultrapassado entendimento jurisprudencial. Deverão tais medidas se adaptarem à nova redação? Ou essa só deve ser aplicada para as medidas requeridas a partir de sua vigência? Apenas uma das várias dúvidas de direito intertemporal que foram criadas pela Lei 14.230/2021.

---

[41] Informativo 615/STJ, 3.ª Turma, REsp 1.691.748/PR, Rel. Min. Ricardo Villas Bôas Cueva, j. 07.11.2017, *DJe* 17.11.2017.

[42] STJ, 3.ª Turma, REsp 1.691.748/PR, Rel. Min. Ricardo Villas Bôas Cueva, j. 07.11.2017, *DJe* 17.11.2017.

[43] STJ, 2.ª Turma, AgInt no REsp 1.914.633/SP, Rel. Min. Assusete Magalhães, j. 14.06.2021, *DJe* 17.06.2021.

As normas processuais aplicam-se desde a sua vigência aos processos pendentes, só não podendo retroagir ou violar atos processuais praticados e situações jurídicas consolidadas sob a vigência da norma revogada (princípio do *tempus regit actum*).

O art. 296, parágrafo único, do CPC, ao prever a possibilidade de revogação ou modificação da tutela provisória a qualquer momento, permite que, durante a constância do processo, a tutela provisória possa ser revogada ou modificada pelo próprio juízo que a concedeu. A questão a ser respondida é em quais condições e por qual razão a tutela provisória pode ser reexaminada.

Autorizada doutrina entende que a revogação ou a modificação da tutela provisória fica condicionada a uma transformação da situação de fato, de tal maneira que os pressupostos autorizadores da concessão da medida simplesmente deixem de existir. Nesse caso, não se tratará de alteração de decisão, mas de prolação de uma nova, já que calcada em outra situação fática e/ou outro quadro probatório.

Ampliando corretamente as situações nas quais o juiz estaria liberado para modificar o seu entendimento prévio, há opinião doutrinária de que não apenas a mudança da situação de fato permite ao juiz a modificação da decisão, mas também a superveniência de "novas circunstâncias". Essas "novas circunstâncias" resultariam da mudança dos fatos ou do surgimento de outra evidência sobre uma situação fática inalterada. Há, ainda, uma terceira corrente doutrinária que defende o entendimento de que as novas circunstâncias podem ser tanto fáticas como jurídicas.

Entendo que essas circunstâncias supervenientes jurídicas aptas ao reexame podem ser uma novidade legislativa, devendo a tutela de urgência se adequar à lei vigente durante toda a extensão de sua existência. Tratando-se de tutela continuada, que dura, pelo menos em regra, até ser confirmada ou revogada pela tutela definitiva, durante todo o seu tempo de vigência deve atender àquilo que a lei exige para sua concessão. Não parece, afinal, correto se apontar a existência de um direito adquirido da parte beneficiada pela tutela de urgência, até – e em especial – por conta da provisoriedade da medida.

16.3. AFASTAMENTO PROVISÓRIO DO CARGO, EMPREGO OU FUNÇÃO

16.3.1. Natureza jurídica

Diante da redação originária da Lei 8.429/1992, a doutrina parecia tranquila na conclusão de que o afastamento provisório do cargo, emprego ou função previsto no art. 20, parágrafo único, da Lei 8.429/1992 tem natureza cautelar.[44] A conclusão parecia acertada justamente pela motivação do afastamento presente no dispositivo legal mencionado: permitir a realização regular da instrução probatória. A cautelaridade da medida era explicada pelo perigo de que sem a medida a instrução da prova venha a ser sacrificada e, como consequência, a própria qualidade da prestação de tutela jurisdicional.

É de fundamental relevância a exata determinação da natureza dessa medida no âmbito da tutela de urgência, porque a conclusão de se tratar de uma tutela antecipada poderia ampliar consideravelmente seu plano de atuação. Como ensina a melhor doutrina, a tutela antecipada é espécie de tutela de urgência que antecipa os efeitos práticos da tutela a ser concedida definitivamente, de forma a criar uma situação fática idêntica àquela que será criada com a vitória definitiva da parte (trânsito em julgado da decisão de procedência).

O § 9.º do art. 12 da Lei 8.429/1992 prevê que a perda da função pública e a suspensão dos direitos políticos só se efetivam com o trânsito em julgado da sentença condenatória. Tal regra consagra expressamente o princípio da presunção de inocência previsto no art. 5.º, LVII, aplicável a qualquer réu que venha a sofrer sanções, sejam elas de natureza penal ou administrativa, como é o caso das sanções de perda da função pública e de suspensão dos direitos políticos.

Caso se atribua à medida de urgência ora analisada a natureza de tutela antecipada, será possível se concluir que a medida se presta como uma antecipação da futura condenação definitiva do réu. E mesmo tendo a condenação natureza constitutiva, nenhum empecilho haverá à concessão da tutela antecipada, considerando-se que não seria antecipada a tutela constitutiva em si, ou seja, a alteração da situação jurídica, mas apenas um efeito prático dessa tutela, qual seja, o afastamento do agente de seu cargo, emprego ou função.

A indiscutível natureza cautelar da medida, entretanto, não deixa espaço para a conclusão de que a medida de afastamento seja uma antecipação da futura condenação, sendo nesse sentido o entendimento pacífico da doutrina.

---

[44] GAJARDONI, Fernando da Fonseca. *Comentários à nova lei de Mandado de Segurança*. São Paulo: Método, 2009. p. 384; GARCIA, Emerson; ALVES, Rogério Pacheco. *Improbidade administrativa*. 6. ed. Rio de Janeiro: Lumen Juris, 2011. n. 14.2.1, p. 753; DECOMAIN, Pedro Roberto. *Improbidade administrativa*. São Paulo: Dialética, 2007. n. 9.2.8.4, p. 292.

Tanto assim que, ao menos para a maioria dos doutrinadores, a única justificativa plausível para a determinação prevista no art. 20, parágrafo único, é a indiscutível criação de obstáculos pelo agente à colheita da prova, não se prestando a medida a afastar do cargo, emprego ou função o acusado de improbidade em razão da grande probabilidade de ser realmente ímprobo, como forma de garantia à ordem pública ou antecipação da pena.[45] Essa tranquilidade quanto à natureza jurídica da medida, entretanto, deixou de existir, ao menos parcialmente, por conta da Lei 14.230/2021. Ao modificar a redação do § 1.º do art. 20 da LIA, o legislador acrescentou uma nova hipótese de cabimento: "evitar a iminente prática de novos ilícitos".

Ainda que a norma tenha uma inspiração nitidamente preventiva, ela exige que atos ilícitos já tenham sido praticados, condição indispensável para a própria existência de uma ação de improbidade administrativa. Ou seja, apurados atos ilícitos que ensejam a propositura da demanda, e havendo a confirmação da probabilidade de que outros venham a ser praticados no curso do processo, caberá o afastamento ora analisado.

Se estou seguro da natureza provisória da medida, confesso a minha dificuldade em enquadrar a presente medida nas três modalidades previstas pelo Código de Processo Civil dessa espécie de tutela.

Descarto de plano a tutela da evidência, porque o dispositivo ora comentado, ao exigir a iminência da prática de um ato de improbidade, permite a conclusão de tratar-se de medida que tenha que ser urgentemente concedida. O tempo aí certamente trabalha como inimigo, porque, se o agente público não for afastado a tempo, a ilicitude se consumará.

Quanto às duas espécies de tutela de urgência, não parece ser adequado atribuir ao afastamento natureza cautelar, porque esse tipo de tutela se presta a garantir a efetividade do resultado final do processo, e, no caso, o ato ilícito que se busca evitar nem mesmo faz parte do objeto da demanda. E se a tutela for concedida e o ato, evitado, nem terá como materialmente fazer. Por outro lado, não pode ser uma tutela antecipada basicamente pela mesma premissa. Sendo a tutela antecipada aquela que antecipa os efeitos práticos de uma futura tutela definitiva, como poderia

---

[45] GAJARDONI, Fernando da Fonseca. *Comentários à nova lei de Mandado de Segurança*. São Paulo: Método, 2009. p. 387; GARCIA, Emerson; ALVES, Rogério Pacheco. *Improbidade administrativa*. 6. ed. Rio de Janeiro: Lumen Juris, 2011. n. 14.2.1, p. 759-760; DECOMAIN, Pedro Roberto. *Improbidade administrativa*. São Paulo: Dialética, 2007. n. 9.2.8.4, p. 289.

o afastamento antecipar algo que simplesmente não faz parte do objeto do processo e, portanto, nunca fará parte da tutela definitiva?

Uma forma possível de tentar acomodar o afastamento como espécie de tutela antecipada seria defender que, a cada pedido de afastamento, seria ampliado objetivamente o processo, incluindo-se na hipótese um novo pedido de obrigação de não fazer. Mas será mesmo necessário todo esse esforço? Não seria mais adequado compreender que as tutelas de urgência não se exaurem no binômio cautelar-antecipada? E que o afastamento para evitar a prática de novos atos de improbidade é uma tutela de urgência atípica?

Como entendo que o pedido de afastamento ora analisado só possa ser feito incidentalmente, durante o processo de improbidade administrativa, a natureza dessa tutela de urgência parece ser, na prática, irrelevante. O que me intriga, somente, é que essa seria uma tutela provisória que não viria a ser confirmada ou revogada por uma tutela definitiva. Afinal, evitada a prática do ato com o afastamento, nada mais seria discutido ou decidido no processo a respeito do tema. E se, com o retorno do agente público, voltasse o perigo da prática do mesmo ato, caberia novo pedido de afastamento, e assim sucessivamente até a extinção do processo.

16.3.2. Requisitos para a concessão da cautelar probatória

Tendo natureza jurídica de cautelar, o afastamento deve preencher os tradicionais requisitos do *periculum in mora* e do *fumus boni iuris*. Tratando-se, entretanto, de cautelar probatória, esses requisitos têm particularidades suficientes para diferenciá-la das demais espécies de cautelar. Como parto do pressuposto de que a medida é uma específica cautelar probatória, os requisitos exigidos para sua concessão deverão levar em consideração essa realidade.

Nas cautelares probatórias existe divergência doutrinária a respeito da exigência ou não do *fumus boni iuris*. Como já tive oportunidade de defender, o *fumus boni iuris* será exigido como em qualquer outra medida cautelar, mas com uma importante singularidade: enquanto nas cautelares em geral o *fumus boni iuris* diz respeito à probabilidade de o direito material existir, nas cautelares probatórias diz respeito ao direito à prova, em nada se referindo ao direito material.[46] Dessa forma, o requisito é facilmente

---

[46] NEVES, Daniel Amorim Assumpção. *Ações probatórias autônomas*. São Paulo: Saraiva, 2008. n. 7.1.1.1, p. 198-205.

preenchido no caso concreto, bastando ao autor demonstrar que tem o direito a produzir determinada prova.

Já o *periculum in mora* na medida ora analisada tem uma relevante singularidade. O ensinamento tradicional da doutrina é de que a cautelar probatória se justifica sempre que a produção da prova estiver em perigo em razão do tempo necessário para sua produção (art. 381, I, do CPC). Significa que, havendo perigo de a prova não poder ser produzida em seu momento regular (fase de instrução do processo de conhecimento), a parte se valerá de uma antecipação temporal em sua produção.

A medida de afastamento ora analisada também se justifica no perigo de a prova não poder ser produzida, mas tal risco não decorre do tempo, mas sim da conduta do investigado. Na realidade, o momento de produzir a prova não estará sendo antecipado, em especial quando a prova for produzida judicialmente, de forma que o *periculum in mora*, nesse caso, não decorre do tempo necessário à produção da prova, mas sim da conduta adotada pelo acusado da prática de ato de improbidade administrativa.

É evidente que algumas posturas são facilmente tipificáveis na conduta descrita no art. 20, parágrafo único, da Lei 8.429/1992, tais como a coação de testemunhas e o desvio de documentos.[47] Entendo, entretanto, que mesmo quando não houver indícios de tais condutas, ainda assim será possível o afastamento cautelar, sempre que a mera permanência do investigado no cargo possa gerar uma natural intimação das testemunhas, ainda que implícita, seja em razão de sua superioridade hierárquica, seja em razão de sua postura revanchista e rancorosa contra aqueles que se dispõem a testemunhar contra ele.[48]

O Superior Tribunal de Justiça, entretanto, parece ter um entendimento mais restritivo do dispositivo legal ora comentado, reservando o afastamento do agente público de seu cargo, emprego ou função a situações excepcionais, só podendo ser empregada quando, mediante fatos incontroversos, houver prova suficiente de que o acusado esteja efetivamente dificultando a instrução processual.[49]

Interessante notar que o Superior Tribunal de Justiça rotineiramente se vale do entendimento sumulado que restringe o efeito devolutivo do

---

[47] STJ, Corte Especial, AgRg na SLS 1.382/CE, Rel. Min. Ari Pargendler, j. 1.º.06.2011, DJe 23.09.2011.

[48] SANTOS, Carlos Frederico Brito dos. *Improbidade administrativa*. 2. ed. Rio de Janeiro: Forense, 2009. n. 4.2.4.3, p. 287.

[49] STJ, CE, AgRg na SLS 867/CE, Rel. Min. Ari Pargendler, j. 05.11.2008, DJe 24.08.2011.

recurso especial a matéria de direito (Súmula 7/STJ) para não rever a decisão a respeito do pedido de afastamento temporário do agente público de seu cargo, emprego ou função,[50] não deixando, entretanto, de asseverar a excepcionalidade da medida.[51]

Registre-se interessante decisão do Superior Tribunal de Justiça no sentido de não haver uma preclusão temporal para o pedido de afastamento do agente público. Segundo a correta decisão, a qualquer momento da instrução probatória poderá se demonstrar que a conduta do acusado pela prática de ato de improbidade administrativa passou a causar dificuldade à colheita da prova.[52] O pedido é possível, inclusive, se já houve anterior indeferimento, desde que se demonstre que novas circunstâncias justificam a mudança de posicionamento do órgão jurisdicional.

16.3.3. Requisitos para a concessão da medida provisória preventiva

Caso a justificativa para o afastamento do réu de seu cargo, emprego ou função seja o risco de iminente prática de novos atos ilícitos, os requisitos para a concessão de medida serão aqueles tradicionalmente exigidos pelo art. 300, *caput*, do CPC.

Trata-se de interessante hipótese na qual os requisitos se confundem, porque a probabilidade do direito se demonstrará justamente pela iminência de que outros atos ilícitos, além daquele que já está sendo apurado, venha a ser praticado. A urgência, então, se confunde com a própria probabilidade.

16.3.4. Tempo de duração

Parece não haver maiores questionamentos a respeito de não poder ser indeterminada a duração temporal de afastamento do agente público de seu cargo, emprego ou função. Até mesmo porque, sendo uma medida cautelar, ela é provisória por natureza, devendo existir somente enquanto houver justificativa para sua permanência.

---

[50] STJ, 2.ª Turma, REsp 967.841/PA, Rel. Min. Mauro Campbell Marques, j. 16.09.2010, *DJe* 08.10.2010; STJ, 2.ª Turma, REsp 751.267/MS, Rel. Min. Mauro Campbell Marques, j. 20.08.2009, *DJe* 08.09.2009.

[51] STJ, 2.ª Turma, AgRg no REsp 1.204.635/MT, Rel. Min. Castro Meira, j. 05.06.2012, *DJe* 14.06.2012.

[52] STJ, 2.ª Turma, REsp 1.177.290/MT, Rel. Min. Herman Benjamin, j. 22.06.2010, *DJe* 1.º.07.2010.

Na redação originária do art. 20 da LIA, não havia previsão de prazo para a medida cautelar, e tal omissão legislativa permitia o debate acadêmico e a formação de jurisprudência sobre o tema.

Para a doutrina majoritária o afastamento deveria durar somente até o final da instrução probatória, considerando-se que depois desse momento procedimental não haveria sentido em manter a medida cautelar que teve como justificativa justamente os obstáculos à colheita da prova.[53] Parecia à época realmente ser o entendimento mais correto, derivado da correta correlação entre a justificativa para a concessão da medida cautelar e as circunstâncias fáticas necessárias à sua manutenção.

Apesar de estar fundado em boas intenções, não havia, no meu entender, como se aceitar o entendimento de que mesmo depois de encerrada a instrução probatória o afastamento deveria ser mantido, ainda mais quando as provas corroborarem a alegação do autor da ação de que houve a prática de ato de improbidade administrativa.[54] Embora seja realmente delicada a recondução do agente público nesse caso, é preciso mais uma vez lembrar que o afastamento não é antecipação de efeitos da futura condenação, mas apenas medida cautelar que visa a produção regular da prova.

Conforme já asseverado, sempre defendi que o afastamento não poderia ter prazo indeterminado. Mas não me pareciam acertadas as decisões que fixavam um prazo para o afastamento, como fez o Superior Tribunal de Justiça.[55] Ora, se o afastamento se justifica na necessidade de produção de prova sem a criação de indevidos obstáculos, será, no mínimo, irrazoável o retorno do agente público ao seu cargo, emprego ou função antes do encerramento da instrução probatória. A fixação de prazos não tem utilidade, devendo o juízo se esforçar para a colheita da prova ocorrer dentro da maior brevidade possível.

Em outra inovação, foi criado um segundo parágrafo que prevê um prazo máximo para o afastamento. Segundo a previsão legal, o prazo será de até 90

---

[53] GARCIA, Emerson; ALVES, Rogério Pacheco. *Improbidade administrativa*. 6. ed. Rio de Janeiro: Lumen Juris, 2011. 14.2.1, p. 762; DECOMAIN, Pedro Roberto. *Improbidade administrativa*. São Paulo: Dialética, 2007. n. 9.2.8.4, p. 291; GAJARDONI, Fernando da Fonseca. *Comentários à nova lei de Mandado de Segurança*. São Paulo: Método, 2009. p. 388.

[54] MARQUES, Sílvio Antonio. *Improbidade administrativa*. São Paulo: Saraiva, 2010. p. 177.

[55] A tese 6 da edição n.º 40 da "Jurisprudência em Teses" do STJ dispõe: "O afastamento cautelar do agente público de seu cargo, previsto no parágrafo único do art. 20 da Lei n. 8.429/92, é medida excepcional que pode perdurar por até 180 dias".

dias, prorrogáveis uma única vez por igual prazo, mediante decisão motivada. Apesar da nobre preocupação do legislador em não permitir a eternização de uma medida de natureza provisória, não me parece fazer nenhum sentido condicionar a eficácia da medida a um período temporal predeterminado em lei.

Ora, se a medida provisória tem natureza de tutela de urgência, buscando evitar que o agente público frustre a instrução probatória ou pratique novos atos de improbidade, exatamente como justificar um retorno de tal agente se ainda presente o próprio perigo que justificou seu afastamento? Pelo mero decurso do prazo previsto em lei? Pela nova previsão legal, a resposta terá que ser dada em sentido positivo.

16.3.5. Sujeitos passivos da medida

Conforme amplamente analisado no Capítulo 4, item 4.2.1.2., qualquer agente público pode sofrer as penas previstas pela Lei de Improbidade Administrativa, tendo ou não mandato proveniente do exercício popular do voto. Dessa forma, é incontestável que o agente político detentor de mandato eletivo é sujeito ativo do ato de improbidade administrativa e dessa forma responde pelas sanções previstas pela Lei 8.429/1992.

No tocante à medida cautelar ora analisada, entretanto, existe divergência doutrinária a respeito de seu alcance também para os agentes políticos. Valendo-se de uma interpretação literal do art. 20, parágrafo único, da Lei de Improbidade Administrativa há corrente doutrinária que defende sua inaplicabilidade a agentes políticos detentores de mandato eletivo, considerando-se que o dispositivo menciona apenas o afastamento de cargo, emprego e função, nada disciplinando a respeito de mandato eletivo.

A interpretação literal, entretanto, não é a mais recomendável para a determinação do alcance do dispositivo legal ora analisado. Uma análise sistêmica de toda a Lei de Improbidade Administrativa demonstra claramente que todo e qualquer agente público deve suportar as medidas, punitivas ou assecuratórias, definitivas ou provisórias, previstas pela Lei 8.429/1992.[56] Realmente, não teria qualquer sentido aplicar-se ao agente político eleito pela vontade popular as sanções definitivas previstas pela lei e excluí-lo de medidas cautelares que visam contribuir com a qualidade da prestação jurisdicional. Por outro lado, também não existe expressa menção a mandato

---

[56] SANTOS, Carlos Frederico Brito dos. *Improbidade administrativa*. 2. ed. Rio de Janeiro: Forense, 2009. n. 4.2.4.3, p. 291-292.

eletivo no art. 12 da Lei de Improbidade Administrativa, que simplesmente prevê a perda da "função pública".[57]

O Superior Tribunal de Justiça tem entendimento consolidado no sentido de também ser aplicável aos agentes públicos com mandato eletivo a medida cautelar de afastamento do cargo,[58] havendo vários exemplos de prefeitos[59] e vereadores[60] sendo afastados temporariamente por meio dessa medida cautelar.

16.3.6. Excepcionalidade do pedido

Tanto a doutrina como a jurisprudência são uníssonas em apontar o caráter excepcional da medida cautelar de afastamento ora analisado, apontando para os inconvenientes de afastamento com remuneração garantida fora dos estritos limites da lei. Justamente pela violência da medida de afastamento a melhor doutrina ensina que, sendo possível se atingir o mesmo objetivo com medidas preventivas menos severas, deverá sempre ser evitado o afastamento.[61]

Nesse sentido, o Superior Tribunal de Justiça já teve a oportunidade de indeferir o pedido de afastamento cautelar quando a prova puder ser produzida por meio da antiga cautelar de produção antecipada de provas (atualmente, a ação probatória autônoma prevista nos arts. 381 a 383 do CPC), que se mostra, no caso, medida menos drástica que o afastamento do cargo, emprego ou função.[62]

Se a medida cautelar de afastamento do agente público já é excepcional, quando o agente público tem mandato eletivo a medida deve ser ainda mais excepcional, e isso por duas razões óbvias: (i) o afastamento de agente público eleito pela vontade popular é sempre medida drástica que deve ser evitada, em razão do princípio esculpido em nosso texto constitucional de que o poder emana do povo, que o exerce por meio de seus representantes

---

[57] GARCIA, Emerson; ALVES, Rogério Pacheco. *Improbidade administrativa*. 6. ed. Rio de Janeiro: Lumen Juris, 2011. n. 14.2.1, p. 756.
[58] STJ, 1.ª Turma, REsp 1.029.842/RS, Rel. Min. Benedito Gonçalves, j. 15.10.2010, *DJe* 28.04.2010.
[59] STJ, Corte Especial, AgRg na SLS 1.397/MA, j. 1.º.07.2011, *DJe* 28.09.2011.
[60] STJ, 2.ª Turma, MC 12.115/ES, Rel. Min. Castro Meira, j. 19.10.2006, *DJ* 31.10.2006, p. 258.
[61] FERRARESI, Eurico. *Improbidade administrativa*. São Paulo: Método, 2011. p. 230; GARCIA, Emerson; ALVES, Rogério Pacheco. *Improbidade administrativa*. 6. ed. Rio de Janeiro: Lumen Juris, 2011. n. 14.2.1, p. 755.
[62] STJ, 1.ª Turma, REsp 550.135/MG, j. 17.02.2004, *DJ* 08.03.2004, p. 177.

eleitos diretamente, nos termos da Constituição Federal;[63] (ii) o mandato tem prazo determinado, de forma que o afastamento poderá funcionar como uma "cassação branca".[64] O Superior Tribunal de Justiça, inclusive, extingue por perda superveniente de objeto os pedidos de afastamento ou de revogação do afastamento quando o mandato se encerra.[65]

16.3.7. Suspensão de segurança

Nota-se, na praxe forense, a utilização do incidente de suspensão de segurança quando o agente público não consegue, por meio de efeito suspensivo de recurso, a ineficácia imediata da medida cautelar do afastamento ora analisado.

Há, naturalmente, a questão prévia da legitimidade para a formulação de tal pedido, considerando-se que o agente público não tem legitimidade para requerer a suspensão de segurança, incidente de iniciativa exclusiva do Poder Público e do Ministério Público. Nesse sentido, o Poder Público requer a suspensão da segurança, alegando que o afastamento do agente público é capaz de gerar graves danos de ordem econômica, jurídica, social ou política. Não pode, evidentemente, deixar transparecer que está em juízo para defender um interesse pessoal do político em manter-se em seu cargo, embora por vezes seja essa uma tarefa ingrata outorgada ao procurador.

Seja como for, o Superior Tribunal de Justiça vem corretamente entendendo que o simples afastamento de agente político do cargo não é apto a ocasionar grave lesão aos interesses protegidos pela Lei 8.437/1992, senão aos interesses do próprio gestor removido, ainda mais porque se trata tão somente de uma medida temporária, com prazo máximo de duração prevista em lei.[66] Há, contudo, precedente da Corte no sentido de que, restando comprovada a grave lesão à ordem pública provocada por decisão que decretou o afastamento cautelar de agente político sem a devida demonstração de prejuízo à instrução processual, cabe a suspensão da segurança.[67]

---

[63] SANTOS, Carlos Frederico Brito dos. *Improbidade administrativa*. 2. ed. Rio de Janeiro: Forense, 2009. n. 4.2.4.3, p. 287.
[64] FERRARESI, Eurico. *Improbidade administrativa*. São Paulo: Método, 2011. p. 229.
[65] STJ, 1.ª Turma, REsp 667.032/AL, Rel. Min. José Delgado, j. 08.11.2005, *DJ* 05.12.2005, p. 229.
[66] STJ, AgInt na SLS 3.469/MA, Rel. Min. Herman Benjamin, Corte Especial, j. 27.11.2024, *DJe* 03.12.2024.
[67] STJ, AgInt na SLS 2.655/PE, Rel. Min. Humberto Martins, Corte Especial, j. 01.02.2021, *DJe* 04.05.2021.

Capítulo 17

ACORDO DE NÃO PERSECUÇÃO CIVIL

17.1. ACORDO DE NÃO PERSECUÇÃO CIVIL. DEVER DO MINISTÉRIO PÚBLICO?

O art. 17-B da LIA, finalmente, regulamenta o acordo de não persecução civil, o que deve trazer mais segurança jurídica quanto ao tema. Há, entretanto, espaço para muitas dúvidas.

No *caput* do dispositivo há a previsão de que o Ministério Público poderá celebrar o acordo, o que deixa em aberto uma questão. Se o Ministério Público poderá e não deverá celebrar o acordo, trata-se de uma mera faculdade do membro do *Parquet* que atua no processo? Uma resposta em sentido afirmativo geraria um problema considerável à luz do princípio da isonomia, porque poderíamos ter um promotor mais propenso ao acordo, sempre o oferecendo, e outro mais refratário, nunca sugerindo a possibilidade de sua ocorrência.

Parece-me evidente que não tem cabimento se falar num dever do Ministério Público de celebrar o acordo, até porque tudo dependerá dos termos propostos, mas haveria sentido na criação de um dever do Ministério Público em ao menos propor a celebração de um acordo? Sob a perspectiva da isonomia, seria interessante todo réu de ação de improbidade administrativa saber de antemão que terá uma chance de solução consensual, mas, no caso concreto, poderemos ter um verdadeiro espetáculo "para inglês ver". Afinal, se o promotor que conduz a demanda não pretende celebrar acordo algum, ainda que seja obrigado a oferecer um, basta apresentar termos absolutamente desproporcionais.

Pela literalidade da norma, parece mesmo que o oferecimento de proposta ou mesmo a aceitação a se iniciar uma negociação com o réu é uma faculdade do Ministério Público. Afinal, o dispositivo prevê que ele poderá celebrar o acordo "conforme as circunstâncias do caso concreto". Não descarto uma regulamentação pelo Conselho Nacional do Ministério Público no sentido de tornar mais objetivas as hipóteses nas quais o Ministério Público deve, ao menos, iniciar negociações.

Há um interessante precedente do STJ no sentido de, fazendo o Ministério Público um acordo de não persecução civil com os réus, mas sendo admitido no processo, como litisconsorte ativo ulterior, a pessoa jurídica prejudicada, o processo não deve ser extinto, porque ainda haverá um autor com quem os réus não celebraram qualquer acordo.[1]

Entendo que o determinante para se apontar o acerto ou erro do entendimento é o momento de formação do litisconsórcio ulterior. Se no momento de celebração do acordo ele já estava formado, então faltou diligencia aos réus, porque o acordo realmente só levaria o processo à extinção se celebrado com os dois autores. Por outro lado, se o litisconsórcio ulterior foi formado após a celebração do acordo não faz qualquer sentido surpreender os réus os mantendo no polo passivo do processo, porque além de uma quebra enorme de confiança, essa postura indica uma incompreensão a respeito da espécie de legitimidade ativa presente na ação de improbidade administrativa.

17.2. CONDIÇÃO MÍNIMA PARA A CELEBRAÇÃO DO ACORDO DE NÃO PERSECUÇÃO CIVIL

Nos termos do dispositivo ora analisado, o acordo de não persecução civil deve garantir, no mínimo, o integral ressarcimento do dano e a reversão à pessoa jurídica lesada da vantagem indevida obtida, ainda que oriunda de agentes privados.

A possibilidade de negociação, portanto, recai apenas sobre as sanções requeridas pelo autor, não sendo possível negociar sobre a parcela reparatória da pretensão. Significa dizer que, ao menos em princípio, é possível para a reparação integral do erário se afastar de todas as sanções previstas em lei, mas nada impossibilita, ao contrário, que, dentro dessas sanções, também haja margem de negociação.

---

[1] AgInt no TP 3.489/PR, 2021/0202547-4, Rel. Min. Herman Benjamin, 2ª Turma, j. 28.11.2022, DJe 13.12.2022.

É possível, portanto, imaginar-se num acordo em que, além da reparação integral, haja sanção do réu pela metade do prazo previsto em lei de suspensão de seus direitos políticos, ou por valor inferior ao pretendido a título de multa civil. Por outro lado, é possível a negociação envolver algumas das sanções pretendidas, podendo, por exemplo, ser mantida integralmente a multa civil e a perda de direito políticos, mas afastando-se a perda do cargo ou da função.

Há critérios para a definição do que pode ser negociado e da própria amplitude da negociação. O § 2.º do dispositivo legal ora comentado exige que, na celebração do acordo, se considere a personalidade do agente, a natureza, as circunstâncias, a gravidade e a repercussão social do ato de improbidade, bem como as vantagens, para o interesse público, da rápida solução do caso. Por outro lado, o acordo pode ir além dos pedidos cabíveis na ação de improbidade administrativa, admitindo-se, nos termos do § 6.º do dispositivo ora analisado, que o acordo contemple a adoção de mecanismos e procedimentos internos de integridade, de auditoria e de incentivo à denúncia de irregularidades e a aplicação efetiva de códigos de ética e de conduta no âmbito da pessoa jurídica, se for o caso, bem como de outras medidas em favor do interesse público e de boas práticas administrativas.

Quanto à reparação integral, há uma natural preocupação com o real valor do dano gerado. Afinal, só será integral uma reparação se ela ocorrer no exato valor do dano gerado. Certamente, considerando essa preocupação, o legislador prevê, no § 3.º do artigo ora analisado, que, para fins de apuração do valor do dano a ser ressarcido, deverá ser realizada a oitiva do Tribunal de Contas competente, que se manifestará, com indicação dos parâmetros utilizados, no prazo de 90 (noventa) dias.

O parecer do Tribunal de Contas não é vinculante, de forma que o juízo não estará adstrito a ele, em especial se houver impugnação das partes. Mas também não me parece que possa ser definido consensualmente, porque, dessa forma, estar-se-ia indiretamente violando as exigências mínimas do acordo. Se não há certeza quanto ao valor e as partes fecham um acordo num valor que pareça conveniente para ambas, que garantia haverá de reparação integral?

17.3. EXIGÊNCIAS FORMAIS

Ainda que não seja expresso nesse sentido, entendo que o § 1.º do art. 17-B da LIA trata dos requisitos formais dos quais dependerá a validade de acordo celebrado entre as partes.

Tudo começa com as negociações que, nos termos do § 5.º do dispositivo ora analisado, ocorrerão entre o Ministério Público, de um lado, e, de outro, o investigado ou o demandado e o seu defensor.

Chegando-se aos termos do acordo, o ente federativo lesado deverá ser informado e ter a oportunidade de se manifestar. O inciso I não dá ao ente o poder de impedir a geração de efeitos do acordo, mas não posso imaginar que sua oitiva seja meramente *pro forma*. Poderia, então, o ente federativo se posicionar contra os termos do acordo?

Entendo que, quanto às sanções que foram objeto de acordo, o ente federativo não tenha legitimidade para se manifestar, até porque a legitimidade para requerer a sua aplicação é exclusiva do Ministério Público. O que me parece viável é o ente federativo se posicionar contra o acordo por entender que ele não proporcionará a reparação integral do dano sofrido. Tendo sido ele a vítima imediata do ato ilícito, não lhe falta legitimidade para impugnar essa parte do acordo.

A manifestação, entretanto, não impede a celebração do acordo nos termos propostos, mas se o juiz entender que tem razão o órgão federativo, poderá exigir para a homologação do acordo uma adequação do valor da reparação. Note-se que isso não significa que o juiz tenha poderes de reexaminar a adequação dos termos do acordo, mas simplesmente exigir que o requisito mínimo exigido por lei seja devidamente respeitado.

O dispositivo exige a manifestação do ente federativo inclusive quando o acordo é celebrado antes da propositura da ação judicial. Nesse caso, havendo uma divergência quanto aos valores de reparação, e não concordando com a argumentação do ente federado, caberá ao Ministério Público e ao acusado levarem o acordo para homologação judicial, quando, finalmente, a divergência será analisada pelo juízo, que, se convencido das razões do ente federativo, condicionará a homologação à readequação dos valores de reparação.

Sendo o acordo celebrado nesse momento, ou seja, antes da propositura da ação, o inciso II do dispositivo ora enfrentado exige a aprovação, no prazo de até 60 dias, pelo órgão do Ministério Público competente para apreciar as promoções de arquivamento de inquéritos civis. Somente depois dessa aprovação o ente federativo deve ter oportunidade de manifestação, até porque, se o acordo não for aprovado, a oitiva se torna desnecessária.

O terceiro requisito já foi previamente comentado – ainda que de forma incidental: a exigência de homologação judicial, independentemente de o acordo ocorrer antes ou depois do ajuizamento da ação de improbidade administrativa. Entendo que a atividade judicial, nesse caso, limita-se a analisar os requisitos formais do acordo, não cabendo ao juízo adentrar no seu conteúdo. Como, aliás, toda atividade homologatória judicial.

17.4. MOMENTO DE CELEBRAÇÃO DO ACORDO

O § 4.º do art. 17-B da LIA prevê que o acordo de não persecução civil poderá ser celebrado no curso da investigação de apuração do ilícito, no curso da ação de improbidade ou no momento da execução da sentença condenatória. Interessante notar que o dispositivo indica três momentos bem distintos quanto à certeza de responsabilização do réu por ato de improbidade administrativa. Desde a investigação, passando pelo trâmite da ação até o momento posterior à condenação, inclusive o momento posterior ao trânsito em julgado.

Significa dizer que, para fins de celebração de acordo, tanto faz a existência de profundas dúvidas a respeito da conduta imputada ao réu, ou a certeza de ter havido a prática de atos de improbidade. O grau de cognição a respeito dos fatos, além do tempo dispendido até a celebração do acordo, se são irrelevantes para a admissão de sua celebração, certamente devem ser considerados na determinação de seus termos.

Mesmo na vigência da redação originária da Lei de Improbidade Administrativa, o Superior Tribunal de Justiça já vinha entendendo que a certeza sobre a prática do ato de improbidade administrativa não deveria ser um impeditivo à celebração do acordo, permitindo sua homologação na fase recursal.[2] Já com fundamento na atual realidade legislativa, a jurisprudência firmou-se no sentido de entender adequada a celebração de acordo em fase recursal, lembrando da possibilidade de sua celebração "desde o momento da investigação até a fase de execução da sentença".[3]

Acredito que o momento mais singular previsto no dispositivo legal ora enfrentado seja o cumprimento de sentença, em especial quando essa forma executiva for definitiva. Nesse caso, ter-se-á uma decisão condenatória transitada em julgado, já gerando os seus efeitos mandamentais quanto à aplicação das sanções – exceto no tocante à multa civil – e com a busca patrimonial do executado para o ressarcimento do dano e a quitação da multa civil.

---

[2] STJ, 1.ª Turma, Acordo no AREsp 1.610.631/PR, Rel. Min. Gurgel de Faria, j. 22.06.2021, *DJe* 17.08.2021.

[3] PET na Pet 14.712/RS, 2017/0218204-0, Rel. Min. Francisco Falcão, 1ª Seção, j. 27.09.2023, *DJe* 02.10.2023.

Ainda que a norma admita expressamente o acordo de não persecução civil nesse momento procedimental, o que justificaria a sua celebração sob o ponto de vista do Ministério Público? Se o executado não tiver condições patrimoniais para ressarcir o dano gerado, não será admitido o acordo, porque ele não terá condição de implementar a condição mínima de reparação integral. Se tiver, basta a prática de atos executivos para a satisfação do direito.

Basicamente, nesse momento procedimental, o que o executado tem a oferecer é o pagamento integral e imediato da condenação, certamente em troca de diminuição ou mesmo afastamento completo das sanções. Mas isso vale a pena para o Ministério Público?

Entendo que só valerá a pena sob a ótica do Ministério Público se o cumprimento de sentença estiver ainda no início, de forma que a satisfação integral da parte condenatória da decisão evita um longo, e nem sempre tranquilo, caminho procedimental executivo. Ou numa situação na qual a execução já chegou a um beco sem saída, sem localização patrimonial e diante da ineficácia das medidas coercitivas típicas e atípicas. Nesse caso, embora seja extremamente cínica, por parte do executado, a promessa de quitação integral e imediata de sua dívida, porque aí estaria confessando tacitamente uma blindagem patrimonial, pode se mostrar adequada a celebração de um acordo.

17.5. DESCUMPRIMENTO DO ACORDO

Apenas o § 7.º do artigo ora analisado trata do descumprimento do acordo, prevendo como consequência uma espécie de sanção ao proibir o investigado ou o demandado de celebrar novo acordo pelo prazo de cinco anos, contado do conhecimento pelo Ministério Público do efetivo descumprimento.

Entendo que o descumprimento possível de eventual acordo se limite à sua parte reparatória e ao pagamento de multa civil, porque, nas demais sanções previstas pela lei, o seu cumprimento independe da vontade do réu, sendo a ele impostas (natureza mandamental). Haverá, portanto, uma obrigação de pagar inadimplida. Como o § 1.º, III, do art. 17-B da LIA exige a homologação judicial do acordo de não persecução civil, haverá sempre a formação de um título executivo judicial. E, nesse sentido, sempre caberá um cumprimento de sentença da decisão homologatória.

Não parece, entretanto, razoável uma execução nesses termos, porque seria muito confortável ao réu, para se livrar ou, ao menos, amenizar as sanções, que suportaria fazer um acordo prometendo o ressarcimento integral do dano gerado e simplesmente não cumprir com o combinado. Mais absurdo ainda seria imaginar tal hipótese num acordo celebrado após o trânsito em julgado, já em fase de cumprimento de sentença. Um verdadeiro "drible na vaca" do investigado/demandado/condenado no Ministério Público e na sociedade.

O inadimplemento da obrigação acordada faz com que se volte à situação anterior à celebração do acordo. E não por uma questão de Justiça ou como forma de evitar manobras eivadas de má-fé, mas simplesmente por conta da anulação do negócio celebrado. É importante lembrar que, nos termos do art. 17-B, I, da LIA, a validade do acordo depende do integral ressarcimento do dano, não de uma promessa de ressarcimento, mas do ressarcimento em si. Significa dizer que, havendo o inadimplemento do acordo, ele restará viciado, porque o elemento mínimo a garantir sua validade não terá sido concretizado.

O § 7.º do artigo ora comentado apenas prevê uma sanção a ser imposta, que, inclusive, poderá gerar efeitos no próprio processo no qual o acordo foi celebrado ou num processo proposto em razão do descumprimento do contrato na fase investigativa. Não há, entretanto, essa limitação, ficando o réu impedido de celebrar qualquer acordo de não persecução civil pelo prazo legal.

Capítulo 18

LIQUIDAÇÃO E EXECUÇÃO

18.1. LEGITIMIDADE ATIVA PARA A LIQUIDAÇÃO E CUMPRIMENTO DE SENTENÇA

Na parcela não sancionatória da ação de improbidade administrativa há os pedidos condenatório ao ressarcimento dos danos e de perda ou reversão de bens e valores ilicitamente adquiridos. Ou seja, a parcela estritamente patrimonial da demanda. Havendo o acolhimento do pedido e sendo a obrigação satisfeita – pela via voluntária ou forçada da execução –, os valores obtidos serão de titularidade da pessoa jurídica prejudicada pelo ato ilícito. Não há, portanto, envio dos valores para o Fundo de Direitos Difusos (FDD).

Provavelmente tenha sido essa titularidade do direito de crédito constante do título executivo judicial que influenciou o legislador a prever, no § 1.º do art. 18 da LIA, que, havendo necessidade de liquidação do dano, a pessoa jurídica prejudicada procederá a essa determinação e ao ulterior procedimento para cumprimento da sentença referente ao ressarcimento do patrimônio público ou à perda ou à reversão dos bens.

O dispositivo era intrigante porque previa uma legitimidade para a liquidação e para a execução de quem não tinha legitimidade para a propositura da ação de improbidade administrativa. Tudo mudou, entretanto, com o restabelecimento da legitimidade ativa da pessoa jurídica interessada pelo STF.[1]

Tenho dúvidas a respeito da natureza dessa legitimidade. Se a pessoa jurídica interessada propõe uma ação civil pública requerendo a condenação

---

[1] ADI 7.042, Rel. Min. Alexandre de Moraes, Tribunal Pleno, j. 31.08.2022, publ. 28.02.2023.

do réu ao ressarcimento dos danos e a perda ou reversão de bens e valores ilicitamente adquiridos, quando liquida e executa a decisão de acolhimento do pedido, entende-se que atua com legitimação extraordinária, a mesma, inclusive, que tinha quando propôs a demanda. O mesmo ocorre na propositura de uma ação de improbidade administrativa, ainda que o STF incorretamente aponte para uma legitimidade "ordinária, já que ela atua na defesa de seu próprio patrimônio público".[2]

Embora entenda manifestamente equivocado o entendimento de que na ação de improbidade ou civil pública existe legitimidade ordinária, porque nessas a defesa do patrimônio público representa, para mim, a defesa de um direito difuso, para a liquidação e cumprimento da sentença, já tenho outro entendimento. Se pessoa jurídica de direito público, autora da ação, executa valores que serão diretamente revertidos ao seu próprio patrimônio, fica difícil imaginar porque aí teríamos uma legitimação extraordinária. Se o dinheiro fosse revertido ao FDD, a situação seria diferente, pois o valor a ser obtido tutelaria a coletividade, e não a pessoa jurídica exequente.

Com os valores e os bens sendo incorporados ao seu próprio patrimônio, tudo leva a crer que a pessoa jurídica prejudicada estará em nome próprio na defesa de um interesse próprio, ou seja, estará no processo em legitimação ordinária. Não há, rigorosamente, ineditismo nisso. Liquidações e cumprimentos de sentença individuais de sentenças coletivas, com legitimidade ativa ordinária, são uma realidade no microssistema coletivo.

Seja como for, não me parece que a definição da legitimidade como ordinária ou extraordinária vá além de um interesse meramente acadêmico.

18.2. LEGITIMIDADE SUPERVENIENTE CONDICIONADA

O § 2.º do dispositivo ora comentado prevê a solução diante de eventual inércia da pessoa jurídica prejudicada em liquidar e/ou executar a sentença coletiva condenatória.

O termo inicial da contagem de prazo dessa inércia é o trânsito em julgado, o que deve ser saudado, porque, antes disso, uma eventual liquidação ou cumprimento de sentença seria provisória, o que sempre envolve um risco por conta da responsabilidade objetiva do exequente provisório. Não vejo sentido obrigar o Ministério Público a assumir um risco.

---

[2] ADI 7.042, Rel. Min. Alexandre de Moraes, Tribunal Pleno, j. 31.08.2022, publ. 28.02.2023.

Assim, passados seis meses do trânsito em julgado de inércia da pessoa jurídica interessada, caberá ao Ministério Público tomar as providências cabíveis. A tomada de providência pode ser uma consequência de manifestação espontânea do Ministério Público ou derivar de provocação pelo juízo. Seja como for, trata-se de dever funcional do Ministério Público, o que, aliás, não é nenhuma novidade, considerando-se que todas as sentenças coletivas, se não forem executadas por outros legitimados no prazo legal, serão, obrigatoriamente, executadas pelo Ministério Público (art. 15 da LAC; art. 16 da LAP; art. 100 do CDC).

É possível até se defender de uma obrigatoriedade da pessoa jurídica prejudicada em liquidar e/ou executar, já que o dispositivo ora comentado prevê uma eventual responsabilização por conta de sua omissão. Mas essa responsabilização não gerará automaticamente uma liquidação ou um cumprimento de sentença, daí a relevância da previsão que exige a tomada de providências pelo Ministério Público.

Não vejo problema de a sentença ser líquida, já determinando os valores de condenação e especificação de bens e valores adquiridos ilicitamente. Nesse caso, é a partir do trânsito em julgado dessa sentença que se inicia a contagem do prazo de seis meses para o cumprimento de sentença. Sendo a sentença ilíquida, o prazo será para a liquidação de sentença. E, depois de liquidada a obrigação, haverá uma nova decisão, que, ao transitar em julgado, dará início a uma nova contagem de prazo de seis meses para o início do cumprimento de sentença.

Quando houver a necessidade de liquidação, é importante compreender que a omissão da pessoa jurídica interessada em liquidar não significa que ela se omitiu em executar a sentença, até porque não cabe execução de obrigação ilíquida. Dessa forma, transitada em julgado a decisão da liquidação de sentença, o Ministério Público não deve *in continenti* iniciar o cumprimento de sentença. Deve aguardar o início do cumprimento de sentença pela pessoa jurídica interessada, e atuar somente se essa não se movimentar em seis meses.

18.3. ESPÉCIES DE LIQUIDAÇÃO

A sentença ilíquida é a exceção no direito brasileiro por óbvia razão: é sempre desejável a criação de um título executivo judicial, contendo obrigação líquida, que permita a imediata instauração do cumprimento de sentença. A desnecessidade da fase de liquidação da sentença diminui o tempo necessário à satisfação do direito, prestigiando os princípios da celeridade, da economia processual e da duração razoável do processo.

Entre o ideal e o possível, entretanto, temos, por vezes, distância considerável. Há hipóteses em que simplesmente não é possível a fixação do valor da obrigação no momento de se decidir o pedido do autor. Vai nesse sentido o art. 491, I, do CPC ao prever a possibilidade de prolação de sentença ilíquida se não for possível determinar, de modo definitivo, o montante devido.

Por outro lado, pode valer a pena a prolação da sentença ilíquida quando o processo já estiver pronto para a decisão sobre o *an debeatur*, mas ainda depender de atos processuais complexos e demorados para a fixação do *quantum debeatur*. Nesse caso, não há sentido em se postergar a decisão sobre ambos os aspectos da obrigação, sendo nesse sentido o inciso II do art. 491 do CPC, ao prever a possibilidade de prolação de sentença ilíquida quando a apuração do valor devido depender da produção de prova de realização demorada ou excessivamente dispendiosa, assim reconhecida na sentença.

As duas hipóteses de cabimento de sentença ilíquida são aplicáveis à ação de improbidade administrativa quanto aos pedidos de natureza reparatória. As sanções, evidentemente, devem ser sempre fixadas de forma líquida, inclusive a multa civil, a ser calculada tomando como base não o valor da condenação, e sim o da remuneração percebida pelo agente, valor esse líquido, ainda que a condenação não o seja.

Sendo proferida a sentença ilíquida, serão cabíveis duas espécies de liquidação, a depender das exigências do caso concreto. Sendo o valor devido apurável apenas pela produção de uma prova pericial, a liquidação será por arbitramento; sendo necessária a alegação e a prova de fato novo, a liquidação será pelo procedimento comum.

Ambas são cabíveis na ação de improbidade administrativa, cabendo apenas ao juiz, na fixação do valor, descontar, nos termos do § 3.º do artigo ora comentado, os serviços efetivamente prestados.

18.4. PAGAMENTO PARCELADO

Segundo o § 4.º do dispositivo ora comentado, o juiz poderá autorizar o parcelamento, em até 48 parcelas mensais corrigidas monetariamente, do débito resultante de condenação pela prática de improbidade administrativa se o réu demonstrar incapacidade financeira de saldá-lo de imediato.

Ao mencionar "débito resultante de condenação", o legislador não deixa claro se a fonte desse débito é somente a condenação reparatória ou se também se pode incluir a condenação sancionatória da multa civil. A questão é interessante porque, apesar de terem naturezas distintas, a condenação e a multa criam obrigações da mesma natureza, de pagar a quantia certa. Não vejo razão para o "débito" mencionado no dispositivo deixar de considerar o valor da multa civil.

O pagamento parcelado em sede executiva não é uma novidade, já estando previsto no art. 916 do CPC. Há, entretanto, diferenças notáveis entre os dois dispositivos, ainda que seja razoável imaginar a aplicação da regra do Código de Processo Civil subsidiariamente ao pagamento parcelado ora examinado.

A principal diferença fica por conta das formas executivas nas quais o pagamento parcelado é admissível. Enquanto o art. 916, § 7.º, do CPC prevê o cabimento do pagamento parcelado exclusivamente no processo de execução, o art. 18, § 4.º, da LIA se presta, justamente, a prever tal forma de satisfação da obrigação exequenda no cumprimento de sentença.

Outra diferença que me parece importante apontar são as condições de cabimento do pagamento parcelado.

O art. 916 do CPC consagra uma espécie de moratória legal, porque, uma vez preenchidos os requisitos formais, o juiz estará obrigado a deferir o pedido de pagamento parcelado feito pelo executado, ainda que haja manifestação contrária do exequente. Esse entendimento, que vincula o exequente ao recebimento parcelado independentemente de sua vontade, é corroborado pelo § 1.º do art. 916 do CPC, que, ao exigir o contraditório para o deferimento do pedido, limita a manifestação do exequente ao preenchimento dos requisitos formais do pedido. Se nem mesmo o exequente pode se manifestar sobre o mérito do pedido, fica claro que o juiz só poderá indeferi-lo por vício formal.

Já o art. 18, § 4.º, da LIA prevê como condição não apenas a vontade do executado, mas a demonstração de que ele não terá condições financeiras de satisfazer a obrigação de forma imediata e integral. Pode até se afirmar que, demonstrada tal situação econômica, o executado passa a ter um direito potestativo ao pagamento parcelado, com o que se teria uma moratória legal condicionada. O raciocínio parece ter lógica porque a simples vontade do exequente não deve ser o suficiente para barrar o pagamento parcelado se os requisitos legais tiverem sido preenchidos.

Com o pedido do executado, o juízo deve intimar o exequente, para que esse se manifeste a respeito da condição imposta pela lei. Pode ser que, inclusive, concorde com as alegações do executado e que perceba que o pagamento parcelado é a única forma de, efetivamente, conseguir satisfazer a obrigação. Ou pode impugnar a condição, tentando convencer o juízo de que o executado tem condições financeiras para responder, de forma integral e imediata, à obrigação exequenda, e que se vale do pedido apenas para postergar o pagamento e, com isso, obter vantagens econômicas. Só não pode simplesmente se opor ao pagamento parcelado sem apresentar uma justificativa.

A forma de pagamento também é bem diferente, sendo bem mais favorável para o executado condenado por ato de improbidade administrativa. Enquanto, pelo Código de Processo Civil, o executado tem apenas um prazo máximo de seis meses para o pagamento, já devendo depositar imediatamente pelo menos 30% do valor exequendo, na Lei de Improbidade Administrativa, o prazo se alonga por 48 meses, sem necessidade de pagamento à vista de qualquer valor. Ou seja, terá um prazo muito maior para pagar em prestações iguais o valor total exequendo.

O art. 916, § 3.º, do CPC prevê que a admissão do pagamento parcelado é causa de suspensão da execução. Embora não haja tal previsão no art. 18, § 4.º, da LIA, entendo que a conclusão deve ser a mesma por uma questão lógica. Se o pedido de parcelamento derivou do convencimento do juízo de que o executado não tem condições de satisfazer, de forma integral e imediata, a obrigação pecuniária, não teria sentido continuar contra ele com a execução enquanto os pagamentos parcelados são realizados.

Deferido o pedido de parcelamento, é possível que o executado deixe de realizar o pagamento das prestações vincendas. Nesse caso, o art. 916, § 5.º, do CPC prevê que o não pagamento de qualquer das prestações implicará, de pleno direito, o vencimento antecipado das subsequentes, o imediato reinício dos atos executivos e a aplicação de multa de 10% sobre o valor das prestações não pagas (**sanção processual**).

A primeira consequência, ainda que não prevista expressamente, deve ser aplicada pela natureza do inadimplemento em obrigações de trato sucessivo. A segunda não depende sequer de previsão legal e, por isso, é totalmente aplicável ao pagamento parcelado ora analisado. E a terceira, tratando-se de sanção, depende de previsão expressa para poder ser gerada, o que não acontece no art. 18, § 4.º, da LIA.

Por fim, o § 6.º do art. 916 do CPC é expresso em proibir o ingresso dos embargos à execução quando o executado optar pelo pagamento parcelado. Embora não haja previsão no mesmo sentido no dispositivo ora comentado, entendo que também aqui se trata de uma opção do executado. E isso por conta de uma premissa: o executado que pede o pagamento parcelado tem, antes disso, que reconhecer juridicamente o pedido, de forma a não haver mais espaço para discussão a respeito do mérito executivo. Tanto lá como cá, a vedação deve ser entendida nos limites do reconhecimento do direito de crédito do exequente. Significa dizer que os embargos à execução poderão ser opostos quando tiverem como objeto matérias referentes a atos processuais que não digam respeito ao direito exequendo, tais como penhora incorreta ou avaliação errônea (art. 917, II, do CPC).

Ocorre, entretanto, que, diferentemente do Código de Processo Civil, o dispositivo ora analisado não prevê um prazo para o requerimento de pagamento parcelado, o que permite que o executado apresente a impugnação, inclusive para discutir o valor exequendo e que, depois de seu julgamento, requeira o pagamento parcelado. Também haverá, nesse caso, um reconhecimento jurídico do pedido, mas agora nos limites impostos pelo julgamento da impugnação.

18.5. CONCENTRAÇÃO DAS SANÇÕES

O art. 18-A, *caput*, da LIA prevê a possibilidade de unificação de sanções imposta em diferentes processos de improbidade administrativa, quando verificada a continuidade de ilícito ou a prática de diversas ilicitudes. No primeiro caso, o juiz promoverá a maior sanção aplicada, aumentada de um terço ou a soma das penas, o que for mais benéfico ao réu; no segundo, o juiz somará as sanções.

Nessa somatória, quando as sanções forem de suspensão de direitos políticos e de proibição de contratar ou de receber incentivos fiscais ou creditícios do poder público, observarão o limite máximo de 20 anos.

Não há previsão no dispositivo quanto ao juízo que será o competente para unificação das sanções. Num primeiro momento, poder-se-ia imaginar que a aplicação da regra de prevenção do juízo poderia ser aplicada para a solução da questão. Mas há no dispositivo uma regra que permite uma outra solução.

A possibilidade de unificação das sanções depende do requerimento do réu, que, naturalmente, elaborará o seu requerimento perante um dos juízos competentes para a execução das diferentes sanções impostas a ele. Dessa forma, caberá ao réu escolher entre juízos abstratamente competentes, qual será o concretamente competente para tal atividade.

Trata-se, na realidade, de fenômeno tradicional da competência o dos foros concorrentes, nos quais a parte escolhe aquele foro que lhe pareça mais conveniente quando a lei prevê mais de um abstratamente competente. A especialidade, aqui, é apenas ser a escolha do demandado, e não do demandante, o que faz sentido, porque, no caso, é o réu condenado que está numa situação de desvantagem e, portanto, deve ter sua vontade prestigiada na escolha do foro no qual as sanções serão reunidas.

Livro II

SISTEMA BRASILEIRO DE COMBATE À CORRUPÇÃO E A LEI 12.846/2013 (LEI ANTICORRUPÇÃO)

Parte 1 – **Direito Material**

Rafael Carvalho Rezende Oliveira

Capítulo 1

CONSIDERAÇÕES GERAIS

Com o objetivo de efetivar o princípio constitucional da moralidade administrativa e evitar a prática de atos de corrupção, o ordenamento jurídico consagra diversos instrumentos de combate à corrupção, tais como a Lei 8.429/1992 (Lei de Improbidade Administrativa), o Código Penal, as leis que definem os denominados crimes de responsabilidade (Lei 1.079/1950 e Decreto-lei 201/1967), a LC 135/2010 ("Lei da Ficha Limpa"), que alterou a LC 64/1990 para estabelecer novas hipóteses de inelegibilidade, dentre outros diplomas legais.[1]

A necessidade de proteção crescente da moralidade, nos âmbitos internacional e nacional, notadamente a partir das exigências apresentadas pela sociedade civil, justificou a promulgação da Lei 12.846/2013 (Lei Anticorrupção) que dispõe sobre a responsabilização administrativa e civil de pessoas jurídicas pela prática de atos contra a Administração Pública, nacional ou estrangeira. Em âmbito federal, a Lei Anticorrupção foi regulamentada pelo Decreto 11.129/2022.

Trata-se de inovação legislativa importante, pois permite que não apenas os sócios, os diretores e funcionários da empresa, mas, também, a própria

---

[1] Registre-se que o Brasil é signatário de compromissos internacionais que exigem a adoção de medidas de combate à corrupção, tais como: a) Convenção sobre o Combate da Corrupção de Funcionários Públicos Estrangeiros em Transações Comerciais Internacionais, elaborada no âmbito da Organização para a Cooperação e Desenvolvimento Econômicos (OCDE), foi ratificada pelo Decreto Legislativo 125/2000 e promulgada pelo Decreto Presidencial 3.678/2000; b) Convenção Interamericana contra a Corrupção (CICC), elaborada pela Organização dos Estados Americanos (OEA), foi ratificada pelo Decreto Legislativo 152/2002, com reserva para o art. XI, § 1.º, inciso "C", e promulgada pelo Decreto Presidencial 4.410/2002; e c) Convenção das Nações Unidas contra a Corrupção (CNUCC), ratificada pelo Decreto Legislativo 348/2005 e promulgada pelo Decreto Presidencial 5.687/2006.

pessoa jurídica seja submetida a um processo de responsabilização civil e administrativa por atos de corrupção.

Inicialmente, a referida Lei estabelece as **responsabilidades objetiva, administrativa e civil, das pessoas jurídicas pelos atos lesivos contra a Administração**, praticados em seu interesse ou benefício (art. 2.º da Lei 12.846/2013). Vale dizer: as sanções administrativas e cíveis serão aplicadas às pessoas jurídicas, independentemente de dolo ou culpa, sendo suficiente a comprovação da prática de ato lesivo tipificado na referida Lei para aplicação das respectivas sanções.[2]

Lembre-se de que a responsabilidade civil objetiva das pessoas jurídicas por atos praticados por seus prepostos não representa verdadeira novidade, pois já encontrava previsão nos arts. 932, III, e 933 do CC. A novidade é a estipulação de sanções mais severas, com destaque para a possibilidade de dissolução compulsória da pessoa jurídica.

A responsabilidade objetiva das pessoas jurídicas na Lei 12.846/2013 se aproxima da lógica prevista no Direito Ambiental e no Direito Antitruste, com a consagração da responsabilidade objetiva, distanciando-se, em certa medida, da racionalidade do Direito administrativo sancionador tradicional e do Direito Penal que trabalham com a responsabilidade subjetiva.[3]

A responsabilidade da pessoa jurídica independe da responsabilidade pessoal dos seus dirigentes e das demais pessoas naturais que contribuam para o ilícito. Enquanto as pessoas jurídicas respondem objetivamente, a responsabilidade das pessoas naturais é subjetiva (art. 3.º, *caput*, §§ 1.º e 2.º, da Lei 12.846/2013).

Nas hipóteses de alteração contratual, transformação, incorporação, fusão ou cisão societária, a responsabilidade pelos atos lesivos permanece.[4]

---

[2] Incluem-se no conceito de pessoas jurídicas, destinatárias da Lei Anticorrupção, as sociedades empresárias e as sociedades simples, personificadas ou não, independentemente da forma de organização ou modelo societário adotado, bem como a quaisquer fundações, associações de entidades ou pessoas, ou sociedades estrangeiras, que tenham sede, filial ou representação no território brasileiro, constituídas de fato ou de direito, ainda que temporariamente (art. 1.º, parágrafo único, da Lei 12.846/2013).

[3] Nesse sentido: MOREIRA, Egon Bockmann; BAGATIN, Andreia Cristina. *Revista de Direito Público da Economia – RDPE*, Belo Horizonte, ano 12, n. 47, jul.-set. 2014, p. 60.

[4] A transformação societária "é a operação pela qual a sociedade passa, independentemente de dissolução e liquidação, de um tipo para outro", na forma do art. 220 da Lei 6.404/1976 (ex.: sociedade limitada se transforma em sociedade anônima). A incorporação "é a operação pela qual uma ou mais sociedades são absorvidas por outra, que lhes sucede em todos os direitos e obrigações" (art. 227 da Lei 6.404/1976). A fusão, por sua vez, "é a operação pela qual se unem duas ou mais sociedades para formar sociedade nova, que lhes sucederá em todos os direitos e obrigações" (art. 228 da Lei

Em relação à fusão e à incorporação, a responsabilidade da sucessora restringe-se ao pagamento da multa e da reparação integral do dano, sendo inaplicáveis as demais sanções, salvo no caso de simulação ou fraude (art. 4.º, § 1.º, da Lei 12.846/2013). Quanto às sociedades controladoras, controladas, coligadas ou consorciadas, a responsabilidade é solidária pelos atos lesivos à Administração no tocante a obrigação de pagamento de multa e reparação integral do dano causado (art. 4.º, § 2.º, da Lei 12.846/2013).[5]

Os atos lesivos à Administração Pública são aqueles praticados por pessoas jurídicas contra o patrimônio público nacional ou estrangeiro, contra princípios da Administração Pública ou contra os compromissos internacionais assumidos pelo Brasil, conforme tipificação contida no art. 5.º da Lei 12.846/2013.[6] Trata-se de rol taxativo de condutas. Registre-se que as

---

6.404/1976). Por fim, a cisão "é a operação pela qual a companhia transfere parcelas do seu patrimônio para uma ou mais sociedades, constituídas para esse fim ou já existentes, extinguindo-se a companhia cindida, se houver versão de todo o seu patrimônio, ou dividindo-se o seu capital, se parcial a versão" (art. 229 da Lei 6.404/1976).

[5] Em regra, não se presume a solidariedade entre as empresas consorciadas (art. 278, § 1.º, da Lei 6.404/1976). Todavia, a legislação impõe a solidariedade quando os consórcios participam de licitações públicas (art. 33, V, da Lei 8.666/1993 e art. 15, V, da Lei 14.133/2021 – nova Lei de Licitações).

[6] "Art. 5.º Constituem atos lesivos à administração pública, nacional ou estrangeira, para os fins desta Lei, todos aqueles praticados pelas pessoas jurídicas mencionadas no parágrafo único do art. 1.º, que atentem contra o patrimônio público nacional ou estrangeiro, contra princípios da administração pública ou contra os compromissos internacionais assumidos pelo Brasil, assim definidos: I – prometer, oferecer ou dar, direta ou indiretamente, vantagem indevida a agente público, ou a terceira pessoa a ele relacionada; II – comprovadamente, financiar, custear, patrocinar ou de qualquer modo subvencionar a prática dos atos ilícitos previstos nesta Lei; III – comprovadamente, utilizar-se de interposta pessoa física ou jurídica para ocultar ou dissimular seus reais interesses ou a identidade dos beneficiários dos atos praticados; IV – no tocante a licitações e contratos: a) frustrar ou fraudar, mediante ajuste, combinação ou qualquer outro expediente, o caráter competitivo de procedimento licitatório público; b) impedir, perturbar ou fraudar a realização de qualquer ato de procedimento licitatório público; c) afastar ou procurar afastar licitante, por meio de fraude ou oferecimento de vantagem de qualquer tipo; d) fraudar licitação pública ou contrato dela decorrente; e) criar, de modo fraudulento ou irregular, pessoa jurídica para participar de licitação pública ou celebrar contrato administrativo; f) obter vantagem ou benefício indevido, de modo fraudulento, de modificações ou prorrogações de contratos celebrados com a administração pública, sem autorização em lei, no ato convocatório da licitação pública ou nos respectivos instrumentos contratuais; ou g) manipular ou fraudar o equilíbrio econômico-financeiro dos contratos celebrados com a administração pública; V – dificultar atividade de investigação ou fiscalização de órgãos, entidades ou agentes públicos, ou intervir em sua atuação, inclusive no âmbito das agências reguladoras e dos órgãos de fiscalização do sistema financeiro nacional." Sobre a taxatividade das condutas, vide: FERRAZ, Luciano. Reflexões sobre a Lei n. 12.846/2013 e seus impactos nas relações público-privadas: lei de improbidade empresarial e não lei anticorrupção.

condutas lesivas já se encontravam tipificadas em outros diplomas legais, tais como a Lei 8.429/1992, a Lei 8.666/1993 e a atual Lei de Licitações.

A Lei Anticorrupção possui **caráter extraterritorial**, sendo aplicável aos atos lesivos praticados por pessoa jurídica brasileira contra a Administração Pública estrangeira, ainda que cometidos no exterior (art. 28 da Lei 12.846/2013).

Em relação à responsabilidade administrativa das pessoas jurídicas, admite-se a aplicação de multa, que pode variar de 0,1% a 20% do faturamento bruto da pessoa jurídica no último exercício ao da instauração do processo administrativo, e da publicação extraordinária da decisão condenatória. As referidas sanções poderão ser aplicadas cumulativamente ou não, com a oitiva prévia da advocacia pública, sem prejuízo do dever de reparação integral do dano causado (art. 6.º da Lei 12.846/2013).

Na aplicação das sanções, a Administração levará em consideração os seguintes parâmetros (art. 7.º da Lei 12.846/2013): a) a gravidade da infração; b) a vantagem auferida ou pretendida pelo infrator; c) a consumação ou não da infração; d) o grau de lesão ou perigo de lesão; e) o efeito negativo produzido pela infração; f) a situação econômica do infrator; g) a cooperação da pessoa jurídica para a apuração das infrações; h) a existência de mecanismos e procedimentos internos de integridade, auditoria e incentivo à denúncia de irregularidades e a aplicação efetiva de códigos de ética e de conduta no âmbito da pessoa jurídica, na forma dos arts. 56 e 57 do Decreto 11.129/2022 (Programa de integridade ou *compliance*); e i) o valor dos contratos mantidos pela pessoa jurídica com o órgão ou entidade pública lesados.

Registre-se que a aplicação das sobreditas sanções não afeta os processos de responsabilização subjetiva e aplicação de penalidades decorrentes da Lei de Improbidade Administrativa (Lei 8.429/1992) e da Lei de Licitações (Lei 8.666/1993 e atual Lei de Licitações), na forma do art. 30 da Lei 12.846/2013.

Contudo, as sanções previstas na Lei de Improbidade Administrativa não serão aplicadas à pessoa jurídica, caso o ato de improbidade administrativa seja também sancionado como ato lesivo à Administração Pública

---

Revista Brasileira de Direito Público - RBDP, Belo Horizonte, ano 12, n. 47, out.-dez. 2014, p. 39. De acordo com o Enunciado 21 da I Jornada de Direito Administrativo realizada pelo Centro de Estudos Judiciários do Conselho da Justiça Federal (CEJ/CJF): "A conduta de apresentação de documentos falsos ou adulterados por pessoa jurídica em processo licitatório configura o ato lesivo previsto no art. 5.º, IV, 'd', da Lei 12.846/2013, independentemente de essa sagrar-se vencedora no certame ou ter neste obstada a continuidade da sua participação".

na Lei Anticorrupção, admitindo-se a aplicação das referidas sanções aos sócios, cotistas, diretores e colaboradores de pessoa jurídica apenas se restar comprovada a participação e o recebimento de benefícios diretos na prática do ato ilícito, na forma do art. 3.º, §§ 1.º e 2.º, da Lei 8.429/1992, alterada pela Lei 14.230/2021.

O Processo Administrativo de Responsabilização (PAR) será instaurado pela autoridade máxima da Administração e será conduzido por comissão composta por dois ou mais servidores estáveis, admitindo-se a desconsideração da personalidade jurídica quando configurado abuso de poder, observado o contraditório e a ampla defesa (arts. 8.º, 10 e 14 da Lei 12.846/2013).[7]

Aqui, vale lembrar a possibilidade excepcional de pessoas físicas sofrerem os efeitos das sanções previstas na Lei Anticorrupção. Na hipótese de desconsideração da personalidade jurídica, quando utilizada com abuso do direito, no âmbito do Processo Administrativo de Responsabilização (PAR), as sanções aplicadas à pessoa jurídica serão estendidas aos seus administradores e sócios com poderes de administração, observados o contraditório e a ampla defesa, na forma do art. 14 da Lei 12.846/2013.

Admite-se a celebração do **acordo de leniência** entre a autoridade máxima de cada órgão ou entidade pública, de um lado, e, de outro lado, as pessoas jurídicas responsáveis pela prática do ato lesivo que colaborem efetivamente com as investigações e o processo administrativo, desde que da colaboração resulte: a) a identificação dos demais envolvidos na infração, quando couber; b) a obtenção célere de informações e documentos que comprovem o ilícito sob apuração (art. 16 da Lei 12.846/2013). Registre-se, aqui, que a MP 703/2015, que alterou a Lei Anticorrupção para dispor sobre os acordos de leniência, teve seu prazo de vigência encerrado em 29.05.2016.

A celebração do sobredito acordo dependerá do preenchimento cumulativo dos seguintes requisitos: a) a pessoa jurídica deve ser a primeira a se manifestar sobre seu interesse em cooperar para a apuração do ato ilícito; b) a pessoa jurídica deve cessar completamente seu envolvimento na infração investigada a partir da data de propositura do acordo; e c) a

---

[7] A autoridade que, após tomar conhecimento das supostas infrações, não adotar providências para a apuração dos fatos, será responsabilizada penal, civil e administrativamente (art. 27 da Lei 12.846/2013). Em âmbito federal, a CGU possui competência: a) concorrente para instaurar e julgar PAR; e b) exclusiva para avocar os processos instaurados para exame de sua regularidade ou para corrigir-lhes o andamento, inclusive promovendo a aplicação da penalidade administrativa cabível (art. 17 do Decreto 11.129/2022). A CGU possui competência para instaurar, apurar e julgar PAR pela prática de atos lesivos a administração pública estrangeira, na forma do art. 18 do Decreto 11.129/2022.

pessoa jurídica deve admitir a sua participação no ilícito e cooperar plena e permanentemente com as investigações e o processo administrativo, comparecendo, sob suas expensas, sempre que solicitada, a todos os atos processuais, até seu encerramento (art. 16, § 1.º, da Lei 12.846/2013).[8]

O acordo de leniência possui as seguintes características (Lei 12.846/2013):

a) isenção das sanções de publicação extraordinária da decisão condenatória e da proibição de receber incentivos, subsídios, subvenções, doações ou empréstimos de órgãos ou entidades públicas e de instituições financeiras públicas ou controladas pelo Poder Público, pelo prazo mínimo de um e máximo de cinco anos, bem como a redução de até dois terços da multa, subsistindo, todavia, o dever de reparação integral do dano (art. 16, §§ 2.º e 3.º). Registre-se que, na literalidade da Lei Anticorrupção, a celebração do acordo de leniência não afasta, em princípio, a sanção de dissolução compulsória da pessoa jurídica, o que, em nosso sentir, é inaceitável e desproporcional, uma vez que não haveria qualquer sentido, inclusive sob o aspecto dos incentivos econômicos, a celebração do acordo para atenuar e afastar determinadas sanções, com a permanência do risco de extinção da pessoa jurídica infratora. A própria concepção do acordo de leniência gira em torno do auxílio nas investigações e na sobrevivência da pessoa jurídica;

b) o acordo estipulará as condições necessárias para assegurar a efetividade da colaboração e o resultado útil do processo (art. 16, § 4.º);

c) os efeitos do acordo serão estendidos às pessoas jurídicas que integram o mesmo grupo econômico, de fato e de direito, desde que firmem o acordo em conjunto, respeitadas as condições nele estabelecidas (art. 16, § 5.º);

d) a proposta de acordo de leniência somente se tornará pública após a efetivação do respectivo acordo, salvo no interesse das investigações e do processo administrativo (art. 16, § 6.º);

e) a proposta de acordo de leniência rejeitada não importa em reconhecimento da prática do ato ilícito (art. 16, § 7.º);

f) descumprido o acordo, a pessoa jurídica não poderá celebrar novo acordo pelo prazo de três anos contados do conhecimento pela Administração Pública do referido descumprimento (art. 16, § 8.º);

g) a celebração do acordo de leniência interrompe o prazo prescricional dos ilícitos previstos na Lei Anticorrupção (art. 16, § 9.º);

---

[8] Em âmbito federal, o acordo de leniência deve prever, por exemplo, a adoção, a aplicação ou o aperfeiçoamento de programa de integridade, além do prazo e das condições de monitoramento (art. 45, IV, do Decreto 11.129/2022).

h) de acordo com a Lei Anticorrupção, a CGU é o órgão competente para celebrar os acordos de leniência no âmbito do Poder Executivo Federal, bem como no caso de atos lesivos praticados contra a administração pública estrangeira (art. 16, § 10). Ocorre que a CGU foi extinta pela Lei 13.341/2016 e suas competências foram transferidas para o Ministério da Transparência, Fiscalização e Controladoria-Geral da União – CGU (arts. 1.º, III, 6.º, II, da referida Lei);

i) possibilidade de celebração do acordo envolvendo os ilícitos previstos na Lei 8.666/1993 e na atual Lei de Licitações, com o intuito de isentar ou atenuar as respectivas sanções (art. 17);[9]

j) a aplicação das sanções tipificadas na Lei Anticorrupção não afeta os processos de responsabilização e aplicação de penalidades previstas na Lei de Improbidade Administrativa (Lei 8.429/1992)[10] e nas normas de licitações (Lei 8.666/1993, atual Lei de Licitações etc.), na forma do art. 30 da Lei 12.846/2013.

Cabe destacar que, durante a vigência da MP 703/2015, diversas modificações foram inseridas no acordo de leniência, tais como: a) comprometimento da pessoa jurídica na implementação ou na melhoria de mecanismos internos de integridade; b) o acordo não beneficiava apenas a primeira pessoa jurídica que manifestasse seu interesse em cooperar; c) desnecessidade da confissão da pessoa jurídica sobre sua participação no ilícito; d) a suspensão do prazo prescricional com a formalização da proposta de acordo de leniência; e) os acordos celebrados com a participação das Advocacias Públicas e do Ministério Público impediam o ajuizamento ou o prosseguimento das ações anticorrupção, de improbidade e as demais ações de natureza civil; f) encaminhamento obrigatório do acordo de leniência assinado ao respectivo Tribunal de Contas para eventual instauração de procedimento administrativo contra a pessoa jurídica celebrante, com o

---

[9] De acordo com a nova Lei de Licitações: "Art. 159. Os atos previstos como infrações administrativas nesta Lei ou em outras leis de licitações e contratos da Administração Pública que também sejam tipificados como atos lesivos na Lei 12.846, de 1.º de agosto de 2013, serão apurados e julgados conjuntamente, nos mesmos autos, observados o rito procedimental e a autoridade competente definidos na referida Lei".

[10] Conforme destacado anteriormente, a partir da reforma da Lei de Improbidade, promovida pela Lei 14.230/2021, as sanções previstas na LIA não são aplicáveis à pessoa jurídica na hipótese em que o ato de improbidade administrativa for sancionado como ato lesivo à Administração Pública na Lei Anticorrupção, admitindo-se a aplicação das referidas sanções aos sócios, cotistas, diretores e colaboradores de pessoa jurídica apenas se restar comprovada a participação e o recebimento de benefícios diretos na prática do ato ilícito (art. 3.º, §§ 1.º e 2.º, da Lei 8.429/1992, alterada pela Lei 14.230/2021).

objetivo de apurar prejuízo ao erário; g) previsão da possibilidade de proposta do acordo de leniência mesmo após eventual ajuizamento da ação judicial; h) necessidade de participação do CADE, do Ministério da Justiça e do Ministério da Fazenda nos acordos de leniência quando os ilícitos envolvessem infrações à ordem econômica; i) possibilidade de estipulação no acordo de leniência sobre os reflexos nas sanções previstas na Lei de Improbidade Administrativa, nas normas de licitações e na Lei Antitruste etc. Essas características deixaram de subsistir com o encerramento da vigência da MP 703/2015 em 29.05.2016.

A responsabilidade administrativa não afasta a responsabilidade civil pelos atos lesivos à Administração, tendo em vista a independência das instâncias (art. 18 da Lei 12.846/2013).

É oportuno notar que o ordenamento jurídico consagra acordos de leniência previstos no Direito Antitruste (art. 86 da Lei 12.529/2011) e na Lei Anticorrupção (art. 16 da Lei 12.846/2013). Inspirado na experiência norte-americana, o acordo de leniência foi introduzido no Direito Antitruste pátrio pela Lei 10.149/2000, que inseriu o art. 35-B da Lei 8.884/1994, posteriormente revogada pela Lei 12.529/2011. A partir da experiência relativamente exitosa, o acordo de leniência foi incorporado, com algumas adaptações, pela Lei 12.846/2013 (Lei Anticorrupção).

As principais semelhanças entre os acordos de leniência antitruste e anticorrupção podem ser assim resumidas: a) o acordo será celebrado com o primeiro envolvido que se qualificar para colaboração com as investigações; b) o interessado deve confessar a sua participação na infração, cessar a prática do ilícito e colaborar, efetivamente, com as investigações; c) sigilo na proposta de acordo;[11] d) ausência do reconhecimento da prática do ato ilícito e afastamento da confissão na hipótese da proposta de leniência ser rejeitada; e) o descumprimento do acordo de leniência impede que o interessado celebre novo acordo pelo prazo de três anos.

Por outro lado, as principais diferenças entre os referidos acordos de leniência são:

a) **Acordo de leniência antitruste (art. 86 da Lei 12.529/2011):** (i) competência: Superintendência-Geral do CADE; (ii) beneficiário: pessoas físicas ou jurídicas; (iii) acordo de leniência celebrado antes que o

---

[11] O STJ já decidiu que o sigilo do acordo de leniência celebrado com o CADE não pode ser oposto ao Poder Judiciário para fins de acesso aos documentos que instruem o respectivo procedimento administrativo (REsp 1.554.986/SP, Rel. Min. Marco Aurélio Bellizze, *DJe* 05.04.2016, Informativo de Jurisprudência do STJ 580).

CADE tenha conhecimento da infração (leniência prévia): extinção das sanções; acordo celebrado após o conhecimento da infração pelo CADE: redução do valor da multa; (iv) leniência plus (leniência concomitante ou posterior): redução de um terço da penalidade aplicável ao interessado que não se qualifica para determinado acordo de leniência, com relação ao cartel do qual tenha participado (acordo de leniência original), mas que fornece informações acerca de um outro cartel sobre o qual o CADE não tinha qualquer conhecimento prévio (novo acordo de leniência com afastamento das sanções); (v) isenção (leniência prévia) ou atenuação (leniência posterior) das sanções administrativas, bem como extinção da punibilidade dos crimes contra a ordem econômica (Lei 8.137/1990), e nos demais crimes diretamente relacionados à prática de cartel, tais como os tipificados no Código Penal, alterado pela atual Lei de Licitações, e no art. 288 do Código Penal (associação criminosa).

b) **Acordo de leniência anticorrupção (art. 16 da Lei 12.846/2013):** (i) competência da entidade administrativa lesada (em âmbito federal: Ministério da Transparência, Fiscalização e Controladoria-Geral da União – CGU); (ii) beneficiário: pessoas jurídicas (não obstante a Lei estabeleça efeitos para as sanções previstas na Lei 8.666/1993 e na Lei 14.133/2021 (atual Lei de Licitações), o que poderia beneficiar pessoas físicas contratadas pela Administração); (iii) não diferencia o acordo de leniência celebrado antes ou depois das investigações por parte das autoridades competentes; (iv) não prevê a leniência *plus*; (v) redução do valor da multa e afastamento das sanções de publicação extraordinária, de proibição de receber benefícios (incentivos, subsídios, subvenções, doações ou empréstimos) de entidades públicas pelo prazo de um a cinco anos, bem como isenção ou atenuação das sanções previstas no art. 87 da Lei 8.666/1993, mas não impede as demais sanções civis e não acarreta efeitos nas sanções penais.

Ocorre que a assimetria normativa relativa aos acordos de leniência acarreta, de certa forma, insegurança jurídica e coloca em risco a sua efetividade. A partir da perspectiva da Análise Econômica do Direito, as normas jurídicas são consideradas instrumentos de indução de comportamentos positivos e negativos dos atores econômicos. Nesse contexto, os acordos de leniência pretendem fomentar a colaboração dos envolvidos na investigação das infrações, garantindo maior efetividade na aplicação das sanções e na reparação dos danos, o que pode não ocorrer se o ordenamento não garantir segurança jurídica aos seus destinatários.

A legitimidade para propositura da ação judicial, que seguirá o rito da Lei 7.347/1985 (Lei da Ação Civil Pública), é reconhecida aos Entes federados e ao Ministério Público (arts. 19 e 21 da Lei 12.846/2013). Apesar da omissão legal, entendemos que a legitimidade deve ser reconhecida também às entidades da Administração Indireta, tendo em vista a sua autonomia administrativa e o objetivo do legislador em proteger a Administração Pública, sem distinção.

Quanto à legitimidade passiva da ação judicial, o polo passivo será formado exclusivamente pela pessoa jurídica que pratica ato lesivo previsto no art. 5.º da mesma Lei, uma vez que a Lei 12.846/2013 se limita a regulamentar a responsabilização de pessoas jurídicas pela prática de atos contra a Administração Pública. Não há espaço para a presença de pessoas físicas no polo passivo, inclusive os agentes públicos envolvidos no ato ilícito. Não que as responsabilidades das pessoas físicas envolvidas na ilicitude sejam excluídas pela responsabilização da pessoa jurídica, elas só não serão objeto da ação judicial ora analisada, conforme dispõe o art. 3.º, *caput*, da Lei 12.846/2013.

É importante destacar que as empresas públicas, sociedades de economia mista e suas subsidiárias também se submetem às sanções previstas na Lei 12.846/2013, na forma do art. 94 da Lei 13.303/2016 (Lei das Estatais), com exceção da suspensão ou interdição parcial de suas atividades, dissolução compulsória da pessoa jurídica e proibição de receber incentivos, subsídios, subvenções, doações ou empréstimos de órgãos ou entidades públicas e de instituições financeiras públicas ou controladas pelo poder público, pelo prazo mínimo de 1 e máximo de 5 anos.

As sanções judiciais, que podem ser aplicadas de forma isolada ou cumulativa, são: a) perdimento dos bens, direitos ou valores que representem vantagem ou proveito direta ou indiretamente obtidos da infração, ressalvado o direito do lesado ou de terceiro de boa-fé; b) suspensão ou interdição parcial de suas atividades; c) dissolução compulsória da pessoa jurídica;[12] d) proibição de receber incentivos, subsídios, subvenções, doações ou empréstimos de órgãos ou entidades públicas e de instituições financeiras públicas ou controladas pelo poder público, pelo prazo mínimo de um e máximo de cinco anos (art. 19 da Lei Anticorrupção).[13]

---

[12] A dissolução compulsória da pessoa jurídica será determinada quando comprovado: a) utilização da personalidade jurídica de forma habitual para facilitar ou promover a prática de atos ilícitos; ou b) constituição da pessoa jurídica para ocultar ou dissimular interesses ilícitos ou a identidade dos beneficiários dos atos praticados (art. 19, § 1.º, da Lei 12.846/2013).

[13] Nas ações propostas pelo Ministério Público, poderão ser aplicadas também as sanções previstas no art. 6.º (multa e publicação extraordinária da decisão condenatória), desde que constatada a omissão das autoridades competentes para promover a responsabilização administrativa (art. 20 da Lei 12.846/2013). Registre-se que a multa e o perdimento de bens, direitos ou valores serão destinados preferencialmente aos órgãos ou entidades

A pretensão para punição administrativa e civil das pessoas jurídicas por atos lesivos à Administração prescreve em cinco anos, contados da data da ciência da infração ou, no caso de infração permanente ou continuada, do dia em que tiver cessado. O prazo prescricional, na esfera administrativa ou judicial, será interrompido com a celebração do acordo de leniência ou a instauração do processo que tenha por objeto a apuração da infração (arts. 16, § 9.º, e 25, *caput* e parágrafo único, da Lei 12.846/2013).

Quanto à (im)prescritibilidade da pretensão de ressarcimento ao erário, a questão é controvertida.

No campo doutrinário, a tese da imprescritibilidade foi, tradicionalmente, sustentada por grande parte da doutrina, com fundamento na parte final do art. 37, § 5.º, da CRFB.[14]

É verdade que o STF, em sede de repercussão geral, decidiu que "é prescritível a ação de reparação de danos à Fazenda Pública decorrente de ilícito civil" (RE 669.069/MG, Tribunal Pleno, Rel. Min. Teori Zavascki, j. 03.02.2016). Todavia, a decisão da Suprema Corte não alcançou, em princípio, a discussão da (im)prescritibilidade das ações de improbidade e da Lei Anticorrupção.

Posteriormente, o STF decidiu, em sede de repercussão geral, por seis votos a cinco, que são imprescritíveis as ações de ressarcimento ao erário fundadas na prática de ato doloso tipificado na Lei de Improbidade Administrativa.[15]

No sobredito julgamento, a Suprema Corte tratou apenas do ressarcimento ao erário por atos de improbidade, sem definir a questão envolvendo a prática de atos lesivos à Administração Pública tipificados na Lei Anticorrupção.

Ainda que seja possível, em princípio, defender que a mesma tese fixada no âmbito das ações de improbidade seja aplicada, também, nas ações fundadas na Lei Anticorrupção, o problema seria inaugurar uma discussão quanto ao elemento subjetivo (dolo ou culpa), inexistente na responsabilidade objetiva das pessoas jurídicas enquadradas na Lei Anticorrupção.

---

públicas lesadas (art. 24). Em âmbito federal, foi instituído o Cadastro Nacional de Empresas Punidas – CNEP, que reunirá as informações quanto às sanções e aos acordos de leniência formalizados com base na referida Lei (art. 22).

[14] Sobre o tema, vide item 6.5.

[15] STF, RE 852.475/SP, Rel. Min. Alexandre de Moraes, Red. p/ o ac. Min. Edson Fachin, j. 08.08.2018 (Informativo de Jurisprudência do STF 910).

Parte 2 – **Direito Processual**

Daniel Amorim Assumpção Neves

Capítulo 2

CONSIDERAÇÕES GERAIS

Os aspectos processuais da Lei 12.846/2013 estão concentrados nos arts. 18 a 21 da referida Lei sob o título "Da responsabilização judicial". É verdade que o legislador teria feito melhor se o título fosse "Do processo judicial" ou algo semelhante, como ocorre na Lei 8.429/1992, no entanto, naturalmente, o que mais importa é o conteúdo das normas e não o nome do capítulo sob o qual estão previstas.

O art. 18 da Lei 12.846/2013 deixa claro que eventual responsabilização da pessoa jurídica na esfera administrativa não afasta a possibilidade de sua responsabilização na esfera judicial. A conclusão gerada pelo dispositivo é intuitiva porque são diferentes as sanções previstas pelo art. 6.º, referentes ao processo administrativo, e aquelas previstas pelo art. 19, referentes ao processo judicial.

No primeiro, tem-se multa e publicação extraordinária da decisão condenatória, enquanto, no segundo, tem-se o perdimento dos bens, direitos ou valores que representem vantagem ou proveito direta ou indiretamente obtidos da infração, ressalvado o direito do lesado ou de terceiro de boa-fé; a suspensão ou interdição parcial de suas atividades; a dissolução compulsória da pessoa jurídica; e a proibição de receber incentivos, subsídios, subvenções, doações ou empréstimos de órgãos ou entidades públicas e de instituições financeiras públicas ou controladas pelo poder público, pelo prazo mínimo de um e máximo de cinco anos.

Dessa forma, ainda que a pessoa jurídica tenha sido devidamente sancionada no âmbito administrativo, não haverá qualquer impedimento para que se busque pela via judicial a aplicação de outras sanções, que, inclusive, só podem ser aplicadas após o devido processo legal judicial. A diferença de sanções afasta qualquer possibilidade de *bis in idem*.

Parece não haver maiores dúvidas da espécie de ação judicial versada sobre a lei ora comentada, posto a natureza difusa do direito tutelado por meio dela. Ademais, o art. 21 da Lei 12.846/2013 prevê que, nas ações de responsabilização judicial, será adotado o rito previsto na Lei 7.347, de 24 de julho de 1985, o que é suficiente para se concluir que a referida ação é coletiva. Trata-se de mais uma espécie de ação coletiva na tutela do patrimônio público, vindo a se somar com a ação popular, a ação civil pública e a ação de improbidade administrativa.

Certamente, nesse tocante, será cabível a discussão envolvendo a ação civil pública e a ação de improbidade administrativa, desenvolvida no Capítulo 7. E a conclusão será a mesma: havendo na demanda apenas pedidos sancionatórios, a demanda não é coletiva e não pertence ao microssistema coletivo; sendo a esses pedidos cumulados pedidos de natureza reparatória, a demanda passa a ter uma natureza mista, com prevalência do microssistema do processo sancionatório.

Embora o *caput* do art. 19 da Lei 12.846/2013 preveja que, em seus incisos, só estejam previstas sanções, tenho dificuldade em concordar com essa natureza jurídica para o pedido previsto no inciso I: "perdimento dos bens, direitos ou valores que representem vantagem ou proveito direta ou indiretamente obtidos da infração, ressalvado o direito do lesado ou de terceiro de boa-fé". Esse pedido tem natureza reparatória, e, uma vez elaborado pelo autor, atrai, sempre que não conflitar com as regras do microssistema do processo sancionatório, as regras do microssistema coletivo.

Seja como for, é interessante a análise de algumas peculiaridades procedimentais previstas na Lei 12.846/2013.

O art. 19 da Lei 12.846/2013 prevê a legitimidade ativa para a ação de responsabilização judicial: União, Estados, Distrito Federal e os Municípios, por meio das respectivas Advocacias Públicas ou órgãos de representação judicial, ou equivalentes, e o Ministério Público. Como se pode notar, a ação ora analisada tem legitimidade ativa ainda mais restritiva do que ocorre na ação de improbidade administrativa.

Como devidamente exposto no Capítulo 10, item 10.2.2., além do Ministério Público, a pessoa jurídica interessada tem legitimidade ativa para a propositura da ação de improbidade administrativa. E existe uma dúvida a respeito da legitimidade de pessoas jurídicas de direito privado para ingressar com tal ação, mas é indubitável a legitimidade de toda pessoa jurídica de direito público, da administração direta ou indireta, de fazê-lo. Já na ação ora analisada a legitimidade está restrita, além do Ministério

Público, às pessoas jurídicas de direito público da administração direta, o que cria indiscutível limitação quanto à legitimidade ativa.

Até então a ação de improbidade administrativa, ao afastar a legitimidade ampla do art. 5.º da Lei 7.347/1985, era considerada a espécie de ação coletiva com a mais restritiva legitimidade ativa, posto agora perdido para a ação de responsabilização judicial, que tem uma restrição ainda mais severa.

Como a Lei 12.846/2013 se limita a regulamentar a responsabilização de pessoas jurídicas pela prática de atos contra a Administração Pública, naturalmente o polo passivo será formado exclusivamente pela pessoa jurídica que pratica ato lesivo previsto no art. 5.º da mesma Lei. Exatamente como ocorre com a ação de improbidade administrativa, entendo que a pessoa jurídica de direito público que tem legitimidade ativa não tem legitimidade passiva originária na hipótese de o autor da ação ser o Ministério Público. Nesse caso, deve a pessoa jurídica de direito público ser intimada da existência da ação, podendo quedar-se inerte ou assumir um dos polos da demanda.¹

E também não há espaço para a presença de pessoas físicas no polo passivo, inclusive os agentes públicos envolvidos no ato ilícito. Não que as responsabilidades das pessoas físicas envolvidas na ilicitude sejam excluídas pela responsabilização da pessoa jurídica, elas só não serão objeto da ação judicial ora analisada. Nesse sentido o art. 3.º, *caput*, da Lei 12.846/2013.

Além da restritiva legitimidade ativa e passiva da ação ora analisada, os possíveis pedidos a distinguem das demais espécies de ação coletiva que visam tutelar o patrimônio público. Segundo o art. 19 da Lei 12.846/2013, podem ser cumulados os pedidos de: (I) perdimento dos bens, direitos ou valores que representem vantagem ou proveito direta ou indiretamente obtidos da infração, ressalvado o direito do lesado ou de terceiro de boa-fé; (II) suspensão ou interdição parcial de suas atividades; (III) dissolução compulsória da pessoa jurídica; (IV) proibição de receber incentivos, subsídios, subvenções, doações ou empréstimos de órgãos ou entidades públicas e de instituições financeiras públicas ou controladas pelo poder público, pelo prazo mínimo de um e máximo de cinco anos.

Apesar da omissão legal, é tranquilo que também possam ser cumulados os pedidos de anulação do ato ilícito e de condenação por perdas e danos. Na realidade, o art. 21, parágrafo único, da lei ora analisada dá a entender que a condenação por perdas e danos é um pedido implícito dessa ação

---

¹ Verificar Capítulo 10, item 10.4.

ao prever que a condenação torna certa a obrigação de reparar, integralmente, o dano causado pelo ilícito, cujo valor será apurado em posterior liquidação, se não constar expressamente da sentença. De qualquer forma, o mais seguro é realizar o pedido expresso nesse sentido.

Além disso, nos termos do art. 20 da Lei 12.846/2013, nas ações ajuizadas pelo Ministério Público, além das sanções previstas no art. 19, poderão ser aplicadas as sanções previstas no art. 6.º (multa e publicação da sentença) desde que constatada a omissão das autoridades competentes para promover a responsabilização administrativa.

Entendo que tal pedido não é exclusivo do Ministério Público como autor, também podendo ser elaborado quando for autora da ação a pessoa jurídica de direito público lesada. É natural que, nesse caso, a própria autora da ação judicial possa responsabilizar a pessoa jurídica que figure como ré no processo por meio do processo administrativo previsto no Capítulo III da Lei 12.846/2013. Não parece, entretanto, compatível com o princípio da inafastabilidade da jurisdição (art. 5.º, XXXV, da CF) exigir esse processo administrativo como condição do exercício do direito de ação, de forma que se por alguma razão a pessoa jurídica de direito público quiser ingressar diretamente com a ação judicial, será possível fazer os pedidos previstos no art. 6.º da Lei ora comentada.

Os pedidos previstos nos incisos II, III e IV do art. 19 da Lei 12.846/2013 têm natureza de sanção, a exemplo dos pedidos de perda da função pública, suspensão dos direitos políticos, multa civil e proibição de contratar com o Poder Público ou receber benefícios ou incentivos fiscais ou creditícios cabíveis na ação de improbidade administrativa.

Das sanções previstas, a mais radical é a dissolução compulsória da pessoa jurídica, daí por que a preocupação do legislador em prever as hipóteses específicas em que poderá ocorrer. Segundo o § 1.º do art. 19, a dissolução compulsória da pessoa jurídica será determinada quando comprovado: (I) ter sido a personalidade jurídica utilizada de forma habitual para facilitar ou promover a prática de atos ilícitos; ou (II) ter sido constituída para ocultar ou dissimular interesses ilícitos ou a identidade dos beneficiários dos atos praticados.

Como também ocorre na ação de improbidade administrativa, o art. 19, § 3.º, da Lei 12.846/2013 prevê que as sanções poderão ser aplicadas de forma isolada ou cumulativa. Além disso, também como ocorre na ação de improbidade administrativa, o prazo da proibição previsto pelo inciso IV do mesmo dispositivo deve ser fixado tomando-se por base a razoabilidade e proporcionalidade, exatamente como ocorre na dosagem da pena pela prática dos ilícitos penais.[2]

No tocante a tutela cautelar, o art. 19, § 4.º, da Lei 12.846/2013 tem bons e maus momentos.

Ao prever que o Ministério Público ou a Advocacia Pública ou órgão de representação judicial, ou equivalente, do ente público poderá requerer a indisponibilidade de bens, direitos ou valores necessários à garantia do pagamento da multa ou da reparação integral do dano causado, o dispositivo afasta divergência atualmente existente na ação de improbidade administrativa quanto a tal medida como garantia do pagamento da multa civil.[3]

Inexplicável, por outro lado, é prever a *"reparação integral do dano causado, conforme previsto no art. 7.º"*, porque o artigo mencionado versa sobre os elementos que devem ser considerados para a aplicação da multa prevista no art. 6.º, I, em nada se referindo a indenização por perdas e danos. Afinal, sanção e reparação são inconfundíveis, inclusive quanto aos elementos que devem ser considerados para sua fixação.

Conclusivamente, entendo que os pedidos típicos da ação de improbidade administrativa e da ação de responsabilização judicial podem ser cumulados, desde que o autor tenha legitimidade para ambas as ações. Não vejo qualquer problema em termos o Ministério Público ou a pessoa jurídica de direito público da administração direta lesada pelo ato ilícito, cumulando essas pretensões em uma mesma ação coletiva contra as pessoas jurídicas e físicas responsáveis e/ou beneficiadas pela ilicitude.

O Superior Tribunal de Justiça já teve a oportunidade de decidir possível que uma mesma conduta seja analisada sob a ótica da improbidade administrativa e da responsabilidade da pessoa jurídica por atos lesivos à Administração Pública, previstas nas Leis 8.429/1992 e 12.846/2013, respectivamente, desde que, ao final, as duas leis não sejam empregadas para causar punições de mesma natureza e pelos mesmos fatos.[4]

---

[2] Verificar o Capítulo 14, item 14.5.4.8.
[3] Verificar o Capítulo 16, item 16.2.4.
[4] Informativo 841/STJ, REsp 2.107.398-RJ, Rel. Min. Gurgel de Faria, 1.ª Turma, por unanimidade, j. 18.02.2025, *DJEN* 24.02.2025.

BIBLIOGRAFIA

ALMEIDA, Gregório Assagra de. *Direito processual coletivo brasileiro.* São Paulo: Saraiva, 2003.

ALMEIDA, Gregório Assagra de. *Manual das ações constitucionais.* Belo Horizonte: Del Rey, 2007.

AMARAL SANTOS, Moacyr. *Primeiras linhas de direito processual civil.* 25. ed. São Paulo: Saraiva, 2007. v. 1.

ANDRADE, Adriano; MASSON, Cleber; ANDRADE, Landolfo. *Interesses difusos e coletivos esquematizado.* São Paulo: Método, 2011.

ANDRIGHI, Fátima Nancy. Reflexões acerca da representatividade adequada nas ações coletivas passivas. *Panorama atual das tutelas individual e coletiva.* São Paulo: Saraiva, 2011.

ARENHART, Sérgio Cruz. *Perfis da tutela inibitória coletiva.* São Paulo: RT, 2003.

ARMELIN, Donaldo. Tutela jurisdicional diferenciada. *RePro*, São Paulo, n. 65, jan.-mar. 1992.

ARRUDA ALVIM. *Manual de direito processual civil.* 8. ed. São Paulo: RT, 2003. v. I.

ARRUDA ALVIM. Notas sobre algumas das mutações verificadas com a Lei 10.352/2001. In: NERY JR., Nelson; WAMBIER, Teresa Arruda Alvim (Coord.). *Aspectos polêmicos e atuais dos recursos e outros meios de impugnação às decisões judiciais.* São Paulo: RT, 2002. v. 6.

ARRUDA ALVIM, Eduardo. Apontamentos sobre o processo das ações coletivas. In: MAZZEI, Rodrigo; NOLASCO, Rita Dias (Coord.). *Processo civil coletivo.* São Paulo: Quartier Latin, 2005.

ASSIS, Araken de. Substituição processual. *Revista Dialética de Direito Processual*, São Paulo, v. 9, 2003.

BARBOSA MOREIRA, José Carlos. A ação popular do direito brasileiro como instrumento de tutela jurisdicional dos chamados interesses difusos. *Temas de direito processual civil.* São Paulo: Saraiva, 1977.

BARBOSA MOREIRA, José Carlos. Ação Civil Pública. *Revista trimestral de direito público*, São Paulo, Malheiros, n. 3, 1993, p. 24.

BARBOSA MOREIRA, José Carlos. Notas sobre o problema da efetividade do processo. *Temas de direito processual civil*. 3.ª série. São Paulo: Saraiva, 1984.

BARBOSA MOREIRA, José Carlos. *O novo processo civil brasileiro*. 22. ed. Rio de Janeiro: Forense, 2004.

BEDAQUE, José Roberto dos Santos. *Direito e processo*. 2. ed. São Paulo: Malheiros, 2001.

BERMUDES, Sérgio. *Introdução ao processo civil*. 3. ed. Rio de Janeiro: Forense, 2002.

BERTONCINI, Mateus. *Ato de improbidade administrativa:* 15 anos da Lei n.º 8.429/1992. São Paulo: RT, 2007.

BINENBOJM, Gustavo. O direito administrativo sancionador e o estatuto constitucional do poder punitivo estatal: possibilidades, limites e aspectos controvertidos da regulação no setor de revenda de combustíveis. *Revista de Direito da Procuradoria Geral*, Rio de Janeiro, edição especial: Administração Pública, risco e segurança jurídica, 2014.

BUENO, Cassio Scarpinella. *Código de Processo Civil anotado*. In: MARCATO, Antonio Carlos (Coord.). São Paulo: Atlas, 2006.

BUENO, Cassio Scarpinella. *O Poder Público em juízo*. 4. ed. São Paulo: Saraiva, 2010.

BUENO, Cassio Scarpinella. O procedimento especial da ação de improbidade administrativa. In: BUENO, Cassio Scarpinella; PORTO FILHO, Pedro Paulo de Rezende (Coord.). *Improbidade administrativa (questões polêmicas e atuais)*. São Paulo: Malheiros, 2001.

CALMON DE PASSOS, José Joaquim. *Comentários ao Código de Processo Civil*. 8. ed. Rio de Janeiro: Forense, 2000. v. 3.

CÂMARA, Alexandre Freitas. A fase preliminar do procedimento da ação de improbidade administrativa. In: OLIVEIRA, Alexandre Albagli; CHAVES, Cristiano; GHIGNONE, Luciano (Org.). *Estudos sobre improbidade administrativa em homenagem ao Prof. J. J. Calmon de Passos*. Rio de Janeiro: Lumen Juris, 2010.

CÂMARA, Alexandre Freitas. *Juizados Especiais Cíveis Estaduais e Federais*: uma abordagem crítica. Rio de Janeiro: Lumen Juris, 2004.

CÂMARA, Alexandre Freitas. *Lições de direito processual civil*. 17. ed. Rio de Janeiro: Lumen Juris, 2008. v. 1.

CARMONA, Carlos Alberto. Em torno da petição inicial, *Repro*, São Paulo, n. 119.

CARVALHO, José Murilo de. Passado, presente e futuro da corrupção brasileira. *Corrupção*: ensaios e críticas. Belo Horizonte: UFMG, 2008.

CARVALHO FILHO, José dos Santos. *Ação civil pública*. 7. ed. Rio de Janeiro: Lumen Juris, 2009.

CARVALHO FILHO, José dos Santos. *Consórcios públicos*. Rio de Janeiro: Lumen Juris, 2009.

CARVALHO FILHO, José dos Santos. *Improbidade administrativa*: prescrição e outros prazos extintivos. São Paulo: Atlas, 2012.

CARVALHO FILHO, José dos Santos. *Manual de direito administrativo*. 24. ed. Rio de Janeiro: Lumen Juris, 2011.

CARVALHO FILHO, José dos Santos. O processo administrativo de apuração da improbidade administrativa. In: OLIVEIRA, Alexandre Albagli; CHAVES, Cristiano; GHIGNONE, Luciano (Coord.). *Estudos sobre improbidade administrativa* – em homenagem ao Prof. J. J. Calmon de Passos. Rio de Janeiro: Lumen Juris, 2010.

COPOLA, Gina. *A improbidade administrativa no direito brasileiro*. Belo Horizonte: Fórum, 2011.

COSTA, Eduardo José da Fonseca. A indisponibilidade cautelar de bens na ação de improbidade administrativa. In: DELFINO, Lúcio; ROSSI, Fernando; MOURÃO, Luiz Eduardo Ribeiro; CHIOVITTI, Ana Paula (Coord.). *Tendências do moderno processo civil brasileiro* – aspectos individuais e coletivos das tutelas preventivas e ressarcitórias (estudos em homenagem ao jurista Ronaldo Cunha Campos). Belo Horizonte: Forum, 2008.

COSTA, Susana Henriques da. *O processo coletivo na tutela do patrimônio público e da moralidade administrativa*. São Paulo: Quartier Latin, 2009.

CRUZ E TUCCI, José Rogério. *Ação monitória*. 2. ed. São Paulo: RT, 1997.

DALL'AGNOL, Antônio. *Comentários ao Código de Processo Civil*. São Paulo: RT, 2000. v. 2.

DALLARI, Adilson Abreu. Limitações à atuação do Ministério Público na Ação Civil Pública. In: BUENO, Cassio Scarpinella; PORTO FILHO, Pedro Paulo de Rezende (Coord.). *Improbidade administrativa (questões polêmicas e atuais)*. São Paulo: Malheiros, 2001.

DECOMAIN, Pedro Roberto. *Improbidade administrativa*. São Paulo: Dialética, 2007.

DI PIETRO, Maria Sylvia Zanella. *Direito administrativo*. 20. ed. São Paulo: Atlas, 2007.

DI PIETRO, Maria Sylvia Zanella. *Direito administrativo*. 22. ed. São Paulo: Atlas, 2009.

DIDIER JR., Fredie. *Curso de direito processual civil*. 7. ed. Salvador: JusPodivm, 2007. v. 1.

DIDIER JR., Fredie; ZANETI JR., Hermes. *Curso de direito processual civil*. 4. ed. Salvador: JusPodivm, 2009. v. 4.

DINAMARCO, Cândido Rangel. *Instituições de direito processual civil*. 23. ed. São Paulo: Malheiros, 2004. v. 1.

FAORO, Raymundo. *Os donos do poder:* formação do patronato político brasileiro. 3. ed. São Paulo: Globo, 2001.

FARIAS, Bianca Oliveira de; PINHO, Humberto Dalla Bernardina de. Apontamentos sobre o compromisso de ajustamento de conduta na Lei de Improbidade Administrativa e no Projeto de Lei da Ação Civil Pública. In: BUENO, Cássio Scarpinella; PORTO FILHO, Pedro Paulo de Rezende (Coord.). *Improbidade administrativa (questões polêmicas e atuais).* São Paulo: Malheiros, 2001.

FAZZIO JÚNIOR, Waldo. *Atos de improbidade administrativa:* doutrina legislação e jurisprudência. 2. ed. São Paulo: Atlas, 2008.

FERRARESI, Eurico. *Improbidade administrativa.* São Paulo: Método, 2011.

FERRAZ, Luciano. Reflexões sobre a Lei n. 12.846/2013 e seus impactos nas relações público-privadas: lei de improbidade empresarial e não lei anticorrupção. *Revista Brasileira de Direito Público – RBDP,* Belo Horizonte, ano 12, n. 47, p. 33-43, out.-dez. 2014.

FERRAZ, Sérgio. Aspectos processuais na lei sobre improbidade administrativa. In: BUENO, Cassio Scarpinella; PORTO FILHO, Pedro Paulo de Rezende (Coord.) *Improbidade administrativa* – questões polêmicas e atuais. 2. ed. São Paulo: Malheiros, 2003.

FERREIRA, Aurélio Buarque de Holanda. *Novo Aurélio Século XXI:* o dicionário da língua portuguesa. 3. ed. Rio de Janeiro: Nova Fronteira, 1999.

FERREIRA, Sérgio de Andréa. Improbidade administrativa. *Boletim de Direito Administrativo,* p. 1.098, out. 2005.

FIGUEIREDO, Lucia Valle. Alguns aspectos tópicas da improbidade administrativa. In: BUENO, Cassio Scarpinella; PORTO FILHO, Pedro Paulo de Rezende (Coord.). *Improbidade administrativa* – questões polêmicas e atuais. 2. ed. São Paulo: Malheiros, 2003.

FIGUEIREDO, Marcelo. *Probidade administrativa.* 6. ed. São Paulo: Malheiros, 2009.

FREIRE JUNIOR, Américo Bedê. A natureza jurídica da ação por ato de improbidade administrativa. In: OLIVEIRA, Alexandre Albagli; CHAVES, Cristiano; GHIGNONE, Luciano (Coord.). *Estudos sobre improbidade administrativa* – em homenagem ao Prof. J. J. Calmon de Passos. Rio de Janeiro: Lumen Juris, 2010.

FREITAS, Juarez. Ação civil pública – improbidade administrativa. *Boletim de Direito Administrativo,* p. 541, maio 2005.

FREITAS, Juarez. O princípio da moralidade e a Lei de Improbidade Administrativa. *Fórum Administrativo,* Belo Horizonte, n. 48, p. 5.078, fev. 2005.

FUX, Luiz. *Curso de direito processual civil.* 2. ed. Rio de Janeiro: Forense, 2004.

GAJARDONI, Fernando da Fonseca. *Comentários à nova lei de Mandado de Segurança.* São Paulo: Método, 2009.

GAJARDONI, Fernando da Fonseca; CRUZ, Luana Pedrosa de Figueiredo; CERQUEIRA, Luis Otávio Sequeira de; GOMES JUNIOR, Luiz Manoel;

FAVRETO, Rogério. *Comentários à Lei de Improbidade Administrativa*. São Paulo: RT, 2010.

GARCIA, Emerson; ALVES, Rogério Pacheco. *Improbidade administrativa*. 3. ed. Rio de Janeiro: Lumen Juris, 2006.

GARCIA, Emerson; ALVES, Rogério Pacheco. *Improbidade administrativa*. 6. ed. Rio de Janeiro: Lumen Juris, 2011.

GARCÍA DE ENTERRÍA, Eduardo; FERNÁNDEZ, Tomás-Ramón. *Curso de derecho administrativo*. 9. ed. Madri: Civitas, 2004. v. 2.

GASPARINI, Diógenes. *Direito administrativo*. 12. ed. São Paulo: Saraiva, 2007.

GIDI, Antônio. *Coisa julgada e litispendência em ações coletivas*. São Paulo: Saraiva, 1995.

GIDI, Antônio. *Rumo a um Código de Processo Civil coletivo*. Rio de Janeiro: Forense, 2006.

GOMES JR., Luiz Manoel; FAVRETO, Rogério. Anotações sobre o projeto da nova lei da ação civil pública: análise histórica e as suas principais inovações. In: MOREIRA, Alberto Camina; ALVAREZ, Anselmo Pietro; BRUSCHI, Gilberto Gomes (Coord.). *Panorama atual das tutelas individual e coletiva*. São Paulo: Saraiva, 2011.

GOMES JR., Luiz Manoel; FAVRETO, Rogério. *Comentários à Lei de Improbidade Administrativa*. São Paulo: RT, 2010.

GONZÁLEZ PÉREZ, Jesús. *El principio general de la buena fe en el derecho administrativo*. 4. ed. Madrid: Civitas, 2004.

GRECO, Leonardo. *A teoria da ação no processo civil*. São Paulo: Dialética, 2003.

GRECO FILHO, Vicente. *Direito processual civil brasileiro*. 15. ed. São Paulo: Saraiva, 2001. v. 2.

GRINOVER, Ada Pellegrini. A ação civil pública refém do autoritarismo. *O processo – estudos & pareceres*. São Paulo: DPJ, 2006.

GRINOVER, Ada Pellegrini. Ação de improbidade administrativa: decadência e prescrição. *Interesse Público*, Porto Alegre, n. 33, p. 88, set.-out. 2005.

GRINOVER, Ada Pellegrini. *Código Brasileiro de Defesa do Consumidor*. 6. ed. Rio de Janeiro: Forense Universitária, 1999.

GRINOVER, Ada Pellegrini. Novas questões sobre a legitimação e a coisa julgada nas ações coletivas. *O processo – estudos & pareceres*. São Paulo: DPJ, 2006.

HARGER, Marcelo. A inexistência de improbidade administrativa na modalidade culposa. *Interesse Público*, Belo Horizonte, ano 11, n. 58, p. 179-180, 2010.

HARGER, Marcelo. *Improbidade administrativa: comentários à Lei nº 8.429/92*. São Paulo: Atlas, 2015.

HOLANDA, Sérgio Buarque de. *Raízes do Brasil*. 26. ed. São Paulo: Companhia das Letras, 1995.

JORGE, Flávio Cheim; RODRIGUES, Marcelo Abelha. A tutela processual da probidade administrativa. In: BUENO, Cassio Scarpinella; PORTO FILHO, Pedro Paulo de Rezende (Coord.). *Improbidade administrativa (questões polêmicas e atuais)*. São Paulo: Malheiros, 2001.

JUSTEN FILHO, Marçal. *Curso de direito administrativo*. São Paulo: Saraiva, 2006.

KLIPPEL, Rodrigo; NEFFA JR., José. *Comentários à Lei de Mandado de Segurança*. Rio de Janeiro: Lumen Juris, 2009.

LEONEL, Ricardo de Barros. *Manual do processo coletivo*. São Paulo: RT, 2002.

LIMA, Ruy Cirne. *Princípios de direito administrativo brasileiro*. 3. ed. Porto Alegre: Sulina, 1954.

LUCON, Paulo Henrique dos Santos. Litisconsórcio necessário e eficiência da sentença. In: BUENO, Cassio Scarpinella; PORTO FILHO, Pedro Paulo de Rezende (Coord.). *Improbidade administrativa (questões polêmicas e atuais)*. São Paulo: Malheiros, 2001.

LUCON, Paulo Henrique dos Santos; SILVA, Bruno Freire e. Efeitos da sentença na ação de improbidade e o princípio da proporcionalidade. In: BUENO, Cassio Scarpinella; PORTO FILHO, Pedro Paulo de Rezende (Coord.). *Improbidade administrativa (questões polêmicas e atuais)*. São Paulo: Malheiros, 2001.

MANCUSO, Rodolfo de Camargo. *Ação popular*. 4. ed. São Paulo: RT, 2001.

MARCATO, Ana Cândida Menezes. O princípio do contraditório como elemento essencial para a formação da coisa julgada material na defesa dos interesses transindividuais. In: MAZZEI, Rodrigo; NOLASCO, Rita Dias (Org.). *Processo civil coletivo*. São Paulo: Quartier Latin, 2005.

MARINONI, Luiz Guilherme; ARENHART, Sérgio Cruz. *Curso de processo civil*. São Paulo, RT, 2008. v. 4.

MARINONI, Luiz Guilherme. *Manual do processo de conhecimento*. São Paulo: RT, 2006.

MARINONI, Luiz Guilherme; MITIDIERO, Daniel Francisco. *Código de Processo Civil comentado*. São Paulo: RT, 2008.

MARINS, Victor A. A. Bomfim. *Comentários ao Código de Processo Civil*. São Paulo: RT, 2001. v. 12.

MARQUES, Sílvio Antonio. *Improbidade administrativa*. São Paulo: Saraiva, 2010.

MARTINS JÚNIOR, Wallace Paiva. *Probidade administrativa*. 4. ed. São Paulo: Saraiva, 2009.

MATTOS, Mauro Roberto Gomes de. Atos de improbidade administrativa que causam prejuízo ao erário – inconstitucionalidade da expressão culposa do art. 10 da Lei n.º 8.429/92. *Fórum Administrativo*, Belo Horizonte, ano 3, n. 29, p. 2.515-2.520, jul. 2003.

MATTOS, Mauro Roberto Gomes de. *O limite da improbidade administrativa*. 5. ed. Rio de Janeiro: Forense, 2010.

MATTOS, Mauro Roberto Gomes de. Aplicação retroativa da Lei nº 14.230/2021 (Lei de Improbidade Administrativa) e as ações distribuídas pela lei anterior (Lei nº 8.429/92) e demais normas de direito administrativo sancionador. *Zênite Fácil*, categoria Doutrina, nov. 2021. Disponível em: http://www.zenitefacil.com.br. Acesso em: 27 abr. 2022.

MAZZILLI, Hugo Nigro. *A defesa dos interesses difusos em juízo*. 15. ed. São Paulo: Saraiva, 2002.

MEDINA OSÓRIO, Fábio. *Teoria da improbidade administrativa*: má gestão pública, corrupção e ineficiência. São Paulo: RT, 2007.

MEIRELLES, Hely Lopes. *Direito Administrativo brasileiro*. 22. ed. São Paulo: Malheiros, 1997.

MEIRELLES, Hely Lopes; WALD, Arnoldo; MENDES, Gilmar Ferreira. *Mandado de segurança e ações constitucionais*. 33. ed. São Paulo: Malheiros, 2010.

MELO, Inês da Trindade Chaves de. *O terceiro informante na recuperação de ativos públicos*: o papel do *whistleblower* na improbidade administrativa, Rio de Janeiro: Lumen Juris, 2023.

MELLO, Célia Cunha. *O fomento da administração pública*. Belo Horizonte: Del Rey, 2003.

MELLO, Celso Antônio Bandeira de. *Curso de direito administrativo*. 21. ed. São Paulo: Malheiros, 2006.

MELLO, Rafael Munhoz de. *Princípios constitucionais de direito administrativo sancionador*: as sanções administrativas à luz da Constituição Federal de 1988. São Paulo: Malheiros, 2007.

MENDES, Aluísio Gonçalves de Castro. *Ações coletivas no direito comparado e nacional*. São Paulo: RT, 2002.

MENDES, Gilmar Ferreira. *Curso de direito constitucional*. 4. ed. São Paulo: Saraiva, 2009.

MENDONÇA, José Vicente Santos de. Uma teoria do fomento público: critérios em prol de um fomento público democrático, eficiente e não paternalista. *RT*, 890, dez. 2009, p. 80-140.

MIRRA, Álvaro Luiz Valey. Ação civil pública em defesa do meio ambiente: a questão da competência jurisdicional. *Ação civil publica*. 2. ed. São Paulo: RT, 2002.

MODESTO, Paulo. Controle jurídico do comportamento ético da Administração Pública no Brasil. *Revista Eletrônica sobre a Reforma do Estado (RERE)*, Salvador, Instituto Brasileiro de Direito Público, n. 10, jun./jul./ago. 2007, p. 7. Disponível em: <www.direitodoestado.com.br/rere.asp>. Acesso em: 20 jan. 2012.

MOREIRA, Egon Bockmann; BAGATIN, Andreia Cristina. *Revista de Direito Público da Economia – RDPE*, Belo Horizonte, ano 12, n. 47, p. 55-84, jul.-set. 2014.

MOREIRA NETO, Diogo de Figueiredo. *Curso de direito administrativo*. 15. ed. Rio de Janeiro: Forense, 2009.

MUKAI, Toshio. A inconstitucionalidade da Lei de Improbidade Administrativa – Lei Federal 8.429/92. *BDA*, São Paulo, p. 720-723, nov. 1999.

MUKAI, Toshio. Fantasmagórica ameaça das ações de improbidade administrativa. *BDA*, São Paulo, p. 191-192, mar. 2000.

NEGRÃO, Theotonio; GOUVÊA, José Roberto F. *Código de Processo Civil e legislação processual em vigor*. 37. ed. São Paulo: Saraiva, 2005.

NEIVA, José Antonio Lisbôa. *Improbidade administrativa*: legislação comentada artigo por artigo. 2. ed. Rio de Janeiro: Impetus, 2011.

NERY JR., Nelson. *Código Brasileiro de Defesa do Consumidor* – comentado pelos autores do anteprojeto. 10. ed. Rio de Janeiro: Forense, 2011. v. I.

NERY JR., Nelson. O sistema do processo coletivo e o interesse público. In: GARCIA, Emerson; ALVES, Rogério Pacheco. *Improbidade administrativa*. 3. ed. Rio de Janeiro: Lumen Juris, 2006.

NERY JR., Nelson; NERY, Rosa Maria de Andrade. *Código de Processo Civil comentado*. 10. ed. São Paulo: RT, 2008.

NEVES, Daniel Amorim Assumpção. *Ações constitucionais*. São Paulo: Método, 2011.

NEVES, Daniel Amorim Assumpção. *Ações probatórias autônomas*. São Paulo: Saraiva, 2008.

NEVES, Daniel Amorim Assumpção. *Competência no processo civil*. São Paulo: Método, 2005.

NEVES, Daniel Amorim Assumpção. Contraditório e matérias de ordem pública. In: CALDEIRA, Adriano; FREIRE, Rodrigo da Cunha Lima (Org.). *Terceira etapa da reforma do Código de Processo Civil*: estudos em homenagem ao Ministro José Augusto Delgado. Salvador: JusPodivm, 2007.

NEVES, Daniel Amorim Assumpção. *Manual de direito processual civil*. São Paulo: Método, 2009.

NEVES, Daniel Amorim Assumpção; OLIVEIRA, Rafael Carvalho Rezende. *Comentários à reforma da lei de Improbidade administrativa*: Lei 14.230, de 25.10.2021, comentada artigo por artigo. Rio de Janeiro: Forense, 2022.

OLIVEIRA, Carlos Alberto Alvaro de. *Comentários ao Código de Processo Civil*. 5. ed. Rio de Janeiro: Forense, v. 3, t. II.

OLIVEIRA, Carlos Alberto Alvaro de. *Do formalismo no processo civil*. São Paulo: Saraiva, 1997.

OLIVEIRA, José Roberto Pimenta. *Improbidade administrativa e sua autonomia constitucional*. Belo Horizonte: Forum, 2009.

OLIVEIRA, Rafael Carvalho Rezende. *Curso de direito administrativo*. 10. ed. Rio de Janeiro: Forense, 2022.

OLIVEIRA, Rafael Carvalho Rezende. *Precedentes no Direito Administrativo*. Rio de Janeiro: Forense, 2018.

OLIVEIRA, Rafael Carvalho Rezende. A consensualidade no Direito Público Sancionador e os acordos nas ações de improbidade administrativa. *Revista Forense*, n. 427, p. 197-218, jan./jun. 2018.

OLIVEIRA, Rafael Carvalho Rezende. *Licitações e contratos administrativos*. 5. ed. São Paulo: Método, 2015.

OLIVEIRA, Rafael Carvalho Rezende. *Administração Pública, concessões e terceiro setor*. 3. ed. São Paulo: Método, 2015.

OLIVEIRA, Rafael Carvalho Rezende. *Princípios do direito administrativo*. Rio de Janeiro: Lumen Juris, 2011.

OLIVEIRA, Rafael Carvalho Rezende. *A constitucionalização do direito administrativo*. 2. ed. Rio de Janeiro: Lumen Juris, 2010.

ORIONE NETO, Luiz. *Processo cautelar*. São Paulo: Saraiva, 2004.

OSÓRIO, Fábio Medina. *Direito administrativo sancionador*. 2. ed. São Paulo: RT, 2005.

OSÓRIO, Fábio Medina. Corrupción y mala gestión de la res publica: el problema de la improbidad administrativa. *Revista de Administración Pública*, n. 149, maio-ago. 1999.

OSÓRIO, Fábio Medina. Improbidade administrativa: reflexões sobre laudos periciais ilegais e desvio de poder em face da Lei federal n.º 8.429/92. *Revista de Direito do Estado*, n. 2, p. 127, abr.-jun. 2006.

OLIVEIRA, Regis Fernandes. *Infrações e sanções administrativas*. 2. ed. São Paulo: RT, 2005.

PASQUINO, Gianfranco. Corrupção. In: BOBBIO, Norberto et. al. (Org.). *Dicionário de política*. 7. ed. Brasília: UNB, 1995. v. 1.

PAZZAGLINI FILHO, Marino. *Lei de Improbidade Administrativa comentada: aspectos constitucionais, administrativos, civis, criminais, processuais e de responsabilidade fiscal*. 5. ed. São Paulo: Atlas, 2011.

PINHO, Humberto Dalla Bernardina de. *Teoria geral do processo civil contemporâneo*. Rio de Janeiro: Lumen Juris, 2007.

PINTO, Francisco Bilac Moreira. *Enriquecimento ilícito no exercício de cargos públicos*. Rio de Janeiro: Forense, 1960.

PIZZOL, Patrícia Miranda. *A competência no processo civil*. São Paulo: RT, 2003.

PONTES DE MIRANDA, Francisco. *Comentários ao Código de Processo Civil*. Rio de Janeiro: Forense, 1974. v. 12.

POZAS, Luis Jordana de. Ensayo de una teoria general del fomento em El Derecho Administrativo. *Estudios de administración local y general*. Homenage al professor Jordana de Pozas. Madrid: Instituto de Estudos de Administración Local, 1961.

PRADO, Francisco Octavio Almeida. *Improbidade administrativa*. São Paulo: Malheiros, 2001.

RIBEIRO, Rentao Janine. *A república*. 2. ed. São Paulo: Publifolha, 2008.

ROCHA, Cármen Lúcia Antunes. Improbidade administrativa e finanças públicas. *Boletim de Direito Administrativo*, dez. 2000, p. 920.

RODRIGUES, Marcelo Abelha. Ação civil pública. In: DIDIER JR., Fredie (Org.). *Ações constitucionais*. 4. ed. Salvador: JusPodivm, 2009.

RODRIGUES, Marcelo Abelha. *Manual de execução civil*. Rio de Janeiro: Forense Universitária, 2006.

RODRIGUES, Marcelo Abelha; KLIPPEL, Rodrigo. *Comentários à tutela coletiva*. Rio de Janeiro: Lumen Juris, 2009.

ROSA JUNIOR, Luiz Emygdio. *Manual de direito financeiro e direito tributário*. 20. ed. Rio de Janeiro: Renovar, 2007.

SALLES, Carlos Alberto de. O objeto do processo de improbidade administrativa: alguns aspectos polêmicos. In: JORGE, Flávio Cheim; RODRIGUES, Marcelo Abelha; ARRUDA ALVIM, Eduardo. *Temas de improbidade administrativa*. Rio de Janeiro: Lumen Juris, 2010.

SANTOS, Carlos Frederico Brito dos. *Improbidade administrativa*. 2. ed. Rio de Janeiro: Forense, 2009.

SCHMIDT, Gustavo da Rocha; FERREIRA, Daniel Brantes; OLIVEIRA, Rafael Carvalho Rezende. *Comentários à lei de arbitragem*. Rio de Janeiro: Forense, 2021.

SHIMURA, Sérgio Seiji. *Arresto cautelar*. 2. ed. São Paulo: RT, 1997.

SILVA, José Afonso da. *Ação popular constitucional*. 2. ed. São Paulo: Malheiros, 2007.

SILVA, Ovídio Baptista da. *Do processo cautelar*. 3. ed. Rio de Janeiro: Forense, 2001.

SILVA, Ovídio Baptista da; GOMES, Fábio. *Teoria geral do processo*. 3. ed. São Paulo: RT, 2002.

SILVEIRA, Paulo de Tarso Dresch da. Os limites impostos à aplicação da Lei de Improbidade Administrativa no âmbito da magistratura. *Revista Zênite de Direito Administrativo e LRF – IDAF*, Curitiba, ano 5, n. 59, p. 998-1.003, jun. 2006.

SOBRANE, Sérgio Turra. *Improbidade administrativa*: aspectos materiais, dimensão difusa e coisa julgada. São Paulo: Atlas, 2010.

SOUTO, Marcos Juruena Villela. Caracterização da improbidade administrativa por empregado de empresa estatal. *Direito administrativo em debate*. Rio de Janeiro: Lumen Juris, 2004.

SOUTO, Marcos Juruena Villela. Estímulos positivos. *Direito administrativo em debate*. Rio de Janeiro: Lumen Juris, 2004.

SUNDFELD, Carlos Ari; CÂMARA, Jacintho Arruda. Conselhos de fiscalização profissional: entidades públicas não estatais. *RDE* n. 4, out./dez. 2006, p. 321-333.

SUNDFELD, Carlos Ari; CÂMARA, Jacintho Arruda.. Improbidade administrativa de dirigente de empresa estatal. *RBDP*, Belo Horizonte, n. 12, p. 19-20, jan.-mar. 2006.

TARTUCE, Flávio. *Manual de direito civil*. Rio de Janeiro: Forense, 2011.

TAVARES, André Ramos. *Curso de direito constitucional*. 5. ed. São Paulo: Saraiva, 2007.

TEIXEIRA, Sálvio de Figueiredo. *Código de Processo Civil anotado*. 7. ed. São Paulo: Saraiva, 2003.

THEODORO JR., Humberto. *Curso de direito processual civil*. 47. ed. Rio de Janeiro: Forense, 2007. v. 1, 2, 3.

THEODORO JR., Humberto. *Processo de execução e cumprimento de sentença*. 25. ed. São Paulo: Leud, 2008.

TOJAL, Sebastião Botto de Barros; CAETANO, Flávio Crocce. Competência e prerrogativa de foro em ação civil de improbidade administrativa. In: BUENO, Cassio Scarpinella; PORTO FILHO, Pedro Paulo de Rezende (Coord.). *Improbidade administrativa (questões polêmicas e atuais)*. São Paulo: Malheiros, 2001.

TOURINHO, Rita. A prescrição e a Lei de Improbidade Administrativa. *Revista Eletrônica de Direito do Estado*, Salvador, n. 12, out.-dez. 2007. Disponível em: <http://www.direitodoestado.com.br>. Acesso em: 10 jan. 2012.

TUCCI, Rogério Lauria; TUCCI, José Rogério Cruz e. *Devido processo legal e tutela jurisdicional*. São Paulo: RT, 1993.

VALE, Luís Manoel Borges do; OLIVEIRA, Rafael Carvalho Rezende. Os impactos da reforma da Lei de Improbidade Administrativa na advocacia pública. *Solução em Direito Administrativo e Municipal*, v. 4, p. 115-128, 2022.

VALE, Luís Manoel Borges do; OLIVEIRA, Rafael Carvalho Rezende. A inconstitucionalidade do art. 10 da nova Lei de Licitações: a invasão de competência dos estados e municípios. *Fórum de Contratação e Gestão Pública*, v. 236, p. 49-62, 2021.

VENTURI, Elton. *Processo civil coletivo*. São Paulo: Malheiros, 2007.

VIGLIAR, José Marcelo Menezes. *Ação civil pública*. 5. ed. São Paulo: Atlas, 2001.

VIGLIAR, José Marcelo Menezes. *Ações coletivas*. Salvador: JusPodivm, 2009.

VIGLIAR, José Marcelo Menezes. *Tutela jurisdicional coletiva*. 2. ed. São Paulo: Atlas, 1999.

VORONOFF, Alice. *Direito Administrativo Sancionador no Brasil*: justificação, interpretação e aplicação. Belo Horizonte: Fórum, 2018.

WAMBIER, Teresa Arruda Alvim. Litispendência em ações coletivas. In: MAZZEI, Rodrigo; NOLASCO, Rita Dias (Org.). *Processo civil coletivo*. São Paulo: Quartier Latin do Brasil, 2005.

WATANABE, Kazuo. *Código de Defesa do Consumidor comentado pelos autores do anteprojeto*. 10. ed. Rio de Janeiro: Forense, 2011. v. II.

WEBER, Max. *Economia e sociedade*. 4. ed. Brasília: UNB, 2004. v. 1.

ZAVASCKI, Teori Albino. *Processo coletivo*. São Paulo: RT, 2006.